高等职业教育旅游大类"十三五"规划教材

编委会

总主编

马　勇　教育部高等学校旅游管理类专业教学指导委员会副主任
　　　　湖北大学旅游发展研究院院长，教授、博士生导师

编　委（排名不分先后）

朱承强　全国旅游职业教育教学指导委员会委员
　　　　上海师范大学MTA教育中心主任
　　　　上海旅游高等专科学校酒店研究院院长，教授

郑耀星　全国旅游职业教育教学指导委员会委员
　　　　中国旅游协会理事，福建师范大学教授、博士生导师

王昆欣　全国旅游职业教育教学指导委员会委员
　　　　浙江旅游职业学院党委书记，教授

谢　苏　全国旅游职业教育教学指导委员会委员
　　　　武汉职业技术学院旅游与航空服务学院名誉院长，教授

宋德利　全国旅游职业教育教学指导委员会委员
　　　　山东旅游职业学院院长，教授

邱　萍　全国旅游职业教育教学指导委员会委员
　　　　四川旅游学院旅游发展研究中心主任，教授

韩　军　全国旅游职业教育教学指导委员会委员
　　　　贵州商学院旅游管理学院院长，教授

郭　沙　全国旅游职业教育教学指导委员会委员
　　　　武汉职业技术学院旅游与航空服务学院院长，副教授

罗兹柏　中国旅游未来研究会副会长，重庆旅游发展研究中心主任，教授
杨如安　重庆旅游职业学院院长，教授
徐文苑　天津职业大学旅游管理学院教授
叶娅丽　成都纺织高等专科学校旅游教研室主任，教授
赵利民　深圳信息职业技术学院旅游英语专业教研室主任，教授
刁洪斌　青岛酒店管理职业技术学院副院长，副教授
刘亚轩　河南牧业经济学院旅游管理系副教授
张树坤　湖北职业技术学院旅游与酒店管理学院院长，副教授
熊鹤群　武汉职业技术学院旅游与航空服务学院党委书记，副教授
韩　鹏　武汉职业技术学院旅游与航空服务学院酒店管理教研室主任，副教授
沈晨仕　湖州职业技术学院人文旅游分院副院长，副教授
褚　倍　浙江旅游职业学院人力资源管理专业带头人，副教授
孙东亮　天津青年职业学院旅游专业负责人，副教授
闫立媛　天津职业大学旅游管理学院旅游系专业带头人，副教授
殷开明　重庆城市管理职业学院副教授
莫志明　重庆城市管理职业学院副教授
蒋永业　武汉职业技术学院旅游与航空服务学院讲师
朱丽男　青岛酒店管理职业技术学院旅游教研室主任，讲师
温　燕　浙江旅游职业学院讲师
张丽娜　湖州职业技术学院讲师

高等职业教育"十四五"规划旅游大类精品教材
高等职业教育旅游大类"十三五"规划教材

总主编 ◎ 马 勇

旅游景区服务与管理

主　编 ◎ 温　燕
主　审 ◎ 王昆欣
副主编 ◎ 牟　丹　吴静澈　叶向卿
参　编 ◎ 谭　丹　陈友军　吴伟霞　吴侃侃

Tourist Attraction
Service & Management

http://press.hust.edu.cn
中国·武汉

内 容 提 要

在大众旅游和大数据时代,随着智慧旅游的兴起,游客需求发生了变化,旅游景区服务需求不断提升。本教材内容包括旅游景区概述、景区服务管理认知、票务服务、解说服务、咨询服务、投诉服务、配套商业服务、运营服务管理、营销管理、组织机构与人力资源管理、设施设备管理、安全管理、环境资源管理和现代化管理探讨等。强调知识的实用性和实践性,注重教材的系统性、趣味性、科学性。可作为旅游类相关专业的教材,也可供旅游景区、旅游度假区、旅游新业态和乡村旅游景区从业人员学习参考。

图书在版编目(CIP)数据

旅游景区服务与管理/温燕主编. —武汉:华中科技大学出版社,2017.10(2025.7 重印)
高等职业教育旅游大类"十三五"规划教材
ISBN 978-7-5680-3401-2

Ⅰ.①旅… Ⅱ.①温… Ⅲ.①旅游区-商业服务-高等职业教育-教材 ②旅游区-经济管理-高等职业教育-教材 Ⅳ.①F590

中国版本图书馆 CIP 数据核字(2017)第 241916 号

旅游景区服务与管理 温 燕 主编
Lǚyou Jingqu Fuwu yu Guanli

策划编辑:李 欢 杜 雄
责任编辑:李家乐
封面设计:原色设计
责任校对:张会军
责任监印:周治超

出版发行:华中科技大学出版社(中国·武汉) 电话:(027)81321913
　　　　　武汉市东湖新技术开发区华工科技园 邮编:430223
录　　排:华中科技大学惠友文印中心
印　　刷:武汉科源印刷设计有限公司
开　　本:787mm×1092mm　1/16
印　　张:21.5
字　　数:520 千字
版　　次:2025 年 7 月第 1 版第 8 次印刷
定　　价:59.80 元

本书若有印装质量问题,请向出版社营销中心调换
全国免费服务热线:400-6679-118　竭诚为您服务
版权所有　侵权必究

总序

伴随着我国社会和经济步入新发展阶段,我国的旅游业也进入转型升级与结构调整的重要时期。旅游业将在推动并形成以国内经济大循环为主体、国际国内双循环相互促进的新发展格局中发挥独特的作用。旅游业的大发展在客观上对我国高等旅游教育和人才培养提出了更高的要求,希望高等旅游教育和人才培养能在促进我国旅游业高质量发展中发挥更大更好的作用。以"职教二十条"的发布和"双高计划"的启动为标志,中国旅游职业教育发展进入新阶段。

这些新局面有力推动着我国旅游职业教育在"十四五"期间迈入发展新阶段,高素质旅游职业经理人和应用型人才的需求将十分旺盛。因此,出版一套把握时代新趋势、面向未来的高品质规划教材便成为我国旅游职业教育和人才培养的迫切需要。

基于此,在教育部高等学校旅游管理类专业教学指导委员会和全国旅游职业教育教学指导委员会的大力支持下,教育部直属的全国重点大学出版社——华中科技大学出版社汇聚了全国近百所旅游职业院校的知名教授、学科专业带头人、一线骨干"双师型"教师和"教练型"名师,以及旅游行业专家等参与本套教材的编撰工作,在成功组编出版了"高等职业教育旅游大类'十三五'规划教材"的基础上,再次联合编撰出版"高等职业教育'十四五'规划旅游大类精品教材"。本套教材从选题策划到成稿出版,从编写团队到出版团队,从主题选择到内容创新,均作出积极的创新和突破,具有以下特点:

一、以"新理念"出版并不断沉淀和改版

"高等职业教育旅游大类'十三五'规划教材"在出版后获得全国数百

所高等学校的选用和良好反响。编委会在教材出版后积极收集院校的一线教学反馈,紧扣行业新变化吸纳新知识点,对教材内容及配套教育资源不断地进行更新升级,并紧密把握我国旅游职业教育人才的最新培养目标,借鉴优质高等职业院校骨干专业建设经验,紧密围绕提高旅游专业学生人文素养、职业道德、职业技能和可持续发展能力,尽可能全面地凸显旅游行业的新动态与新热点,进而形成本套"高等职业教育'十四五'规划旅游大类精品教材",以期助力全国高等职业院校旅游师生在创建"双高"工作中拥有优质规划教材的支持。

二、对标"双高计划"和"金课"进行高水平建设

本套教材积极研判"双高计划"对专业课程的建设要求,对标高职院校"金课"建设,进行内容优化与编撰,以期促进广大旅游院校的教学高质量建设与特色化发展。其中《现代酒店营销实务》《酒店客房服务与管理》《调酒技艺与酒吧运营》等教材获评教育部"十三五"职业教育国家规划教材,或成为国家精品在线开放课程(高职)配套教材。

三、以"名团队"为核心组建编委会

本套教材由教育部高等学校旅游管理类专业教学指导委员会副主任、国家"万人计划"教学名师马勇教授担任总主编,由中国旅游教育界的知名专家学者、骨干"双师型"教师和业界精英人士组成编写团队,他们的教学与实践经验丰富,保证了本套教材兼备理论权威性与应用实务性。

四、全面配套教学资源,打造立体化互动教材

华中科技大学出版社为本套教材建设了内容全面的线上教材课程资源服务平台,在横向资源配套上,提供全系列教学计划书、教学课件、习题库、案例库、参考答案、教学视频等配套教学资源;在纵向资源开发上,构建了覆盖课程开发、习题管理、学生评论、班级管理等集开发、使用、管理、评价于一体的教学生态链,打造了线上线下、课内课外的新形态立体化互动教材。

本套教材的组织策划与编写出版,得到了全国旅游业内专家学者和业界精英的大力支持与积极参与,在此一并表示衷心的感谢!编撰一套高质量的教材是一项十分艰巨的任务,本套教材难免存在一些疏忽与缺失,希望广大读者批评指正,以期在教材修订再版时予以补充、完善。希望这套教材能够满足"十四五"时期旅游职业教育发展的新要求,让我们一起为现代旅游职业教育的新发展而共同努力吧!

总主编

前言 Preface

随着社会经济的发展,大众旅游时代的到来,旅游景区作为旅游目的地形象的窗口、获得经济效益的前提,越来越受重视。同时,伴随着大数据的发展,智慧旅游改变着国民的出游方式,智慧景区也在不断地构建和完善。

在大众旅游+智慧旅游时代这样的背景下,旅游院校及相关旅游企业需要与时俱进的旅游景区服务与管理方面的教材来培养学生和指导企业发展。因此,本教材结合大众旅游时代游客的需求及智慧景区建设的要求,总结了近年来的教学经验和服务企业需求,提出了旅游景区服务新的理念和管理思路,希望对旅游类相关专业及旅游企业能有所启发。

本教材的主要特色与创新之处有以下几个方面。

1. 智慧景区构建理念贯穿

本教材结合智慧景区构建的发展进行创新,在智慧服务、智慧运营、智慧管理和智慧保护方面都做了阐述,并在旅游景区现代化管理中对智慧景区建设加以详细阐述。

2. 校企共同研发

本教材由浙江旅游职业学院、云南财经大学中华职业学院和湖南涉外经济学院三所院校旅游景区服务与管理方面的教师,以及国内知名旅游景区深圳欢乐谷、西溪湿地国家公园、浙江龙灿旅游文化有限公司等的中高层管理者共同编写。努力使教材理论和实践经验来源于景区一线,服务于景区各个部门。

3. 丰富的案例资源同步

本教材的案例资源丰富,主要结合编者自身工作及旅游景区培训、暗访经历,企业管理者的管理经验以及旅游发展中的旅游景区相关案例,组成了本教材的丰富案例资源。

4. 内容编排科学，框架设计合理

本教材在编写过程中，听取了相关企业的建议，以高等职业教育的特性和学生的学习认知规律为基础进行设计，案例导入、理论知识讲解、技能训练为学生提供理论和专业知识，同步思考、知识活页拓展学生思维，开拓知识范围。

本教材由浙江旅游职业学院温燕老师担任主编，对全书内容进行策划，组织编写教材大纲，并编稿、审稿与定稿。本书第一、二、三、十一、十三章由温燕编写；第四章由浙江旅游职业学院牟丹副教授编写；第五、六章由杭州西溪国家湿地公园市场部总监叶向卿编写；第七、九章由云南财经大学中华职业学院吴静激副教授编写；第八章由深圳欢乐谷运营部主任胡国荣和浙江旅游职业学院温燕老师共同编写；第十章由浙江龙灿旅游文化有限公司人力资源部经理吴伟霞编写；第十二章由湖南涉外经济学院的谭丹老师编写；第十四章由浙江旅游职业学院陈友军老师、深圳欢乐谷运营部主任胡国荣、浙江旅游职业学院吴侃侃老师共同编写。

特别感谢浙江旅游职业学院党委书记、景区开发与管理专业王昆欣教授，其在大纲构建和审稿等方面给予了宝贵意见；同时，感谢浙江旅游职业学院旅游规划系副主任郎富平副教授给予的指导。

由于编写时间仓促，编者学识和能力有限，书中难免有疏漏不足之处，敬请专家批评指正，恳请广大师生、读者不吝赐教，以便今后不断完善。

编者
2024 年 5 月

目录 Contents

第一章　旅游景区概述

第一节　旅游业与旅游景区　/3

第二节　旅游景区概述　/5

第三节　旅游景区发展　/8

第二章　旅游景区服务管理认知

第一节　旅游景区管理概述　/18

第二节　旅游景区服务认知　/24

第三节　员工服务素养塑造　/27

第三章　旅游景区票务服务

第一节　门票概述　/38

第二节　售票服务　/48

第三节　验票服务　/56

第四章　旅游景区解说服务

第一节　旅游景区解说概述　/63

第二节　导游解说服务　/68

第三节　自助式解说服务　/75

第五章　旅游景区咨询服务

第一节　现场咨询服务　/81
第二节　电话咨询服务　/85
第三节　智慧咨询服务　/92

第六章　旅游景区投诉服务

第一节　游客投诉心理　/100
第二节　投诉处理原则　/102
第三节　投诉处理技巧　/105
第四节　投诉处理流程　/108

第七章　旅游景区配套商业服务

第一节　旅游景区购物服务　/116
第二节　旅游景区餐饮服务　/123
第三节　旅游景区住宿服务　/128
第四节　旅游景区交通服务　/132
第五节　旅游景区娱乐服务　/136

第八章　旅游景区运营服务

第一节　旅游景区运营统筹　/146
第二节　旅游景区客流引导服务　/153
第三节　游客行为引导服务　/163

第九章　旅游景区营销管理

第一节　旅游景区营销管理概述　/174
第二节　旅游景区营销市场调研　/177
第三节　旅游景区营销的市场定位　/182
第四节　旅游景区营销组合策略　/188

第十章　旅游景区组织与人力资源管理

第一节　旅游景区组织机构设置　/201
第二节　旅游景区人力资源管理　/211
第三节　旅游景区员工关系管理　/222

第十一章 旅游景区设施设备管理

第一节 旅游景区设施设备概述 /231
第二节 旅游景区设施设备管理 /239
第三节 旅游景区设施设备保养 /244

第十二章 旅游景区安全管理

第一节 旅游景区安全管理概述 /252
第二节 旅游景区安全事故的表现及原因 /254
第三节 旅游景区安全管理体系构建 /260
第四节 游客安全行为引导 /265

第十三章 旅游景区环境资源管理

第一节 旅游景区环境质量管理 /273
第二节 旅游景区旅游资源保护 /280
第三节 旅游景区环境容量管理 /286
第四节 旅游景区卫生管理 /290

第十四章 旅游景区现代化管理探讨

第一节 旅游景区标准化管理 /305
第二节 旅游景区服务质量管理 /317
第三节 旅游景区智慧管理 /321

参考文献 /329

第一章
旅游景区概述

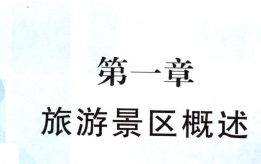

学习目标

通过本章学习,应当达到以下目标:

职业知识目标:熟悉我国旅游业发展概况,理解我国旅游景区与旅游业的关系;掌握旅游景区的概念、特征和分类;熟悉我国旅游景区的发展历程,掌握旅游景区的发展现状和未来发展模式。

职业能力目标:把握我国旅游景区的发展现状,以及与旅游业发展的关系,通过旅游景区的发展历程与发展现状,分析旅游景区的未来发展模式,对旅游景区发展和服务管理有一个总体的把握。

职业道德目标:结合本章的教学内容,树立旅游景区发展的理念,热爱旅游景区发展,培养愿意为景区发展付出努力的良好的职业道德素质。

引例:建设"智慧景区"已成我国旅游业发展的新趋势

背景与情境:走到北京郊区古北水镇的热门景点"司马小烧"、"永顺染坊"前,点击高德地图上的语音导游,游客就可以在手机上"听"到该景区的游览介绍。这是高德基于位置服务大数据的能力,最近正在建设的"智慧景区"服务之一。

古北水镇旅游有限公司执行总裁、乌镇旅游股份有限公司副总裁陈瑜表示:"过去互联网公司提供的在线旅游服务为游客出行、决策带来了很大的方便。但当游客到达景区之后,如何通过互联网和大数据手段,将这最后一公里服务好,是我们一直思考的问题。"

中国旅游研究院的数据显示,2015 年中国旅游接待总人数已经突破 41 亿人次。游客数量暴增,特别是大散客时代的到来,让游览需求更加多样化:附近的停车场还有空车位吗,最近的洗手间在哪儿,特色餐厅距离当前位置有多远,排队状况如何,去往下一个景点的电瓶车、游船几点能来……这些细微琐碎的服务需求已经难以再靠传统的方式满足。

同时,对于景区管理者来说,旅游管理中面对的种种问题也急需大数据的帮

忙。如何快速向游客推送景区各类信息，如何获知人流热度以便及时指挥调度，如何管理景区的景点、道路、设施的相关数据，这些都是国内很多传统景区转型中急需攻克的难点。

正是在这样的背景下，近日，高德与乌镇、古北水镇两个旅游景区达成合作，在国内这一南一北两个著名水镇景区，上线了全国首个移动化、互联网化、智慧化的"智慧景区"服务，将高德的基于位置的定位服务数据和景区各类数据对接，通过游客行为分析和大数据挖掘，来解决之前游客在景区容易遇到的迷路、拥堵、排队、信息滞后等问题。

基于大数据，可以帮助游客和景区绘制景区内精准的基础地图数据，帮助游客和景区进行拥堵、排队等人流、车流大数据采集、分析基于位置（LBS）的大数据，帮助景区进行实时活动信息、地址信息变更等在线数据管理。

让人印象深刻的是，大数据为游客提供的个性化服务。例如，在高德地图上增加了游览车、游船的线路地址，增加了重要景点的渲染图；在分类筛选中，商店、卫生间、餐厅等重要地点信息一目了然，只要游客点击相应的筛选按钮，就能找到离自己最近的相应地点；同时，导游语音会在游客走到某个对应景点附近时，自动播放。值得一提的是，"智慧景区"引入了热力图，游客可以通过地图上显示的不同颜色，判断该处游客人数的多少，合理安排游览时间。

建设"智慧景区"已经成为我国旅游业发展的一个新趋势。2015年9月，国家旅游局发布了《国家旅游局关于实施"旅游＋互联网"行动计划的通知》，明确到2018年，将推动全国所有5A级景区建设成为"智慧旅游景区"；到2020年，推动全国所有4A级景区实现免费Wi-Fi、智能导游、电子讲解、在线预订、信息推送等功能全覆盖。据统计，截至2015年底，全国共有5A级景区213家，4A级景区617家，3A级景区更是不计其数。

目前，高德地图的"智慧景区"正在逐步与多个景区对接。随着"智慧景区"建设的推进，游客们的游玩过程变得更加便捷有趣，景区管理也变得轻松起来，借助人流热力图、人流特征分析等大数据信息，实现了实时移动化的零成本管理。

（资料来源：http://www.ce.cn/xwzx/gnsz/gdxw/201601/05/t20160105_8050314.shtml.）

随着信息化的发展，我们逐步进入了大数据时代；随着游客出游的增多，特别是大散客时代的到来，游客游览需求更加多样化，互动体验需求和旅游服务质量的要求越来越高。因此，对于景区管理者来说，熟悉景区发展的历史和未来发展的趋势，掌握大数据时代旅游景区管理的方法和技巧，对于今后管理意义重大。

第一节 旅游业与旅游景区

一、旅游业的发展现状

(一) 相关政策日益完善

2014年8月9日,国务院正式发布《国务院关于促进旅游业改革发展的若干意见》(简称31号文件),这是继2009年《国务院关于加快发展旅游业的意见》(简称41号文件)和2013年的《国民旅游休闲纲要》《中华人民共和国旅游法》之后,国家出台的又一个促进旅游发展的纲领性文件。2016年"十三五"开局之年,李克强总理在年初的政府工作报告中明确提出,要落实带薪休假制度,加强旅游交通、景区景点、自驾车营地等设施建设,规范旅游市场秩序,迎接正在兴起的大众旅游时代。

相关政策文件、通知的出台,为旅游业和相关产业的融合发展营造了良好的制度环境,为旅游业的可持续发展奠定了坚实的基础。

(二) 国内旅游消费市场逐渐增大

随着经济的发展及国民休闲旅游意识的增强,国内旅游从小众市场向大众化转变。改革开放以来,随着中国经济与国民收入的增长,国民人均出游从1984年的0.2次增长到2015年的3次,国内游客数量从1984年约2亿人次扩大到2015年40亿人次。特别是自2000年以来,国内游客数量呈现持续高位增长,推动中国步入大众旅游时代。国内旅游收入也从1985年的约80亿元增加到2015年的34200亿元,增长了426.5倍,年均增长22.4%。2015年,中国旅游总收入超过4万亿元,其中,国内旅游收入占全国旅游总收入的比重达到了85.8%,成为中国最主要的旅游消费市场。

(三) 出入境旅游均衡发展,出境旅游市场更加活跃

改革开放之初,中国的国际旅游仅限于单一的入境游,出境游起步较晚。但进入21世纪以来,中国公民出境旅游呈现井喷式增长,已形成入境与出境两大旅游市场并重活跃的发展格局。

从入境市场看,中国已是世界第四大旅游入境接待国。入境旅游人数从1978年的180.92万人次增加到2015年的1.33亿人次,年均增长12.3%;旅游外汇收入从1978年的2.63亿美元增加到2015年的1136.5亿美元,年均增长17.8%。

出境市场中,2014年,中国公民出境旅游人数突破1亿人次,达到了1.09亿人次,2015年上升为1.2亿人次,比1992年的298.87万人次增长了39倍,已成为世界第一大出境旅游消费国。目前,中国公民出境旅游目的地已扩大到151个国家和地区,成为世界重要的旅游客源国。

(四) 旅游业综合功能优势日益凸显

旅游业从单纯外事接待型事业转向事业、产业共同发展，旅游综合功能优势日益凸显。改革开放前，中国旅游业是中国外交事务的组成部分，对增进国家友谊和促进国际交流起到了积极作用，但尚不具备现代产业特征。

改革开放后，中国旅游业迅速成长为国民经济的重要产业，并在政治、经济、社会、文化、生态等领域显示出巨大活力，与110多个行业相关、融合发展，对国家调结构、扩消费、稳增长、惠民生都起到了积极作用。如今，旅游业对于社会公共服务、地区综合管理水平的要求进一步提高，旅游业对于中国城镇化建设、乡村脱贫致富、生态保护、建设"美丽中国"等起着重大作用。

(五) 旅游业产业规模和实力迅速壮大

旅游业由一般性产业向战略性支柱产业转变，产业规模和实力迅速壮大。截至2015年，全国已有旅行社27364家，比1999年的7355家增加了2万多家；全国星级饭店数量13491家，其中包括五星级饭店867家、四星级饭店2779家、三星级饭店6776家；中国已有各类经济型连锁酒店约1.5万家，客房总数超过140万间；5A级景区数量达到200多家；全国已有370个城市成功创建成为"中国优秀旅游城市"，旅游业产业规模不断壮大。

在产业融合发展、资本并购、连锁化经营、"互联网＋"等创新发展中，旅游新业态层出不穷，涌现出一批有竞争潜力的大型旅游企业，包括以华侨城、宋城等为代表的景区连锁经营商，以锦江、首旅、万达等为代表的综合性旅游商，以携程、去哪儿、同程、途牛等为代表的线上旅游服务运营商，业绩增长迅速，旅游业实力迅速壮大。

(六) 旅游业发展多主体、多类型、全方位推进

旅游业发展在改革开放初期，主要集中在北京、上海、广州、西安、桂林等少数旅游城市和黄山、峨眉山等著名旅游景区。如今，旅游业发展已遍及全国，成为国家和地方经济增长的重要驱动力，旅游业发展由局部扩展到全国。

国家旅游局与各省市建立了推进战略合作机制。在国家政策的引导和支持下，全国各类金融机构、非旅游类大型企业集团也开始纷纷参与旅游业投资与经营，形成了国家与地方，政府与企业、社会共同推进的多主体、多类型、全方位推进旅游业发展的大格局。

2016年1月，在全国旅游工作会议上提出的"全域旅游"的发展概念，也标志着我国的旅游业向全空间、全产业、多主体、多类型的全方位发展。

二、旅游景区与旅游业发展

(一) 旅游景区是区域旅游业良好形象的窗口

虽然旅游市场的旅游方式发生了重大的变化，但是旅游景区仍然是区域形象的代表，是所在地的名片，很多地市因为所在地的景区而出名。因为游客到达目的地的重要吸引力是当地的知名景区，景区形象的好坏往往直接影响目的地的形象。例如，大家都知道浙江5A级景区千岛湖风景区，但有些游客却不知道其所在地淳安县。有些地方，因为景区知名度的提高，纷纷将原来的地名更名为景区的名称，如安徽的屯溪因黄山出名，而改名为黄山市；湖南的大庸市因国家森林公园张家界有名而改名为张家界市。

(二)旅游景区是旅游业获得经济效益的前提

因为旅游景区的吸引,旅游者的到来引发了旅游者对住宿、餐饮、交通、购物、娱乐等的消费,从而获得旅游经济收入,还带动相关产业发展。另一方面,旅游景区自身具有参观游览、康体娱乐、接待服务的功能,随着景区数量、规模、质量的提升,其获取经济效益的能力也越来越强。因此,旅游景区是旅游业获得经济效益的前提。

同步案例 近三成在线旅游用户首单消费为景点门票,交叉购买交通、住宿占比超六成

背景与情境:景点门票一直被旅游业内认为是休闲旅游市场的"入口",这一说法有两层含义,一是指景点门票业务的战略地位,二是指门票是人们休闲旅游消费的"起点"。

同程旅游的《景点门票在线消费行为研究报告2016》(下称《报告》)用数据进一步验证了上述判断。《报告》数据显示,2015年度同程旅游平台的新增消费用户中29.88%的人首次消费的产品为景点门票,成为在线门票重度用户后(每年购买2次以上),他们当中又有52.2%的人在一年内购买次数超过3次。而在线门票消费用户的交叉购买情况(在线门票消费用户对其他旅游产品的购买情况)显示,有40%的在线门票消费用户还购买了火车票、机票等交通类产品,购买了酒店住宿产品的用户占比为23.5%,整体交叉购买交通、住宿类产品的在线门票消费用户占比达63.5%。

这两组数据充分验证了门票作为休闲旅游"入口"的重要价值。"从我们的数据来看,门票经济和全域旅游之间并不是完全对立的,只要有合理的产品组合策略,就可以将景点门票的消费用户引导到对整个目的地的消费上来",吴剑女士表示。

(资料来源:http://news.ifeng.com/a/20160425/48570678_0.shtml.)

问题:大众旅游时代,旅游景区在旅游业发展中的地位如何?

(三)旅游景区经营景气指数远高于旅游业整体水平

根据《中国旅游景区发展报告(2016)》的分析,2015年我国景区企业的经营景气指数高达149.53,远高于饭店、旅行社等产业,其接待人数、预订、工资水平等指标景气值较高,景区对未来的信心值为151.18,处于旅游业态最高水平,说明景区企业看好其发展前景。

第二节 旅游景区概述

一、旅游景区的概念

关于旅游景区的概念目前尚未形成一致的说法,与旅游景区的概念包含或交叉了风景

名胜区、自然保护区、国家公园、世界遗产、文物保护单位、旅游度假区等多个名词概念有关,所以很难归纳出一个能被大众接受、明确界定各类景区范围的定义。

从旅游景区构成、功能以及我国景区企业运行的实际出发,本书认为旅游景区是以旅游吸引物、设施和服务为主要构成,为开展参观游览、娱乐休闲、康体健身、科学考察、文化教育等活动提供场所和相应服务的独立管理区。该管理区应有统一的经营管理机构和明确的地域范围。

二、旅游景区的特征

根据旅游景区的定义,旅游景区的基本功能是满足旅游者的精神需求和物质需要,概括起来,旅游景区具有以下几个明显的特点,即综合性、地域性、功能性、可创造性和管理性。

(一)综合性

一个旅游景区通常由多个要素构成,包括资源要素、康体娱乐活动要素、接待设施要素和各种服务要素等,这些要素的质量必须保持一致,否则会影响旅游景区的总体质量。

(二)地域性

旅游景区是以一定的地域空间为载体,每一个旅游景区无论其规模大小,都有一个相对明确的空间范围。旅游景区有些是一幢建筑或一个庭院;有的是绵延几十公里的风景区。此外,地域性还表现为旅游景区的地域差异上,即由于自然、历史、社会、文化、环境的影响导致旅游景区特征的差异性。

(三)功能性

游客来旅游景区是希望在参观游览、娱乐休闲、康体健身、科学考察、文化教育等活动中获得愉悦和快乐的精神享受,因此,旅游景区非常重要的特征是它的功能性。

(四)可创造性

一方面,旅游景区是可以依托原有自然和人文资源,经过设计、改造和建设,形成服务人们意愿和自然规律的旅游空间。如苏州园林、各地的植物园等;另一方面,一些本身旅游资源匮乏的地区,或为了增强对游客的吸引力,或为了塑造地方形象标志,或为了营造地方文化展示场所,形成完全再建性的旅游景区,如深圳华侨城旅游度假区。

> **知识活页**
>
> **深圳华侨城的发展**
>
> 华侨城从"一步迈进历史,一日游遍中国",到九十年代初开始以"让世界了解中国,让中国了解世界"为宗旨,提出建设具有中国特色的主题公园群,先后投资建设了中国民俗文化村、世界之窗和深圳欢乐谷主题公园,在中国的深圳形成了中国最大的主题公园群,打造了一个深受游客喜爱的旅游目的地。

(五)管理性

旅游景区的管理性主要体现在对旅游景区的资源开发、保护、经营服务统一管理,确保旅游景区资源得到保护和开发,实现景区的可持续发展,满足游客旅游所需的各种经营活动。每一个旅游景区内部都有一个管理主体,管理主体可能是政府、行业主管机构、多部门联合的机构或独立的法人单位。

三、旅游景区的分类

(一) 按照旅游景区资源属性分类

按照旅游景区资源的属性可以将旅游景区分为七大类。

(1) 自然景观型,包括国家公园、森林公园、地质公园、自然保护区、野生动物园等。

(2) 人文景观型,包括文博院馆、寺庙观堂、宗教圣地、民俗园等。

(3) 现代游乐型,包括主题公园、游乐园、微缩景区或海洋馆、表演中心等。

(4) 历史遗产型,包括古文化遗址、古生物化石、军事遗址、古建筑、名人故居、历史村镇等。

(5) 休闲度假型,包括滨海、滨湖、山地、温泉、滑雪和高尔夫等运动场所。

(6) 节事庆典型,包括博览会、交易会、节事、赛事、企业超大型活动、社会活动、宗教仪式、企业活动等,这类景区属于不稳定型景区。如北京的鸟巢,杭州国际博览中心(G20主会场)。

(7) 工农业旅游区,主要是指在工业企业或农业观光园、采摘园等的基础上建设的旅游景区,如浙江绍兴达利丝绸4A级景区和武义的骆驼九龙4A级景区。

(二) 按照旅游景区质量等级分类

根据《旅游景区质量等级评定管理办法》(国家旅游局令第23号)和《旅游景区质量等级的划分与评定》国家标准(GB/T 17775-2003)将旅游景区质量等级划分为五级,从高到低依次为5A、4A、3A、2A、1A级旅游景区。相关细则分为三部分(见表1-1),即细则一:服务质量与环境质量评分细则;细则二:景观质量评分细则;细则三:游客意见评分细则。

细则一:服务质量与环境质量评分细则。2016年国家旅游局对评分细则进行了修订,共计1000分不变,旅游交通(110分)、游览服务(320分)、综合服务(80分)、特色文化(70分)、信息化(70分)、旅游安全(100分)、旅游管理(140分)、资源和环境的保护(110分)。5A级旅游景区需达到950分,4A级旅游景区需达到850分,3A级旅游景区需达到750分,2A级旅游景区需达到600分,1A级旅游景区需达到500分。

细则二:景观质量评分细则。本细则分为资源要素价值与景观市场价值两大评价项目、九项评价因子,总分100分。其中,资源吸引力65分,市场吸引力35分。5A级旅游景区需达到90分,4A级旅游景区需达到80分,3A级旅游景区需达到70分,2A级旅游景区需达到60分,1A级旅游景区需达到50分。

细则三:游客意见评分细则。旅游景区质量等级对游客意见的评分,以游客对该旅游景区的综合满意度为依据。游客综合满意度总分为100分,旅游景区质量等级游客意见综合得分最低要求为:5A级旅游景区90分,4A级旅游景区80分,3A级旅游景区70分,2A级旅游景区60分,1A级旅游景区50分。

表1-1 旅游景区质量等级评定总分表

旅游景区等级	细则一	细则二	细则三
5A	950分	90分	90分
4A	850分	80分	80分
3A	750分	70分	70分
2A	600分	60分	60分
1A	500分	50分	50分

(三) 按照旅游景区管理主体分类

按照旅游景区的管理主体分类是我国特有的分类方式,因为我国景区管理是多主体的,以景区管理部门作为分类依据形成了我国现行景区管理的主体分类系统(见表1-2)。

表1-2 我国景区的管理主体分类系统

景区主管部门	分类结果	
	分类系统	分级系统
国家住房和城乡建设部	风景名胜区	国家级风景名胜区
		省级风景名胜区
国家林业局	森林公园	国家级森林公园
		省级森林公园
国家旅游局	旅游度假区	国家级旅游度假区
		省级旅游度假区
国家环保总局/国家林业局	自然保护区	国家级自然保护区
		省级自然保护区

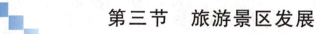

第三节 旅游景区发展

一、我国旅游景区发展历程

结合我国旅游业的发展,我国旅游景区的发展历程大致可以分为以下几个阶段。

(一) 萌芽发展阶段

我国旅游景区的雏形是传统园林。传统园林时期,造园艺术相对简单,这些园林的功能与最初的囿和宫苑相似,均以自然观光为主。能真正享受园林生活的只是社会中的极少数人,普通百姓没有权利和能力去园林观光。随着时代的发展,旅游景区的类型有了较大程度的变化,除了传统园林外,还出现了供大众游玩的公园。如1968年诞生于上海的"公花园"(即现在的黄浦公园),公园内除人造景观外,有大面积的游憩娱乐用地,还有些基础性游憩设施,此时的公园已经具备了现代旅游景区的雏形。

我国景区发展在外事接待中起步,新中国成立初期,旅游景区成为接待广大海外侨胞、外籍华裔的集散地,其主要作用是对外宣传中国的发展建设成就,加强国际友好往来。

(二)起步发展阶段

改革开放以后,我国旅游业迅速发展,景区从外事接待、事业接待转型为创汇型产业。为了迎接国内外游客,我国许多旅游胜地都迅猛发展,竞相进行吃、住、行、游、购、娱等相关接待设施的建设,旅游接待条件已经基本具备,旅游景区逐渐兴起与发展。但是此阶段由于旅游者消费能力比较薄弱,消费观念落后,大多数旅游者只对知名度较高的景区感兴趣,仅满足于"到此一游"。因此,此阶段旅游开发的重点为自然型景区,此时的开发还处于简单的开发,缺乏科学的规划,资源破坏比较严重。

(三)成长发展阶段

20世纪80年代以来,随着旅游者旅游需求的个性化、多样化发展,旅游景区朝着产品多样化、特色化方向发展。此阶段,旅游景区的发展主要表现为以下几个方面的特点:首先,旅游景区规划开发开始起步,随着旅游规模的增大,旅游活动涉及范围越来越广,景区重复建设、资源破坏等问题越来越突出,于是规范开发开始得到重视;其次,由于旅游需求多元化,经营者除了开发自然型旅游景区外,人文旅游资源也开始着手开发;最后,旅游景区的核心理念从单纯的经济目标转变为经济、社会和生态三大效益相结合,使得旅游景区环境逐渐优化,服务接待设施发展更为完善。

(四)创新发展阶段

1999年《旅游区(点)质量等级的划分与评定》(GB/T 17775-1999)国家标准的推出,对旅游景区进行级别划分,给景区建设提供了方向性意见;2000年后,可持续发展理念开始在我国的旅游开发中占据重要地位,尤其是世界遗产管理体系的引入,使我国旅游业的环境与文物保护意识得到了质的提升。

旅游者也逐渐成熟,人们对于景区的选择不再满足于自然和人文旅游资源,旅游活动形式逐渐向休闲度假和体验式旅游发展,景区发展到创意和活动互动阶段,于是各类主题公园开始大规模出现。

(五)智慧发展阶段

随着信息化的发展,游客出游的增多,游客互动体验需求和旅游服务质量的要求越来越高。2011年7月,国家旅游局提出争取用10年时间,在我国初步实现"智慧旅游",建成一批"智慧城市"、"智慧景区"、"智慧饭店",并在江苏镇江建设"国家智慧旅游服务中心",这也意味着旅游景区发展进入智慧发展时代。

国家旅游局于2015年开启了对已评定的5A和4A级景区复核的行动,并表示对5A级景区的管理是严格和动态的,将通过摘牌、警告等手段,督促景区始终坚持以游客为本,不断加强管理,改进服务,提高品质,让游客放心旅游,让每一位游客高兴而来,满意而归。

同步思考

问题：大数据时代，你的出游方式有没有发生什么变化？
分析提示：景区游玩信息搜集的方式、购买门票的方式等发生变化。

二、旅游景区发展现状

（一）旅游景区规模日益增大

中国旅游研究院发布的《中国旅游景区发展报告（2016）》显示，截至 2015 年底，全国景区景点数量达到 21.6 万个，A 级景区 7000 家，其中，5A、4A 景区共 1500 多家。2015 年我国景区企业景气指数远高于饭店、旅行社等产业，接待人数、预订、工资水平等指标景气值较高，企业看好发展前景。

（二）旅游景区经营管理多样性

近年来，中国旅游景区呈现出从单一型向综合型转变，旅游行为从观光型向休闲度假型转变，旅游管理从粗放型向专业化方向转变，旅游服务从简单化向标准化、精细化转变，旅游投资从财政经费向市场化转变五大转变。市场迫切需要景区提质增效，提供更适应市场、更优质的旅游产品。

（三）旅游景区产品类型日趋丰富

随着旅游方式的多样化发展，我国传统旅游业的发展模式正在发生根本的改变。单纯依靠山水的时代已经过去，为了满足不同层次、不同需求的游客，景区种类也日趋丰富。景区产品已由单纯的观光类产品向运动休闲、养生体验、休闲度假、节事活动、文艺表演等方向发展。

（四）产业要素推动景区深度融合

新时期旅游业的驱动要素已经从单一的资源驱动过渡到创意、技术和资本综合驱动的阶段。

（五）景区秩序治理得到明显提升

"515 战略"实施以后，景区内的不文明行为、旅游秩序和基础设施得到明显改善，在景区内部秩序提升的基础上，国家旅游行政管理部门的行业监管力度也不断加强。

（六）景区发展迎来新机遇

首先，旅游用地政策获得极大突破；其次，国家旅游局正式启动了国家级旅游度假区的创建工作；最后，在大数据的支持下，智慧景区建设为景区的智能升级提供了便利。在旅游业发展的政策支持下，景区在全域旅游时代迎来更好的发展前景。

三、我国旅游景区未来的发展趋势

(一) 市场化发展趋势

当前我国旅游景区的市场化程度偏低,但未来将不断提高,主要表现在以下几个方面:首先,在供给方面,旅游景区的数量急剧增加,质量也在不断提高;其次,在需求方面,游客对景区的需求总量在持续增长,对景区的质量要求也越来越高;再次,在竞争方面,由较低层次的价格战开始转向品牌竞争、文化竞争;最后,在治理模式方面,由行政事业管理向多样化景区治理模式转变(见表1-3)。

表1-3 我国旅游景区的治理模式

模 式	发展方向	经营主体	所有权与经营权	开发权与保护权	实 例
整体租赁经营模式	经济发展导向	民营企业或民营资本占绝对主导的股份制企业	分离	统一;由经营企业负责	四川碧峰峡、重庆芙蓉洞
上市公司经营模式	经济发展导向	股份制上市公司	分离	分离;上市公司行使开发权,景区管理机构行使保护权	安徽黄山、四川峨眉山
非上市股份制企业经营模式	经济发展导向	非上市股份制企业;国有股份制企业或国有与非国有参与的混合股份制企业	分离	统一;由经营企业负责	曲阜"三孔"、桐庐瑶琳仙境
隶属于企业集团的整合开放经营模式	经济发展导向	国有全资企业	分离	统一;由经营企业负责	陕西华清池、海南天涯海角
隶属于地方政府的国有企业经营模式	经济发展导向	国有全资企业	分离	统一;由经营企业负责	浙江乌镇、江苏周庄
隶属于政府部门的国有企业经营模式	经济发展导向	国有全资企业	分离	统一;由经营企业负责	宁夏沙坡头、南宁青秀山
兼具旅游行政管理的复合治理模式	综合效益导向	景区管理机构(与当地旅游局一套班子)	统一	统一;由景区管理机构负责	江西龙虎山、山东蓬莱阁

续表

模式	发展方向	经营主体	所有权与经营权	开发权与保护权	实例
兼具资源行政管理的复合治理模式	综合效益导向	景区管理机构(与当地文物、建设、园林等某一资源主管部门一套班子)	统一	统一；由景区管理机构负责	山东泰山
隶属于旅游主管部门的自主开发模式	综合效益导向	景区管理机构	统一	统一；由景区管理机构负责	河北野三坡、重庆四面山
隶属于资源主管部门的自主开发模式	综合效益导向	景区管理机构(隶属于当地文物、建设、园林等某一资源主管部门)	统一	统一；由景区管理机构负责	北京故宫、八达岭长城

(资料来源：邹统钎,吴丽云.景区服务与管理[M].南京：南京师范大学出版社,2013.)

(二) 智慧化发展趋势

随着大数据时代的到来,以计算机技术和网络化技术应用为主要手段的信息化已成为全球经济的发展趋势。越来越多的景区开始注重智慧景区的建设,景区经营管理智慧化、景区资源保护智慧化、产品开发智慧化、产业整合智慧化成为今后景区发展的趋势。

(三) 品牌化发展趋势

品牌是指经营者的产品及服务形象的名称、标记或符号,或它们的相互组合,是企业品牌和产品品牌的统一体,它体现着旅游产品的个性及消费者对此的认同。我国景区品牌建设相对滞后,但越来越多的景区意识到景区品牌化发展的重要性,开始着手打造景区的特色并使之系统化,对景区商标品牌的保护也越来越重视。目前,我国已经形成了一批具有知名度的企业品牌,如华侨城、宋城、长隆等,但我国大部分知名旅游景区依然主要依靠资源品牌,如黄山、峨眉山、九寨沟等。

(四) 集团化发展趋势

景区企业的集团化发展可以增强企业的综合实力,通过资源共享,节省成本和费用,集团成员的优势互补,有助于提升企业的运作和管理效率,同时提高企业的创新能力和综合竞争能力。我国景区实行集团化,主要是通过纵向联合和横向联合两种方式。

纵向联合是指旅游景区与其他旅游相关企业,如旅游饭店、旅游交通部门等进行联合重组构建旅游集团的形式,即一手抓资源,一手抓市场。纵向联合使得外部交易成本内部化,既提高了企业的运行效率又降低了运营成本,在我国,旅游集团化是较为常用的形式,如浙旅集团、锦江集团。

横向联合是指旅游景区与其他旅游景区或非旅游企业在组织或资本上进行重组。与其他旅游景区进行联合有助于增强景区的吸引力,分享营销渠道;与非旅游企业的联合可以增强整体抗击风险的能力。如华侨城、宋城集团以旅游为主,横向联合房地产。

(五) 生态化发展趋势

随着环境保护意识的觉醒和生态旅游的发展,旅游生态化是旅游景区可持续发展的重要前提。景区生态化主要体现在景区规划设计生态化和经营管理生态化两个方面。其中,在经营管理生态化方面,目前大部分景区都采用了低污染或无污染的绿色设施,如电瓶车、燃气车;A级景区都要建立生态停车场,采用绿化草坪砖,以灌木为隔离线,用高大乔木和藤蔓植物遮阴;在能源供应上则大量采用天然气、太阳能、沼气等天然绿色能源;在垃圾处理上,利用现代生物技术对生活垃圾和污物进行降解等。

四、我国旅游景区未来的发展模式

随着全域旅游的发展,旅游开发已全面进入"大旅游时代",是新时代社会发展环境的要求,更是旅游产业成熟发展的内生需求。大景区战略是"大旅游时代"发展的策略,立足"大景区",实施"大整合",借力"大营销",瞄准"大市场",通过"大开发",推进"大融合",构建"大产业",促进"大就业",实现"大发展",这是"大旅游时代"发展的理想目标。

大景区建设的目的是构建一个吸引力更强、竞争力更高的旅游目的地,是推动区域实现社会经济全面发展的重要战略途径。大景区战略要求我们对资源价值进行重新认识,对区位环境进行重新解读,对发展格局进行重新构建,对管理运营进行重新组建。大景区未来发展有以下几种趋势。

(一) "景区为核,内修外拓"的景区深度提升发展模式

针对资源优势突出,辐射带动力强的核心景区,通过内部提升和外部扩张建设核心景区。

以原有景区为核心,内部进行项目业态丰富升级,提高大景区吸引接待力,外部拓展延伸产业链条,构建多元产业模式,借力核心景区带动区域发展,形成内外联动、内外兼修的品质旅游目的地。

(二) "文化为魂,产业为体"的文化旅游产业综合体模式

针对文化底蕴深厚,文化关联度强的区域,通过核心文化引领,多元产业整合建设核心景区,如浙江乌镇。

以区域文化为线索,挖掘文化根源,理顺文化脉络,以文化旅游产业体系构建为落脚点,全方位、多角度呈现文化,聚合产业,打造文化旅游氛围独特的文化产业综合体。

(三) "核心保护,外移开发"的保护性开发模式

针对核心旅游资源比较脆弱,资源保护要求高的区域,通过圈层布局,分级开发建设大景区。

划分核心保护区、适度开发区、产业布局区,核心保护区不断创新保护性开发模式,提升资源吸引力和号召力,适度开发建设旅游副吸引核,完善产业布局区旅游产业体系,构建完善的旅游综合服务产业体系。

(四)"游憩为脉,极致体验"的景区升级模式

针对体验内容相对较弱,旅游承载力较强的区域,通过对游憩方式的极致设计和全方位构建建设核心景区。

依托资源本底创意游憩体验方式,以游憩丰富旅游内容,以体验提升景区品质,建设融观光、游憩、体验、感悟多层次旅游体验为一体的旅游目的地。

(五)"多核吸引,整合提升"的区域联动发展模式

针对旅游资源富集,景点距离相近,业态类型多样的区域,通过多点连线,以线带面建设综合景区。

培育壮大核心景区,辐射带动周边景区,形成多元互动游线,以线路整合区域内各种旅游资源、旅游产业要素、基础设施和配套服务设施,形成内部联动融合的区域旅游目的地。

(六)"跨界整合,协调共赢"的管理体制创新模式

针对跨行政区划,但资源联系紧密的区域,通过创新管理模式,综合开发旅游资源建设综合景区,如浙江雁荡山、山东蒙山景区。

通过创建管理委员会等方式,理顺区域旅游目的地管理机制,形成区域一家亲,资源一体化,规划一张图,管理一盘棋的发展运营格局。

(七)"产业联动,集群发展"的泛旅游产业整合模式

针对地缘关系相近,共享旅游资源的区域,通过旅游泛化,多集群互动建设综合景区。

以旅游资源为发展极,充分挖掘各区段特色,整合小城镇、新农村等建设,通过泛旅游产业整合形成发展集群,实现全域的互动发展。

(八)"景城一体,全域开发"的城市旅游化发展模式

针对新城建设、城市改造需求,通过景城一体化、产城一体化建设大景区,如浙江杭州西湖5A级景区。

明确旅游在城市发展中的积极作用,树立旅游整合理念,推动城市旅游发展,把旅游发展融于城市建设的全过程、全方位,做到城市即景区,景区即城市。

教学互动

互动问题:请根据最近关于景区的报道和景区游玩的经历,进行分析和思考。

1. 景区在管理方面有哪些改变?
2. 景区在设施设备中有哪些改变?

要求:

1. 教师不直接提供上述问题的答案,而引导学生结合本章教学内容和平时收集的信息就这些问题进行独立思考,自由发表见解,组织课堂讨论,培养学生在生活中注意观察专业发展的能力。
2. 教师把握好讨论节奏,对学生提出的典型见解进行点评。

内容提要

本章讲述了旅游业与旅游景区、旅游景区概述和旅游景区发展三部分内容。

本章首先介绍了旅游业的发展现状,旅游景区和旅游业的关系,在大众旅游时代,旅游景区在旅游业中仍然担任了重要的角色。

其次,在旅游景区概述中分析了旅游景区概念、特征和主要的分类。

最后,在旅游景区发展中分析了旅游景区发展历程、发展现状、未来发展趋势和模式。

核心概念

旅游业;旅游景区;智慧景区

重点实务

能对旅游景区进行分类。

知识训练

一、简答题

1. 旅游业发展现状如何?
2. 旅游景区的特征有哪些?
3. 旅游景区的分类有哪些?

二、讨论题

1. 如何看待旅游景区的发展现状?
2. 旅游景区未来发展趋势如何?

能力训练

一、理解与评价

当前,旅游景区与旅游业发展的关系如何,请评价?

二、案例分析

全域旅游发展或将使景区地位边缘化

在由人民网、同程旅游共同主办的"2016全域旅游和景区发展高峰论坛"上,北京第二外国语学院旅游管理学院院长厉新建进行了有关"全域旅游的逻辑和落实"的主题演讲。

厉新建认为,全域旅游发展可能会使景区在整个旅游发展过程中的地位发生变化。原来景区是旅游目的地发展当中的核心,在全域旅游发展过程中,可能会被逐渐边缘化。如果想在被边缘化的进程中重新成为核心,旅游景区需要转型,从卖景观转向卖空间、环境、流量效应,从做平台的角度、做枢纽的角度、做环境的角度、做创意的角度,重新去认识全域旅游发展过程当中的旅游景区的问题。

（资料来源：http://travel.people.com.cn/n1/2016/0420/C41570-28291432.html.）

问题：

1. 如何理解"旅游景区在全域旅游发展过程中，可能会被边缘化"这一观点，尝试谈谈自己的观点？

2. 在全域旅游的发展过程中，你认为旅游景区应该如何应对？

第二章
旅游景区服务管理认知

学习目标

通过本章学习,应当达到以下目标:

职业知识目标:学习旅游景区管理和旅游景区服务的概念与特性,了解旅游景区管理的内容和基本理论,理解我国旅游景区管理的手段;理解旅游景区服务的概念特征,掌握旅游景区服务质量的服务价值链、服务的三步法;了解旅游景区员工服务素养是旅游景区员工上岗的基本要求,能用服务态度和服务形象指导景区员工提升素养,规范其相关技能活动。

职业能力目标:运用本章专业知识研究相关案例,树立旅游景区现代化管理的意识,塑造旅游景区服务工作人员的工作形象。

职业道德目标:结合本章的教学内容,依照行业道德规范或标准,分析企业或从业人员服务行为的善恶,强化职业道德素质。

引例:多家 5A 级旅游景区质量等级被撤销

背景与情境:近年来,全国旅游资源规划开发质量等级评定委员会对部分 5A 景区组织开展了质量等级复核。

2015 年 10 月 9 日下午,国家旅游局在北京召开新闻发布会,通报了国家旅游局对部分景区的处理决定。河北省秦皇岛市山海关景区被取消 5A 级资质,云南省丽江市丽江古城景区等 6 家 5A 级景区被严重警告。

(1) 取消河北省秦皇岛市山海关景区 5A 级资质。

原因有:一是存在价格欺诈,强迫游客在功德箱捐款现象普遍,老龙头景区擅自更改门票价格;二是环境卫生脏乱,地面不洁,垃圾未清理,卫生间湿滑脏乱,清洁工具、施工材料随意堆放;三是设施破损严重,设施普遍老旧,电子设备、寄存柜、展品等损坏严重,长时间无人维修;四是服务质量下降严重,导游、医务等岗位人员缺失严重,保安、环卫人员严重不足。

(2) 因欺客宰客情况严重、交通组织管理不力、安全隐患突出等问题给予 6 家 5A 级景区严重警告,并公开通报,给予 6 个月时间整改。

对云南省丽江市丽江古城景区、广东省佛山市西樵山景区、江苏省南通市濠河景区、浙江省杭州市西溪湿地旅游区、上海市东方明珠广播电视塔、北京市明十三陵景区6家5A级景区给予严重警告,并公开通报,给予6个月时间整改。

(3)因环境卫生差、长期经营管理主体缺失、功能改变、基本设施缺失等原因取消4家景区4A级资质。

取消内蒙古自治区锡林郭勒盟多伦湖景区、重庆巫溪大宁河生态文化长廊景区、江苏常州亚细亚影视城和新疆盐湖城景区4家景区4A级资质。

2016年8月3日下午,国家旅游局在北京宣布,国家旅游局决定撤销湖南省长沙市橘子洲风景区、重庆市南川区神龙峡景区5A级旅游景区质量等级,严重警告天柱山、武夷山、南靖土楼3家5A级景区,并限期整改。

据了解,此次撤销或给予严重警告的5A级景区在旅游安全、环境卫生、秩序管理、设施维护、服务品质等方面存在严重隐患或不达标问题。国家旅游局规划司司长彭德成介绍,湖南省长沙市橘子洲旅游景区安全隐患严重,景区濒水游客集中区和临江游步道,旅游安全巡查服务缺失,检查中发现,时有游客翻越临江警戒线观景或拍照,却无安全管理人员制止或提示。重庆市南川区神龙峡景区存在环境卫生差等问题,厕所卫生脏乱差,异味严重,厕所用具脏乱,随意摆放,损坏严重;景区垃圾桶样杂乱,破损严重,清扫不及时;半边街餐饮区食品加工场所卫生严重不达标。

国家旅游局对5A级景区的管理一直是严格的和动态的,将通过摘牌、警告等手段,督促景区始终坚持以游客为本,不断加强管理,改进服务,提高品质,在蓬勃发展的中国旅游市场中开拓奋进,让每一位游客高兴而来,满意而归。

(资料来源:作者根据网络新闻整理。)

5A级景区是公认的旅游景区的最佳品牌,也是旅游产业发展的重要支撑。近年来,旅游景区在运营管理中出现了各种问题,部分旅游景区服务质量与5A级景区标准相差甚远,提升旅游景区的服务质量成为现代旅游景区发展的重要责任。

第一节 旅游景区管理概述

一、旅游景区管理概述

(一)旅游景区管理的概念

旅游景区管理主要是指景区的经营管理活动,景区在特定目标的指引下,对景区各部门和旅游者进行的统一管理,以实现既定目标的过程。旅游景区作为一个开放的完整系统,管理过程中主要是对旅游景区的人、财、物、资源、产品、信息等进行有效的整合,实现景区的经济、社会、环境效益最大化,并推进旅游景区可持续发展的动态创造性活动。

(二) 旅游景区管理的内涵

1. 景区管理的根本是游客满意

景区管理很大程度上是以满足市场需求为依据的,市场需求的衡量标准是游客满意。只有满足市场的需求,景区才能实现可持续发展。

2. 景区管理的核心是管理者执行管理职能

景区管理就是管理者利用决策、组织、指挥、协调等管理职能进行景区管理,实现景区目标。在工作中,一部分人发挥管理职能,一部分人执行管理职能,这就要求管理者执行管理职能时要制定相应管理制度和标准,确保执行人员按时完成任务。

(三) 旅游景区管理的内容

景区管理是为了旅游景区运行更加有序、各个环节更加安全高效,因此,我们将围绕景区接待服务管理、运营管理、营销管理、组织管理、设施设备管理、安全管理、资源和环境管理来进行。

1. 景区接待服务管理

景区接待服务管理是景区管理的重要内容,接待服务中主要面对的是景区游客,游客是旅游景区的主角,是旅游活动的核心。旅游景区内的大部分工作都是以游客为中心开展的,因此,接待服务管理对于景区质量管理和品质提升十分重要。

2. 景区运营管理

随着信息时代的到来,旅游业也逐渐趋于智慧化和信息化,利用游客的出游信息和数据,获得游客的出行喜好、线路选择以及对景区内旅游产品的关注程度,对于景区的运营以及产品创新有着重要的作用。景区运营管理是智慧旅游时代旅游景区管理中的重要管理内容。

3. 景区营销管理

景区营销是景区发展的动力之一,尤其是在市场竞争越来越激烈的情况下,营销关系着景区的生产和发展。景区营销管理主要包括营销的基本理论和方法、景区营销策略。

4. 景区组织管理

景区组织管理是景区有序运行的保障,是为有效配置景区内部有限资源的活动和机构,主要包括景区组织结构和人力资源管理等内容。

5. 景区设施设备管理

旅游景区设施设备是景区产品的组成部分,是景区服务产品的基础。景区设施设备管理是对各种设施设备使用与保养、维护与管理、改造与更新的系统管理活动。

6. 景区安全管理

安全是旅游景区发展的生命线,没有安全,旅游就没有意义。旅游景区安全管理主要包括景区安全事故表现、智慧安全管理、游客行为安全引导等内容。

7. 景区资源和环境管理

现代旅游景区的竞争很大程度上取决于资源和环境质量的竞争，资源和环境也是旅游景区产品的重要组成部分。旅游景区环境和资源管理主要包括景区内旅游资源、人力资源和景区的卫生管理、绿化管理等。

（四）旅游景区管理的目的

旅游景区管理的目的是实现三大效益，即社会效益、经济效益和生态效益，景区管理的最终目标就是实现三大效益最大化。其中，社会效益是前提，生态效益是基础，经济效益是结果。要实现三大效益必须做好以下几个方面的工作。

（1）保护景区生态资源，培育良好的生态环境。

（2）加强景区管理，为游客提供满意的服务。

（3）发展旅游事业，促进地方经济发展。

（4）处理好各方利益关系，实现可持续发展。

二、旅游景区管理的基本理论

（一）可持续发展理论

1. 可持续发展的理论背景

1980年，国际自然与自然资源保护同盟制定了"世界自然保护大纲"，首次提出可持续发展概念。1983年，联合国成立了以挪威首相布伦特兰夫人（G. H. Brundland）任主席的世界环境与发展委员会（WCED），并于1987年提交了《我们共同的未来》，提出了以可持续发展的原则迎接人类面临的环境与发展问题。1992年，联合国环境与发展大会上通过了《里约宣言》、《21世纪议程》等重要文件，并签署了《气候变化框架公约》，可持续发展得到世界最广泛和最高级的政治承诺，人类对环境与发展的认识提高到了一个崭新的阶段。

2. 可持续发展理论的核心内容

1987年，《我们共同的未来》首次赋予了可持续发展的含义，即既满足当代人的需要，又不损害后代人满足某种需要的能力的发展，其基本思想包含以下三个方面。

（1）经济增长是可持续发展的前提。

可持续发展理论强调经济增长的必要性，不仅要重视经济增长的数量，更要追求经济增长的质量，改变以"高投入、高消耗、高污染"的生产模式和消费模式，实施清洁生产和文明消费。

（2）资源的永续利用和良好的生态环境是可持续发展的标志。

可持续发展理论要求在严格控制人口增长、提高人口素质和保护环境、资源永续利用的条件下，进行经济建设，保障以可持续的方式使用自然资源和环境成本，使人类的发展控制在地球的承载力之内。

（3）社会的全面进步是可持续发展的目标。

可持续发展理论认为，在人类可持续发展系统中，经济发展是基础，自然生态保护是条件，社会进步才是目的。

旅游业曾经被誉为"无烟工业"，但是随着全球旅游业的发展，对一些地区的环境、生态、社会造成了严重的不良后果,主要表现在旅游资源的掠夺性开发、景区的粗放式管理、对旅游环境的污染、对旅游氛围的破坏、对旅游文明的践踏等,因此,旅游业的可持续发展日益得到重视。

3. 旅游可持续发展的途径

旅游可持续发展是指在充分考虑旅游业与自然环境、社会文化、生态环境的相互作用、影响的前提下,把旅游开发控制在环境承受能力之内,努力谋求旅游业与自然、社会文化、人类环境协调发展的一种旅游经济发展模式。

按照联合国教科文组织的建议,实现可持续旅游的手段主要有以下几种。

(1) 旅游承载力。

旅游承载力包括生态承载力、心理承载力、社会承载力和经济承载力。生态承载力是指旅游业发展对环境造成的压力产生的限度;心理承载力是指游客在转向另外景区前,在该地期望得到的最低娱乐程度;社会承载力是当地居民对来访游客的最大忍耐程度,以及游客能接受的拥挤程度;经济承载力是指在不影响当地居民活动的情况下,能进行旅游活动的能力。

(2) 环境影响评估。

环境影响评估是可持续发展的手段之一,能识别旅游项目中可能产生的旅游活动的性质;识别环境中受旅游影响较大的因素;评估旅游对环境的起初和随后影响;管理旅游对环境产生的正面和负面影响;教育旅游者、旅游企业及从业人员和当地居民。

(3) 分区管理。

分区是可持续发展的重要工具,分区管理的目的是保护自然环境与提供娱乐机会,包括时间分区和空间分区。

(4) 游客管理。

游客管理也是可持续发展的重要内容,主要是游客行为的管理,包括编制旅游指南、设施引导、语言引导、集中引导、事前引导与示范引导。管理方法有直接管理和间接管理,直接管理包括实施规则、分区管理、限制活动、限制利用;间接管理包括物理变更、宣传与适当要求。

同步案例　气候变暖致大堡礁珊瑚大面积死亡

背景与情境:据英国《卫报》报道,一项研究发现,由于海水温度的升高,澳大利亚大堡礁的珊瑚礁大面积死亡,严重程度达有史以来最高。专家预测,珊瑚礁群需要15年的时间才能复原。

澳大利亚研究委员会的珊瑚礁研究卓越中心的一项调查发现,澳大利亚大堡礁北部区域700公里长的珊瑚礁群大面积死亡,死亡比例高达67%。

特里·休斯教授表示,2016年死亡的珊瑚礁群大多在大堡礁的北部区域,北部地区也是最原始的一片海域。1998年和2002年该海域曾发生过两次白化危机,但北部区域的珊瑚礁都侥幸逃过一劫,然而近年来由于温度不断升高,导致珊瑚大规模死亡。

特里·休斯称,南部海域三分之二的珊瑚在2016年免遭重创,只受到了较小的损伤,其原因是珊瑚礁受到了南太平洋珊瑚海的低温海水保护。

科学家预测北部区域的珊瑚礁群至少需要10～15年的恢复期,然而科学家也担心在恢复期间会再次发生白化危机,中断缓慢的恢复进程。

澳大利亚政府将向联合国教科文组织世界遗产委员会提交有关珊瑚礁状况的评估报告,以决定如何处理此次珊瑚礁死亡事件。

在澳大利亚政府提交报告后,联合国教科文组织将决定是否再次考虑把大堡礁列入濒危世界遗产的名单中。

澳大利亚政府需要在报告中表明,到2050年前,澳大利亚政府将如何实施可持续计划来资助并保护大堡礁,并且还要陈述此次白化危机对珊瑚礁造成的影响。

澳大利亚政府称,由于异常温暖的水温,导致22％的珊瑚直接发生白化而缺失营养死亡。

气候变暖给大堡礁珊瑚礁群的生态环境造成了威胁。前大堡礁国家公园负责人格莱姆·凯莱赫就曾呼吁禁止在澳大利亚建立新的煤矿,以保护珊瑚礁少受到气候变暖的影响。

凯莱赫是大堡礁国家公园的第一位首席执行官,他在此岗位上工作了16年之久。他表示:"如果澳大利亚一直发展煤炭工业,那么就不可能还给大堡礁一个健康的生态环境。我热爱这片珊瑚礁,从1979开始,我的工作就是保护它们,我不允许任何事物来破坏它们的生活环境。"

(资料来源:http://news.ifeng.com/a/20161130/50340033_0.shtml.)

问题:用可持续发展理论评析本案例。

(二)全面质量管理理论

1. 全面质量管理的发展

1956年,美国通用电器公司的费根堡姆和质量管理专家朱兰提出了全面质量管理(total quality management,TQM)的概念,认为全面质量管理是为了能够在最经济的水平上,考虑到充分满足客户要求的条件下进行生产和提供服务,把企业各部门在研制质量、维持质量和提高质量的活动等构成为一体的一种有效体系。

全面质量管理注重消费者需求,强调参与团队工作,并力争形成一种文化,以促进企业员工持续改进组织所提供产品或服务的质量、工作的过程和顾客反应时间等。全面质量管理有三个核心特征,即全员参加质量管理、全过程的质量管理和全面的质量管理。

2. 全面质量管理的应用

随着全面质量管理的传播,质量管理开始被应用于各个行业,服务业也开始普遍实行质量管理。20世纪后期,美国一些银行、航空公司为了解决资金方面的问题,逐步开始运用质量管理的思想和方法,并取得了显著效果。同时,世界各国也纷纷设立国家质量奖,以促进全面质量管理的普及和提升企业管理水平及企业竞争力。

旅游景区作为游客重要的旅游目的地,游客对旅游景区产品和服务的需求也在不断提升,因此,景区的全面质量管理对于景区的发展来说十分必要。

3. 全面质量管理的实现途径

旅游景区的全面质量管理必须在市场调研、景区产品的选择、可行性研究、旅游产品设计、旅游产品生产、景区营销、游客体验满意度等各个环节中进行。其中,旅游产品的设计是全面质量管理的起点,产品的生产是实现产品质量的重要过程,而产品质量可在旅游市场中得到验证。

(三)景区生命周期理论

旅游景区会随着时间的推移发生一定的演变,这一现象也被学者们发现并进行研究,1980年,加拿大地理学家巴特勒(Butler)提出了旅游景区演变周期的概念,成为学者们比较认同的旅游景区生命周期发展理论。

1. 景区生命周期理论的产生

巴特勒认为,景区也像产品一样,也要经历一种从"兴盛到凋零"的过程。因此,巴特勒提出,旅游景区的演化要经过6个阶段:探索阶段、参与阶段、发展阶段、稳固阶段、停滞阶段、衰落或复苏阶段。

(1)探索阶段。旅游景区或旅游产品刚进入市场,市场增长缓慢。

(2)参与阶段。旅游景区或旅游产品被市场逐渐接受,游客逐渐增多,旅游市场范围也界定出来。

(3)发展阶段。旅游景区或旅游产品被市场迅速接受,旅游者人数继续上涨,市场逐渐壮大。

(4)稳固阶段。旅游景区或产品被大多数潜在市场接受,市场需求量逐渐饱和,增长率趋缓,但总的游客量还在增加。

(5)停滞阶段。在这个阶段,旅游环境容量已达到或超过最大限度,导致许多经济、社会和环境问题产生。

(6)衰落或复苏阶段。该阶段旧的旅游产品已经满足不了游客的需求,或者新的产品的出现逐步取代了旧的产品,因此,旧产品的市场逐渐缩小。此时景区的发展有两种可能:一是创造新的产品,改进旅游设施或管理理念,游客被重新吸引,景区进入复苏阶段;二是没有新的产品、设施设备、管理理念等,景区进入亏损衰落阶段。

2. 景区生命周期理论的应用

旅游景区生命周期理论为旅游景区发展历程提供了一整套模式,为旅游景区发展发挥了重大的作用。

首先,有利于研究者或景区管理者掌握景区的发展阶段,为分析景区发展提供了依据。根据该理论,景区应在"稳固阶段"就及时策划更新旅游产品、服务、设施等,尽可能延长景区生命周期。

其次,有利于研究者或景区管理者预测景区或行业未来的发展趋势,景区可以根据发展情况分析发展阶段,同时预测竞争对手出现的时段,并及时制定相应的应对策略。如当景区经历了"参与阶段"的游客数量迅速上涨、利润迅速上升之后,游客增长趋于稳定,此时竞争对手也将迅速出现,景区便进入了"发展阶段"。

最后,有利于研究者或景区管理者制定规划方案,根据不同的发展阶段制定相应的营销和管理策略。

（四）旅游体验理论

1. 旅游体验理论的提出

旅游体验理论是由美国人托马斯·戴维逊提出，他在《旅游真是产业吗》一文中提出："旅游是一种经历或过程，不是一种产品——这种经历又是相差悬殊的。"旅游的本质是一种体验活动，是旅游者离开居住地去其他地区旅行时所获得的一种丰富的经历和感受，不同的旅游者对于同一个旅游地的感受是完全不同的，但是他们旅游所追寻的本质是快乐或舒畅。

2. 体验的高峰——畅爽

1975年美国芝加哥大学心理学家、教授米哈里·契克森米哈博士提出了最佳体验标准——"畅"的概念，即"具有适当的挑战性而能让一个人深深沉浸于其中，以至于忘记了时间的流逝，意识不到自己的存在。""畅"的体验具有七个特征，即注意力集中、短暂、具有丰富的感知、忘却自我、全身心投入、忘却时间和空间、尽情享受和暂时忘掉忧虑。高峰体验和"畅"的概念的总结提出了游客体验的最高境界，对于景区产品开发和设计具有很强的指导意义。

3. 畅爽体验的塑造方法

米哈里·契克森米哈博士提出了塑造畅爽体验的方法：一是把工作看成玩游戏，制定游戏规则、目标，尝试克服某些挑战和给予奖赏；二是拥有清晰的目标；三是全神贯注；四是享受过程；五是欣喜若狂；六是高峰生产力。

畅爽体验的提出对于景区开发与管理具有重要的意义，景区可以根据游客的需求设计体验产品，将体验产品主题形象化，以正面线索强化主题印象，消除消极体验，提供纪念品，重视对游客的感官刺激，以达到增强体验的效果。

第二节　旅游景区服务认知

旅游景区代表国家或地区的文明程度，其服务质量的高低直接影响到目的地对游客的吸引力。高品质的服务能给景区带来良好的市场形象，给游客带来好的旅游感受，提升景区的竞争力，是景区可持续发展的关键。

一、旅游景区服务

（一）旅游景区服务的概念

旅游景区服务是指景区工作人员借助景区的旅游产品、服务设施和服务技能，为游客提供便利的服务活动。旅游景区服务概念从不同角度理解指向不同，从景区角度来看，景区服务是景区向游客提供的具有一定品质的无形产品，而且是重要产品，游客对服务的满意程度往往比景区的风光景致、文化内涵更能影响其在游客心目中的形象。所以旅游景区的经营管理要以服务为中心,服务质量是景区整体竞争力的重要内容。

(二)旅游景区服务的特征

1. 服务对象的差异性

旅游景区服务的是不同身份、职业、性别等不同的游客,不同游客群体差异性明显,他们的消费需求和动机、兴趣、爱好等不同,但他们的共同目标都是希望得到优质的服务。因此,景区服务工作要想得到不同游客群体的赞许,是一件非常难的事。

2. 服务产品的无形性

景区服务工作是无形的、不可储存的,而且具有看不到、摸不着的特点,它不同于实物产品是有形的,对于游客而言,景区服务在于旅游体验需求的满足和感觉;对于景区来说,它虽然也属于景区旅游产品的重要内容,但它是无形的。

3. 服务内容的复杂性

景区的服务内容是多样性的、综合性的服务,从服务的表现形式来分析,景区服务可以分为硬件服务和软件服务,硬件服务包括旅游接待设施服务,如检票处服务、设施设备服务、公共厕所等,软件服务包括如咨询服务和导游讲解服务等。从与服务对象的密切程度来分析,可以分为直接服务和间接服务,直接服务是指直接提供服务的设施(如游览、饮食设施)与人员服务,间接服务包括有关的设施(如通信、急救设施)与人员服务。旅游景区服务实际上是通过给游客提供一种愉悦的经历来完成的,要保证每一项服务都到位,每一个环节都顺畅,每一位游客都满意,这项工作是十分复杂的。

4. 服务条件的多样性

对于不同景区来说,景区的资源和服务设施大不相同,即使是相同的景区,服务人员的素质也不尽相同,不能保证服务的同时性和相同性,因此,服务条件是多样化的。

二、旅游景区服务的内容

旅游景区提供的服务产品具有复杂性和综合性,它的服务内容也不尽相同,不同类型的景区如风景名胜区、主题公园、旅游度假区等的个性特点、景点内容、功能体系和所处区域不同,其服务内容也会有所不同,因此,每一个景区的服务除了有一些共通之处外,还具有不同的风格和特点。旅游景区的服务内容主要包括景区咨询服务、票务服务、排队服务、讲解服务、商业服务等。景区的接待服务是游客对景区的第一印象。表 2-1 所示为不同类型旅游景区服务的主要内容。

表 2-1 不同类型旅游景区服务的主要内容

类型 环节	风景名胜区	主题公园	旅游度假区
不同环节	索道服务	娱乐设施服务	养生、运动休闲服务
相似环节	票务服务、排队服务、咨询服务、讲解服务、商业服务		

（一）景区咨询服务

在大众休闲旅游时代，自由行游客越来越多，游客会通过各种渠道了解和咨询景区信息，游客咨询信息时一般会通过电话咨询、网络平台咨询和景区内直接当面咨询来实现，景区须为游客提供咨询服务。

（二）景区票务服务

票务服务主要包括售票服务和检票服务。售票服务是游客购买景区门票的过程，目前游客购买门票的渠道有网络平台、现场人工或智能售票机等。验票服务是景区检验门票和统计游客量的过程。

（三）景区排队服务

排队服务是游客进入景区之前验票等候或参加景区内某一项活动时的等候环节，在游客密集时段，对于景区来说，排队服务是一个关键环节。游客排队过程中的引导服务可以缓解游客等待时的焦虑心情，并保证人群密集时的安全。

（四）景区讲解服务

景区讲解服务是为使游客更好地了解景区而进行的景点知识内容讲解的过程，景点讲解服务包括人工讲解、电子导游讲解、智能讲解系统等。

（五）景区商业服务

景区商业服务包括接待设施服务、住宿服务、交通服务、娱乐设施服务、纪念品服务、生活用品服务等。

三、旅游景区服务质量

旅游景区服务质量是指以景区的资源、设施、环境为基础的服务产品带给游客的感受，以游客满意度为衡量标准。景区服务质量包括硬件质量和软件质量，硬件质量指景区交通、设施、商品等实物的质量，软件质量指景区环境、工作人员的素质等无形产品的质量。

（一）旅游景区服务质量

旅游景区服务是由不同的服务项目、服务岗位来实现的，因此旅游景区的服务质量是由各个服务项目和环节共同组成的，每一个服务项目和环节都是不可或缺的组成部分。参照迈克尔·波特的企业竞争优势价值链，分析景区服务质量的环节（见图 2-1）。

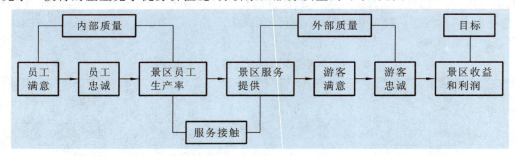

图 2-1　旅游景区服务价值链

旅游景区服务质量可以由内部质量和外部质量来保证,内部质量主要是指景区内部员工为主导的服务生产率,外部质量是指游客为主导的满意和忠诚程度,景区内部服务质量直接影响外部质量的产生,而连接内外服务质量的是服务接触。服务接触是实现景区服务的重要环节。

(二)旅游景区接待服务三步法

旅游景区服务质量是由服务接触来完成的,服务接触的各个环节都有各自的核心服务,每个岗位的核心服务是不同的,但是服务接触的基本环节都是相同的,每次服务接触都包含迎客、服务和送客的三个部分。

迎客是每位工作人员在看到游客时积极主动为其提供服务,并通过目光关注、微笑、语言问候来迎接客人。确定游客向自己走来或途中遇到游客应主动关注对方,并向对方问候,如:"您好,欢迎光临。"

服务是景区服务接触的核心,此时对工作人员的要求是服务语言亲切和蔼、服务仪态标准规范、服务态度积极主动、服务内容专业到位,以上都会给客人留下直观的印象。

送客是服务接触的结束,是服务中的重要环节,是优质服务的品质收尾,一般要求服务人员在对客服务结束时配合肢体语言说"祝您游玩愉快"。

同步思考

"呀诺达"特色服务

呀诺达景区在服务品质的提升上不断创新,在开园之初便推出呀诺达"V"字礼特色礼仪服务,全体员工对游客均行"V"字礼,口喊"呀诺达",代表欢迎、祝福的含义,整套礼仪包括欢迎、欢送、避让等都有规范的特色礼仪动作,一经推出便受到游客高度赞誉,已成为呀诺达的核心品牌,在此基础上,景区在2011年又推出了呀诺达精灵舞,每到正点音乐响起,全体员工便跳起以呀诺达"V"字礼改编的呀诺达精灵舞与游客互动,增进游客体验的趣味性,让游客沉浸在欢乐的海洋。

(资料来源:http://news.ifeng.com/gundong/detail_2013_10/13/30274511_0.shtml.)

问题:呀诺达的服务品质创新的途径是什么?

分析提示:接待服务规范的创新。

第三节 员工服务素养塑造

职业化是一种工作状态的标准化、规范化、制度化,即在合适的时间、合适的地点,用合

适的方式,说合适的话,做合适的事情。景区员工服务素养的塑造有利于提升员工的职业化素养,同时提升景区的服务质量。

一、服务态度

景区优质服务的核心是员工有职业化的服务态度,员工的服务态度对景区服务质量起着决定性的作用,没有端正的服务态度就没有高水平的服务质量。

(一) 尊重服务对象

尊重他人是一种高尚的美德,是个人内在修养的外在表现,是人和人之间真诚交往的基本原则。尊重服务对象是在景区服务过程中景区工作人员与游客交往中最核心的原则。

1. 尊重的三种境界

尊重服务对象是景区工作人员的服务语言、动作以及服务态度让游客感到舒服,感觉受到重视。服务工作中的尊重有三种境界,一是让服务对象感到舒服、满意,二是让服务对象感到惊喜,三是让服务对象感动。

同步案例　安吉帐篷客野奢度假酒店三重服务新标准

背景与情境:在一些传统旅游酒店为入住率发愁时,一部分创新酒店却是宾客盈门、供不应求。景域集团旗下的安吉帐篷客野奢度假酒店,不但结合万亩白茶园创新开发了帐篷度假酒店、特色美食餐饮、户外休闲运动、亲子体验活动等多种业态产品,而且推出了"满意服务、惊喜服务、感动服务"的三重服务新标准。

满意服务是基础服务,参照五星级酒店的标准服务加上人性化的服务,比如时刻保持微笑。

惊喜服务是特制服务,比如生日的惊喜或纪念日的特别安排。

感动服务是最高级的服务,一般是通过服务员的细微观察,发现一些特别之处或者帮助客人解决比较大的麻烦,给客人意想不到的感动。

(资料来源:http://www.dotour.cn/article/25290.html。)

问题:分析安吉帐篷客野奢度假酒店的三重服务新标准,对今后的服务有何启示。

2. 尊重的行动路径

尊重服务对象对于景区服务工作十分重要,实现尊重的路径主要是关注对方、理解对方、付出行动。

首先关注对方,通过注视来观察游客的行为,注视过程中不能紧盯着对方,也不能斜眼看对方,应该表现得大方得体。景区工作人员应该善于观察游客行为,善于发现游客需求。

其次理解对方,也就是换位思考,通过游客行为判断游客的需求,并换位思考游客的感受。景区工作人员换位思考并理解游客需求。

最后付出行动,通过换位思考,给游客提供景区或工作人员力所能及的帮助或指引。景区工作人员应主动为游客提供服务和帮助。

同步案例　景区好人好事不断，彰显服务品质

背景与情境：瑶琳仙境是桐庐旅游的首选景点，常年游客不断，尤其是暑假期间，游客更是络绎不绝，景区内经常出现各种好人好事。

2016年8月20日，景区保洁员许林凤像往常一样在停车场清扫，意外发现一个白色的手提包，打开一看，内有1部苹果手机、1个钱包，钱包里有700多元现金、1张身份证、3张银行卡，以及各类会员卡等物品。当时她只有一个念头，就是尽快将手提包交还给失主，免得失主着急。为了将手提包在第一时间归还失主，她冒着高温一直在原地等了近半个小时，希望失主能返回寻找，但迟迟没有人来认领。于是许林凤将钱包原封不动地转交到景区办公室，请景区办公室人员帮忙查找。经过一番周折，终于找到了失主干女士。经当面核对，手提包内的物品无误，钱包里的钱分文不少，证件齐全。工作人员把手提包及相关物品交还给了失主干女士。

原来，失主在游玩瑶琳仙境后因手上抱着小孩直接在停车场上了车，一时疏忽将手提包落在了停车场。失主对许林凤这种拾金不昧的精神赞不绝口，十分感激，并且当即从钱包中拿出500元要给许林凤，但许林凤婉拒说："我只是做了该做的事，捡到东西就是应该归还失主！"朴实的话语令失主干女士十分感动，专门请人制作了一面锦旗送到景区，以表诚挚谢意。

（资料来源：http://ww.52114.org/wx/show-1897112.html.）

问题：请用尊重的行动路径来分析以上工作人员的表现。

（二）服务心态健康

1. 健康心态的意义

良好的心态是景区工作人员积极工作的源泉，心态即心理状态，它是介于心理过程和个性心理特征之间的状态，既有暂时性又有稳固性的心理特征的统一表现。景区工作人员的健康服务心态可以通过景区的积极引导进行塑造，并且需要不断地补充正能量。

对于游客来讲，来到景区是寻求快乐的体验的，除了景点或设施可以带给他们良好的感受外，景区工作人员健康的服务心态可以引导或影响游客的心情。

2. 健康心态的塑造

企业文化培育是企业塑造员工健康心态的重要法宝，如迪士尼员工管理的重要理念是Follow me to the best job in the world（跟着我，你会得到一份世界上最好的工作）。员工加入迪士尼后会进行不断地企业文化培训，企业文化引领员工走向企业所希望达到的目标。员工在企业每天接受的都是快乐的信息和理念，因此传达给游客的也是快乐。

同步案例　迪士尼：没有快乐的员工，哪来快乐的顾客？

背景与情境：迪士尼招收新员工时的口号是：Follow me to the best job in the world。迪士尼深知，没有快乐的员工，哪来快乐的顾客？欢乐等于财富！这也是这个世界最著名的娱乐业品牌的企业精神所在。公司每年会召开一次员工大会，

向员工颁发R. A. V. E.奖(R-respect,A-appreciate,V-value,E-everyone)。

因为迪士尼的工作人员来自世界各地,代表了不同的文化。大家相处要学会互相尊重、互相包容,这也是迪士尼企业文化提倡的"Diversity"(多样生存,四海一家)。在迪士尼的员工手册上有一条关于"平等就业机会"的条文:对所有职员、求职者,公司不以种族、宗教、肤色、性别、年龄、国籍、生理缺陷等作为聘用提升的考虑因素。这种包容性的文化保证了迪士尼的创造力和活力,并最终成为企业最宝贵的竞争力。

迪士尼公司非常注重对员工家庭的关怀,即Family Fun。每个员工的工作都离不开家庭的支持,工作满三个月的员工都可得到公司发送的4张可全年使用的能进入任何一个主题公园的门票,这张门票为电子票,每次与员工的身份证一起使用,且每次能带3人入园。员工每次有亲戚朋友来,都能很自豪地带家人朋友到迪士尼游玩。奥兰多迪士尼有4个主题公园、2个水公园、24个度假区。员工凭员工卡可享受预订酒店5折的优惠,在购物方面也可以享受特别折扣。迪士尼的员工宿舍除了有健身设备、游泳池外,还专门有一个叫Micky's Retreat(意为米老鼠的回报)的地方,里面有篮球场、足球场、网球场、赛艇等设施设备,以供员工娱乐及团队精神训练之用。每年迪士尼都会在这里举办一些员工娱乐的主题活动。

(资料来源:http://www.sohu.com/a/121408987-558491.)

问题:请分析员工服务心态塑造的方法。

二、服务形象

服务形象是指景区工作人员服务时,在游客面前树立的形象,包括外在形象、品德修养等,它主要通过衣着打扮、言谈举止等来反映。

景区工作人员的形象也是一个人内在品质的外部反映,它是反映一个人内在修养的窗口。景区工作人员的形象除了反映自身形象外,还反映了景区的整体形象和管理水平。因此,景区管理者应对工作人员的形象做严格要求,工作人员应该按照景区的要求积极塑造自身的形象。

(一)仪容规范

仪容指一个人的容貌,是按照社会的审美观念进行修饰后的容貌。景区工作人员的仪容规范是指景区工作人员对自身面容和发型以及人体所未被服饰遮掩的肌肤的修饰,这些修饰根据景区自身性质和岗位性质的不同而不同,如主题公园根据活动的主题要求扮演角色的员工有特殊妆容,大部分景区仪容修饰的要求为干净、整齐、健康、美化。

1. 发型要求

男士:头发长度不长于7 cm,前不覆额、侧不掩耳、后不及领。

女士:梳理整齐,长发要盘起或挽起,短发不过肩。

注意:不论男士、女士,不能留前卫发型,不要在头发上乱加装饰物品,不宜使用彩色发胶、发膏;男士不宜使用任何发饰;女士发饰应以蓝、灰、棕、黑为主。

2. 面容修饰

景区工作人员面容修饰主要包括眼睛、耳朵、鼻子、嘴巴、胡须、脖颈，需要做到整洁、健康，女士工作妆要以淡妆为主。

(二) 仪表规范

仪表主要是指服饰的搭配，景区工作人员的仪表规范是根据景区性质所进行的景区工作人员的服饰设计及穿着要求。景区员工制服是景区性质和品质对外宣传的形象，景区一般会根据景区性质设计相应的制服或工作服装，因为统一、优质的制服不仅能提升员工的职业形象，也可以塑造景区的形象。

景区工作人员应按照要求穿着搭配，按照标准佩戴胸牌，不佩戴夸张的饰品等，图 2-2、图 2-3 分别为迪士尼景区和深圳欢乐谷景区的员工形象。

图 2-2　迪士尼景区员工形象

图 2-3　深圳欢乐谷景区员工形象

(三) 仪态规范

仪态是一个人的行为和风度，是一个人内在修养的展现。景区工作人员的仪态要求文明、优雅、敬人。仪态修饰主要包括挺拔的站姿、优雅的坐姿、优美的步态、适当的手势等。

1. 挺拔的站姿

挺拔的站姿是指工作人员在岗时应保持的姿态，如检票、咨询、讲解、销售等岗位，站姿的具体要求有：头正、颈直、肩平、胸挺、腹收、腰立、腿靠，男士脚位可以是并列式和"V"字形，女士脚位可以有小"丁"字形和"V"字形。

在岗时不准倚门、靠墙、靠柱，与游客互动时不要叉腰、两手抱胸，手不要随意插入衣袋、搓脸、弄头发，身体不能依靠物体歪斜站立，也不要出现身体晃动、腿抖动等动作。

图 2-4、图 2-5 分别为深圳欢乐谷景区和杭州雷峰塔景区员工的站姿。

2. 优雅的坐姿

坐姿是站姿的延伸，景区中售票岗、咨询岗等工作人员需要坐立工作，因此，需要保持优雅的坐姿。身体正直、挺胸收腹、腰背挺直，在岗位中不要过于放松，瘫坐在椅上等。

3. 优美的走姿

走姿可以展现一个人的风度、风采、自信和干练，景区工作人员在引领游客或为游客提供讲解服务时，走姿应稳健协调、轻盈自然。工作人员自行前进时应靠右行，引领游客前进时应根据场地的变化适当地变换引领位置，引领客人上下楼梯或台阶时，应保持高位为尊的

图 2-4 深圳欢乐谷景区员工的站姿

图 2-5 杭州雷峰塔景区员工的站姿

原则,引领客人前进时应坚持以右为尊、安全为先、观景为先的原则。

4. 适当的手势

手势是运用手指、手掌、拳头和手臂动作的变换,表达思想情感的一种体态语言。景区工作人员在工作中应使用规范化的手势,手势宜少不宜多、不宜大,避免出现用手指乱指、乱掏、乱抓的现象,不要用手指制造声响。

(四) 服务语言规范

服务语言是员工在服务过程中使用的语言,是员工素质和水平的重要体现,并直接影响景区服务工作的成败。规范的服务语言表达需要以下技巧。

1. 称呼恰当

主要包括区分对象、照顾习惯、有主有次,指工作人员根据服务对象的不同,对游客的称呼恰当,有主有次。

2. 口齿清晰

主要包括语言标准、语调柔和、语言谦恭,服务时工作人员应以标准的普通话为主。

3. 用词文雅

工作中应语言文雅,多用文明礼貌用语,如"请、您好、对不起、谢谢、再见"等,不讲粗话、脏话、怪话、废话。

4. 有声服务、轻声服务

对客服务时服务语言应让游客听得到,声音不能太大也不能太小,轻声服务主要包括说话轻、走路轻、操作轻。

三、服务技能

服务技能是指员工在所从事的专业岗位上，具备专业的理论、技术和技能，以及具备的创新意识和创新能力。职业化技能对景区员工的基本要求是服务流程规范、专业技能娴熟。

(一) 服务流程规范

服务流程规范主要是指对景区接待服务工作的范围、内容、程序和处理方法进行分析，并制定岗位服务标准，从而把工作流程化、标准化，同时也把工作同相应的部门及人员联系起来。有了规范的业务流程，景区工作人员就可以按照统一的流程和标准服务客人，从而避免凭个人经验办事、一人一种做法、工作互不统一的混乱状况。

规范的服务流程是服务质量的保证，景区工作人员只有掌握了标准化的服务流程，才能对游客开展个性服务。

同步案例　被丢弃的门票

背景与情境：南京中山陵景区的入口处，游客王某一家正在排队通过检票口，检票工作人员李某在一一核对游客的门票信息，核对完成后将门票还给游客，到王某一家时，李某检票完成后随手将票递给王某时王某没接住，票掉到了地上，李某未采取任何措施便准备去检下一位游客的票，此时游客王某很不开心，让李某把票捡起来，但李某没有捡，且态度很不耐烦，僵持了一会后，李某才把票捡起。随后，王某将李某投诉到景区投诉中心。

问题：分析景区检票人员被投诉的原因。

(二) 专业技能娴熟

专业技能是景区不同岗位工作人员必须具备的核心服务技能。景区员工不仅需要具备丰富的景区专业知识，还需要具备自身岗位的专业技能、专业技术以及创新意识和创新能力。景区服务岗位不同，服务内容也不尽相同，每个岗位具有自身的特殊性和差异性，因此，工作人员需要具备娴熟的专业服务技能，只有专业技能娴熟才能保证服务质量。

四、服务效率

服务效率是指景区员工的工作效率，主要包括团队协作意识和员工的双向沟通技能，团队协作和沟通技能是景区员工在工作中有效管理的体现。

(一) 团队协作意识

旅游景区是一个多部门、多岗位的机构繁杂的企业，拥有众多的人力资源，不同部门和岗位都是一个团队。为了实现景区共同的发展目标，每个团队、每个员工都有自己的任务和目标，他们之间只有相互协作、相互激励才能高效地完成目标。景区员工需要统一思想，提高认识，分工协作，和谐处事，为实现个人、团队和景区的共同目标而努力。

(二) 善于双向沟通

沟通从字面意思理解，沟即水道，通即顺畅。景区服务中的沟通是景区工作人员或管理

者通过语言和行动向游客传递信息和情感的过程。沟通的目的是帮游客解决问题,建立情感。沟通中应把握的原则是积极主动、仪态规范、尊重真诚、委婉得当、认真倾听、面带微笑、求同存异。沟通中的语言表达要把握技巧,注意说话的场合,考虑游客的性别、年龄、背景,说话要简洁精练,同时沟通中还要美化自己的声音。

五、职业道德

景区员工的良好职业道德品质是景区服务工作的基础。职业道德要靠良好的个人修养和丰富的基础知识来支撑。景区工作人员需要面对形形色色的游客,在某些情况下,服务过程中游客容易因误解和不满与员工发生争执,这就要求员工具有良好的个人修养和强烈的服务意识,奉行克制忍让的原则,为游客提供优质服务。良好的职业道德可以通过景区职业素养的培养和自身能力的不断学习。

教学互动

互动问题:你去异地旅游时给你留下印象深刻的景区服务有哪些?

要求:

1. 教师提出问题,组织学生根据自身经历进行互动讨论。
2. 教师把握好讨论节奏,学生发言,教师总结点评。

本章小结

内容提要

本章主要讲述了旅游景区管理概述、旅游景区服务认知、员工服务素养塑造三部分内容。

旅游景区管理概述中介绍了旅游景区管理的概念和内容,着重介绍了景区管理的理论,包括全面质量管理理论、可持续发展理论、旅游景区生命周期理论和旅游体验理论。

旅游景区服务认知介绍了旅游景区服务的概念、特征、内容,以及旅游景区服务质量和旅游服务质量。

员工服务素养主要包括服务态度、服务形象、服务技能、服务效率和职业道德。服务态度包括尊重服务对象、服务心态健康;服务形象包括服务中的基本礼仪规范、站姿、坐姿、走姿、手势、表情等;服务技能包括服务流程规范、专业技能娴熟;服务效率是指团队协作意识和善于双向沟通;职业道德要靠良好的个人修养和丰富的基础知识来支撑。

核心概念

旅游景区管理;旅游服务;旅游服务质量;旅游服务价值链;接待服务三步法;服务素养;职业形象

> 重点实务

旅游景区接待服务三步法；旅游景区员工素养塑造。

> 知识训练

一、简答题

1. 什么是旅游景区管理的概念？管理中用到的理论有哪些？
2. 旅游景区服务的概念是什么？它有什么特征？
3. 旅游景区员工素养包含的内容有哪些？

二、讨论题

1. 旅游景区生命周期理论对景区发展有什么作用？
2. 旅游景区服务形象与服务技能哪个更重要，为什么？

> 能力训练

一、理解与评价

员工的职业化形象在景区工作中起到什么作用？员工职业化形象包含的内容有哪些？

二、案例分析

迪士尼的服务创新

作为世界最大的传媒和娱乐巨头，迪士尼旗下的迪士尼乐园，除了拥有高科技的游乐设备、有趣的表演活动、清新洁净的环境、高雅欢乐的氛围、配套完善的服务设施以外，高品质、高标准和高质量的服务，也是迪士尼乐园的核心竞争力。迪士尼乐园里，一个新的演职人员在真正与游客接触前，要经历两个月的专业培训，让员工由内而外散发出感染力与亲和力；迪士尼坚持"微笑服务"，要求每个员工都是"微笑服务大使"，面带微笑，不许皱眉头；迪士尼要求每个员工都是"多面手"，每个人除了做好本职工作外，还要随时帮助游客指路和拍照（禁止员工用"一指禅"给游客指路，员工必须会使用各种相机照相）；与小朋友讲话要蹲下且耐心地沟通；回答游客提问时不能回复"不知道"三个字；下到普通员工，上到 CEO（首席执行官），每个员工都有捡垃圾的职责，且捡垃圾的过程中要快速拾起垃圾，不能有明显的停顿与蹲下动作。此外，迪士尼的服务设施也是精益求精且布局合理，乐园不仅拥有自动提款机、急救站、外币兑换处、婴儿护理室、行李寄存处、商品快递等，还有体外自动心脏去纤颤器、助听器感应设备、婴儿车及轮椅出租等。根据 TEA&AECOM（主题娱乐协会和经济咨询团队）《全球主题公园发展报告 2015》显示，2015 年全球 TOP10 主题公园集团中，迪士尼集团以年接待 1.379 亿游客人次稳居榜首，全球 TOP25 主题公园中，迪士尼集团旗下主题公园占据 11 席，且排名遥遥领先。迪士尼乐园获得巨大成功的原因，不仅仅靠产品的"好玩"，很大程度上靠服务的"可亲"。迪士尼最为游客称赞的是它高品质的服务质量，以及热情友好的员工。

（资料来源：http://www.dotour.cn/article/25290.html.）

问题：
1. 迪士尼是如何做到年接待1.379亿人次的？
2. 迪士尼是如何提升服务质量的？
3. 旅游景区优质服务的要点有哪些？

第三章
旅游景区票务服务

学习目标

通过本章学习,应当达到以下目标:

职业知识目标:通过学习景区票务接待服务的意义,熟悉门票概述、订票方式,掌握门票未来发展趋势;熟悉票务接待服务中的订票服务、售票服务、验票服务的内容和类型;掌握智慧景区智慧订票、售票和验票的服务方法。

职业能力目标:运用本章专业知识研究相关案例,树立智慧景区售票管理观念,掌握优质服务流程;通过订票、售票、验票服务流程的基本操练,培养相关专业技能。

职业道德目标:结合本章的教学内容,依照行业道德规范或标准,分析工作内容,树立优质服务的理念,强化职业道德素质。

引例:新门票见证"互联网+"智慧景区新时代

背景与情境:2015年7月15日,对龙门石窟而言,是注定载入史册的日子:"互联网+龙门"智慧景区上线运营,为配合"互联网+龙门"智慧景区运营,龙门石窟景区全新门禁系统也成功启用。新启用的门票,成为"互联网+龙门"智慧景区步入发展新时代的见证。

打开微信,关注龙门石窟官方订阅号,微信支付自助购票,在大石门入口处将手机上的微信二维码门票在闸机上扫描,只需3秒钟,即可入园游览。

如此便捷、快速、炫酷的入园方式,随着7月15日"互联网+龙门"智慧景区的上线运营,已经在龙门石窟景区成为现实。据龙门石窟景区票务中心统计,自7月15日起,每天使用微信购票入园的游客数量在逐渐增加。

新系统兼容明信片门票、微信门票等入园方式,具备多项高科技功能,旨在打造一流景区票务门禁系统,为"互联网+龙门"智慧景区增色。

1. 为游客带来"互联网+"第一体验

"在融入互联网的浪潮中,除千年大佛永恒不变外,其他所有的一切都将逐步改变。"于迎表示,"互联网+龙门"智慧景区上线运营,将给龙门石窟的旅游体验、

管理模式等带来质的提升。

门禁系统作为智慧景区的第一关口，至关重要。对景区而言，门禁是游客的第一体验。无论是购票还是入园，是否方便、快捷，毫无疑问会令游客对整个游览过程形成第一印象。作为全国首家"互联网＋"智慧景区，龙门石窟景区的票务门禁系统，必须融入"互联网＋"的时代潮流，留下"互联网＋"的时代烙印。

2. 打造"互联网＋"智慧景区门票新标杆

龙门石窟景区自20世纪50年代开始对游人开放，门票材质从简易的单色纸质门票到绚丽多彩的彩色门票，设计从单一的进门凭证到集门票、纪念卡、邮资片等多种功能于一体的艺术品，再到如今体现"互联网＋"时代元素的最新门票，这些种类繁多的门票，不仅生动再现了龙门石窟丰富的人文与自然景观，更反映了龙门石窟自新中国成立以来的沧桑巨变。

按照"门禁是游客第一体验"的要求，新系统除传统的邮资明信片门票外，还采用网络购票、二维码扫描入园、指纹识别入园、人像识别入园等国内最先进的技术，打造全新门禁系统，除大家熟知的纸质邮资明信片门票外，还可兼容手机微信、指纹、二代身份证等多种入园方式，满足"互联网＋"智慧景区的需要。

对手机自助微信购票的游客，扫码通过闸机仅需3秒钟，减少排队购票、等候入园的时间，可更好地满足旅游体验。

龙门石窟景区相关负责人介绍，经过前期培训和近期实践磨合后，"互联网＋龙门"智慧景区全新门禁系统上线运营良好，发挥出了预期效应。

如今，无论是印刷精美的纸质邮资明信片门票，还是在手机中的二维码电子门票，全部融入了"互联网＋"的时代元素，记录龙门石窟发展变迁、融入时代潮流的实践，成为宣传龙门文化的载体，成为"互联网＋龙门"智慧景区的最有力见证！

（资料来源：http://gb.cri.cn/43871/2015/07/22/7751s5039484.htm。）

旅游景区门票是游客进入景区的凭证，旅游景区门票见证了旅游业的发展，同时旅游景区票务服务是游客进入景区的第一道窗口，票务服务质量影响着游客对景区的第一印象。

第一节　门票概述

一、门票概述

（一）门票的概念

旅游景区门票是游客进入景区的凭证，是提供给游客进入游览参观、科学教育、文化娱乐等场所印制的带有宣传、留念性质的入门凭证。在国家旅游局颁布的《旅游景区质量等级的划分与评定》细则中，景区的门票需要设计制作，设计制作要有特点或成套制作，且外观精美；门票背面有游览简图，以及咨询、投诉、紧急救援电话等。因此，景区门票既要有美学价值，又要有实用功能，从游客角度来讲，门票具有留念、导览功能；对于景区来说，门票是景区的宣传工具和统计游客量的重要工具。

(二) 门票的特性

旅游景区门票是集艺术性、科学性、经济性、实用性和创新性于一体的景区对外宣传的渠道，以及游客进入景区的凭证。

艺术性是要求景区门票设计具有整体的美感，设计制作要精美；突出当地特色，有文化内涵。

科学性是指根据不同的景区类型，不同的游客群体如散客票、团队票、优惠票等，以及不同的现代化技术手段，进行专业化和系统化的设计。

实用性是指景区门票的设计需要符合景区和游客双方利益，发挥最大的功能效益。景区需要通过门票来向游客展示景区特色、宣传景区景观；游客希望能从门票上获取导览信息，以及咨询、投诉、救援的电话等。

创新性是指在网络、信息不断发展的今天，景区门票也需要不断创新发展，在传统的纸质门票的基础上，加入扫码技术，或直接运用 RFID（无线射频识别）进行门票识别，并通过此种门票实现定位、导览、消费等活动。

(三) 门票的种类

旅游景区的门票类型多样，种类繁多，根据消费对象特征和制作材料的不同，景区门票各不相同。

1. 按照消费对象特征分类

按照游客出行的性质可以分为散客票和团队票，按照游客自身的特性又可以分为全票（成人票）和优惠票。全票是指为成年人游客准备的门票；优惠票是指为儿童、学生、退休人员、残疾人员、军人和当地居民等准备的门票。图 3-1 所示为南浔古镇景区散客票、优惠票和团队票。

2. 按照制作材料分类

按照制作材料可以分为纸质门票、塑料门票和电子门票。

1）纸质门票

纸质门票在当前旅游景区中使用普遍，是各景区使用的主要门票类型，有简易票和华贵票。简易票设计相对简单，成本低廉，但缺乏美感，游客很少收藏。华贵票是指经过巧妙设计，工艺考究，印制复杂的门票，此类门票可以用来收藏、邮寄等，其印刷成本较高。图 3-2、图 3-3 所示分别为南浔古镇景区门票和杭州野生动物世界门票。

2）塑料门票

塑料门票是由特殊工艺制作而成的。目前，塑料门票常见的也有简单型和华贵型两种，塑料门票的优点是结实耐用，不怕湿，不怕污染，便于储存；但塑料票印制相对粗糙，票面色彩设计没有纸质门票华丽，票面易于磨损，受热易变形。

图 3-1　南浔古镇景区散客票、优惠票和团队票

图 3-2　南浔古镇景区门票背面

图 3-3　杭州野生动物世界门票正反面

3）电子门票

电子门票与传统的门票相比,被称为"活动门票",目前已被广泛采用,且不断更新。当前已有的电子门票主要有条码卡门票、IC 卡门票、光盘门票、RFID 门票。图 3-4 所示为杭州雷峰塔景区电子门票的正反面。

图 3-4　杭州雷峰塔景区门票正反面

(1) 条码卡门票。

条码卡是先进的电子条码制作识别技术与计算机技术的有机结合,它的信息存储量较大,识读速度快,识别率高;制作和使用成本低,可与多种载体结合。条码卡门票可支持现场打印或预先制票等方式售票。图 3-5 所示为澳大利亚墨尔本库克船长小屋门票及闸口。

图 3-5　澳大利亚墨尔本库克船长小屋门票及闸口

(2) IC 卡门票。

IC 卡是先进信息技术、微电子技术和计算机技术的有机结合。IC 卡具有防伪性好,存贮数据安全性高的特点,容量大,可多次使用。但是制作成本较高,可用于景区会员卡或工作人员用卡。

(3) 光盘门票。

光盘门票可将景区自然风光、文化内涵等整合在内,兼具景点专题片、电子图书、景点门票等多项功能。它的实效性强,可获取景区最新信息;可读性强,图、文、声、像并茂,生动形象,保存期长,阅读利用率高,收藏价值高,利于环保;信息容量大,利于提升景区形象。但是它制作成本较高,信息量大,会配合纸质门票一起使用。适用于自然风景名胜区、公园、博物馆等景区。图 3-6 所示为云南泸沽湖摩梭女儿国光盘门票。

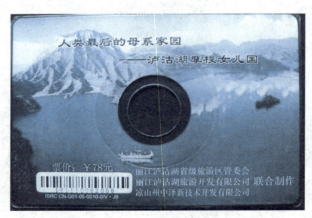

图 3-6　云南泸沽湖摩梭女儿国光盘门票

(4) RFID 门票。

该门票是一种集传统印刷防伪和数字安全防伪于一体的高科技电子门票,具有智能化和多功能化的特点。该门票可以通过磁卡或手环等载体携带 RFID 技术来呈现。适用于面积大,游玩两天以上,多次出入的景区或度假区。

除此之外,景区门票还根据使用期限分为当日门票和年卡门票;根据使用范围可以分为景区联票和单行票。

> **知识活页**
>
> ### 通过门票演变看龙门景区提升
>
> 龙门石窟是我国现存伟大的古典艺术宝库之一。自 20 世纪 50 年代至今,龙门石窟景区的门票实现了由简易的纸质门票到"互联网+"智慧景区门票的时代质变。
>
> 洛阳市杂文学会会长刘彦卿收集了 300 多种龙门石窟景区各类门票。他介绍,历史上的龙门石窟门票既有团体票、个人票、一般票、优待票、普通票、外宾票、纪念票、招待票、会议专用票等之分,也有塑料票、纸质票、磁卡票、电子票之别。通过小小的门票,可以见证龙门石窟的历史。
>
> (一)早期门票:写尽沧桑
>
> 早期的龙门石窟景区门票指 20 世纪 50 年代至 20 世纪 60 年代印制、流通、使用的门票,这一时期的门票有三个明显的特点:一是票幅较小;二是设计较为简单;三是面额较小,反映了那个时期的消费水平。由于当时门票使用不具有广泛性,因此存世量极其稀少。
>
> 1954 年,洛阳被国家确定为重点建设的重工业城市,人口急剧增加,游览龙门石窟景区的游客成倍增加。为便于管理,龙门石窟文物保管所印制了最早的龙门石窟景区门票。
>
> 目前能见到的最早的龙门石窟景区门票,是一张"龙门保管所参观券",上面加盖的日期为"1959 年 7 月 29 日"。
>
> 20 世纪 60 年代,龙门石窟景区门票名为"龙门参观券",这个名称一直沿用到 20 世纪 70 年代。
>
> (二)中期门票:承前启后
>
> 中期的龙门石窟景区门票,是指 20 世纪七八十年代印制、流通、使用的各种门票。
>
> 这一时期的门票,与早期相比已逐步趋于规范。一是在名称上,正式定名为"龙门石窟参观券";二是在设计上,开始讲究艺术性,出现了飞天、卢舍那大佛等具有龙门石窟特色的图案;三是在印制上,从单色印刷转变为双色印刷、三色印刷直至彩色印刷;四是在材质上,开始大量使用塑料门票。

自1984年起,龙门石窟景区新印制的门票采用彩色印刷技术,双面印制,这是最早采用彩色印刷技术印制的龙门石窟景区门票。

在20世纪80年代使用的龙门石窟景区门票中,最常见的是书签式门票,使用时打孔,除留作纪念外,系上绸条还可当作书签使用。书签式龙门石窟景区门票有塑料和纸质两种。

80年代后期,龙门石窟景区门票在印制技术上已经从最初的手工绘制、照相制版,发展到电子分色、计算机直接制版,样式漂亮了许多。

纸质书签式龙门石窟景区门票全套有四种,图案为奉先寺的卢舍那大佛、天王、力士等造像。正面图案为奉先寺,此图案后来经常出现在龙门石窟景区门票上,成为古都洛阳的形象大使。

(三)近期门票:多元发展

自20世纪80年代末以来,随着龙门石窟景区软硬件设施的不断完善和游客消费水平的提高,门票呈现出多元发展的局面,从单纯具备实用的属性逐步向审美属性发展演变。

1989年4月1日,龙门石窟景区启用新门票,以奉先寺卢舍那大佛侧像为主图。

1995年,龙门石窟景区开始采取多景点一票制,先是将景区内西山石窟和东山石窟两个景点使用一张通用门票,随后将东山的白园和香山寺也纳入,使一票通门票的景点增加到4个。

2000年11月,龙门石窟被列入世界文化遗产名录,在门票制作上开始向电子化迈进,先后于2002年、2005年和2007年多次推出磁卡门票,备受门票和磁卡收藏爱好者的喜爱。

2006年4月,洛阳邮政与龙门石窟景区签订智能化邮资明信片门票系统协议。自此,龙门石窟景区开始采用邮资明信片门票,分为普通票和团体票两种。门票印制精美,集收藏、馈赠、邮寄、宣传等功能于一体。

(四)现行门票:融入"互联网+"元素

2015年7月15日,"互联网+龙门"智慧景区门禁系统启用,龙门石窟景区门票融入"互联网+"元素,迈进全新的"互联网+"新时代。

(资料来源:http://gb.cri.cn/43871/2015/07/22/7751s5039484.htm。)

二、智慧票务系统

(一)智慧票务系统概述

智慧票务系统是由电子门票、阅读器、触摸式电脑、服务器、工作站、计算机网络和应用软件所组成的智慧管理系统。智慧票务系统突出的优点在于RFID电子门票可以集门票、会员卡、电子支付为一体,将景区门票、购物、餐饮、娱乐、酒店以及交通等进行有效整合,为游客提供一条龙便捷服务。

智慧票务系统是传统手工售票工作电子化,同时实现票务管理工作走向全面自动化、规范化。可以从根本上解决票据查询难、售票劳动强度大的问题,可以提高景区的服务水平以及管理水平。另外条码技术具有高效率、低成本的特点,有力地促进了智能票务管理系统在景区中的应用。

(二) 智慧票务系统的构成

1. 电子门票

电子门票是携带RFID的载体,也就是RFID标签(TAG)在旅游景区的一种具体的应用形式。RFID电子门票具有唯一性、存储性、追踪性、穿透性、便捷性、监控性等特点,同时还具有写入和读取功能、便捷消费功能。

第一,RFID电子门票拥有唯一性的特点,即每一枚RFID芯片只有全球唯一的ID号。

第二,RFID电子门票的信息存储量大,门票可记录、保存持票人在景区内相关活动的信息。

第三,RFID电子门票支持特殊信息的写入和读取,景区内能够实现从门票印制、物流配送、销售到检票的全程数字化管理和状态跟踪,大大提高了票务管理水平。同时,信息可以删除和写入,因此可以回收利用,满足了低碳环保和降低成本的要求。

第四,RFID技术带有一定的穿透性,读取速度快,不用通过激光或红外线瞄准就能获取数据,达到高效的人性化验票效果,因此,RFID电子门票具有自动检票功能,实现了机器自动检票,既提高了入场效率,又可防止人情票等漏洞。

第五,RFID电子门票具有自动统计功能,不仅可以自动统计出入流量,实现人流监控,而且为快速调度和人流疏导提供了条件。

第六,RFID电子门票具有"一卡通"的功能,游客在对门票充值以后,可以将其用于景区内的乘车、住宿、餐饮、娱乐活动及购物等景区内的一切消费活动。景区活动结束以后,扣除相应的消费金额,剩余的金额可在游客离开景区时返还。

2. 其他系统构成

景区智慧票务系统除具有RFID电子门票外,还需要以下的设施来实现其智慧功能。

阅读器是用来读取电子门票信息的系统,一般分为两种,一种是安装在景点入口的门禁系统,另一种是分布在景区各主要信息采集点的普通阅读器。

触摸式电脑可为游客提供位置和电子导游服务。

服务器和工作站建设在景区的网络或信息中心,服务器提供集中地数据库服务、信息服务和应用服务,而工作站则为工作人员提供进行系统管理、数据查询和统计的平台。

应用软件和计算机网络系统则为整个系统的运作提供支持。网络系统根据不同景区的实际情况,可以是有线、无线或有线与无线相结合的方式。

(三) 智慧票务系统的功能

智慧票务系统是在RFID电子标签技术基础上研制,融计算机软件技术、电子技术、机电一体化技术于一体的先进票务系统。该系统用先进的电子标签和感应IC卡（集成电路卡）技术与票务信息管理及会员卡消费系统相结合，具有超强的智能化功能，能实现从售票、检票、消费、退票、查询、结算、分析等全过程的信息共享管理一体化，具有形象现代化、管理一体化、信息实时性、防伪可靠性、核算严密性的特点。另外，嵌入电子标签的门票能够实现对景区出入口、景区内娱乐设施、重要节点等游客流量的统计，同时便于结算营业收入，也能根据需要实现电子排队功能。

1. 售票管理

智慧票务系统可以根据不同游客群体、不同时间段、不同场次售出不同的门票，输出门票时，自动打印条码。该条码可提供相关售票信息的查询，以辅助售票工作的开展，方便售票员进行查询统计。

2. 检票、退票管理

智慧票务系统提供景区入口处的检票功能，提供相关检票信息的提示，以辅助检票员的接待工作，或方便观众有疑问需要服务时进行查询。对于退票进行严格的校验，对非法的票据予以杜绝。

3. 容量实时监控

智慧票务系统可以根据售出票的数量，结合景区容量，设定限制一种或多种门票的出票数量，做出实时判断。这样可以有效控制景区内整体或区域游客的流量，提供售票控制功能。

4. 票务结算

智慧票务系统可以根据售票情况，提供已销售且已入场的门票情况，提供票务收银报表，可按场次、日输出详细的各部门售票员的票务收银明细表、日营业收入报表和出票情况汇总表，也可提供团体统计的票务结算报表。

5. 票务综合查询

智慧票务系统可以实时查询门票出售人次和收入情况，包括分售票窗、门票种类等，实时查询游客的景区内各景点出入情况。

6. 决策分析

智慧票务系统可以根据门票的出售情况，以及后台数据提供对票务数据直观的图形分析，如直方图、折线图、圆饼图以及二维或三维的图形，使管理者能够更加形象地对数据加以分析、对比。

（四）智慧票务系统的应用

智慧票务系统在景区中不仅能管理游客出入景点，而且能够对游客进行定位，并提供多方面的应用。

1. 智慧门禁

RFID电子门票系统可以通过其射频感应技术，将传统封闭式闸口转变为开放式的门禁系统，这样可以让游客高速通过出入口，同时可以减少因票证伪造所带来的损失。门票可以由带有RFID技术的条码打印机来制作，也可以将RFID卡片制作成会员卡、月卡、年卡或腕带等形式,该门票无需拿出,只需放在身上就可以读到,实现开放式的门禁管理。

同步案例 崆峒山景区:智慧门禁系统"随到随入"不是梦

背景与情境: 近年来,互联网正逐渐改变着我们的衣食住行,之前游客来到崆峒山景区,最常遇到的问题便是需要排队买票,不过现在这些问题已经得到解决,智慧门禁系统建设"随到随入"不是梦。

一张门票,往往就是一段历史,用来寻觅走过的岁月痕迹,见证崆峒山景区的绝美风光。在过去,游客来崆峒山景区游玩,单在排队买票和进入景区这一环节就要花上一个小时左右,每到旅游高峰期景区售票处更是拥挤异常,费时又费力。

近年来,崆峒山景区顺应智慧旅游的发展形势和旅游"互联网+"的要求,打造"智慧景区"精品系统和亮点工程,智慧门禁系统便是其中之一。崆峒山智慧旅游相关负责人介绍,按照"门禁是游客第一体验"的要求,新系统采用网络购票、二维码扫描入园、指纹识别入园等国内最先进的技术,打造全新门禁系统。除大家熟知的纸质门票外,还可兼容手机微信、指纹、二代身份证等多种入园方式,满足智慧景区的需要。

对手机自助购票的游客,扫码通过闸机仅需3秒钟,减少排队购票、等候入园的时间,可更好地满足旅游体验。

(资料来源:http://mt.sohu.com/20160807/n463000229.shtml.)

2. 人员定位

智慧票务系统中采用射频识别(RFID)技术的电子门票作为数据载体,不仅可以发挥门票的功能,还能起到标识识别、人员跟踪、信息采集的作用。人员定位是电子门票与地理信息系统的结合,可以在电子地图上准确地显示游客或工作人员所在的位置。人员定位为人员疏导和景区员工监督提供了数据基础。

3. 景区电子导游

RFID电子门票系统可以通过游客手中持有的带有RFID的电子门票,以及安装在路边、主要分叉路口或标志物上的阅读器,得知游客的相对位置。可以通过地理信息系统的支持,以及在交叉路口和标志物上所架设的触摸式电脑,能够轻松地回答游客的问题,如对游客在限定时间内的旅游线路进行设计,显示下一个景点的路线或从当前位置到达其他景点需要的时间等。

4. 人员疏导

人员疏导系统由票务管理系统与视频监控系统、报警系统、广播系统、停车场管理系统等联动组成,能最大限度地发挥其引导游客、查询、控制危险的作用。在日常管理中,票务管理系统会对过度拥挤的区域如景区内河道、桥梁、道路节点等,在游客量过饱和状态下,控制中心视频监控系统会发出警报,监控中心立即通知该点附近工作人员加以疏导。在遇到突发情况时,如火险或地震时,监控系统、广播系统及现场指示系统等将发挥作用。

5. 人员救援

智慧票务系统的人员定位功能可以让景区内尤其是大型风景名胜区内走失的游客迅速

被发现。

同步案例 RFID技术进入主题公园 游人不再担心与家人走散

背景与情境：节日的公园，游人摩肩接踵，时常会发生走散事件。美国佛罗里达州一主题公园的管理者最近想出了一个绝佳的预防措施——在游客入园时，向他们发放一条由德州仪器公司生产的内嵌有RFID芯片的腕带。

佛罗里达州的这处主题公园建筑面积有14万平方英尺（1英尺＝0.3048米），园内各处都安装有RFID阅读器，游客走到任何一处，手上的RFID腕带都会自动与阅读器进行数据交换，向系统报告方位。

如果不小心与家人或朋友走散，只要利用遍布公园的触摸屏电脑，就能很快找到家人或朋友所处的位置。

RFID射频识别技术在国外发展很快，已在很多领域大量应用，且应用仍在层出不穷。不过，以前大多是应用于商品货物和牲畜的管理，用于人员监控还较少，例如，美国的一些医院和监狱都开始让病人和犯人戴上有RFID芯片的腕带，以便更好地进行管理。

（资料来源：http://www.tiaoma.org.cn/news/2004-10-2/130314.htm.）

问题：总结分析RFID腕带门票的作用？

6. 游客实时统计

智慧票务系统可以实现景点游客量的实时监控与统计分析，以保证景区内游客数量在满足景区环境容量的限制条件下向最大化发展，同时保证景区旅游资源和环境得到保护。

第二节　售票服务

旅游景区售票工作是景区实现收入的直接环节，景区门票的销售有多种渠道，大致可以分为订票服务和现场售票服务。不论是订票还是现场售票服务，虽然工作相对比较单调，但职责重大，一旦发生差错，对景区、员工个人都不利。

一、订票服务

订票工作是景区实现收入的预先环节，近年来，随着大众休闲时代的到来，旅游客源越来越丰富，游客出行前预订出游行程的旅游思维越来越成熟，因此，景区订票服务工作也越来越重要。订票服务的范围有单一的景点、多景点套票和"景点＋酒店"等。

(一)订票渠道

1. 网上订票

随着互联网的快速发展,旅游电子商务系统发展速度很快,网上订票的专业网站越来越多,如同程旅游、携程、驴妈妈、去哪儿、途牛等各大电商都开启了网上订票的窗口。各大电子商务系统不仅有电脑版本还有手机 App 等,为游客提供了便利。目前很多景区都在景区官网和微信平台上开设了订票服务。

网上预订需要填写预订人信息,以便及时确认订单,一般需要提前一天或数天进行预订。预订的有效证件指的是身份证、学生证、老年证、士兵证、护照等,有效证件号码是预订人到达景点后领取票的唯一凭证,有些景区可以通过身份证等有效证件直接刷卡进入。

同步案例 在线订票的方式成为游客的首选

背景与情境: "2016全域旅游和景区发展高峰论坛"在北京召开,同程旅游在论坛上发布了《景点门票在线消费行为研究报告2016》(下称《报告》),以大数据的形式展示了国内景点门票在线消费的趋势和购买行为规律。

《报告》提供的2015年度景点门票在线消费用户的支付方式和预订渠道等购买行为方面的数据显示,有64.2%的在线门票消费用户选择了在线支付的支付方式,而在支付平台的选择上,他们当中有46.79%的人是通过微信支付的,占第二位的是支付宝,占比41.57%。

在具体的预订渠道选择方面,2015年度有80.1%的在线门票消费用户是通过移动端完成预订的,这一比例相比两年前提高了近一倍。而通过移动端预订的用户中,安卓设备用户占65.13%,IOS(苹果公司开发的移动操作系统)设备用户占比34.65%,WP(微软开发的手机操作系统)等其他设备用户占比不足1%。

近三成在线旅游用户首单消费为景点门票,交叉购买交通、住宿占比超六成。景点门票一直被旅游业内认为是休闲旅游市场的"入口",这一说法有两层含义,一是指景点门票业务的战略地位,二是指门票是人们休闲旅游消费的"起点"。同程旅游的《报告》用数据进一步验证了上述判断。

(资料来源:http://www.huaxia.com/ly/lyzx/2016/04/4814158.html.)

问题:

1. 通过以上案例,今后景区门票预订的渠道重点可以向何种方式发展?
2. 如何理解景点门票是休闲旅游市场的"入口"?

2. 电话订票

电话订票是景区经常使用的订票方式,办公电话可设置在售票处,但一般由游客中心咨询处受理电话订票事务。电话订票一般不接受少量票的预订,如香港迪士尼乐园有专门的订票热线,但只针对100人以上的游客团体。

电话预订也需要提前预订,首先电话询问、填写预订人信息,将有效证件作为取票凭证,并确定和落实取票方式和地点。

3. 代理点订票

在各大城市中，代理点订票逐渐成为最为普遍的订票方式，这也迎合了散客越来越多的旅游趋势。

（1）旅行社代理点。

游客通过客源地的当地旅行社或目的地旅行社了解景区景点的相关信息，并实现预订功能。

（2）宾馆代理点。

不少景区景点和其所在城市的各大宾馆合作，游客可以通过其住宿的宾馆，在其住宿期间预订景点门票。

（3）商场代理点。

在城市最繁华的商场密集群和大型超市集中地，往往设有景区景点的门票预订代售窗口。

（二）订票服务流程

不管采用以上何种订票方式，其基本的预订流程是相似的。

1. 填写预订日期

游客在打电话订票或登录网站订票，首先要选择预订景区，再选择预订日期。

2. 选择订票类型和数量

票务类型指的是团队票或散客票、成人票或儿童票、普通票或优惠票等分类，不同种类票价因情况不同而有所不同。数量指订票人实际需要预订的票的张数。

3. 填写领票人的信息

领票人是订票过程中最重要的直接联系人，需要将其确切信息记录备案，订单是否确立以及何时何地领票都需要凭此信息进行传递。

4. 确认订单

订单是否成功，自订票开始到反馈的时间跨度，要视具体情况而定。有些网站或公众号，可以即时查阅是否预订成功的信息，但也有一些网上订票或现场订票需要一定的等待时间，尤其是旅游旺季等特殊时期。

5. 网上或现场支付

如选择网上支付，可点击在线支付系统，如支付成功，将提示您"交易成功"，订单状态从"未支付"改变为"已支付"。

6. 现场取票

当订单支付成功后，订单状态为"已支付"，即可以在规定时间内由取票人到指定的领票点领票。取票时取票人必须提供订单号和订单上所注明领票人的有效证件。

二、现场售票服务

随着智慧旅游时代的到来，景区售票的方式也由线下逐渐向线上发展，智慧景区建设中售票服务也在不断创新，当前景区内现场售票服务也分为两种，一是传统的人工售票，二是自助式取售票系统。

每到节假日或者旅游旺季,景区就会迎来大批游客。如何应对旅游高峰期客流拥堵,有效分流、确保旅游安全等成为景区关心的话题。自助式取票系统的分流效果显著,游客通过设备可快速刷机识别入园,既解决了景区客户关系管理问题,又减少了散客排队购票时间。

(一) 人工售票服务

1. 售票员职业规范

(1) 按时上班,坚守岗位,履行职责,积极完成售票任务。

(2) 工作中注重仪容仪表,说话文明,礼貌待人,热心为游客服务。

(3) 工作人员应做到语言清晰,语速适中,语音甜美。

(4) 售票过程中要认真负责,动作迅速,准确无误,钱票无差错。

(5) 售票回笼的现金(大面额现金要检验是否为伪钞),清点后要立即支付上交。票款要日清月结,严禁坐支和挪用,库存现金按规定定额入保险柜保管。

(6) 售票处要严格执行门票管理规定,坚决杜绝擅自加价、降价和逃票、漏洞现象,做到唱收唱付。

2. 售票前准备工作

(1) 准时上班,按规定着工作装、戴工作卡,仪容整齐,化妆得体,遵守景区的劳动纪律。

(2) 查看票房的门窗、保险柜、验钞机、话筒等设备是否正常。

(3) 搞好票房内及售票窗外的清洁工作。

(4) 开园前挂出当日门票的价格牌,若当期由于特殊原因票价有变,应及时挂出价格牌及变动原因。

(5) 领班根据前日票房门票的结余数量及当日游客的预测量填写门票申领表,到财务部领取当日所需各种门票,票种、数量清点无误后领出门票,并分发给各售票员。

(6) 根据需要到财务部兑换钱币,保证当日所需的零钞。

3. 售票服务工作流程

售票服务窗口是景区内游客对景区服务的第一印象,售票服务工作也容易引起争执,因此需要做到服务规范。优质的景区售票服务流程可以分解为三个环节,六个步骤。三个环节分别是迎客、服务、送客,六个步骤分别为:

(1) 客人在向售票窗口走近时就要通过目光注视、微笑问候、礼貌用语来欢迎游客,如"您好,欢迎光临!"

(2) 主动热情询问客人的购买需求,如"请问需要什么票?"

(3) 根据《门票价格及优惠办法》向客人解释优惠票价以及享受条件,当游客说出自己的意愿时,向游客介绍所需票价。

(4) 向游客核对购买信息,如"请问是成人票1张,儿童票1张是吗?"

(5) 唱价唱收唱付,向游客确认票价,实收款项,以及找零。

(6) 售票结束时,售票员向游客说"谢谢"或"祝您游玩愉快!"

> **知识活页**
>
> **售票服务三唱三谢原则**
>
> 　　唱价：当顾客正在想问题的时候，可用唱价来提醒他付款，如"您好，多谢您一共八十元！"
>
> 　　唱收：接到顾客的钱款时，要大声清楚地说出收到的金额，如"多谢，总共收您一百元。"
>
> 　　唱找：当给顾客找零钱时，要向游客说出找的钱数，如"多谢您，找您二十元"。

在售票过程中还需注意以下几点。

（1）主动向闭园前一小时内购票的游客提醒闭园时间以及景区内仍有的主要项目。

（2）游客购错票或多购票，在售票处办理退票手续时，售票员应根据实际情况办理，并填写退票通知单，以便清点时核对。

（3）旅行社购团体票时应查阅对方与本单位的购票协议及派团单或出团计划。

（4）认真、仔细按规定填写发票。

（5）交接班时认真核对票款数量，核对门票编号。

（6）收集游客意见，向上级领导反映。

（7）做好每日盘点工作，填写相应售票日报表及工作日记。

（二）智能售票服务

随着信息技术和智能化应用不断变革人们的生活方式，更多游客由过去的单一的出行方式向个性化、多元化的自助游转变。景区电子商务平台的出现给游客出行提供了方便，同时游客对于景区服务的选择也由传统的人工向自助服务转变。目前景区内采用的智能售票服务方式有扫码支付、电商平台、微信购票、第三方平台、自助售取票机等。智能售票服务主要面向移动终端（手机或平板电脑）用户。

1. 扫码支付

扫码支付是在传统的人工售票的基础上，支付方式多样化的一种体现，可以通过扫描二维码后，进行售票支付或景区内购物，减少现金或银联卡支付繁琐的操作流程，减少游客排队时间。同时，将产品和服务充分融入消费者碎片化时间。图3-7所示为扫码支付智慧售票窗口。

2. 景区电商平台

游客可以通过景区自身的官方网站或B2B（企业对企业）和B2C（企业对顾客）的电商平台，进行购票、购物、预订酒店等消费，方便了游客的出行，同时让游客获得一系列完美的消费体验。

3. 微信购票

游客可以关注景区微信公众号，通过微信菜单进入购票页面，在线下单支付景区门票，免去窗口排队购票的繁琐，可直接用于进门核销，同时为景区扩展了销售渠道（见图3-8）。

图 3-7　扫码支付智慧售票窗口

4. 第三方平台

游客可以通过同程、携程、去哪儿、阿里旅行、天猫、美团、大众点评等第三方平台进行购票,同时可以参考游客的评论,进行有选择的订票,并对旅行体验进行分享(见图 3-9)。

图 3-8　微信支付

图 3-9　第三方平台

5. 自助售取票机

景区自助售取票一体机能代替景区工作人员为游客售票,操作方便,工作效率高,节省了游客排队所需的时间,也提高了景区的管理水平和景区整体形象。游客可以自行去自助机进行购票、支付,也可通过电子商务平台购票,到达景区后在自助售取票一体机上取票,取票操作简单、便捷,自助售取票机具有多种交互界面,以及人性化的界面提示,图 3-10 所示为南浔古镇的自助售取票机。

景区自助售取票机的主要功能有以下几点。

(1) 可以使用银联、支付宝、微信等进行购票。

(2) 可以使用网上购票后生成的二维码、验证码、手机号、会员卡来进行取票。

(3) 可以办理专用会员卡的充值。

(4) 总部后台可以统一管理,并监控设备的使用情况。

图 3-10　南浔古镇的自助售取票机

知识活页

景区自助立式售取票机

近日，驴妈妈旅游网第一台景区自助立式售取票机在上海海湾国家森林公园正式投入使用，本次推出的景区自助立式售取票机由宣传视频区、广告图片区以及购票取票操作区三大功能区域构成。

目前该设备可支持多种取票、售票方式，整个过程轻松简单，最快可实现一分钟售票、一秒钟取票，大大缓解了旅游高峰时期入园难的问题。

以取票为例，游客在驴妈妈网站上或者手机移动端预订并支付完成后，系统会自动发送一串辅助码或者是二维码图形给游客，游客至景区终端设备上可以通过输入辅助码或者直接在机器上扫描二维码的方式，自助打印景区入园小票，凭票游玩。

此外，不同于一般的售取票一体机，本次驴妈妈所推出的设备还增设了宣传视频以及广告图片功能，为景区及游客之间搭建了资讯互通、宣传推广的平台。

三、服务难点

（一）假钞问题

售票工作中，很容易收到假钞，假钞和其他假货一样在现实生活中大量存在，售票人员一旦收到假钞，按规定需由当班人员进行赔偿，有时售票人员在找补过程中会和游客为钞票的真伪进行争执，弄得双方都不愉快。所以，售票人员应具备一定的鉴别货币真伪的知识，以避免收到假钞。

（1）景区如有条件，应为每一个售票岗位购置功能齐全、结果准确的验钞机。

（2）景区应有计划地请专业人员（如银行工作人员）来为相关员工进行防伪钞培训，让员工掌握辨认假钞的方法。一般来说，可以用"一看、二摸、三听"的方法辨认假钞。

一看，看颜色、变色油墨、水印。真钞印刷精良，颜色协调，水印具有立体感；假钞颜色模糊，色彩不协调，水印只有一边有立体感或无立体感，纸张较差，防伪金属线或纤维线容易抽出。

二摸，摸水印、盲文。真钞手感较好，水印、盲文立体感强；假钞较绵软或很光滑，盲文不明显。

三听，听声音，假钞抖动时发出的声响太清脆或无声响。

（3）收款时，最好不要当着游客的面，把钞票一张一张地拿到灯光下看，这样做让人很不舒服。这就要求售票人员掌握较娴熟、自然的方法有效地鉴别货币的真伪。如发现有问题的钞票，应与游客礼貌协商，请其重新换一张，找补后请游客自己验证。

（二）交接不清

售票工作中，必须要保管好自己的钱箱。请游客当面把钱点清，否则，过后出现差错，就无法说清了。在实际的工作过程中，特别是旅游旺季游客较多的时候，难免会发生顶替上岗或请人代换零钞等情况，这个时候有些工作人员可能会因为嫌麻烦或面子问题担心当面点钱是对对方的不尊重和不信任，而省略了当面交接这一程序，事后一旦发生差错往往后悔莫及，有口难辩。所以每一位售票工作人员都应该树立这样的观念，即"钱在人在，交接清楚"，这样不仅能够保护自身利益，减少事后麻烦，同时也是尊重对方、保护对方利益的表现。

（三）优惠票之争

景区都会对不同的人群实行差别定价，如小孩身高1.1～1.3米只需要买半票，而在1.1米以下的则免票。虽然在售票窗口和验票处都会有测量身高的刻度，但每个售票员可能都有过与游客争论身高的经历。有的工作人员因不愿与游客发生争论，便选择听之任之，把"球"踢给验票口。殊不知，这样至少会带来三个后果：一是给验票人员的工作带来难度，影响景区闸口的畅通；二是使其他游客产生不平衡的感觉，甚至也会提出享受同等待遇的要求，导致其他游客对景区产生不良印象；三是如果这些游客再回来补票，不仅增加了售票人员的工作量，也会延长其他游客的购票等候时间。因此，遇到以上情况，可以采取以下解决方式。

（1）不要与游客发生争执，应热情、礼貌地向游客说明门票价格优惠制度，争取游客的理解。

（2）向游客解释时，应注意说话的方式，尽量站在游客的立场上进行表达，比如适当赞美游客的小孩，并善意提醒家长孩子知道他（她）自己有多高，不要在孩子心里留下阴影。

（3）遇到个别特别固执的游客，也可以灵活处理。比如干脆请他（她）做一次质量监督员，对景区服务的各个方面提意见，作为回报，他（她）可以免票入园。这样做皆大欢喜，游客得到了极大的满足，景区也得到了关于服务质量的一手资料。

除了儿童优惠票以外，景区还有团体票、假日票等，售票员应灵活机动，具体问题具体分析。

第三节 验票服务

验票工作关系着景区经济效益的真正实现，同时，它担负着维持景区良好秩序的重要职责。随着现代科技的发展，验票方式由传统手撕、打卡，到现在的指纹验票、扫码验票、射频技术等。目前越来越多的景区使用电子检票系统，但仍需要有工作人员提供服务指导。

一、验票工作服务

验票服务与售票服务的工作内容一样，也分为工作前准备、工作中验票、工作后统计三个阶段。

（一）准备工作

（1）参加班前会，按照规定着装，佩戴工作牌，仪容整齐，化妆得体。
（2）查看验票口验票机器、话筒等设备是否正常。
（3）做好景区入口周围的卫生，保持闸口顺利畅通。
（4）备好导游图，准备好景区相关宣传资料，做好开园准备。

（二）验票服务

1. 验票基本要求

（1）验票时，工作人员站在检票位，精神饱满，面带微笑，使用标准普通话对话，掌握景区名称、票价及优惠票规定等，热情礼貌地回答游客的提问。
（2）游客入闸时，验票员要求游客人手一票，并认真查验，快捷热情地为持有效票的游客检票、撕票、赠送导游图等。设有自动检票机的景区，验票员应监督、帮助游客通过电子检票系统检票，当自动检票机出现故障时，进行人工检票。
（3）坚持原则，按规定程序要求检票、撕票，不得出现漏票、逃票、无票放人等现象，对待持无效门票的游客，说明无效原因，要求客人重新购票。
（4）控制人流量，维持好出入口秩序，避免出现混乱现象，并向游客问候，使用"欢迎光临"等礼貌用语。
（5）熟悉旅行团导游、领队带团入园的查验方法及相应的免票入园规定，团队入园参观时，需登记游客人数、旅行社名称等信息。
（6）残疾人或老人入景区时，应予以帮助。
（7）如遇闹事滋事者，应及时礼貌制止，耐心说服，如无法制止，立即报告，切忌在众多游客面前争执，且应引导到安静区域进行处理。

2. 验票工作流程

验票工作是景区形象的展示，也是景区服务质量的体现。规范的服务流程是景区优质管理的体现,验票服务工作分为三个环节,即迎客环节、服务环节、送客环节,具体如下。图 3-11 所示为南浔古镇景区入口处验票情况。

图 3-11　南浔古镇景区入口处验票

(1) 迎客环节。

在旅游淡季,游客量比较少的情况下,工作人员需始终做好迎客准备,在游客距离自己 5 米左右时,要关注对方;游客距离自己 3 米左右时,要对游客微笑;1 米左右时向游客表示欢迎。在旅游旺季,游客量很大时,此环节可以缩减。

(2) 服务环节。

游客到达面前,双手去接游客门票,同时提醒游客出示门票。接过门票,迅速验票后,双手递送给游客。

(3) 送客环节。

将门票递还给游客后,向游客表示祝福,如祝您游玩愉快!

(三) 统计工作

(1) 营业结束后,将当日经主管部门审批的无票或优惠票入门表单统计,并交财务部门。

(2) 下班前填写工作日志,集中保管门票副券,每月底交由主管处理。

(3) 整理好卫生,切断电源,关好门后下班。

二、景区验票工作的难点

(一) 无票入园

在传统的验票服务中,无票入园的现象经常存在。目前网上很多景区都有逃票攻略,有些游客根据网上的攻略逃票,有些景区周边村民或商铺协助游客逃票,因此,很多景区都为逃票现象头痛不已。除此之外,我国景区常因特殊原因送出大量"人情票"、"关系票"等,这也让公众心理失衡,诱发逃票行为。

在无票入园的管理上要坚持公私分明的原则,加强管理,有效管理。首先,景区工作人员要以身作则,从制度上根本解决隐患,加强出入口的管理,规范服务要求,一旦发现有无票入园行为,严格按照规章制度办理。其次,可对门票进行灵活管理,可以将门票的费用转换成等额景区的消费券或折扣券,增加游客购买门票的热情,同时带动景区内的消费行为。

(二)人工验票与机器验票

景区电子门票是当前景区信息化建设的一大热点,其强大的智能化功能,克服了人工验票模式固有的速度慢、财务漏洞多、出错率高、劳动强度大等缺点,电子门票验票要因地制宜、合理选择。

三、电子门票智能管理系统

(一)电子门票智能管理系统应用的意义

目前,旅游景区传统的门票大都采用纸质票,以及人工售票和人工检票的方式,人工售检票需要人工统计财务报表,存在速度慢、票务漏洞多、出错率高、劳动强度大等缺点。随着信息技术的不断发展,计算机网络和信息加密、识别技术也应用到景点门票管理系统中来。电子门票自动售检票系统融计算机技术、信息技术、电子技术、机电一体化及加密技术于一体,具有很强的智能化功能。采用电子门票系统来实现整个景区售票、检票、查询、汇总、统计、报表等各种门票通道控制管理功能及全方位实时监控和管理功能,杜绝了漏票、伪票、复票、人情票及内部财务漏洞等不良现象。电子门票智能管理系统能提供先进的财务统计功能和计算机财务报表。强大的数据查询功能,灵活的票种、票价设置,严格的操作权限管理,将给传统旅游业管理带来全新的理念。

(二)智能验票方式

目前电子门禁系统支持的验票方式有扫码验票、指纹验票、证件验票、射频技术验票等。

1. 扫码验票

扫码验票主要是游客通过网上订票或微信订票后,形成二维码,通过扫描二维码进入景区。目前大部分景区已经实现扫码验票,但是也需要工作人员协助扫码完成验票工作。图3-12、图3-13分别为微信及网上订票验票服务流程。

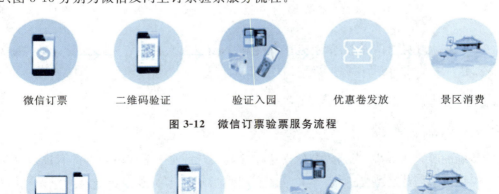

图 3-12　微信订票验票服务流程

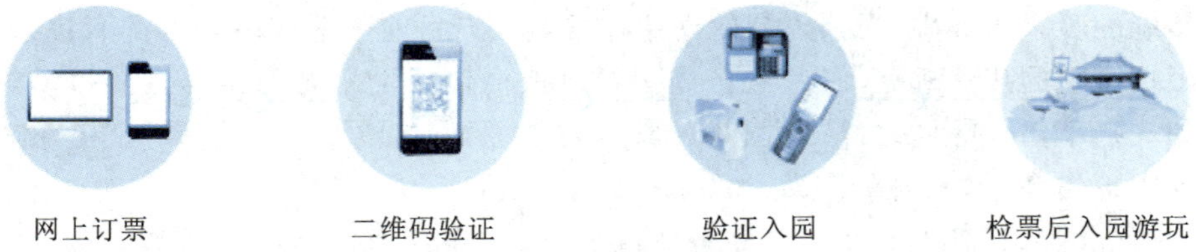

图 3-13　网上订票验票服务流程

2. 指纹验票

指纹门票是利用 IC 卡技术或条码卡技术结合指纹识别技术对人员的进出情况和门票销售进行统一管理,实现规范化、科学化的门票管理方式的电子信息门票。指纹门票系统能减少重复购票次数,提高管理工作效率,增加门票管理工作的透明度,减少门票管理工作中人为因素的影响。在一个点购买的门票可在系统其他各点使用,并可在一定的条件下重复使用,严格限制"一票一人"。

指纹验票主要适用于景区内还有多个景点、多个入口、可以重复入园的景区,如古镇景区,景区内分布多个独立的景点,它们又有多个入口,同时可以二次入园,因此需要限制"一票一人"。图 3-14 所示为南浔古镇检票口验票系统。

图 3-14　南浔古镇检票口验票系统

3. 证件验票

当前,很多游客通过网上有效证件订票,因此进入景区时需要进行身份查验,有些景区不需要购票,但是需要统计和控制客流量,因此需要利用有效证件进行验证,验证后,可以在入口直接凭有效证件如身份证进入景区,如博物馆、展览馆等免费开放的景区。

4. 射频(RFID)技术验票

RFID 门票是一种将智能芯片嵌入纸质门票等不同介质中,用于快捷检票/验票并能实现对持票人进行实时精准定位跟踪和查询管理的新型门票。其核心是采用射频识别技术,将具有一定存储容量的芯片和特制的天线连接在一起就构成了常说的电子标签,将电子标签封装在特定的票卡中,即构成了先进的电子门票。

教学互动

互动问题:请讨论旅游景区售票、验票服务三环节:迎客、服务、送客的必要性。
要求:
1. 教师提出问题,组织学生进行互动讨论。
2. 教师把握好讨论节奏,学生发言,教师总结点评。

内容提要

本章主要讲述了旅游景区门票概述、售票服务、验票服务三个部分的内容。

门票概述中介绍了旅游景区门票的概念、构成要素、类型；重点介绍了智慧票务系统，包括智慧票务系统概述、智慧票务系统构成、智慧票务系统的功能、智慧票务系统的应用。

售票服务中重点讲述了订票服务、现场售票服务、售票服务难点。订票服务包括订票服务渠道、订票服务流程；现场售票服务包括人工售票服务、智慧售票服务和服务难点。

验票服务中重点讲述了验票工作服务、验票工作难点以及电子门票智能管理系统。

核心概念

门票；智慧票务系统；电子门票；订票服务；现场售票服务；智能售票服务；验票服务；电子门票智能管理系统

重点实务

订票服务流程；人工售票服务流程；验票服务流程。

知识训练

一、简答题

1. 门票的主要特征有哪些？
2. 智慧票务系统的功能有哪些？
3. 订票的渠道有哪些？售票前的工作准备有哪些？
4. 验票服务的基本要求包括哪几个方面？

二、讨论题

1. 售票服务的难点有哪些？
2. 电子门禁系统支持的验票方式有哪些？

能力训练

一、理解与评价

如何给游客提供高品质的售票、验票服务？请创新售票、验票服务流程。

二、案例分析

澳大利亚蓝山国家公园智慧票务系统

澳大利亚蓝山国家公园位于新南威尔士州悉尼以西65公里处，由一系列高原和山脉组成，面积约2000平方千米，是该州一处著名旅游胜地。由于山上生长着不少桉树，树叶释放的气体聚集在山间，形成一层蓝色的薄雾，蓝山因此得名。蓝山卡通巴附近怪石林立，有三姐妹峰、吉诺兰岩洞、温特沃思瀑布及鸟啄石等天然景观。同时蓝山国家公园通过Railway

(铁路)、Cableway(索道)、Skyway(航道)、Walkway(人行道)将公园内的山顶与山谷、沟壑串联起来,让游客直观地体验自然风光的魅力。在公园内游览只要有一个手环(见图3-15)就可以轻松搞定,手环在当天可以无限次乘坐缆车。手环可以通过网上预订,也可以现场购买。如果现场购买,工作人员会帮你带上手环,还会给你解释手环的功能以及用途。有了手环就可以轻松地乘坐公园内有轨索道、高空玻璃舱和缆车。图3-16、图3-17所示为澳大利亚蓝山国家公园购票处及轨道缆车自助检票口。

图 3-15　澳大利亚蓝山国家公园手环

图 3-16　澳大利亚蓝山国家公园购票处

图 3-17　澳大利亚蓝山国家公园轨道缆车自助检票口

问题:
1. 手环门票相对于国内纸质门票的优点在哪里?
2. 景区闸口检票系统有哪些优点?

第四章
旅游景区解说服务

学习目标

通过本章学习,应当达到以下目标:

职业知识目标:旅游景区解说是景区服务诸要素中的重要部分,是景区教育功能、服务功能、使用功能实现的基础和必要手段。本章在介绍景区解说服务的概念、类型和功能的基础上,重点介绍景区导游解说服务的内容、特点和服务技能,以及自助式解说的类别和方式,旨在让学习者熟练掌握和运用各种解说手段,并提供基本范式和方法技巧。

职业能力目标:运用本章专业知识研究相关案例,树立旅游景区解说服务的意识;熟悉自助式解说服务的传递方法;熟练掌握导游解说服务的内容和方法。

职业道德目标:结合本章的教学内容,依照行业道德规范或标准,分析景区解说系统的构成,掌握解说系统的功能和作用,从而强化职业思维和道德素质。

引例:扫扫二维码,"私人导游"带你玩转横店,梦回大清

背景与情境:只需拿出手机扫一扫二维码,你就可拥有一位私人导游,带你逛圆明新园,方便吧!11月20日,横店圆明新园(新圆明园)景区的45个景点介绍及实景图,通过二维码的方式"搬"上了景区内各指示牌,游客通过手机扫描二维码就能获知各景点概况,还可转发分享。

69岁的市民周云财今天带着孙子来游玩,"我不会用微信,孙子刚好可以教我"。周先生说,圆明新园开业时曾玩过一次,导游讲的很多东西都忘了,有了免费微信语音介绍,他就可以慢慢听,多听几遍。

金华孝顺镇中心小学的六年级学生正在圆明新园参加社会实践活动,听到导游说可以扫描听讲解,一下子全部聚在指示牌跟前。"我们回去要制作手抄报、写作文,这些介绍可是现成的材料。"六(五)班的王越高兴地说。

据景区负责人介绍,景区各游览车上都装有讲解器,许多重要景点也提供定点讲解服务,游客还可通过租用智能讲解器详细了解景点介绍。游客可以根据语音

讲解对景点有一定的了解后,再进行有计划的游览。

  为了给游客带来更加优质的参观与游览体验,圆明新园还将继续增加服务内容,创新互动体验,让广大游客在欣赏景区外在景观的同时,还能更深入地了解其文化内涵。

  (资料来源:德安杰环球顾问集团微信平台。)

  随着智慧时代的到来,大众的旅游需求也在不断发生变化,对电子产品的依赖性越来越大,对旅游景区解说服务的智能讲解需求也越来越高。但是我国以往的大部分景区普遍存在缺乏规范的解说服务规划和设计,存在景区解说形式单一、信息内容不充分、主题不突出、标识不明确、形式呆板、缺乏艺术性、语言文字表达不正确、翻译不当或错误、各种信息图形符号不符合国际规范、导游讲解不规范等现象。为了提高旅游消费者对景区的评价,推动旅游景区的可持续发展,旅游景区需要从传统的解说系统向智慧解说系统发展,不断完善景区解说服务,改善景区设施并加强管理,改善并提高景区解说服务和管理水平。

第一节　旅游景区解说概述

  解说是能够帮助人们更多地了解自身与环境的一种交流方法。由于旅游消费特殊的时空特性,游客必须要依赖解说系统才能完成景区游览活动。旅游景区解说服务旨在促进旅游者和广大公众对自然的认知和对文化的体验,是景区为旅游者提供的获取和体验景区各种资源信息的一种重要途径,是景区对外服务的"窗口",是提高景区服务水平和管理水平、满足游客旅游体验要求、增强游客满意度的重要手段。

一、旅游景区解说的起源与含义

(一) 旅游景区解说的起源

  景区解说服务起源于美国国家公园服务中心的解说事业,二战后,发展成为在那些科学价值高的景区或者公园内的专门服务。美国国家公园管理局在每个公园内部规划设计了功能完备的国家公园解说和教育系统,每一个公园都要向旅游者提供良好的解说服务和设施。景区解说服务的直接目的在于教育旅游者,通过景区的解说让旅游者更好地了解景区自身的自然和文化特性,深化旅游者的旅游活动。现代景区一般都有自己的景区解说服务系统。1997年,世界旅游组织认为,景区解说系统是景区诸要素中十分重要的组成部分,是景区的教育功能、服务功能、使用功能得以发挥的必要基础。

(二)旅游景区解说的含义

旅游景区解说服务是运用标牌、视听、书面材料等媒介,将景区信息视觉化和听觉化,以便强化和规范旅游者在景区内的行为活动,同时提高景区的文化品位,其目的在于通过介绍让旅游者认识到景区重要吸引物的深层文化内涵,景区所蕴含知识的重要性、意义、内容及主要特征。

景区解说是运用某种媒体和表达方式,使特定信息传播并到达信息接受者中间,帮助信息接受者了解相关事物的性质和特点,并达到服务和教育目的的基本功能。旅游景区解说包括三个基本构成要素,即认识对象(信息源)、使用者(接受者)、旅游解说(沟通媒介)。认识对象、使用者通过解说相互沟通,以达到景区在使用、教育、保护等功能上提升互动的目的。旅游解说主要可分为人员解说服务系统和非人员解说服务系统两大部分。一个有效的解说系统应该具备基本的环境教育功能,不仅应改变参与者的环境知识,而且应影响其对于环境的态度和价值观念,以此获得对环境更大的欣赏,从而潜在影响游客的行为。目前,景区解说服务能够向游客提供景区的基本信息和向导服务。

好的景区解说服务能够提高景区的经营管理水平。每一个景区景点,无论是自然类还是人文类,都有自己独特的自然和文化价值,这些旅游资源价值可以通过景区的解说服务有效地传递给旅游者,促进旅游资源的保护,促使旅游者获得更高的旅游价值。

二、景区解说服务的类型和作用

(一)景区解说服务的类型

1. 按解说方式划分

景区解说服务按解说服务提供方式可分为导游解说和自助式解说两大类。导游解说是指景区导游员在现场进行语言讲解,导游与游客面对面,解说有针对性,互动性较强。自助式解说是指利用信息指示标志、旅游宣传品、网络以及各类音像制品进行解说活动,也称图文声像解说,虽然游客范围较大,但缺乏互动交流。

2. 按解说内容划分

景区解说服务按解说内容可分为历史古迹类解说、宗教类解说、自然生态景观类解说、民俗风情类解说、科普类解说、游艺类解说、山地探险类解说等。

3. 按解说场所划分

景区解说服务按场所可分为风景区解说、自然保护区解说、文物景点解说、主题公园解说、现代工农业景点解说、博物馆解说等。

4. 按解说过程划分

景区解说服务按解说服务过程可分为全程解说、时段解说等。

(二)景区解说服务的主要作用

1. 提供基本信息和导向服务

景区解说以简单、多样的方式(如入口游览导游图、标志牌、景点介绍牌等)给旅游者提供有关旅游景区的信息,可以让旅游者在游览过程中更深入地了解旅游景区的情况,并可以随时获取相关信息,最大限度地提升游客满意度。通过向旅游者提供指引服务,便于旅游者找到目标,顺利开展旅游活动。

2. 帮助游客认识和欣赏景区资源

景区解说服务通过展示景区旅游资源价值,使旅游者感受到景区的独特性,提升了景区的吸引力。既让游客对景区有了较深刻的理解,又满足了游客的精神需求。

3. 强化环境意识与教育功能

旅游者通过解说服务能够比较充分地了解景区的资源、文化、环境状况,增长见识,开阔眼界。这有利于旅游者树立保护历史、文化和自然资源的意识,实现旅游地的可持续发展。

4. 加强旅游者和旅游资源的保护与管理

解说服务通过对游客的教育、引导,可以使游客参与到景区的管理活动中,有效减少游客对景区资源的破坏,使旅游资源得到保护。

5. 提高旅游者旅游活动的参与性

景区许多活动需要游客掌握一定的技能才可以参加,景区管理部门应通过解说服务引导游客参与到这些活动(如滑雪、登山、滑翔等)中来形成互动。

三、我国景区解说服务管理的重点

为了让游客在旅游活动的短时间内获得对景区的良好体验,增强旅游者对景区自身的满意程度,景区必然需要提供全面的解说服务。国外在景区解说服务方面的研究起步较早,并越来越强调"以人为本",体现景区解说系统的人性化设置。我国对景区解说服务系统的研究尚处在起步阶段,解说服务体系目前还不能引起整体景区的重视,所以,我国景区解说服务管理还有很多需要加强的地方,具体来说主要有以下几个重点。

(一)将景区解说服务管理纳入景区的质量管理体系

将景区解说服务管理纳入景区的质量管理体系中,可以提高景区有关部门和人员对解说服务重要性的认识,解决观念问题并建立专门机构进行设计、监督和协调。再好的景区也需要得到游客的赏识,解说服务是景区与游客进行交流沟通的最有效的方式。

(二)构建完善的景区解说设施

投入更多的人力、财力挖掘景区文化和资源价值,以某种游客容易接受的方式进行解说服务,将我国景区中厚重的内涵展现出来,避免出现"外行看热闹"的现象。景区内的一些知识具有专业性,很多景区的设计者都是旅游研究的"圈内人",设计者觉得设计得非常有文化内涵,非常具有深意,可能游客却不以为意。这主要是因为景区文化设计者与旅游者之间的知识体系不对称。挖掘景区的内涵,以及以旅游者能够接受的方式表达文化内涵,是景区解说服务管理的重点。

(三)培养高素质的景区讲解员

虽然现在自助式解说服务系统越来越受到旅游者的欢迎,但是景区讲解员依然是必不可少的。自助式解说服务并不能取缔景区讲解员,相反,它对景区讲解员提出了更高的要求。景区讲解员要在短时间内了解旅游者的旅游需求,以他们愿意接受的方式传达景区的相关知识,做到真正的"人性化"解说服务。

知识活页

《旅游景区质量等级的划分与评定》对于不同等级旅游景区的解说系统的相关要求

(一) AAAAA 级旅游景区

(1) 游客中心位置合理,规模适度,设施齐全,功能体现充分。咨询服务人员配备齐全,业务熟练,服务热情。

(2) 各种引导标识(包括导游全景图、导览图、标识牌、景物介绍牌等)造型特色突出,艺术感和文化气息浓厚,能烘托总体环境。标识牌和景物介绍牌设置合理。

(3) 公众信息资料(如研究论著、科普读物、综合画册、音像制品、导游图和导游材料等)特色突出,品种齐全,内容丰富,文字优美,制作精美,适时更新。

(4) 导游员(讲解员)持证上岗,人数及语种能满足游客需要。普通话达标率100%。导游员(讲解员)均应具备大专以上文化程度,其中本科以上不少于30%。

(5) 导游(讲解)词科学、准确、有文采。导游服务具有针对性,强调个性化,服务质量达到 GB/T 15971-1995 中 4.5.3 和第 5 章的要求。

(6) 公共信息图形符号的设置合理,设计精美,特色突出,有艺术感和文化气息,符合 GB/T 1000 1.1 的规定。

(二) AAAA 级旅游景区

(1) 游客中心位置合理,规模适度,设施齐全,功能完善。咨询服务人员配备齐全,业务熟练,服务热情。

(2) 各种引导标识(包括导游全景图、导览图、标识牌、景物介绍牌等)造型有特色,与景观环境相协调。标识牌和景物介绍牌设置合理。

(3) 公众信息资料(如研究论著、科普读物、综合画册、音像制品、导游图和导游材料等)特色突出,品种齐全,内容丰富,制作良好,适时更新。

(4) 导游员(讲解员)持证上岗,人数及语种能满足游客需要。普通话达标率100%。导游员(讲解员)均应具备高中以上文化程度,其中大专以上不少于40%。

(5) 导游(讲解)词科学、准确、生动。导游服务质量达到 GB/T 15971-1995 中 4.5.3 和第 5 章的要求。

(6) 公共信息图形符号的设置合理,设计精美,有特色,有艺术感,符合 GB/T 1000 1.1 的规定。

(三) AAA 级旅游景区

(1) 游客中心位置合理,规模适度,设施、功能齐备。游客中心有服务人员,业务熟悉,服务热情。

(2)各种引导标识(包括导游全景图、导览图、标识牌、景物介绍牌等)造型有特色,与景观环境相协调。标识牌和景物介绍牌设置合理。

(3)公众信息资料(如研究论著、科普读物、综合画册、音像制品、导游图和导游材料等)有特色,品种齐全,内容丰富,制作良好,适时更新。

(4)导游员(讲解员)持证上岗,人数及语种能满足游客需要。普通话达标率100%。导游员(讲解员)均应具备高中以上文化程度,其中大专以上不少于20%。

(5)导游(讲解)词科学、准确、生动、导游服务质量达到GB/T 15971-1995中4.5.3和第5章的要求。

(6)公共信息图形符号的设置合理,设计有特色,符合GB/T 1000 1.1的规定。

(四)AA级旅游景区

(1)有为游客提供咨询服务的游客中心或相应场所,咨询服务人员业务熟悉,服务热情。

(2)各种引导标识(包括导游全景图、导览图、标识牌、景物介绍牌等)清晰美观,与景观环境基本协调。标识牌和景物介绍牌设置合理。

(3)公众信息资料(如研究论著、科普读物、综合画册、音像制品、导游图和导游材料等)品种多,内容丰富,制作较好。

(4)导游员(讲解员)持证上岗,人数及语种能满足游客需要。普通话达标率100%。导游员(讲解员)均应具备高中以上文化程度。

(5)导游(讲解)词科学、准确、生动。导游服务质量达到GB/T 15971-1995中4.5.3和第5章的要求。

(6)公共信息图形符号的设置合理,规范醒目,符合GB/T 1000 1.1的规定。

(五)A级旅游景区

(1)有为游客提供咨询服务的场所,服务人员业务熟悉,服务热情。

(2)各种公众信息资料(包括导游全景图、标识牌、景物介绍牌等)与景观环境基本协调。标识牌和景物介绍牌设置基本合理。

(3)宣传教育材料(如研究论著、科普读物、综合画册、音像制品、导游图和导游材料等)品种多,内容丰富,制作较好。

(4)导游员(讲解员)持证上岗,人数及语种能基本满足游客需要。普通话达标率100%。导游员(讲解员)均应具备高中以上文化程度。

(5)导游(讲解)词科学、准确、生动。导游服务质量达到GB/T 15971-1995中4.5.3和第5章的要求。

(6)公共信息图形符号的设置基本合理,基本符合GB/T 1000 1.1的规定。

(资料来源:http://www.cnta.gov.cn/.)

第二节 导游解说服务

导游解说是景区解说服务的重要组成部分。导游解说是指专门的导游员通过导览和导游讲解向游客提供信息传导服务,属于能动式服务。景区导游是景区的灵魂,他的讲解是景区不能缺少的美的串联、景的沟通。有了优质、亲切的讲解,景区的美才能被活生生地表现出来。

一、导游解说服务的作用

导游解说服务最大的特点是双向沟通,能够回答游客提出的各种各样的问题,可以有针对性地提供个性化服务。对团体游客而言,导游解说服务尤为重要。同时,由于导游员一般掌握了较多的专业知识,导游解说系统的信息量一般非常丰富,但它的可靠性和准确性不确定,这要由导游员的素质决定。导游员可以通过巧妙运用语言艺术、情感互动、讲解技巧激发游客的参观游览兴趣,从而使游客以愉快的心情去欣赏自然和人文景观,获得快乐的体验。此外,现场参观游览的情况是千变万化的,游客的个性化要求也是复杂多样的,发生任何问题、游客提出任何要求都需要有人及时处理。所有这些工作,只有导游员才能胜任。

(一)满足不同游客的不同需要

由于社会背景和旅游动机的不同,不同游客出游的想法和目的也不尽相同,有的人会直接表达出来,有的人则比较含蓄,还有的人可能缄默无言。要满足不同社会背景和出游目的的游客的需求,只有导游员才能胜任。导游员可以通过掌握游客对旅游景点的喜好程度,在与游客接触和交谈中,了解不同游客的想法和出游目的,然后根据游客的不同需求,在对参观游览的景物进行必要的介绍的同时,有针对性、有重点地进行讲解。导游讲解贵在灵活,妙在变化,绝不是一部机器。

(二)应对灵活多变的现场需要

现场导游情况纷繁复杂,在导游员对参观游览的景物进行介绍和讲解时,有的游客会专心致志地听,有的则满不在乎,有的还会借题发挥,提出各种稀奇古怪的问题。这些情况都需要导游员在讲解过程中沉着应对、妥善处理。在不降低导游服务质量的前提下,一方面满足那些确实想了解景观知识的游客的需求,另一方面要想方设法调动那些对参观游览地不感兴趣的游客的游兴,还要对提出古怪问题的游客做必要的解释,以活跃整个旅游气氛。此类复杂情况也并非现代科技导游手段可以应对的,只有人,而且是高水平的导游员才能得心应手地应付这种复杂多变的情况。

(三)增加人际交往和情感交流的需要

导游员是游客首先接触而且接触时间最长的人,导游员的仪容仪表、言谈举止和导游讲解方式都会给游客留下深刻的印象。通过导游员的介绍和讲解,游客不仅可以了解景区(点)的文化,增长知识,陶冶情操,而且通过接触,导游员和游客之间会自然而然地产生一种情感交流,即不同国度、地域、民族之间的相互了解和友谊。这种游客与导游员之间建立起的正常的人与人之间的情感关系是提高导游服务质量的重要保证。这同样是无生命的高科技导游方式难以做到的。

所以,建立一支训练有素、经验丰富的导游员队伍可以极大地提升景区的服务品质和形象。

同步案例 为什么中国人待客,总要给客人沏一杯茶?

背景与情境: 一天,某导游带领一海外旅游团参观某茶场,向游客介绍了茶的种植、采摘、不同品种茶的加工和泡茶方法。其中,一游客问道:"为什么中国人待客,总要给客人沏一杯茶?"该导游想不到游客会有这样的问题,忙答道:"我们中国人喜欢喝茶,所以就给客人也沏一杯茶呗!"游客笑了,说:"你这不是把因果等同起来了吗?你们中国人也喜欢喝酒呀,干吗不给客人斟一杯茅台酒呢?"该导游语塞了,一时不知如何作答。

此时正好团队的全陪在场,接过话头说:"先生,您知道,中国是茶的祖国。中国人喝茶,可以追溯到3000年以前。中国人以茶待客是很有讲究的。茶树是靠茶籽繁殖的,据说茶籽一经种下,落地就生根,是不能够移栽的。一旦移栽,就不再发芽。因此,在中国古代,茶树又称'不迁'、'不移'。根据这个特性,自唐代以来,男方聘妇,必在聘礼中附上茶叶,以示从一而终和白头偕老之意。女方接受聘礼,也称'受茶'。唐贞观十五年(公元641年),文成公主嫁给西藏松赞干布时,便带去了茶叶,由此开创了西藏的饮茶之风,也都含有这个意思。在中国古典小说《红楼梦》中,凤姐跟林黛玉开玩笑说:'你既吃了我们家的茶,怎么还不给我们家作媳妇?'这也是把'受茶'的含义加以引申。至今在中国江南水乡和一些少数民族地区都还保存着这一风俗。茶树对生它养它的那块土地,有一种深沉的、执着的、不可更易的爱,这和中华民族的爱国个性极其相似。因此,茶叶作为中国的国饮,就是理所当然的事情了。这样,为什么给您沏一杯茶,第一层含义就出来了,这是在用含蓄的'外交语言'告诉您,我们中国人是爱国的,请不要用不正当的手段,让我们去做那些对不起祖国和民族的事情。我们中国人,富贵不能淫,威武不能屈,贫贱不能移!中国的茶叶种类繁多,有绿茶、红茶、花茶、白茶、乌龙茶、铁观音……无论什么茶,一入口都多少有点苦涩,但回味却又是清醇的,既沁人心脾,又齿颊留香。岂止喝茶如此,学习、生活、工作、事业,乃至人生,又何尝不是如此。将欲取之,必先予之,不经一番冰霜苦,哪来梅花放清香?世事如一嘛。因此,给您沏一杯茶的第二层含义就是品味生活、品味事业、品味人生了!第三,茶有祛病延年之功,除烦静心之效。一杯香茗表达了主人祝愿客人心神舒爽、健康长寿的浓情厚谊。中国人说,君子之交淡如水,其实讲的就是君子之交应如茶,纯洁、清正、中和,表里如一,始终如一。有这三层含义,当然就要给客人沏一杯茶了……"

可想而知,游客对谁的回答更满意了。

问题:以上案例中,游客更喜欢哪位导游的回答?为什么?

二、导游解说服务的内容和特点

(一)导游解说服务的内容

1. 迎接游客

导游人员带领游客进入景区,简单进行自我介绍和景区背景知识介绍,为游览以及导游人员与游客之间的交流奠定基础。

2. 景点讲解

在景区景点内引导游客游览,科学地讲解与景区、景点、景点有关的知识,并解答游客提出的各种问题。

3. 执行计划

导游人员要严格履行合同,保证在计划时间和费用的范围内,游客能够尽兴地游览景区。

4. 安全服务

导游过程中要随时提醒游客注意安全,照顾到游客的安全,劳逸结合,并特别关照老弱病残的旅游者。及时处理在游览过程中发生的各种突发问题。

5. 宣传教育

在讲解过程中要结合景点、景观的内容,融入景区保护和环境保护的理念,向游客宣传环保及生态、文物古迹、自然与文化遗产保护的知识等。

(二)导游解说服务的特点

1. 独立性强

旅游活动中,一般只有导游一个人与游客在一起,因此导游在解说服务过程中所具有的独立性比较强。一方面,导游需要根据游客不同的文化层次、审美情趣和兴趣爱好,调整自己的讲解内容,以满足不同旅游者的需要。另一方面,导游的自主权比较大,可以尽情地发挥自己的解说及组织能力。

2. 脑力、体力高度结合

解说过程中,导游不仅伴随游客游览景区的景点,还要解说景区景点的相关内容和回答游客的提问。所以,导游解说服务是一份脑力和体力劳动高度结合的工作。

3. 复杂性

导游解说过程中,服务对象复杂,接触的人员也较多,游客的需求多种多样,因此导游解说服务充满了复杂性。

三、导游解说服务技能

导游解说服务是一门艺术,它的艺术性表现在导游方法的多样性、灵活性和创造性上。这是由导游讲解工作性质特殊、对象复杂、内容广泛所决定的。为提高导游服务技能,导游在多读书的同时,也要在实践中不断摸索、总结,丰富和完善自己的知识与技能,而且要学习众家之长,结合自己的特点,形成自己的讲解风格。

对于景区讲解人员来说,语言表达技能、导游讲解技能、心理服务技能和旅游审美技能是决定其导游服务质量的关键。

(一)导游语言的运用技能

为有效地传播景区(点)知识,增加旅游的情趣,导游语言应满足以下要求。

1. 准确性

在景点导游讲解中,准确性主要表现在以下几个方面。

(1)知识要准。

在讲解过程中,无论是对自然景观的描述,或是对人文景观的解说,还是对历史事件的叙述及评价,都应以客观事实为依据,尊重事实,反映事实,传递的知识应准确无误。切不可信口开河,凭空臆造。

(2)道理要明。

道理,即理由、事物的成因。导游在景点讲解的过程中,必须透过景点各类事物的现象看本质,透过表象把握引起事物产生、发展、变化的根本原因,把道理讲明、讲透。

(3)条理要清。

在导游讲解中,不仅知识要准、道理要明,还应注意讲解时要条理清晰、层次分明,才能让游客的思绪跟上导游的节奏,让游客易于听懂;反之,若导游的讲解杂乱无章、颠三倒四,只会让游客不知所云,导游讲解也就失去了准确性。

2. 鲜明性

在景点导游讲解中,鲜明性有以下两层含义。

(1)讲解主题的鲜明性。

每一个景区(点)与之相关的知识信息量很大,导游在讲解时,先要明白自己要表达的主题是什么,要达到一个什么目的或要表述一种什么思想。有了明确的主题、主旨,就可以围绕主题去组织材料,使用材料,展开叙述。突出重点,分清主次。对重点内容要多讲、深讲、讲透,使主题显得更加鲜明。

(2)讲解中对所涉及人物、事件的态度、观点的鲜明性。

在讲解过程中,不可避免地会涉及不同的人物、事件及方针、政策等方面的话题。此时,导游的态度、观点要鲜明,要有明确的是非观念和爱憎分明的情感。对待历史人物要予以客观公正的评价,对英雄人物、伟人、名人、有高尚品德的人要予以赞扬,而对奸佞之人则予以贬斥。对待历史事件,要予以正确的评说。对待有关国家方针、政策如人权问题、台湾问题、西藏问题等,必须旗帜鲜明地表明我们的态度,不允许含糊其辞。

3. 生动性

在景点讲解中,要使讲解生动有活力,除了语言上的活泼、风趣、幽默之外,还应注意以下几个方面。

(1)在讲解中必须倾注自己的感情。导游讲解的过程是一个与游客情感交流的过程,导游人员只有倾注自己的感情,动之以情,才能打动游客。

（2）必须熟悉讲解的内容，并结合自己的体验和感情，做到融会贯通，巧妙组合，使之主次分明、层次清晰、富于变化。

（3）善于利用名言名句、典故传说及趣闻逸事等。恰到好处地利用一些名言名句或典故传说等，有时会起到画龙点睛、事半功倍的效果。

（4）善于运用不同的讲解方法和技巧，也会使讲解更精彩。

（5）要敢于创新。不拘泥于现有的导游词和导游方法，勇于不断创新，想人所想，言人所言，使自己的讲解始终充满新鲜感。

4. 多样性

多样性是指导游讲解方式、方法与技巧上的多样性。世界上没有也不可能有两次完全相同的导游过程。每一次导游过程都会因游客的差异、景物的不同、时空条件的改变等而发生变化。因此，在讲解方式、方法与技巧上可因人、因时、因地、因景、因物而异，灵活采用多种形式和方法进行导游讲解。

（二）景区讲解技能

为了使自己成为旅游者的注意中心并将他们吸引在自己周围，景区讲解员必须讲究讲解的方式方法，要善于编织讲解的故事情节，结合游览活动的内容，解答疑惑，创造悬念，引人入胜；要有的放矢，启发联想，触景生情；要有选择地介绍，采用有问有答、交流式的对话，努力将旅游者导入意境。这里简要介绍几种讲解技能。

1. 突出景区（点）的特色

无论是自然景观还是人文古迹，每一个景区（点）都有它自己的特色，哪怕是同一类型的景区（点），也会有自己的个性特色。景点导游在讲解中尤其应注意发现和把握其个性特色，将其作为讲解的重点，这样，不仅能使讲解鲜明，富有特色，使游客充分领略景观的独特之美，也更能吸引游客。

2. 突出景区（点）的重点

规模大的景区（点）中往往有众多景观，导游员不可能也没有必要对其一一进行详细讲解，而应做好周密的计划，选择其中具有代表性的景观进行重点介绍。这些景观既要有自己的特征，又能概括全貌。

在景区（点）游览时，导游员的讲解重心应该是景区（点）内的重点景观。如果导游员讲解模糊，没有突出重点，游览结束后，肯定不会给游客留下深刻的印象。

3. 突出景区（点）的文化内涵

文化是旅游的灵魂，没有文化的景区（点）是缺乏生命力的景区（点）。它只是一群建筑、一个山体、水体，景观之灵魂应是其源自长期积淀、蕴藏于内、表露于外的文化内涵。中国的名胜古迹所蕴含的是中国传统文化的精髓，景区（点）的景观文化是中国人为之自豪的。如果想揭示景区（点）的文化内涵，要从多个方面去分析、诠释，让游客从理解文化载体着手，逐步深入文化内涵的世界中。

4. 要有自己独到的见解

在为游客，特别是专业、学术团体讲解景区（点）中某些专业内容和问题时，导游应在大量事实及论据的基础上，以科学的态度，分析和讲出自己对这些内容和问题的独到见解。以

"我认为……","我的看法是……"的方式去讲解,不仅会引起客人们的浓厚学习兴趣,同时也会赢得客人们对导游由衷的尊敬和信赖,从而加深客人与导游的感情,促进导游工作的顺利开展。

5. 活学妙用各种讲解方法和技巧

经验丰富的导游往往善于针对游客的心理活动,并根据景物的特点,灵活采用各种导游方法和技巧,令游客渐入佳境,让多姿的自然美景更添光彩。在讲解过程中,善动脑筋,活学妙用,往往会有意想不到的发现与收获。

(三)心理服务技能

为了提高导游服务质量,景区导游不仅要向旅游者提供功能服务,更重要的是向他们提供心理服务。功能服务,是指旅游者有权享受的引导游览、讲解等服务项目;心理服务,即在心理上对旅游者施加影响,使其在精神上获得享受并留下难忘的印象。高质量的导游服务应是功能服务和心理服务的和谐统一。

1. 尊重旅游者

尊重旅游者,就是要尊重旅游者的人格和愿望,要在合理而可能的情况下努力满足旅游者的要求,满足他们的自尊心和虚荣心。当导游人员礼貌待客,微笑服务,热情主动并耐心倾听游客的意见和要求时,这首先在心理上满足了游客的自我尊重的要求。反过来,他们也会尊重导游人员,愿与导游人员一起搞好旅游活动。

扬长避短是尊重旅游者的一种重要做法,在旅游活动中导游人员要妥善安排,让旅游者进行参与性活动,使他们获得成就感,从而使其在心理上获得极大的满足。不过要注意,参与性活动绝不能勉强游客,避免触动他们的自卑感。

2. 保持服务热情

在导游服务中,导游在自己熟知的景点,一遍又一遍地重复着自己早已烂熟的解说词,难免感到厌倦,工作的热情会受到极大的影响,而这些情绪、思想却不能表露出来。因为,对游客来讲他们是第一次来这里,充满新奇和乐趣,导游要以游客的愉悦为目的,不能扫游客的兴。这就要求导游要有极大的克制力,在每天的工作中都能以微笑、诚信对待每位游客,使游客时时感受到服务人员饱满的工作热情,以及高效、优质的服务。因此,导游必须具备较高的耐受性和情绪兴奋性。

3. 学会使用柔性语言

让人高兴的语言往往柔和甜美,被称为柔性语言。柔性语言表现为语气亲切,语调柔和,措辞委婉,说理自然,多用商讨的口吻。这样的语言使人愉悦亲切,有较强的征服力,往往能达到以柔克刚的交际效果。导游人员的一言一行可能会使旅游者感到高兴,赢得他们的好感,但也可能刺伤他们的自尊心,得罪他们。因此,导游人员在与旅游者相处时绝不要争强好胜,不要与游客比高低、争输赢,不要为满足一时的虚荣心而做"嘴上胜利者",而是应当在导游服务中贯彻"双赢原则"。

4. 多提供个性化服务

个性化服务是一种建立在理解人、体贴人基础上的富有人情味的服务。导游人员在做好导游讲解服务的同时,对旅游者的特别需求要给予特别关照,使他们感觉受到了优待,产生自豪感,从而提高他们的满意程度。在现实的导游工作中,提供个性化服务的机会很多,导游人员的一句话、一个行动,帮助游客做的一件小事往往会产生预想不到的效果。

(四) 旅游审美引导技能

旅游活动是寻觅美、欣赏美、享受美的综合性审美活动。作为旅游者,能不能在旅游活动中享受到美,最终决定于本人的审美能力、审美情趣和当时的心情及时空条件;作为景区讲解员,应尽力帮助旅游者在较短的时间内享受到美。为此,讲解员应向游客提供正确的审美信息,要了解旅游者,随时调节他们的情绪,激发他们的想象力,保持甚至提高他们的游兴,并正确运用各种审美方法,引导不同审美能力和审美情趣的旅游者轻松愉快地去欣赏美、享受美。旅游审美的基本方法有如下几种。

1. 动态观赏和静态观赏结合

任何风景都不是单一的、孤立的、不变的画面形象,随着观赏者的运动,空间形象美才逐渐展现在人的面前。游客漫步于景物之中,步移景换,从而使人获得空间进程的流动美。然而,在某一特定空间,观赏者停留片刻,作选择性的风景观赏,通过联想、感觉来欣赏美,体验美,这就是静态观赏。这种观赏形式时间长、感受深,人们可以获得特殊的美的享受。至于何时"动观",何时"静观",则应视具体的景观及时空条件而定。导游人员灵活运用,动静结合,努力使游客在情景交融中得到最大限度的美的享受。

2. 观赏距离和位置的选择

(1) 空间距离和角度。

距离和角度是两种不可或缺的观赏原理。自然美景千姿百态、变幻无穷,一些拟人拟物的奇峰巧石,只有从一定距离和特定角度才能领略其风姿。景区讲解员在带领游客游览风景名胜时,要适时地指导旅游者从最佳方位去观赏风景美,使其获得美感。

(2) 心理距离。

观赏美景除掌握空间距离外,还应考虑心理距离。心理距离是指人与物之间暂时建立的一种相对纯洁的审美关系。适当的心理距离是审美活动的一项基本原则和显著特征。人在审美过程中,如果真正从心理上超脱于日常生活中功利的、伦理的、社会的考虑,超然物外,独立地、自由地进入审美境界,才能尽情地享受美的愉悦。

(3) 观赏时机。

观赏美景要掌握时机,即掌握好季节、时间和气象等的变化。光照、时令和气候影响着大自然中色彩美、线条美、形象美、声音美、静态美和动态美,掌握好时机极为重要。有的美景的观赏时间只有几分钟,甚至只有几秒钟,一旦疏忽就可能失之交臂,后悔莫及。这就要求导游人员十分熟悉所游览的景点,并注意力高度集中,才能帮助旅游者观赏到绝妙的美景。

(4) 观赏节奏。

观赏节奏无一定之规,应视观赏内容、观赏主体的具体情况(年龄、体质、审美情趣、当时的情绪等)以及具体的时空条件来确定并随时调整。游客的审美目的主要是悦耳悦目、悦心悦意,是为了轻松愉快、获得精神上的享受。如果游览活动安排得太紧,观赏速度太快,不仅使游客筋疲力尽,达不到上述观赏目的,还会损害他们的身心健康,甚至会影响旅游活动的顺利进行。因此,在安排审美赏景活动时要注意调节观赏节奏。

第三节　自助式解说服务

自助式解说是通过书面材料、标准公共信息图形符号、语音等设施、设备向游客提供静态的、被动的、非人员解说的信息服务。它的形式多样,主要包括标示牌解说、信息资料解说、视听解说、语音解说等方式。

一、标示牌解说

标示牌解说通过旅游标示牌来实现解说功能。标示牌是一种载有图案、标记符号、文字说明等内容的功能牌,具有直观简洁、实用简便、易于识记等特征。标示牌具有解说功能、指示引导功能、警示提醒功能、宣传功能。如景区介绍牌、景观标示牌、道路标示牌、游园须知牌、风光展示牌、宣传提示牌、安全提醒牌、友情提示牌、防火警示牌等。

标示牌的内容通常由图标、符号、文字语言三部分组成。图标和符号一般采用通用规范的方法制作,如交通、厕所、电话、医院、防火等标志,均要求依据国家标准《标志用公共信息图形符号》来制作。

> **知识活页**
>
> 1. 草地禁入提示语
> "小草有生命,脚下请留情。"
> "少一个脚印,多一份绿茵。"
> "小草微微笑,请您绕一绕。"
> "萋萋芳草,踏之何忍?"
> "别踩我,我怕疼。"
> 2. 交通、危险地带提示语
> "如果想会见上帝的话,请不要减速!"
> "这里是危险路段,且离医院很远!"
> "此处已死亡十七人,谁将是第十八个?"
> "如果你不想变成刺猬,请走大道。"
> 3. 垃圾箱用语
> "请喂饱我,我很饿!"

"没有人愿意看到垃圾,请多走几步。"
"请您近距离准确投篮!"
4. 景区提示语
"除了脚印什么也不留下,除了照片什么也别带走。"
"只留下脚印,只带走照片。"
"凡向鳄鱼池内投掷物品者,必须下池自己捡回。"
"凡检举偷窃花卉者奖励 200 元。"
"请勿喧哗,以免打扰金丝猴的正常活动。"
(资料来源:彭淑清.景区服务与管理[M].北京:电子工业出版社,2010.)
问题:上述提示语中哪些更容易被游客接受?为什么?
分析提示:掌握语言技巧。

二、信息资料解说

信息资料解说是指利用旅游地图、旅游指南、风光图片、书籍画册等书面宣传资料来达到传递旅游信息的目的的解说形式。它包括导览图、导游手册、景区旅游指南、风光图片、书籍、画报,以及专项旅游活动的广告宣传品等。信息资料最主要的功能是向游客传递食、住、行、游、购、娱等各方面的旅游信息。

三、视听解说

视听解说是通过影视片、光盘、幻灯片、广播等影像、音像资料来实现宣传景区、传递旅游信息的目的。其形式多样,内容直观,携带方便,具有较高的旅游参考和宣传价值。

旅游景区可以将景区有代表性的自然风光、标志性的景观、人物传记、民俗风情、风物特产、歌曲、乐曲等录制成 VCD、DVD、CD 等视听资料,来对景区进行宣传和解说。它不仅起到解说、引导、宣传、教育的作用,还方便游客购买、携带,具有收藏和纪念价值。

四、语音解说

(一)录音解说

所谓录音解说是将景区的解说内容采用数码录音的方式存放到一个存储量比较大的解说器上。解说器上面有显示屏、数字键以及插放、停止键,形式就像 MP4(动态图像专家组)一样。这一服务方式的实现,首先要将与景区相关的解说词以不同的语种全部储存到解说器,并且将景点分割成不同的文件,即将每个景观的解说词分别归入景点内,景点名显示在显示屏上。

游客拿到解说器后,首先选择所需要的语种,然后进入景点解说中。游客想听哪个景点的解说就按下相应的键,解说器就会自动播放景点的基本介绍。这种解说最大的优点就是游客可以随时听到自己所需要的内容,解说不受游览线路、游览进度的限制。这种解说器体积很小,便于携带,而且使用方便,收听质量可以得到很好的保证,成本也很低。若景区中要增加或修改解说内容,处理起来也非常方便。这种解说方式对于景点景观多、解说内容大的景区非常适用。

(二) 感应式电子导游

感应式电子导游由两部分组成,一部分是具有解说内容的芯片,另一部分是游客手中的解说器。景区经营者先将解说内容通过语音压缩技术压缩在芯片中,然后将它置于需要解说的景点上面。当游客携带解说器到达某一景点时,解说器会与之产生感应,就会启动信号,然后自动解说。这种解说也不受时间、地点和游览线路的限制。颐和园已经采用了这种解说方式。

这种解说方式操作起来相当简便,游客除了选择自己所需要的语言、开关机以及调节音量外,基本上不需要其他操作。但是由于技术上的要求,它的成本相对来说比较高。这种电子解说器在我国一些景区已经投入使用,这种"电子导游"方式将具备智能引导、自动讲解、语言同步乃至电子地图等多种功能。故宫于2005年5月推出了第6代电子导游即电子讲解器,这种电子讲解器体积很小。游客每走到一处景点,讲解器上的小红灯接收到感应就会闪烁,这里的景点介绍就会进入游客耳中,游览结束后,红灯灭就关闭。

(三) 无线接收

这种解说方式是由很多台无线调频发射机和游客接收机构成。它是在景区的各个景点分别放置调频发射机,然后把景点的解说内容用多种语言储存在发射机内。当发射机开始工作时,导游解说信号就被发射出去。游客在景点周围收听到适合自己的解说词。它的功能和收音机的功能相似。这种无线接收方式的导游解说系统服务范围比较广,不论有多大的游客量,只要游客手中有接收机,就可以享受导游解说服务,并且可以避免导游员因个人因素而带来的服务不满意的情况。

(四) 微信语音导览

扫码在人们的生活中已经很常见,快捷省事,而现在,景区的导览系统也出现了二维码自助语音导览系统。游客只要通过手机扫一扫二维码,添加公众微信号即可收听景点解说。很多景区还有免费 Wi-Fi,网络服务覆盖整个景区,为游客收听语音讲解提供方便。微信语音导览不仅节省了人工导游与机器导游的人力成本,又便于游客随时获取景区信息。它是将传统的景点讲解与微信相结合,游客只需用手机扫一扫即可听到讲解,不会占用手机的内存,游客也乐意使用,在一定程度上也提升了游客的体验感。对于景区管理来说,无需购置任何硬件设备,也比其他的导览设备要方便,不需要像机器导览设备那样,专门派人员管理,也无需支付费用给它。微信语音导览的建设是景区立足"互联网+"模式,推动智慧旅游发展,加快旅游系统融入大数据信息时代的重要步伐之一。景区还可借助于微信公众平台为游客提供智能化服务,既节省了景区的人力、物力、资金的投入,又宣传了景区文化,同时为整个景区的社会宣传开拓了一条新思路。

教学互动

互动问题：导游解说服务和自助式解说服务的区别在哪里？自助式解说服务会取代导游解说服务吗？

要求：
1. 教师提出问题，组织学生根据自身经历进行互动讨论。
2. 教师把握好讨论节奏，学生发言，教师总结点评。

内容提要

解说服务是景区为游客获取和体验景区各种资源信息的一种重要途径，是景区对外服务的"窗口"，是提高景区服务水平和管理水平、满足游客旅游体验要求、增强游客满意度的重要手段。本章重点介绍了导游解说服务和自助式解说服务。

导游解说服务主要介绍了景区导游解说服务的作用、内容、特点及各项服务技能。

自助式解说服务的内容包括标示牌、信息资料、视听、语音解说等。重点介绍了现代社会中几种常用的语音解说方式，主要有录音解说、感应式电子导游、无线接收和微信语音导览等。

核心概念

旅游景区解说；导游解说；自助式解说；语音解说

重点实务

景区讲解服务流程；景区讲解服务方法。

知识训练

一、简答题
1. 景区导游解说服务包含哪些内容？
2. 景区自助式解说服务的类型有哪些？
3. 景区语音解说服务主要有哪些形式？

二、讨论题
1. 分析讨论导游解说服务与自助式解说服务的利弊。
2. 分析微信语音导览的产生背景及未来发展趋势。

能力训练

1. 考察当地某家 4A 级及以上景区,分析其导游解说服务的优点,并说出哪些方面有待改进?

2. 以小组为单位,组织游览当地某家 5A 级景区,找出其自助式解说服务的不足之处,并提出合理可行的建议。

第五章
旅游景区咨询服务

学习目标

通过本章学习,应当达到以下目标:

职业知识目标:学习和掌握咨询接待服务的概念及范畴,熟悉咨询接待服务过程中的操作规范及工作流程;深刻理解咨询接待是展示景区形象的重要窗口,是宣传和树立景区品牌的重要服务环节,并能逐步认识到咨询接待服务对提升游客的游览满意度、景区及城市的对外形象都有重要的意义。

职业能力目标:运用本章专业知识,对实际案例进行模拟及训练,建立景区咨询接待工作人员的咨询接待服务理念,梳理并形成完整的咨询接待规范及流程;通过服务案例的基本操练,培养相关专业技能。

职业道德目标:通过本章的学习,能树立正确的服务观,尊重并理解游客的需求。随着景区现代化的发展,信息渠道的普及与推广,在传统咨询的基础上,运用互联网、智慧景区等更好地服务游客,为游客提供更为便捷、全面、贴心的咨询服务。

引例:多角度为游客服务

背景与情境:一位对景区不甚了解的游客来到西溪天堂游客服务中心,工作人员微笑着接待了他,并亲切地询问:"您好,请问您有什么需要?"

游客说:"我们住在喜来登酒店,常年生活在国外,我们家有2个孩子特别喜欢参加自主性比较强的活动,听说你们这有很多亲子游的项目。"

工作人员听了游客的回答后说:"先生,您好,西溪湿地有各类套餐活动,您可以取一份我们这边的旅游产品宣传折页大概了解一下,让孩子们选一选,对产品有任何需要咨询的,我这里都可以为您解答。"

游客翻阅宣传折页后,再次询问:"这个渔夫之旅不错,是可以去菜地自己摘菜,还可以自己捕鱼么?费用多少?"

工作人员答:"您好,渔夫之旅是西溪湿地最受欢迎的体验类亲子游产品,包括跟随渔夫前往蔬果园采摘时令蔬菜,乘坐手摇船撒网捕鱼,中午前往烟水渔庄餐厅就餐,下午乘坐电瓶船自由游览湿地风光,当然,已经包含了4位的船票费用,费用是1350元/船,最多是5位,您4位是可以参加这个套餐的,不过套餐需要提早预约,您确定要的话,我得去确认现在是否可以提供船只。"

游客说:"你们这个是5个人的价格为1350元/船,我现在是4个人是不是可以优惠?"

工作人员答:"您好,很抱歉,我们这个活动是以船为单位计费的,孩子按照成人计费,不过套餐已经是优惠价,而且包含了一整天的游览行程。"

游客说:"那你现在就给我安排吧,我们现在就要,你赶紧确认。"

工作人员拨打电话后,确认可以提供渔夫之旅体验套餐。

工作人员说:"您好,先生,已经帮您确认现在可以参加渔夫之旅,您现在所处的位置在西溪天堂游客服务中心,果蔬园和摇橹船出发点在周家村区域,我这边先给您开单,您需要支付5元/人的电瓶车费,我们将安排专车带您至渔夫之旅码头开始体验活动,如果您对价格和行程没有问题的话,我这边马上安排。"

游客说:"那你现在就给我安排吧。"

以上案例中工作人员不仅为游客解决了问题,真诚的服务也打动了游客。景区工作人员面对游客咨询时的服务态度直接影响到整个景区的外在形象和声誉,影响到今后的客源市场,因此景区应对游客的咨询引起重视。

第一节 现场咨询服务

一、现场咨询服务概述

(一)现场咨询服务的概念

现场咨询服务是景区向游客提供的重要服务项目,通常是指由景区工作人员在景区特定的游客咨询服务点内,向游客免费提供票务、游览线路、产品信息、景区餐饮及住宿等配套服务内容的现场咨询服务工作。现场咨询服务是建立游客信任的重要环节,对游客的游览决策、游览项目选择等有着重要的指导意义。

(二)现场咨询服务的意义

1. 展示景区的服务能力

游客现场咨询的内容不仅涉及景区内部的相关信息,有时还包括对景区外围环境及景区所在城市信息的咨询,对服务人员的从业素质有着较高的要求。因此,景区现场咨询服务的好坏,直接关系游客对景区,甚至是景区所在城市的评价,是景区整体服务能力及服务水平的重要展示环节。

2. 激发游客的潜在消费能力

每一次现场咨询服务,都是景区向游客的一次面对面宣传,能最直接地了解游客的需求,并针对性地向游客提供相应的服务,为景区创造收入提供了最大的可能性。因此,景区要重视现场咨询服务环节,提升景区的现场咨询服务能力,最大限度地挖掘游客的潜在消费能力。

知识活页

　　杭州西溪国家湿地公园是中国首个国家级湿地公园,至2005年开园以来,荣获"国家生态文明景区"、"中国十大魅力湿地"等称号,并于2009年成功入选国际重要湿地名录,2012年被国家旅游局评定为国家5A级景区。因其丰富的生态资源、质朴的自然环境和深厚的人文底蕴,被誉为"城市湿地、农耕湿地、文化湿地"。

　　经过这几年的发展,西溪湿地已经初步形成了以湿地生态为基础,以人文生态为精髓,以休闲度假功能为主,集观光、美食、购物、艺术、创意、培训、总部、居住等多种功能于一体的国际旅游综合体。在功能上,则基本形成了一个集生态保护恢复区、湿地旅游度假区、文化创意产业区、科研科普宣教区、高端商务集聚区、休闲健身养生区、影视创作拍摄地等"六区一地"于一体的业态发展集群。

　　作为旅游度假区,西溪湿地有河渚街特色商业街区、烟水渔庄渔家菜、百家楼水上会议中心、特色婚宴、西溪纪念品等完善的商业购物和消费配套,有布鲁克、西溪果岭度假酒店、青年旅社等住宿配套,还有悦榕庄、喜来登、曦轩、西溪宾馆等高端休闲场所。

　　为了满足游客更多的旅游需求,西溪湿地更是以文化为亮点、生态为载体,有效地利用各类交通工具,结合湿地的季节特征、民俗传统及地域特色,推出了深受游客喜爱的探梅节、花朝节、龙舟节、火柿节、听芦节等四季节庆活动,并陆续打造、推出了符合市场需求的渔夫之旅、向晚游、萤火虫溪谷等诸多旅游产品。

　　2015年,杭州西溪国家湿地公园的年接待游客量达到了近460万人次。随着景区游客量的增加、景区产品的日益丰富以及周边服务项目的增设,景区游客咨询量急剧上升。2015年,西溪湿地在原有的周家村游客服务中心的基础上,增设了西溪天堂游客服务中心,为更多的游客提供现场咨询及相关的旅游服务。

　　同时,西溪湿地还通过智慧化景区建设,加强景区官网、官微等平台的开发与完善,通过网络咨询等智慧化手段,提升景区对游客的咨询服务能力,为游客提供更为便捷、准确和完善的咨询服务。

　　(资料来源:杭州西溪国家湿地公园。)

二、现场咨询服务的特点

（一）咨询范围广

现场咨询过程中，游客的咨询内容会涉及景区内部游览的各个环节以及周边相关的交通、餐饮、住宿等信息。工作人员需要全面熟悉和掌握景区的相关信息，了解周边的旅游信息。

（二）游客期望值高

现场咨询过程中，工作人员与游客发生面对面的直接交流，游客会从仪表仪容、言谈举止、沟通艺术等对工作人员的服务质量进行评价。

（三）服务引导性强

现场咨询服务的对象主要是潜在游客群体，其咨询目的是更加快速地了解景区的服务项目，或者获得景区更多的服务项目、服务产品的相关信息。因此，只要景区工作人员具备相应的服务意识、销售意识，就能快速引导这类游客消费景区相关的产品。

三、现场咨询服务流程

（一）前期准备环节

1. 服务场所准备

根据景区服务范围、服务重点的不同，可在景区内设立游客咨询服务点、游客咨询服务大厅等咨询场所。在开展相关的现场咨询服务项目前，工作人员应对服务场所进行环境卫生的整理，保持服务场所内的干净、整洁、有序。

知识活页

旅游景区游客中心咨询人员配备

根据《中华人民共和国旅游行业标准》游客中心设置与服务规范的相关要求，大型游客中心，建筑面积应大于 150 m²，应配备四名以上咨询员，并保证有三名工作人员同时在岗进行旅游咨询工作，应提供普通话、英语或当地方言等语言服务；中型游客中心，建筑面积不少于 100 m²，应配备三名以上咨询员，并保证有两名工作人员同时在岗进行旅游咨询工作，应提供普通话语言服务；小型游客中心，建筑面积不少于 60 m²，应配备两名以上咨询员，并保证有一名工作人员在岗进行旅游咨询工作，应提供普通话语言服务。

标准中同时提到，咨询人员应做好游客中心的卫生清洁和维护工作，并规定可建立相应机制，吸纳签约志愿者提供咨询服务。

（资料来源：中华人民共和国国家旅游局 2013 年发布的《中华人民共和国旅游行业标准》。）

2. 熟悉景区情况

全面掌握景区的内外部信息，特别是要提前了解并掌握景区的最新动态、近期的活动项目等内容。应随景区咨询服务人员提前进行系统培训，以便为游客提供准确、真实的服务信息。

3. 礼仪准备

参与现场咨询服务的人员应保持着装整洁统一，女士宜化淡妆，以保持端庄文明的形象。从精神上调整好自我心理状态，确保工作中始终保持饱满的工作热情和谦和的工作态度。

（二）现场咨询环节

1. 主动问候

咨询服务人员应密切关注在咨询台周围的游客，当遇到面露疑问、徘徊犹豫的游客时，应面带微笑，主动迎上前去问询，如："您好，请问有什么需要我帮助的吗？"或"您好，我可以为您做点什么吗？"以"先注视、先微笑、先问候"的形式打消游客的顾虑，给游客以温暖、热情、友好的感受，建立与游客沟通的良好的渠道。

2. 用心倾听

在游客诉说的过程中，要始终保持眼神的关注，用足够尊重的态度，耐心聆听游客的每一个问题。在听的过程中不轻易打断对方，不要一开始就假装明白游客的问题，用一定的辅助语气词表示对游客的话语做出反应。

3. 积极沟通

对游客的咨询要做到"首问责任制"，如是能当场回复的，应给予游客准确、详细的回答。如遇一时无法回答的问题，应对游客致歉，请对方稍候，并及时向周边同事或问题归属部门进行问询，第一时间将问询后得到的信息详细告知游客。

4. 礼貌道别

对待游客的咨询，应当直到其满意为止。当游客准备离开时，应主动向游客道别，并祝其游览愉快或旅途平安，可以说"再见，祝您在景区玩得愉快"，或者"再见，祝您一路平安"等。

（三）总结记录

1. 内部总结

在当日工作中，应对游客咨询时未能及时解决的问题和咨询情况进行记录，同时对当日咨询工作中出现的新问题和重要事件进行记录。

2. 汇报反馈

建立景区内部信息汇总反馈通道，对现场咨询中收集到的游客建议、意见进行汇报。

四、现场咨询服务的其他注意事项

（一）先问先答，急问急答，长问短答

在现场咨询过程中，经常会出现多人同时问询的情况。一般情况下应遵循"先问先答"

的原则,先行回答先来游客的提问,并请后来的游客稍候。但是如果出现后来游客有更紧急的情况时,一般应遵循"急问急答"的原则,一方面与先到的游客积极沟通,请其谅解后来者的着急,并快速解决后来者的问题。

通常情况下,如果现场咨询人员过多时,一方面应视实际情况增加服务人员数量,另一方面要调整咨询回答模式,采用"长问短答"的形式,增加咨询服务效率。

(二) 换位思考,做好服务

在进行现场咨询服务的过程中,应始终从游客的角度出发,充分了解游客的真实需求,尽力为游客提供符合其要求的最合理的、详细的回答。

旅游线路咨询

朱先生一行5人,其中两位为他的父母(年龄均已满70周岁),还有朱先生的夫人和妹妹。5人于早上9:00抵达景区游客服务中心,计划在景区内停留三小时。

该景区门票价格为80元/人,年龄满70周岁的游客可享受免费入园优惠。景区可步行参观游览,也向游客提供电瓶船、摇橹船等服务项目,其中,电瓶船费用为60元/人,对成年人无特殊优惠政策,摇橹船费用为100元/小时,每船可乘坐2～6人(不支持与其他游客拼船)。

问题:请从朱先生的角度,为朱先生一行推荐合适的游览方式。

第二节 电话咨询服务

一、电话咨询服务概述

(一) 电话咨询服务的概念

电话咨询是以电话为媒介的沟通形式,电话咨询服务就是指工作人员通过对外公布的景区咨询,向游客提供票务、游览线路、产品信息、景区餐饮及住宿等配套服务内容的咨询服务工作。

(二) 电话咨询服务的意义

1. 代表景区对外形象

电话咨询服务会在电话的接听使用过程中,通过服务者的态度、表情、语气、内容及对时间的把握等要素给游客留下相应的印象。因此,电话咨询服务,在游客未抵达景区时就会给游客留下前期的景区印象。如游客已在景区内游览,电话咨询服务也会加深游客对景区的印象。所以,电话咨询服务代表了景区的对外形象,对树立景区在游客心目中的整体形象起到十分关键的作用。

2. 提高景区产品的潜在消费能力

景区的电话咨询服务大多在游客消费行为发生前进行,因此游客对景区的电话咨询服务有着较高的期待值,电话服务质量的高低在某种程度上影响着游客是否会做出消费决定。

二、电话咨询服务礼仪

(一)行为端庄

人们常说,闻其声,如见其人。可见游客可以凭借电话接听人员的声音判断其状态,即使是懒散的姿态,也能通过声音传递给游客。因此,在接听电话的过程中,服务人员要始终面带微笑,保持坐姿端正,身体挺直,绝不能吃零食、喝茶、做与接听电话无关的动作。话筒与口之间应保持适当距离,控制音量,不能因音量过轻导致游客听不清,或因音量过重,给游客以刺耳的感受。

(二)态度积极

景区工作人员在接听电话时,应通过语速、语音、语调及通话内容向游客传达热情、积极、主动的工作态度。特别要注意在通话过程中始终保持吐字清晰,语速适中,语音柔和,语调欢快。让游客时刻感受到服务人员积极、乐观的态度。

在回答游客的问题时,要保持思路清晰,按要点和顺序,向游客提供内容详实、信息准确的资料,不可敷衍了事,更不能提供虚假信息。

(三)言语尊重

景区工作人员在负责电话咨询服务时,应时刻保持对来电游客的尊重,在对话过程中,应严格使用敬语,必须使用"您"、"您好"、"请"、"请问"、"对不起"、"不好意思"、"没关系"等服务用语。在接通电话的第一时间,向游客表达问候,如:"您好!"、"上午好!"、"节日快乐!"等。一般情况下,应先向游客传达景区的相关信息,如"这里是某某景区某某部门,很高兴为您服务。"让游客时刻感受到礼貌与尊重。

三、电话咨询服务流程

(一)电话接听流程

1. 接听电话前

在进行电话咨询服务前,工作人员应提前准备好记录本和笔,停下一切不必要的动作,调整最佳的状态,做好接听准备工作。

2. 接听电话时

游客来电时,不应在电话铃声响起的时候就立刻接听电话,以免电话突然被接通后,造成游客的惊慌。应在电话铃响两声后、三声内接通电话,接通后应礼貌开始通话,先问候并自报景区名称和岗位名称,如"您好!这里是某某景区某某部门,很高兴为您服务,请问有什么需要的吗?"若铃声响起超过三声后再接,就应向对方致歉:"对不起,让您久等了。"

知识活页

表 5-1 所示为景区电话咨询服务记录表。

表 5-1　景区电话咨询服务记录表

日期		时间	
来电者姓名		来电者联系方式	
来电咨询内容			
需要解决的问题			
是否需要回电			
回电要求			
记录人			

3. 收集游客信息时

耐心、认真地倾听游客的问题,如果遇到游客咨询量较大或咨询问题较为复杂时,应适当进行记录。在倾听游客咨询时,应及时、恰当地给予相应的反馈,如"恩"、"好的"等,让游客感受到工作人员在认真倾听。

4. 处理游客问题时

耐心解答游客咨询的问题,详细介绍园区内配套实施(如景区票价、开放时间、游览线路、景区旅游产品、周边交通状况等内容)。做好客人的向导,如当时无法解答客人问题,应向其致歉,并记录联系电话及姓名,同时告知客人将尽快给其答复。如发现客人的问题需参考相应的资料,应立即边接听边着手准备相关的资料,确保回答的准确性。若游客问题涉及景区其他部门,应礼貌询问游客的姓名与单位,告知其总机号码并转至相关部门。

5. 通话结束过程

通话即将结束时,应根据通话内容,做好结束准备工作。如游客的问题需要后期跟进处理时,在结束通话前应再次和游客确认回电信息,包括电话号码、人员姓名、咨询内容等。如已完成当次咨询工作,则应感谢游客的来电,可以说:"请问您还有其他问题需要帮助吗?"或"非常感谢您的支持和理解,欢迎您再次致电,再见。"通话完毕,请对方先挂断电话,工作人员再轻轻放下听筒,并在咨询记录表上做好记录。

(二) 电话拨打程序

景区工作人员在接到咨询电话时,如果不能立即回答,应当及时向游客说明情况,并留下对方的联系方式,在问清游客所询问的事情后,第一时间向咨询者进行回复,拨打电话的程序如下。

1. 拨打电话前

拨打电话前,首先应对游客前期所咨询的问题进行梳理,涉及相关复杂内容时可酌情先行整理成文档,以确保在电话拨通后能准确、详细地将游客需要了解的内容进行一一反馈。其次,要选择好拨打电话的时间,不要在中午休息时间或接近下班时间给游客拨打电话,避免打扰游客的休息,或让对方接听电话的时间过于仓促。

2. 电话接通时

电话接通时,应先问候对方,再确认接听人是否为前期咨询人。如不是前期咨询人,应向对方致谢,并请其让前期咨询人接听电话;如接听人就是前期咨询人,应向对方做自我介绍,介绍内容包括景区名称和打电话者所在部门、岗位及姓名,在确认对方时间方便的基础上,转入正题。

3. 通话过程中

在通话过程中,应把握通话时间,将对方想要咨询的内容简洁、明了地进行回复,不要过多地占用对方的时间。

4. 结束通话

回答完游客咨询的问题后,可以说:"请问您还有其他问题需要帮助吗?"或"非常感谢您的支持和理解,欢迎您再次致电,再见。"通话完毕,请对方先挂断电话,工作人员再轻轻放下听筒,并在咨询记录表上做好记录。

知识活页

打电话的时间礼仪

打电话的最佳时间主要有两个:一是双方原先约定的时间,如游客刚刚来电咨询,在咨询过程中出现暂时无法回答的问题,咨询人员应与对方约定回拨的时间,比如说:"不好意思,这个问题我暂时不能回答,我五分钟后打给您好吗?"得到对方肯定的回答后,可在约定时间内给对方予以回复。二是对方方便的时间。有时候游客咨询的内容短时间内无法回答,则需要隔天或稍后回复。在回复电话时,应注意时间是否合适。通常应避开 8:00—10:00、11:30—14:00 的时间段,一般这些时间段都是工作相对忙碌或对方在用餐、午休的时间。

在通话时长的控制上,也应注意"三分钟原则",尽量自觉地、有意识地控制通话长度,以"短、精"为基本要求,用简洁、明了的语言将内容传达给对方。

四、电话咨询服务中的常见问题

（一）标准服务用语

在接听电话咨询的过程中，应做到接通电话时有问候语，请求客人合作时有请求语和道谢语，给游客造成困扰和麻烦时，应有道歉语，挂断电话前要有欢送语。服务过程中，可以使用以下服务用语。

1. 游客讲话声音小

很抱歉，您那边的声音很小，能麻烦您稍微大声一点吗？

2. 电话接通后，没有声音

很抱歉，我这边听不到您的声音，我稍后给您回复，再见！

3. 电话声音嘈杂，听不清游客讲话时

很抱歉，听不清您讲话，麻烦您调整一下您所在的位置，好吗？

4. 游客发脾气时

您现在的心情我能理解，请您别着急，把详细情况和我说一下好吗？我会尽力帮您处理。

5. 游客表扬时

谢谢您，这些都是我们应该做的。

6. 游客提建议时

感谢您提出如此宝贵的建议，我已经详细记录下来了，感谢您对我们的大力支持，再次感谢您！

7. 解答完毕游客无回应时

您好，请问您还有什么需要吗？

8. 让游客等候时

很抱歉，请您稍等一下好吗？

9. 等待后恢复通话时

非常感谢您的耐心等待！

（二）服务禁语

在为游客服务或提醒游客时，以下语言需要注意，禁止使用。

1. 直呼游客

禁止使用"喂"、"嘿"等不礼貌用语。

2. 责问、训斥或反问游客

你的电话怎么回事？声音一会儿大，一会儿小。

我不是跟你说得很清楚了吗？

谁告诉你的？

您不明白！您这样说是不对的！

怎么还不挂机？

难道你觉得这样合适吗?

3. 态度傲慢、厌烦

不行就是不行!

你问我,我问谁?

我就这个态度!

没办法就是没办法!

有意见找领导去!

有什么了不起!

明明就是你不对!

4. 命令游客

你小声一点行不行!

叫你旁边的人别说话!

大声点,我听不清!

5. 推诿游客

我不清楚,你自己问。

不关我的事!

这个没办法!

(三)服务禁忌

(1)游客咨询时,轻易打断、插话或转移话题。

(2)游客挂电话前主动挂断电话。

(3)游客尚未挂机或还在通话中时,与同事交谈和通话内容无关的事项。

(4)解答游客问询时,不懂装懂,向游客传达错误或不完整的信息。

(5)在通话过程中与游客发生争执、责问、反问或者谩骂游客。

(6)通话过程中,随意攀谈,询问与景区无关的其他事件,特别是探问游客与游览无关的私人信息。

(四)电话咨询服务难点

1. 同事未及时给对方回电话,对方再次来电话催问

当对方要求同事回电话,但是由于种种原因同事没有及时回电话,对方又来电催促时,应该实事求是、态度诚恳地答复对方。如果同事忘记回电话了,可以婉转地讲些理由,以免对方不愉快和同事难堪。如"十分抱歉,由于一些原因,他没能及时给您回电。您看,是否有什么是我可以为您做的。"或"十分抱歉,他有事刚刚走开了,没能及时给您回电,等他回来后我一定及时通知他。您看有没有什么需要我为您做的?"

2. 对方未及时打电话

如果在与对方沟通的过程中,对方因个人原因,不得不中断通话,并表示稍后回复。可是等了很久,都没有接到对方的来电。如对方使用的是手机,则可以先以短信的形式进行沟通,询问对方是否方便现在联系。如对方使用的是固定电话,则可以电话联系,询问是否方便接听你的电话,如不方便则可以礼貌地道歉,并与对方再约通话时间。

3. 同时接听两部电话

在实际工作中,可能会出现一个工作人员要应对两部或两部以上的咨询电话。这时就会遇到在接听一部电话的过程中,另一部电话同时响起。如旁边有同事在场,可以请同事帮忙接听第二部电话。如没有同事可以帮忙的情况下,应礼貌地与正在通话中的人说:"不好意思,稍等一下,我这边有一部电话过来。"与此同时接起另一部电话,礼貌地回复:"您好,这里是某某景区,不好意思,我现在正好在接一个电话,稍后我马上给您回复好吗?"在这个过程中应注意,不能让第一部电话中的人等待过长的时间,应快速记录第二部电话的来电人信息和回拨号码。重新接听第一部电话时,应首先向对方致歉:"不好意思,让您久等了。"

4. 对方发脾气

在服务过程中,总会遇到有些客人对一些服务不满意,反反复复后可能会发起脾气来,这个时候服务人员要学会适当地安抚客人,首先要静下心来聆听对方的倾诉,在对方倾诉的同时要适时地说一些表示同情和理解的话,比如"我理解您的心情。"或"真的吗?那太糟糕了。"同时分析导致其生气或失望的缘由,尽量做到理解对方生气的原因。其次是提出解决办法,在听明白客人的抱怨以后,争取和对方一起寻找解决问题的合理方法,如果他们提出某些可行性的建议,就可以马上解决。

5. 对方注意力不集中或离题

在打电话时,会遇到对方注意力不集中或者离题的情况,如果感觉到对方好像注意力不集中,可能是他那边正好有别的事,就可以说:"某某女士/先生,刚才我说得不是很清楚,我再重复一遍吧。"或者提醒一下对方,"您现在是不是很忙,如果不方便我先挂掉,等会儿再打好吗?"同样,在谈话过程中对方可能会离题,这个时候要学会使用过渡技巧将话题拉回来。如:"是吗?那刚才我们谈的那个问题,您怎么看?"

6. 对方喋喋不休,没有挂断电话的意思

在电话服务过程中可能会碰到来电者喋喋不休,毫无挂断电话的意思,服务人员为了不影响个人和单位的形象,可以采用委婉的方式挂断对方的电话,比如金蝉脱壳法。如果在沟通过程中,已经给对方明确的答复,则可以说:"很高兴能为您服务,我这边有客户来访,如果没有别的事情欢迎您下次来电。"或者说:"不好意思,我这边有电话进来了,非常感谢您的来电,有机会我们再聊。祝您在景区游玩愉快。"

> **同步思考**
>
> **咨询景区周边信息**
>
> 李先生及爱人在景区游览后,希望能在景区附近用餐并住宿,故致电景区咨询电话。
>
> 问题:请设计电话接听流程,并以熟悉的景区为例,进行模拟回答。

旅游景区服务与管理

第三节　智慧咨询服务

一、智慧咨询服务概述

（一）智慧咨询服务的概念

伴随着信息化时代的到来，游客已不满足于原有的信息来源渠道。智慧旅游的发展，不仅整合了旅游产业链，服务旅游市场主体的各类旅游活动，通过互联网、移动互联网，以及云计算、物联网等新技术，主动感知旅游资源、经济等各方面的信息，帮助旅游者在旅游前、中、后轻松获取资讯、规划出行、预订票务、安排食宿、消费支出等，改善旅游体验。景区为了让游客更加完整、有效、及时地获取相关信息，利用智慧景区的发展平台，通过互联网专业技术的支持，为信息消费者提供景区内的相关信息，这样的服务统称为智慧咨询服务。

（二）智慧咨询服务的意义

1. 推动社会文明的发展

随着网络时代的来临，信息化已成为人类社会发展的一个高级进程，创建信息时代的社会生产力，是景区发展的必然趋势。而信息化的智慧咨询服务，将有助于提高社会的文明素质，提高人民的生活质量，对推动社会的文明发展起着积极的推动作用。

知识活页

建立游客信息服务体系

充分发挥国家智慧旅游公共服务平台和12301旅游咨询服务热线的作用，建设统一受理、分级处理的旅游投诉平台。建立健全信息查询、旅游投诉和旅游救援等方面信息化服务体系。大力开发运用基于移动通信终端的旅游应用软件，提供无缝化、即时化、精确化、互动化的旅游信息服务。积极培育集合旅游相关服务产品的电子商务平台，切实提高服务效率和用户体验。积极鼓励多元化投资渠道参与投融资，参与旅游公共信息服务平台建设。

（资料来源：国家旅游局《关于促进智慧旅游发展的指导意见》。）

---

2. 推动景区智慧化管理进程

通过智慧咨询服务，景区将更好地依托信息技术，主动获取游客信息，形成游客数据的积累和分析体系，全面了解游客的需求变化、意见建议，对实现景区的科学决策和科学管理起到积极的推动作用。同时，通过智慧咨询服务的大数据收集、分析，景区可以深入挖掘游客的旅游兴趣点,引导景区对旅游新产品、新线路的创新。在潜在游客的挖掘与培养上,智慧咨询服务的广泛运用,也必将对开拓新的营销渠道起到积极的作用。

二、智慧咨询服务的运用

(一) 游客自助咨询服务

借助电子商务网站、App、微信公众号等互联网平台为游客提供更为完整的景点的开闭园时间、门票价格、景点产品、游览线路,与景区游览相关的吃、住、行、游、购、娱等信息,便于游客在出行前做好选择与行程规划。

(二) 在线咨询服务

开通网络在线咨询服务,与传统的线下咨询、电话咨询进行有效结合,能为游客解决出行前常见的各类问题,也能够帮助游客在游览过程中,解决在景区内出现的问题。

同步案例 奥林匹克公园可视化旅游咨询系统的设计与实现

背景与情境: 奥林匹克公园作为北京市重要的地标性区域,承载着很多的商业、娱乐、休闲、文化、体育等功能,其旅游服务系统的信息化程度,决定了园区的服务水平,也代表着北京的城市形象。随着触摸技术、计算机技术和网络技术的发展,触摸交互可视查询成为可能。奥林匹克公园可视化旅游咨询系统研究将针对园区在游客服务方面的不足,建设开发一套信息化客咨询服务系统,应用并形成完善的服务体系,丰富园区游客服务渠道,提高园区游客服务品质,增强园区管理水平。整个系统是基于网络采用 server-client(服务器—客户端)模式来实现游客和客服人员之间随时的音视频对讲,以及景区内介绍、景区周围服务设施情况等信息的集中统一管理;查询终端装有微型摄像头、拾音器、扩音器,这些设备通过通信总线控制器与终端 PC 机进行通信,然后终端软件对设备信息进行编解码并通过 TCP/IP(传输控制协议/因特网互联协议)实时传向服务器进而实现即时音视频通信;终端软件通过网络定时更新景区及服务信息,这样就实现了查询终端的交互可视咨询和景区自助查询服务;服务器终端同样集成有耳麦、摄像头、话筒等,同样传输方式通过 socket(端口)的 UDP 协议(用户数据报协议)实现即时音视频解答服务;通过网络 TCP/IP 协议实现整个景区信息的集中式管理。此设计为游客提供可视对讲咨询和景区内景点介绍、游览导航、出行、餐饮、服务、购物、住宿等一系列景区便民服务查询,景区的管理人员可以利用服务管控中心(后台咨询服务平台)随时解答客户咨询,建立咨询服务数据采集及信息分析系统、积累服务数据、分析咨询类别特点、收集游客服务需求,在游客咨询过程中为客户发送相关图片和视频图像,随时监看客户所在区域、使用情况统计分析、管理触摸查询终端的数据维护更新以及状态。通过这些功能,既能为游客提供便捷的服务,也能为管理决策提供数据基础,为提高服务水平提供科学的参考数据。

(资料来源:刘伟凡. 奥林匹克公园可视化旅游咨询系统的设计与实现[D].北

京：北京工业大学,2016.)

问题：奥林匹克公园的在线咨询服务是如何实现的？

三、智慧咨询的几种形式

（一）景区 App

现代社会，人人手中都有一部智能手机，这些手机中，大部分都是安卓系统或者是苹果系统。智能手机的全球化也带出了智能旅游。很多景区早在 2014 年起就开始纷纷制作景区旅游 App，告别传统模式，争取与智能时代及互联网时代挂钩。景区通过推广 App 的意义还在于以下几点。

同步案例 乌镇景区的 App

图 5-1 所示为乌镇景区的 App 界面。

图 5-1 乌镇景区 App

1．符合游客的旅游需求

景区制作旅游 App，更加符合游客追求自由的旅游方式，旅游 App 可以跟随游客的脚步，由游客自行选择旅游路线、旅游规划，在时间和空间上大大满足游客的需求，给游客提供更贴心、更优惠、更时尚的服务。

2. 完善景区咨询服务项目

景区所提供的咨询服务语言单一，风格也比较单一，有时候咨询质量参差不齐，旅游App可以为景区提供多国语言，多种风格播报，满足游客在听觉方面的享受。

3. 为游客提供更为便捷的服务

旅游 App 本身含有地图，游客可以随时、直接通过地图游玩景区，不需要再买纸质版的地图或到处询问景区工作人员。同时，旅游 App 还可以帮助景区推送消息，游客通过 App 端口收到景区附近吃喝玩乐的建议，对景区的服务会更加满意。

（二）微信公众号

根据 2017 年 3 月腾讯公布的 2016 年年度业绩报告显示，微信和 WeChat（海外版微信）合并月活跃用户数达 8.89 亿。微信已成为当下国内最大的社交软件，基本上使用智能手机的用户都会注册成为微信用户。在这样的背景下，微信作为游客必备的 App，势必将成为游客购票、入园、游园等环节最为依赖的智慧化服务平台。而景区微信公众号就成了一个景区传递信息、服务发展的重要渠道。微信公众号在游客咨询方面可以做到以下几点。

1. 线路推荐

根据游客购票类型、张数等属性定制游园线路，并进行智慧推荐，例如购买两张成人票，首推情侣游园路线；购买两张成人票，一张儿童票，首推亲子游路线；购买老人票，首推休闲游园路线。如图 5-2 所示为绍兴旅游微信公众号的推荐路线。

图 5-2　绍兴旅游微信公众号的推荐路线

2. 地图导览身边服务

让地图变活,景区内的餐饮、住宿、商店、公交站、增值服务等均可在地图中呈现。通过微信地理位置接口,游客可以看到自己的位置,以及查看各项服务的详情与距离,并为游客提供前往该地的导航,为游客提供了便利。如图5-3所示为浙江省博物馆和绍兴古城地图导览服务。

图5-3 浙江省博物馆和绍兴古城地图导览服务

(三)景区官网

随着"互联网+"经济的形成,各行各业大大小小的公司正在不断地走入互联网的大军中,而企业的网站建设就是企业走向互联网这个圈子的第一步,旅游企业也不例外。景区网站在实际的运用中更是增设了信息提供、信息交互、产品交易和关系管理等相关功能。

教学互动

互动问题:随着社会经济的发展,游客对咨询需求有何变化?作为咨询服务者应掌握怎样的服务要点?

要求:
1. 教师提出问题,组织学生进行互动讨论。
2. 教师把握好讨论节奏,学生发言,教师总结点评。

内容提要

本章主要讲述了旅游景区现场咨询、电话咨询、智慧咨询三部分内容。

景区咨询服务的基本类型有现场咨询、电话咨询与智慧咨询,分别阐述了每一种咨询方式的特点、意义、优势、服务的难点等。通过学习让学生掌握不同类型的旅游咨询服务流程与规范,以及了解在实际操作中应注意的环节。

核心概念

现场咨询;电话咨询;智慧咨询

重点实务

现场咨询流程;电话咨询接听规范;电话拨打技巧;智慧咨询的发展。

知识训练

一、简答题

1. 现场咨询的主要特征有哪些?
2. 智慧咨询的意义有哪些?
3. 接听电话的技巧与规范有哪些?

二、讨论题

1. 现场咨询的难点有哪些?
2. 智慧咨询的形式与服务重点是什么?

能力训练

一、理解与评价

如何应对现场咨询过程中多位游客的同时问询?

二、案例分析

赵女士在网络上订购了景区的门票,但是不确定自己是否要订购景区的交通工具。而事实上,景区交通工具的使用取决于游客自己的游览偏好、游览时间等因素。

针对这一情况,在不同的咨询方式下,咨询人员应如何做好相关的咨询服务?

问题:

1. 请分析现场咨询与电话咨询的优势各有什么?
2. 智慧咨询人员应具备怎样的基本素质?

第六章
旅游景区投诉服务

学习目标

通过本章学习,应当达到以下目标:

职业知识目标:学习和把握游客产生投诉的心理,以及心理的变化过程,了解和掌握产生游客投诉的原因,会区分游客投诉类型,并正确地进行游客投诉受理和处理,掌握规范的游客投诉接待流程。能逐步认识到投诉接待服务是提升景区接待服务水平、完善景区硬件设施和提高景区管理水平的重要组成部分,应该积极地看待游客投诉事件。

职业能力目标:运用本章专业知识,对实际投诉案例进行分析和处理,建立景区游客投诉接待的服务理念,并通过学习游客投诉接待服务,发现景区管理及运营中存在的不足,能从不足中找到解决的办法,促进景区的不断优化。

职业道德目标:通过本章学习,能正确看待游客投诉,把游客投诉当作提高服务质量的机遇,建立忠诚游客的契机,游客寄予景区信任的象征。

引例:工作人员态度是投诉的重点

背景与情境:杭州市旅游电子政务网中发布的旅游投诉公告显示,2012年至2015年旅游景区景点旅游投诉统计情况分别如图6-1至图6-4所示。

(资料来源:杭州旅游电子政务网。)

从连续四年杭州市旅游景区服务质量综述报告来看,杭州市旅游景区工作人员的态度问题成为景点、景区求助或投诉的主要内容。游客在游玩、接受服务的过程中可能会产生这样或那样的不满或抱怨,正是这些不满和抱怨成为景区前进过程中的推动力。正确面对和处理旅游景区投诉对于景区发展有重要的作用,因为它们能让景区认识到现在的不足,然后找出解决的办法,从而促进景区的优化提升。

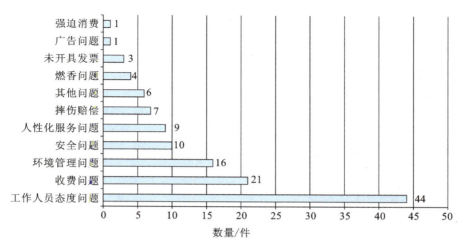

图 6-1　2012 年杭州市景点景区投诉情况

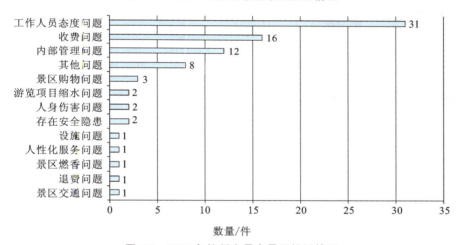

图 6-2　2013 年杭州市景点景区投诉情况

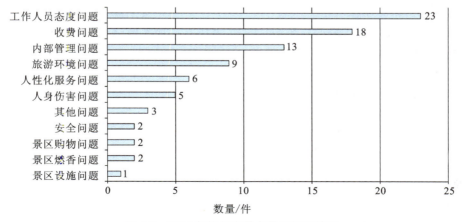

图 6-3　2014 年杭州市景点景区投诉情况

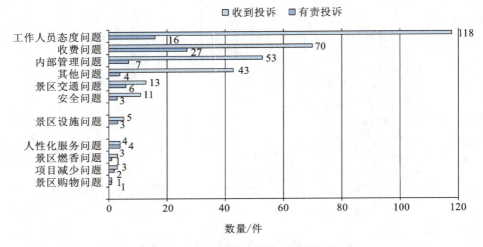

图 6-4　2015 年杭州市景点景区投诉情况

第一节　游客投诉心理

一、旅游投诉心理的概念

旅游投诉心理是指旅游者对即将进行或已经进行的旅游投诉的心理反应。从心理要素的角度看,包括对旅游投诉的知觉、需要、动机、态度等;从心理内容的角度看,包括对被投诉者、投诉处理部门、投诉过程的心理反应。从旅游者心理反应过程观察,旅游投诉心理经历了情绪波动产生、旅游体验兴趣度降低、心理压力增大、发泄愿望强烈、摆脱困境动机形成等一系列心理过程。旅游者投诉心理随时受到社会环境及个人情感、情绪的影响。人在情绪比较正常的状态下,旅游投诉心理不容易发生;客人心里不舒服、正憋着气,一些小事也容易引发旅游投诉心理,因而旅游从业者要有充分的准备,适当时机寻求最佳途径让他们释放心中的怨气,把投诉消灭在萌芽状态。

二、旅游投诉心理的历程

(一)投诉犹豫阶段的心理

投诉犹豫阶段最多发生在旅游行程过程中,旅游者心理活动不易被人发觉,这样的旅游者称为预备投诉者或者潜在旅游投诉者。预备投诉者往往对吃、住、行、游、购、娱等项目的服务或价格有抱怨,具体表现为行动上消极抵制、情绪上烦躁不安、心理上抑郁寡欢。在旅游活动服务中,始终存在着生产和消费的统一性、消费项目消费和服务的同时性、评价标准的个人主观性。如果出现旅游者在消费时的实际感受低于他的期望值时，引起游客不满是不可避免的，经营者应把投诉视作改进工作、接触顾客、增进互动的机会。但是大多数的游客不会将不满表现出来，而是默默离去。经营者须善于主动了解旅游者的反馈，设法通过一些有效的途径来获取游客不满的信息，不断鞭策自己，创新服务，让游客满意，消除潜在的投诉危机。

（二）投诉行动阶段的心理

旅游作为一种消费，当消费者的合法权益受到侵犯时，在经历是否投诉的心理挣扎过程后，如果没有获得及时的解决和解脱，消费者就会进一步采取投诉行动，去争取应有的经济和精神补偿，维护自身的合法利益。投诉者认定"心动不如行动"的至理名言，表现出以下几种明显的心理特征：意志坚定性，不到黄河不死心，向旅游行政管理部门和经营企业讨个说法；行动群体性，动员有关的利益相关者集体投诉，壮大实力，希望问题扩大化，引起社会、新闻和他人的注意；积极主动性，了解投诉的途径与方法、投诉对象、投诉理由和搜集证据、法律咨询等。希望通过投诉获得理想的经济补偿和精神慰藉，解脱投诉犹豫阶段的心结，实现维权的愿望。

（三）投诉处理阶段的心理

投诉处理的过程中，投诉者会极力争取有利于自身的证据和理由，驳斥被投诉者的证据和侵权的行为，希望争取更多的赔偿。

三、游客的投诉心理

（一）求受人尊重

游客求受人尊重的心理在整个旅游活动中一直都存在，旅游者的自我意识、主体意识越来越强，逐渐将人格、尊严等放在突出位置，游客在投诉之后，都希望别人认为他的投诉是有道理的，希望得到同情和尊重，希望相关部门和人员予以高度重视，能向他表示歉意，并立即采取相应的处理措施。

（二）求心态平衡

游客在遇到烦恼的事情之后，会觉得心理不平衡，认为自己受到了不公正的待遇，因此他们往往会向景区有关部门投诉，以宣泄心中的怨气，求得心理上的平衡。根据心理学的说法，人在遭遇到心理挫折后会有三种主要心理补偿措施：心理补偿、寻求合理解释而得到安慰、宣泄不愉快的心情。这是正常人寻求心理平衡、保持心理健康的正常方式。

（三）求物质补偿

在景区服务中，如果由于服务员的职务性行为或景区未能履行合同给游客造成物质上的损失或精神上的伤害。游客完全可以而且应该通过投诉的方式要求有关部门给予他们物质上的补偿，这也是一种十分正常和普遍的心理现象。

> **同步思考**
>
> **景区学生门票政策**
>
> 在加州大学读会计专业的大二学生小王,因持国外的学生卡,到浙江某景区后无法享受门票半价优惠,而其浙大的同学却可以购买半价票,但是在苏州、无锡等城市均可使用这个校园卡,小王认为公园对留美的中国学生存在差别待遇,要求景区改变该购票政策。
>
> 问题:请分析小王同学产生投诉的心理过程及心理原因。

第二节 投诉处理原则

一、游客投诉原因分析

景区服务内容丰富、涉及面广,因此在处理游客投诉时,应充分了解产生游客投诉的原因。从原因出发,找到问题的症结所在,从而妥善进行处理。从游客产生投诉的原因分析,景区游客投诉主要有三大类。

（一）针对景区服务人员的投诉

1. 服务态度类投诉

服务态度类投诉包括对服务人员的仪容仪表、仪态礼仪等的不满,如景区餐饮类服务人员不注意个人卫生,服务过程中没有使用正确的服务手势、精神状态不佳、缺乏应有的礼貌用语等。

> **同步案例** 少了一件雨衣
>
> 背景与情境:在某一游乐园的激流勇进项目前,很多游客正在排队等待体验一下从半空中飘下的刺激感觉。服务员小王为该项目组附近的景区营销部的营销员,他一个人正在有序地为游客服务,这个营销部除提供一些旅游纪念品和游客所需的必需品外,还为激流勇进的游客提供一次性雨衣。
>
> 此时有一个十五人的旅游团队,也来排队体验激流勇进的刺激,他们中的一位中年女游客来小王面前,告诉小王说:"我们要买十五件一次性雨衣。"小王说:"好的。"小王当着女游客的面数出了十五件雨衣,在得到女游客的确认后,收了十五件

雨衣的钱，并把雨衣给了女游客。

可是过了一会儿，女游客急匆匆地赶了回来，对小王说："服务员，你怎么少给了我一件雨衣？"

小王很意外地说："不会的，我点了十五件，你也看到的啊。"

游客着急地说："但是我拿回去发，一人一件，最后还有一个人没有。肯定是你少给了我一件。"

此时又有很多客人来买雨衣，小王急不可待地说："可是我点的时候，你也看到的，是十五件，您拿走以后现在又来说少了，我也没办法。"

游客说："那我们一共15个人，拿回去一人一件发下去了，一个人没有，肯定是少了一件嘛。大家都可以作证的。"

"那你掉了也有可能的啊。"小王一边忙着应付别的客人一边回答。

"怎么会呢，这么近怎么会掉？而且即使掉了也可以看得到的。肯定是你少给了我一件，再给我一件。"女游客说。

"给你一件可以，但是要另外付钱。"小王冷冰冰地说。

"你少给了我一件，现在又让我付钱，凭什么？"游客也开始有些急了。

"那对不起，没有！"小王也急了。

"你什么态度啊！"女游客的一位同伴说。

"就这个态度。"小王也不依不饶。

"明明是你少给了我一件，还这么个态度，你们就这样为游客服务的吗？我要去投诉你。"女游客愤怒地说。

"那我是当着你的面点好后你拿走的，现在又说少了一件，你尽管投诉好了。"小王不耐烦地说道。

"你再说一遍！"女游客的同伴怒气冲冲地说道。

"你去投诉好了，一直往前走，然后左转就到了。"小王无所谓地说道。

"好，就这样的服务态度，还做服务员。"女游客怒气冲冲地说，然后向投诉的地方走去。

过了没多久，投诉中心主管通知小王，因其对游客态度不好，与游客发生冲突，因此扣掉小王的一个月奖金作为处罚。原来女游客的同伴将小王和游客之间的对话用手机录了下来，并投诉到了投诉中心。景区在调查之后，对于服务员的服务态度，向游客表示了深深的歉意。消失的雨衣因为没有证据，所以工作人员根据规章制度不会给游客，在经过对游客的说服开导之后，游客觉得有道理。但是为了鼓励游客的投诉，主管还是决定免费发给游客一件雨衣。

问题：

1. 景区工作人员小王在服务过程中的服务语言有什么问题？
2. 当你在景区内遇见服务员态度不好时，你的心情是怎样的？

2. 服务技能类投诉

服务技能类投诉的内容包括服务人员不熟悉岗位流程、工作程序混乱、效率低下、损坏或遗失客人物品、记错账单、错点或漏点游客数量、没有完成客人交代的事情等。

(二) 针对景区服务产品的投诉

1. 价格投诉

主要包括景区门票价格太高、优惠价格群体不明确、园中园重复购票、商品价格或服务项目收费过高等。

2. 餐饮投诉

主要包括饭菜收费标准与价格表不符、饭菜质量与描述不符、餐厅环境卫生不能令游客满意等。

3. 交通投诉

主要包括景区电瓶车、电瓶船等内部交通乘坐不便、等候时间过长、停靠点不明显等。

4. 其他投诉

主要包括在景区购物点内购买的物品与样品不符、结账方式落后、经营场所的经营项目不符或不能提供相关收费证明等。

(三) 针对景区环境及硬件设施的投诉

1. 景区交通设施

对景区交通设施的投诉包括对景区外部交通设施、内部交通配套、景区内部的生态停车场建设、交通标识系统等内容的投诉。

2. 景区游览设施

对景区游览设施的投诉包括景区游客服务中心的选址和容量不合理，景区内没有完整的引导标识系统，景区内未设立合理的游客休憩区，针对特殊人群未提供残疾人通道、轮椅租用服务等。

3. 旅游卫生设施

对景区卫生设施的投诉包括在景区内未配备足够的公共卫生间、卫生间内的设施设备不能正常使用。此外，还包括景区内垃圾桶的数量和选址不合理、废弃物品未进行集中管理等。

4. 旅游安全设施

对旅游安全设施的投诉包括在景区危险地段、施工场所未设安全标识，对公共服务设施未进行定期维修和保养，景区公共区域内无安全监控等，同时，景区内未配备医疗救助点，医疗点内的设施设备、专业医疗人员的配备不合理也是产生游客投诉的重要因素。

二、游客投诉处理原则

"良药苦口利于病，忠言逆耳利于行。"游客的投诉或抱怨就是一种忠言，是游客对景区的信赖和期待。美国麦肯锡公司的调查统计表明，有了大问题但没有提出抱怨的顾客，有再来惠顾意愿的占9%；会提出抱怨，不管结果如何，愿意再度惠顾的占19%；提出抱怨并获得解决，有再度惠顾意愿的占54%；提出抱怨并迅速获得圆满解决，愿意再度惠顾的占82%。因此，景区每一位员工应树立这样的理念：受理投诉、解决问题是景区发展的机遇，是景区改进发展的方向。

在处理游客投诉的过程中,应注意把握以下几个原则。

(一)真心诚意解决问题

将心比心,理解投诉游客的心情,诚恳地解决游客提出的问题,只有这样,才能赢得游客的信任,才能更快更好地解决问题。

(二)切忌同游客争辩

在游客情绪激动时,接待者要注意礼仪礼貌,要给游客申诉或解释的机会,而不能与游客争强好胜,不要同游客争辩事情的对错和责任。

(三)合理维护景区利益

投诉接待人员在处理游客投诉时,要注意实事求是,既不推卸责任,也不贬低他人或其他部门的工作,合理维护景区的合法权益。

变色的珍珠项链

背景与情境:朱女士在参观景区的珍珠馆时,购买了现场开蚌取出的珍珠,并在工作人员的建议下,为其所购买的珍珠配上了一条银质项链。但朱女士在佩戴新的珍珠项链游览景区时,同行的朋友发现朱女士的整个脖子都变绿了。朱女士认为珍珠馆出售的银饰不是真货,要求景区严肃处理。

问题:请分析朱女士投诉的原因,并尝试对此案例进行处理。

第三节 投诉处理技巧

一、倾听游客诉说

(一)倾听的重点内容

1. 游客的情绪

在倾听游客投诉的时候,不但要听他表达的内容还要注意他的语调与音量,这有助于了解游客语言背后的内在情绪。

2. 游客投诉的内容

在倾听的过程中了解和掌握游客投诉产生的经过、原因,以及游客内心的真实想法。

（二）倾听的意义

1. 让游客情绪得到发泄

保持沉默,避免使用过激的语言,保持眼神交流,让游客感受到你的倾听。要敏锐地洞察对方感受委屈、沮丧和失望之处,不能无视对方的情绪。

2. 收集有用信息

认真倾听游客的诉说,向游客请教你的理解是否正确。通过倾听,向游客表明你的真诚和对游客的尊重。

二、认同游客感受

（一）表达歉意

发自内心地向游客表达歉意,体现诚意,同时要对游客的遭遇表示同情并安慰游客。即使是游客误解了,景区工作人员仍然要表示歉意,不要阻碍对方提出自己的要求,更不要指责或暗示客人错了,也不要马上进行自我辩解,因为游客比较容易接受景区工作人员的道歉,道歉使投诉者觉得态度诚恳,能够消除客人的怨气,怨气没有了,游客就会认识到自己的不对了。

（二）致歉语的使用

表示道歉时,要注意用语,比如可以说:"非常抱歉,让您遇到这样的麻烦……"或"这是我们工作的疏漏,十分感谢您提出的批评"等。

三、引导游客思绪

（一）"何时"法提问

一个在火头上的发怒者无法进入解决问题的状况,我们要做的首先是使对方冷静下来。对于那些非常难听的抱怨,应当用一些"何时"问题来冲淡其中的负面成分。

游客:"你们根本是瞎胡闹,不负责任才导致了今天的烂摊子!"

工作人员:"您什么时候开始感到我们的服务没能及时替您解决这个问题?"

（二）转移话题

当对方按照他的思路在不断地发火、指责时,可以抓住一些其中略为有关的内容扭转方向,缓和气氛。

游客:"你们这么搞把我的日子彻底搅了,你们的日子当然好过,可我还上有老下有小啊!"

工作人员:"我理解您,您的孩子多大啦?"

游客:"嗯……6岁半。"

（三）间隙转折

暂时停止对话,工作人员也需要找有决定权的人做一些决定或变通。

如:"请您稍候,让我来和高层领导请示一下我们还可以怎样来解决这个问题。"

(四)给定限制

有时工作人员虽然做了很多尝试,对方依然出言不逊,甚至不尊重工作人员的人格,这时工作人员可以转而采用较为坚定的态度给对方一定限制。

如:"汪先生,我非常想帮助您,但您如果一直这样情绪激动,我只能和您另外约时间了。您看呢?"

四、解决问题

(一)为游客提供选择

通常一个问题的解决方案都不是唯一的,给游客提供选择会让游客感到受尊重,同时,游客选择的解决方案在实施的时候也会得到来自游客方更多的认可和配合。

(二)诚实地向游客承诺

因为有些问题比较复杂或特殊,景区工作人员不确定该如何为游客解决。如果不确定,不要向游客做出任何承诺,诚实地告诉游客,会尽力寻找解决的方法,但需要一点时间,然后约定给游客回话的时间。一定要确保准时给游客回话,即使到时候仍不能解决问题,也要向游客解释问题进展,并再次约定答复时间,诚实会更容易得到游客的尊重。

(三)适当地给游客一些补偿

为弥补景区操作中的一些失误,可以在解决问题之外,给游客一些额外补偿。但要注意的是,将问题解决后,一定要改进工作,以避免今后发生类似的问题。有些处理投诉的部门,一有投诉,首先想到的便是用小恩小惠息事宁人,或一定要投诉后才给游客应得的利益,这样不能从根本上减少此类问题的发生。

知识活页

应对游客投诉的一些常用语句

"您承受了如此巨大的压力,这种事情的发生对您来说肯定不太好受",或者"我明白对您来说是一件令人不愉快的事情"。

"像您这样有地位的人……"这暗示了对方的社会地位很高,所从事的工作很重要。别害怕往对方脸上贴金,因为大家都喜欢听到好话和美言。

"如果您可以……我会很感激的。"此话意在征得游客许可,暗示游客有很大的权利表示接受或者拒绝。

"您真的在……方面帮了我一个大忙。"这句话不仅暗示游客在整个处理投诉的过程中他很重要,而且可以让游客感受到扮演一种父母兄长般的长者角色。

"也许您可以在……方面给我一些建议。"这样可以让游客感到他很有思想。

"请您……因为您在这方面有专业知识/因为您是这方面的专家。"这句话暗示了游客有很高的专业技术水准,把对方看成有智慧的人,这样的话大家都爱听。

"像您这样有成就的人……"这句话暗示游客的事业很成功。

"当然您一定知道(了解)……"这句话暗示对方知识面广、消息灵通。当你知道对方不了解(或无法了解)这方面信息的时候,讲这句话特别管用,因为谁都不愿意承认自己无知。

"您说的……(内容)完全正确。"这会起到一种很有效的停顿作用,也可以借此认同顾客提出的观点。这样,顾客在大的问题上也就愿意让步。

"像您这样的大忙人……"这句话暗示顾客作为"生活要员"的地位,同时也说明问题会很快得到解决。

"如果……我会感激不尽。"这话可以轻轻松松地让人感到愉快,这也算是人的天性。

值得注意的是,上述说法中,有些话语可以"我"字开头。在面对游客时,应尽可能避免使用人称代词。但如果对话不带有任何挑战意味时,"我"是完全可以使用的;如果情况出现了某种对立,或准备采取某种"挑战性"态度时,话语最好以"您"字来开头。

(资料来源:Paul R. Timm. 对客服务艺术:成功源自顾客的满意[M]. 肖洪根,李洪波,曾武英,译. 北京:旅游教育出版社,2002.)

第四节 投诉处理流程

一、投诉渠道分类

随着社会现代化的不断发展,旅游行业管理制度的完善,游客投诉渠道也日益健全、畅通。景区在受理游客投诉时,可根据游客投诉渠道的不同,将投诉分为以下几类。

(一) 电话投诉

电话投诉是指游客采用电话形式向景区投诉专门负责人反映相关投诉内容的投诉事件。

(二) 现场投诉

现场投诉是指游客当场向景区工作人员或直接前往景区投诉受理点,向投诉受理人直接反映相关投诉内容。

(三) 转接投诉

转接投诉是指游客通过旅游质量监督部门或旅游行业管理机构反映相关投诉内容。旅游质量监督部门或旅游行业管理部门接受反映后,将投诉内容转接到景区内,督促景区进行调查处理。

知识活页

表 6-1 所示为××景区游客投诉受理单。

表 6-1　××景区游客投诉受理单

受理编号:××××

投诉人姓名		性别	
联系电话		联系地址	
游览开始时间		游览结束时间	
投诉时间		投诉方式	
被投诉地点(人)			
投诉内容			
投诉意向			
投诉人签名			
投诉受理人		受理时间	
时间调查情况及处理意见			调查人签名:
投诉受理结果			
受理结果通知时间			
游客对投诉受理结果的意见反馈			投诉人签名:
审核			

二、投诉处理程序

(一) 电话投诉处理流程

1. 接听投诉来电

由投诉受理人接听投诉电话,电话中应详细询问投诉内容,包括投诉事件发生的地点、原因、涉及的人员等信息,并做好相应的记录。如电话中无法立即解决的,应进一步记录该投诉事件的来电时间、游客的姓名及有效联系方式。

2. 投诉分析

对来电投诉内容做好分析,判断投诉是否合理,确定投诉所涉及的投诉内容是否单一。投诉受理人可根据投诉的合理性决定投诉下一步处理流程。如确定为不合理投诉,则由投诉受理人直接在电话中或书面进行说明。如为合理投诉则应判断投诉内容是否单一,是否需要向上一级领导汇报,或协调相关部门共同处理。

3. 投诉受理

对有效来电投诉,原则上投诉受理人员应在接电之时起第一时间处理完毕,做到不积压、不丢失、不错转;对无法第一时间处理完毕的有效来电投诉,投诉受理人应在接电话后立即进行调查处理,并在24小时内处理完毕并反馈;对复杂性投诉事件处理,则可根据投诉的内容、投诉涉及的部门进行分步处理,必要情况下,可通过上级领导召开专题会议进行协调处理。

4. 投诉回复

如来电投诉人对处理结果不满意,必须复查工作,并将复查结果登记造册。如个别事项,不能按时回复的,要及时说明情况,取得投诉人的谅解。

5. 投诉办结

投诉办结后,应将投诉办理过程情况进行整理,并记录在册,进行归档处理。

(二) 现场投诉处理流程

1. 聆听和记录

认真倾听游客抱怨投诉的内容,让游客的情绪得到适度的发泄。在聆听的过程中,要注意保持心平气和,不可流露出反感、嘲讽或不自然的情绪。

在聆听的过程中,应根据游客的叙述,进行详细的记录,记录内容包括游客投诉事件发生时间、地点、原因等。在记录的过程中应及时回应游客,让游客知道,他的感受得到了重视。可以配合专注的眼神或简单的点头来回应游客,适当的时候,可以加上"天哪,原来是这样的。""然后呢?""很多人遇到这样的问题,都束手无措了,但是你很冷静。""谢谢您,在这样特殊的时刻,您还能想到我们。"如果没有听明白游客的意思,也可以礼貌地说:"对不起,我刚才没听清楚,可以麻烦您再说一遍吗?"

在聆听的过程中,不要计较游客的说话方式,在情绪愤怒的时候,游客可能会有过激的言辞或某些用词、用句不够准确。用宽容的心来面对游客,尽量让游客把心中的不满说出来。工作人员应把握好自己的情绪,在游客述说的过程中找到问题产生的根源,以及游客投诉的最终诉求。

2. 安抚游客情绪

不论游客投诉是否属于有效投诉,都应在游客情绪发泄后,及时对游客进行安抚,请游客保持冷静。同时,对游客在景区内遭遇到的不愉快,表示感同身受。比如:"我对您感到气愤和委屈的情绪非常理解,如果我是您,我也会和您有相同的感受。"对投诉的游客做出一些同情和理解的表示,是抚慰其已经受伤的心的最好办法,也便于把他的注意力转移到解决问题的思路上来。

3. 收集相关信息

游客投诉的最终目的,是为了解决问题。游客情绪稳定后,应进一步与游客沟通,确认引起他投诉的主要原因,景区工作人员应根据前期了解的情况,对游客投诉事件的具体经过、原因、诉求等信息进行重复确认,让游客明白,景区已收到并了解他的问题和要求。

在此过程中,如果还有需要进一步了解的细节,应与游客深入沟通,收集对投诉处理有帮助的信息,以便更好地帮助游客解决问题。

4. 提出处理方案

在全面了解游客的问题后,景区工作人员应积极分析,针对游客提出的问题给出合理的解决方案。对于能及时处理的问题,应快速、果断地进行现场处理与解决。在解决过程中,景区工作人员可以根据实际情况,给游客提供几种解决的办法,以供游客选择。

对于问题复杂或涉及多个部门的投诉事件,需要请示上级领导或进行部门间协调沟通的,应提前告知游客,向游客说明情况,并明确告知游客处理该投诉所需要的时间。请游客留下详细的联系方式,并在承诺的时间内将处理方案告知游客。

5. 征求游客意见

景区工作人员最终提出的解决方案,应征得游客的同意。如果游客对处理方案表示不满意或不认可,那么景区工作人员应礼貌征询游客对投诉事件的具体想法,对游客提出的要求,根据投诉事件的具体情况,如果在景区能接受的范围内,原则上应满足游客的投诉诉求。如果游客要求超出景区承受范围,则可以进一步协商、沟通。

6. 跟踪服务

通过跟踪服务,景区可以进一步了解游客对投诉事件的处理方案的满意程度。跟踪服务的方式一般是电话、电子邮件、信函及贺卡等。投诉处理人员应该记录全部过程,将整个过程写成报告并存档,对一段时期的投诉进行统计分析,对典型问题产生的原因要做相应的改进,不断提高服务水平,从而树立良好的市场形象,加强游客对景区的忠诚度。

(三)转接投诉处理流程

1. 对游客投诉问题的处理

接到相关部门转交的投诉单后,一般情况下,景区工作人员应先致电投诉人,对其投诉的事件做初步了解。然后根据游客投诉事件的复杂程度,选择电话沟通处理,或者登门拜访现场处理。确定处理方式后,可根据文中所述的电话投诉处理流程或现场投诉处理流程进行处理。

2. 对投诉转入部门的回复

投诉处理完毕后,应将投诉事件的详细调查情况、处理方案以及游客的满意程度整理成文字回复材料,向投诉转入部门进行回复。

知识活页

西溪国家湿地公园投诉闭环机制(部分)

为切实有效地降低园区投诉率,减少不必要的重复性投诉,进一步提高游客的满意度,提升园区美誉度,以创建标准化景区为契机,对园区目前实施的"投诉处理机制"进行完善,建立投诉的事前预防、事中控制、事后改善"三位一体"的长效运营机制,形成"以客户为中心"的投诉闭环管理模式。图6-5所示为投诉闭环机制流程示意图。

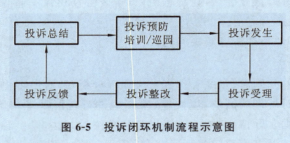

图6-5 投诉闭环机制流程示意图

(四)隐形投诉处理

如果说游客投诉处理工作是前台管理,那么游客抱怨的处理工作就是后台管理,景区对抱怨的处理也不容忽视,其内容可能就是投诉产生的土壤。相对来说,游客抱怨的处理比较容易,只要按照既定的程序执行就可以了。

(1)景区现场员工负责收集游客抱怨,并予以记录。

(2)景区各班组长将收集到的游客抱怨进行分析和整理,然后口头或通过工作周报表报送部门经理。时效性强的抱怨,接受者应随时逐级报至部门经理。

(3)景区各部门经理每月组织人员对所收集到的游客抱怨进行统计分析,凡涉及本部门的游客抱怨,经调查证实为一般不合格或潜在不合格的,部门经理应组织制定相应的纠正或预防措施,报总经理办公室(或景区管理办公室)备案,经主管领导批准后组织实施。

(4)涉及其他部门的游客抱怨,或经证实为严重不合格或重大事项的潜在不合格,部门经理应及时报总经理办公室(或景区管理办公室)备案,由后者呈景区管理者代表处理,情节特别严重的,报总经理处理。

(5)景区市场部门应该每年组织1~2次综合调查问卷或专题性问卷调查,每季度进行一次团队问卷调查。调查中出现的不满或建议,由市场部指定专人汇总、统计和分析,之后报总经理办公室(或景区管理办公室)并呈管理者代表处理。

(6)游客问卷调查中对服务质量方面的书面建议或不满,由总经理办公室(或景区管理办公室)根据管理者代表的批示,制定相关改进方案,能形成相应的质量管理制度的,应纳入景区管理制度。

教学互动

互动问题:请结合你所熟悉的景区情况,说说该景区游客投诉的主要问题有哪些?

要求:
1. 教师提出问题,组织学生进行互动讨论。
2. 教师把握好讨论节奏,学生发言,教师总结点评。

内容提要

本章主要讲述景区游客投诉心理、投诉处理的原则、投诉处理技巧和投诉处理程序。

游客投诉心理主要讲述了投诉心理概念、投诉心理的历程、游客投诉心理。

游客投诉处理的原则中主要讲述了游客投诉原因分析和游客投诉处理原则。

游客投诉处理技巧有:倾听游客诉说、认同游客感受、引导游客思绪和解决问题。

游客投诉处理流程中讲述了投诉渠道分类和投诉处理程序。

核心概念

游客投诉心理;投诉处理原则;现场投诉;电话投诉;转接投诉

重点实务

不同渠道投诉的处理流程;投诉处理的技巧。

知识训练

一、简答题
1. 请简单描述现场投诉处理流程。
2. 在投诉接待过程中应注意的原则有哪些?

二、讨论题
对设施设备类投诉时应采取哪些处理办法?

能力训练

一、理解与评价
如何看待游客投诉事件?

二、案例分析
2017年3月15日,周先生一行3人于周家村购买门船票入园,于15:59开始乘坐15号电瓶船游览。周先生称因时间较晚且同行中有一位不便步行,故上船后便表示乘船游览一圈不上岸,当游船抵达深潭口时,该船船长及服务员强烈建议其上岸游览,并告知可以乘船或乘车出园,但未告知乘车需收费。因其私家车停放在周家村,在深潭口候船无果后,步行至河渚街乘坐电瓶车至高庄再转乘公交车返回周家村。周先生认为是由于船长及服务员的误导,致使其游览不顺,故投诉。

问题:
1. 请根据上述案例制作投诉受理表。
2. 请对案例中发生的事件进行分析,并讨论给出处理办法。

第七章
旅游景区配套商业服务

学习目标

通过本章学习,应当达到以下目标:

职业知识目标:了解旅游景区餐饮、住宿、娱乐、购物服务的基本概念和特点,掌握旅游景区餐饮、住宿、娱乐、购物服务的主要类型及基本要求;掌握旅游景区配套商业服务和管理的方法及技能,明确旅游景区餐饮、住宿、娱乐、购物服务和管理的任务及意义。

职业能力目标:通过掌握旅游景区餐饮、住宿、娱乐、购物服务和管理的方法及技能,灵活运用旅游景区餐饮、住宿、娱乐、购物服务等相关知识,指导旅游景区的餐饮、住宿、娱乐、购物服务与管理的具体工作。

职业道德目标:结合本章的教学内容,依照行业道德规范或标准,分析景区相关商业服务从业人员服务行为的善恶,强化职业道德素质。

引例:清明娃让清明上河园更有大宋味儿

背景与情境:一入清明上河园景区的正门,就能看见三个硕大的玩偶,都是身着宋服、笑逐颜开的童子模样。这样的玩偶造型并不仅仅担负着雕塑的使命,在玩偶造型背后的旅游纪念品商店里,众多玩偶造型的商品摆满了柜台。T恤、水杯、小型玩偶乃至钥匙扣等琳琅满目、造型各异,有着盛装的皇帝,有蹴鞠的少年,有抛绣球的小姐,也有弹古筝的少女。旅游纪念品商店的工作人员介绍说,门口那三个玩偶以及店内的所有商品上的玩偶形象都源于清明上河园景区推出的清明娃系列产品。清明娃造型共有108种,分为皇帝、画家、商贩、武将、侠客、侍女等角色,可以说是宋朝的"人大代表"。清明娃是清明上河园景区整个"宋文化"背景的一部分。

清明上河园自2011年11月推出清明娃系列产品以来,这些憨态可掬的娃娃已经给清明上河园带来了不菲的收入。在推出清明娃之前的2010年,清明上河园的旅游商品收入接近百万元。在清明娃推出后,已经实现了近五成的增长。在这样的增速下,2012年年初,清明上河园景区信心满满地将特色旅游产品销售目标定为

300万元,将旅游商品综合营销收入目标定为1000万元。而在河南,这样的目标已经超过相当一部分景区的门票收入。

（资料来源：http://newpaper.dahe.cn/hnsb/html/2012-05/22/content_714187.htm?div=-1.）

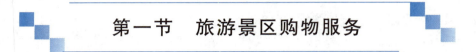

清明上河园是一个"宋文化"的主题公园,景区努力营造"宋文化"的氛围,如景区内的商铺招牌、工作人员的衣着乃至叫卖的口号都是宋式的。清明娃是景区完善产业链的一个方面。旅游纪念品应具有旅游目的地地域文化特征、民族特色及纪念性。

第一节　旅游景区购物服务

旅游购物在旅游景区中的地位和作用十分重要。旅游购物是旅游景区的重要组成部分,是景区创收的重要来源。购物旅游资源是景区发展潜力很大的旅游资源,同时购物是提高景区整体竞争力的重要因素,能够增加当地居民的收入,提高就业水平,并能带动景区相关产业的发展。

一、旅游景区购物服务概述

广义的景区购物是景区的一个领域或要素,指游客为了满足其需要而购买、品尝,以及在购买过程中观看、娱乐、欣赏等行为；狭义的景区购物指游客在景区游览过程中购买景区旅游商品的行为。

旅游商品是旅游景区中重要的收入来源,也是旅游六大构成要素中的重要环节。广义的旅游商品种类多、范围广；狭义的旅游商品则是一般意义上的旅游纪念品。根据旅游商品自身的性质和特点,可分为艺术品、文物及仿制品、装饰品、风味土特产品、旅游日用品、旅游食品等。随着旅游的发展,旅游商品的内涵和外延在不断扩大,学术界对旅游商品的定义和分类研究也比较多,但是目前在理论上旅游商品还没有出现一个较为权威和统一的界定。定义界定的角度主要从旅游过程、购买动因及目的或者经济角度出发。

（一）旅游商品的概念

旅游商品是指旅游者因旅游活动引起的在旅游准备阶段购买的旅游专用品(包括户外旅游包、户外服饰、帐篷等旅游专门设备设施,不包括日常生活用品)或在旅途中购买的实物商品(餐饮除外),不包括任何一类游客出于商业目的进行的购买,即为了转卖而做的购买。

旅游商品与普通商品最大的区别就是旅游商品的购买者是旅游者,如果说旅游商品是旅游者在旅游准备阶段和旅途中购买的一切实物商品的话,那么在旅游准备阶段(即旅途还没正式开始时,人们还不能算作旅游者)人们购买的日用品还不能算作以旅游者身份进行的购买活动,但是在准备阶段购买的旅游专用品目的性非常专一,即只为旅游活动而进行的购买。

(二) 旅游商品的分类

根据旅游商品对旅游者的不同效用,可将其分为三类,即旅游纪念品、旅游日用消耗品和旅游专用品。

1. 旅游纪念品

旅游纪念品一词来源于拉丁语 Subenir,其本意是为了回忆一次旅游而购买的商品,是纪念特殊时期或经历的事物。旅游纪念品是指旅游者在旅游活动中所购买的,具有地域文化特征、民族特色及纪念性的所有物品。旅游纪念品的范围广泛,是旅游商品的重要组成部分(见表 7-1)。

表 7-1 旅游纪念品一览表

旅游纪念品类型		举 例
工艺品	雕塑工艺品	石雕、玉雕、木雕、根雕等
	陶瓷工艺品	紫砂陶、景瓷、彩瓷、白瓷、青瓷等
	漆器工艺品	脱胎漆器、镶嵌漆器、彩绘漆器、漆雕、雕填漆器等
	金属工艺品	铁画、斑铜等
	染织工艺品	刺绣、织锦、染织等
	镶嵌工艺品	大理石镶嵌器具、瓷片镶嵌器具等
	民间工艺品	剪纸、蜡染、风筝、脸谱、泥人、扇子、伞等
文物古董	文物商品	书画、瓷器、古铜器、印章、古书等
	仿、复制品	古铜仿制品、古陶瓷仿制品、名帖复制品等
书画金石	绘画工艺品	国画、民间画、织绣画、工艺画、书法、篆刻、拓片等
	文房四宝	笔、墨、纸、砚
珠宝首饰		玉器、金器、银器、宝石、珍珠等
其他	酒水类	白酒、啤酒、红酒、黄酒等
	食品类	板鸭、火腿、烤鸭等
	水果类	苹果、枣、梨等
	茶叶类	绿茶、红茶、乌龙茶等
	药材类	三七、冬虫夏草、人参、阿胶、鹿茸等

2. 旅游日用消耗品

旅游日用消耗品是旅游者在旅游活动中所必备的生活日用品,主要满足旅游者在旅游活动中的日常需要,是旅游者外出的必需品。它包括穿着和日用品两大类,如各种旅游服装、鞋帽、器械、洗涤用品、化妆用品、娱乐用品等。它不同于一般日用品,要求实用品艺术化,具有纪念意义,带有礼品性质,因此它是实用性与纪念性相结合的商品,以轻工、纺织产品居多。

3. 旅游专用品

旅游专用品是指满足旅游者从事旅游活动专门需要效用的旅游商品，最显著的特点是具有专用性，如旅游专用鞋、服装、望远镜、照相器材、风雨衣、电筒、指南针，以及各种应急品等（见表7-2）。

表7-2 旅游专用品一览表

旅游专用品类型	举 例
游览用品	地图、交通工具、旅行手册、景区（点）介绍等
携带用品	旅行包、旅行箱、钱包、水果包、雨伞等
服装鞋帽	睡衣、旅行帽、太阳镜、游泳衣、雨衣等
轻工（手工）产品	日用陶瓷、毛皮革制品、日用五金等
纺织产品	针织品等

二、旅游景区购物商品销售

（一）旅游者购物动机及行为分析

1. 旅游者的购物动机

旅游者的购物动机是多种多样的，概括来说，主要有纪念性动机、馈赠性动机、新奇动机、求利动机、实用动机等。

2. 旅游者购物行为分析

（1）老年旅游者的购物行为。

人们一般把60岁以上的人称为老年人，他们极少发生冲动的购买行为。在旅游商品的需求上，把旅游商品的实用性作为购买商品的第一目的。他们强调经济实用、舒适安全、质量可靠、使用方便，至于商品的款式、颜色、包装等并不是特别在意。

（2）青年旅游者的购物行为。

所谓青年旅游者是指18~25岁的旅游者，这是旅游市场上最活跃的一部分消费者群体，对事物有很强的敏感性，对新鲜事物有强烈的好奇心，以独特的方式来显示自己的成熟和与众不同。同时，他们也追求时尚、追赶消费风潮。另外，青年旅游者在购物决策中带有较强的冲动性，容易受环境因素的影响。

（3）女性旅游者的购物行为。

女性旅游者的购买行为具有较大的主动性，而男性旅游者的购买行为常常是被动的，比如说受人之托。另外，女性具有感情丰富、心境变化快、富于联想的心理特征，因而她们的购买行为带有强烈的感情色彩。

（4）知识分子旅游者的购买行为。

知识分子旅游者对文化气息较浓的旅游商品更感兴趣，尤其注重旅游商品的艺术性和保存价值。知识分子旅游者在购买旅游商品时的自主性较强，大多愿意自己挑选所喜欢的商品，对于服务人员的介绍和推荐抱有一定的戒备心理，对于广告的宣传页有很强的评价能力。他们在购买时比较理智,受社会流行和时尚等因素的影响较小。

（5）白领旅游者的购买行为。

这一类消费群体的工作环境现代气息浓厚,因此,他们在购买旅游商品时,追求商品的高档化,对名牌产品和名贵商品比较感兴趣。而且,由于他们的收入水平高,购买能力强,新风格、新式样的旅游商品容易在他们中推广。

（二）旅游者购物心理分析

在旅游购物中,旅游景区只有把握游客的不同购物心理,才能更好地为游客服务。

1. 求实用心理

求实用是旅游者追求旅游商品的使用价值的购物心理,是旅游者购买商品的一个普遍的心理需求。旅游者在购买旅游商品时,特别注意商品的品牌、质量、功能和实用价值,尤其是中低收入阶层的旅游者,更加注重旅游商品的质量和用途,要求旅游商品经济实惠、经久耐用、实用方便。

2. 求审美心理

求审美是旅游者重视旅游商品的艺术欣赏价值的购物心理。旅游者在旅游过程中,不仅希望欣赏到美的风景,也希望能购买到一些具有美感的旅游商品,他们往往重视旅游商品的款式、包装,以及对环境的装饰作用,喜欢具有民族特色、地方特色和审美价值的旅游商品,特别是那些具有艺术美、色彩美和造型美的旅游商品。

3. 求新异心理

求新异是旅游者追求旅游商品的新颖、奇特、时尚的购物心理。追新猎奇是旅游者固有的心理需要。旅游者在购买旅游商品时,大多喜欢具有新的颜色、新的款式、新的质量、新的材质的旅游商品。这些旅游商品可以满足人们的求新异心理,调节枯燥、单调、烦闷的生活,比如到福建土楼旅游时,旅游者喜欢购买土楼模型。

4. 求珍藏心理

求珍藏是旅游者购买旅游商品以留作纪念的购物心理。很多旅游者喜欢把在旅游景点购买的纪念品连同他们在旅行时拍的照片保存起来,留待日后据此回忆他们难忘的旅行生活。另外,还有部分旅游者会有选择地购买他们感兴趣的旅游商品,以满足自己的某些爱好,如有人喜欢收集古玩,有人喜欢收集各国邮票等。

5. 求馈赠心理

求馈赠是旅游者购买旅游商品以赠送他人的购物心理。从旅游地购买的旅游商品具有特别的纪念意义,用其馈赠亲朋好友,既可以表达旅游者对亲朋好友的感情和礼貌,增进彼此间的情谊,又可以提高旅游者的声望。

6. 求知识心理

求知识是旅游者希望在购买旅游商品的过程中获得某种知识的购物心理。有些旅游者特别喜欢聆听售货员和导游介绍有关商品的特色、制作过程,字画的年代及其作者的逸闻趣事,以及鉴别商品优劣的知识,还有些旅游者对当场绘制或刻制的旅游商品及其相关资料说明特别感兴趣。

旅游者的购物心理具有多样性和层次性,它们相互交错,相互制约。旅游者在购买旅游商品的过程中,可能同时存在两种或两种以上的购物心理。不同的旅游者由于具体情况的不同,其购物心理也不同,从而形成了不同的购买行为。

同步案例　岛服,海南旅游的别样风情

背景与情境:海南岛服(又称"海南衫")主要用纯棉布料制成,特点是手感柔软、透气、吸汗、不脱色。海南岛服样式简单质朴,款式很多,有男上衣、女上衣、长裤、短裤、九分裤、七分裤等。海南岛服的图案以热带植物及海洋生物为蓝本,进行了各种或抽象或具象的变形,散发着热情似火与清凉宜人相互交织的奇妙气息。游客远道而来,脱下西装,换上岛服,顿感轻松。

岛服是海南省的标志性服饰,是海南自然风光与人类自身相亲相融的一种外在表现形式,得到了众多游客的欢迎与喜爱。游客身着布满椰枝、贝壳、珊瑚图案的岛服,嬉戏于山水之间,体验和浸染着这块热土的文化精神和情愫,周身都荡漾着快乐。近年来,海南岛服日益流行,花样和款式各异的"花衣裳"穿梭在椰林间,飘动在海岸边,流淌在城市里,销售在商场中,给美丽的海南增添了一道亮丽的风景线。

从一个概念到一个热门的旅游纪念品,从普普通通的花衬衫到深受游客喜爱的旅游商品,海南岛服不仅承载了海南岛丰富的旅游文化内涵和多样的热带民族风情,也为海南带来了蓬勃发展的"岛服业"。海南省旅游协会秘书长王健生认为,由于宽松的岛服适合在热带海岛度假休闲时穿着,且岛服的花样体现了独特的海南文化,因此这种特色受到了游客们的喜爱。

(资料来源:https://baike.baidu.com/item/%E5%B2%9B%E6%9C%8D/11022365?fr=aladdin.)

问题:海南岛服对于海南旅游业的作用有哪些?

(三)旅游景区商品销售技巧

1.拉近与游客之间的距离

旅游景区购物商品的销售除了产品自身的吸引力外,销售人员自身也是一张名片,要注意自己的仪表和仪态,微笑真诚待客,先不要着急谈销售的问题,可以先从顾客感兴趣的话题谈起。比如在店里养一些颜色鲜艳的花,顾客来到店里后首先会被这些花吸引,然后销售人员就从养花开始找到与顾客的共同话题,解除顾客的戒备心理,与其在一种轻松的氛围下进行交流,或者根据季节时令,在店里张贴一些温馨的话语,如"天气变化,请预防感冒"等,体现店内的温馨。

2.展示商品的技巧

展示旅游商品时,以语言为主、手势为辅,要灵活应对,如果有条件,拿出样品让顾客亲眼看到、摸到,从而使其对产品产生信任感和购买欲。如果不是昂贵的药品和食品而不能随便品尝外,可以请顾客亲自试用一下。此外,还可以设法让顾客看到商品的使用价值以及实际使用功能,使其获得更直观的感受。

3. 推荐商品的技巧

推荐产品前,应认真了解客户的基本情况,了解客户的需求和问题,然后根据客户需求,有重点地介绍产品,这样才能事半功倍。最关键的是要对顾客实谈价格、实谈功能,不能欺诈、哄骗顾客,不能哄抬价格。

4. 提供热情细致的销售服务

销售服务的要点包括以下几点。

(1)善于接触旅游者。

在通常情况下,旅游者进入旅游购物商店,或者是想购买商品,或者是想了解商品的行情,或者是没有明确的计划,只是想游览参观购物商店。因此,服务人员要有敏锐的观察力和判断力,善于通过旅游者的衣着打扮和言行举止,判断旅游者的心理状态,发现旅游者的潜在需求,并把这种潜在的需求变为实际的购买行为。

(2)准确推荐商品。

在把握旅游者需求的基础上,服务人员要有针对性地为旅游者提供个性化的商品销售服务。一方面,针对不同心理特征的旅游者提供不同的商品销售服务,如针对老年旅游者,要根据其保守、固执的心理特点,推荐一些物美价廉的旅游商品;针对青年旅游者,根据其求新求奇的心理特点,推荐一些时尚、科技含量较高的旅游商品。另一方面,服务人员要准确地做好商品推荐工作,如提供咨询、推荐商品,介绍商品的性能、特点等。

(3)帮助旅游者决策。

旅游者在景区购物的过程中,对旅游商品的了解有限,且考察和决策的时间较短,具有非经验性。因此,服务人员要通过对旅游商品的详尽介绍和对旅游者需求的准确判断,帮助旅游者真正了解他们需要什么,推动他们做出购买决策。

5. 完善旅游购物的售后服务

在旅游类消费投诉中,旅游商品的质量和售后服务方面的投诉很多,因此,要实现旅游景区购物的可持续发展,就必须完善旅游购物的售后服务,通过建立完善的售后服务体系,降低旅游者的购买风险,增强旅游者的购买信心。

(1)旅游购物商店应提供售后服务。

旅游购物商店提供的售后服务主要包括大件商品的邮寄、托运,回访旅游者对所购商品的满意度,回答旅游者对商品问题的咨询等。另外,旅游者在旅行社安排的购物场所购买到假冒伪劣商品或失效、变质商品时,应当有权通过旅行社向旅游景区购物场所追偿。

(2)旅游景区主管部门应及时处理旅游者的购物投诉。

旅游景区的行政主管部门应当建立健全的旅游投诉制度,依法受理和及时处理旅游者的购物投诉,对不属于本部门职责范围内的投诉,应当自收到投诉之日起几日内移交相关部门并告知投诉者。另外,旅游景区的行政主管部门还应加强对旅游景区购物商店的指导和监督。

三、旅游景区购物环境营造

景区购物环境是景区内围绕购物活动存在,并影响着购物活动结果的一切外部条件的总和。它包括与购物活动相关的一切政策、法规、人文、社会、基础设施等方面的因素,这些

因素相互作用、相互影响而形成一个有机整体,是旅游景区购物环境的支持和保障体系。

(一) 合理布局景区旅游购物网点

旅游景区内外的旅游购物网点的布局要进行合理规划和管理,做到位置适当、数量合理,在景区的出入口处可设置若干旅游购物商店,在景区内游客较为集中的集散地或景区风景线的必经之地,建立旅游购物中心及具有地方特色的旅游商品专营店,或者是建立一条旅游商品购物街。另外,还可以在景区内游客参观游览线路上的休息点位置设立旅游购物点,从而将购物网点与景区休闲、娱乐和游憩设施有机结合起来。此外,在景区内的特定活动区域也可以设立购物点,如在景区内的烧烤区域可以设置出售食品、饮料和炊具的购物店,在景区的浴场附近可设置提供泳衣、救生圈等商品的购物店。总之,旅游景区内旅游购物商店的布局要与景点相衔接,要最大限度地方便旅游者选购。

(二) 科学规划景区购物设施及周边环境

在旅游景区的统一规划中,要把旅游购物设施作为一个非常重要的辅助设施进行科学规划。景区内旅游购物设施的建筑样式或外观设计,应与景区的整体风格和本地特色相一致,应尽可能地采用当地特有的建筑样式,注重建筑外观和周围环境的协调,尽可能地利用景区所在地域的建筑材料和建筑工艺,增强购物设施建筑的观赏性,使得建筑本身成为景区景观的一部分。同时,景区内购物设施的造型、色彩、材质等也要与周围的自然和文化环境相融合,与景区的主题相吻合。

(三) 有效安排景区购物商店的内部环境

景区内旅游购物商店内部环境布置的好坏,从某种程度上来说直接影响着旅游者是否会在该店进行购物消费。首先,商店要设计个性鲜明的名称、具有典型色彩的招牌,从名称和显眼的招牌上吸引旅游者。其次,要讲究橱窗布局和商品的展示,把最有地方特色和吸引力的商品通过摆放在橱窗或商店内最显眼的位置,吸引旅游者进店选购。同时,购物商店内部要保持环境整洁、货架排列整齐、照明均匀,以及保证店内干净卫生,空气新鲜。

(四) 严格选售景区购物商品

对旅游者来说,食品类和工艺品类商品是其在景区消费的主要内容。那么,对于这些商品,景区购物商店经销的种类要丰富,包装设计要能够融入当地的自然风光、名胜古迹、历史人物等,要富有地方特色,能让旅游者返程后睹物思情,留下美好的回忆。例如,海南用椰子壳来装饰纪念品,开封用包拯脸谱和清明上河图绘画装饰地方旅游工艺品等,都可以提升景区的购物服务质量。对于旅游景区的管理部门来说,要加强对景区商品内经销的商品质量的审查力度,杜绝"三无"产品在景区内销售。特别是食品,要加强巡查和检查,及时清理、清退过期的或不合格的、质量低下的商品,同时,所有商品都要货真价实、明码标价。

(五) 塑造良好的景区购物服务环境

旅游景区购物服务环境包括旅游购物经销商提供的旅游购物服务环境、导游人员提供的旅游购物服务环境、政府提供的旅游购物信息服务环境以及旅游购物售后服务体系环境等。这就要求旅游购物商店内外都要有关于主打商品的信息宣传,旅游景区的购物商店(摊点)在经营时要诚信经营,服务人员要全面掌握店铺内出售的所有商品的情况,在为游客提供服务时要尊重客人,无论游客是咨询还是购物,均要提供热情周到的优质服务。同时,景区购物商店还要提供健全、高效的售后服务,如大件商品的邮寄、托运,回访游客对所购商品的满意度,回答游客对商品问题的咨询,及时处理游客购物的投诉等。

四、旅游景区旅游商品开发

目前物流十分便利,各地特产或名牌产品在全国各大城市都能买到,在东部城市能买到青海的冬虫夏草,藏族的工艺品,新疆的哈密瓜、和田玉;在西部大中城市也能买到东部的各式商品。让游客在旅游目的地买到非此地买不到的商品已属不易,再加上旅游商品创新不足,产品单调雷同的现实情况,旅游景区所销售的旅游纪念品很难具有专有性,这需要旅游商品开发者、设计者、经营者、管理者共同努力。

我们可以从旅游商品和旅游景区的共生关系角度去考虑解决的办法。旅游商品为旅游景区起到了配景的作用,那么旅游商品就应该体现出旅游景区的烙印。如果不能从材质、艺术形式、造型、工艺等方面体现的时候,可以在使景区旅游纪念品具有地方特色和本景区特色的基础上,在其包装的醒目位置或纪念品本身某部位刻印"某景区专售"、"景区专有标志"等字样或图案,以有别于其他类似产品,使其赋有专有性。

按照市场营销理念,产品的设计生产应该是在进行充分的市场调研,充分了解消费者需求之后并按照这样的理念进行设计。我国旅游纪念品设计的最大缺陷就是产品固然漂亮,但是转化为现实生产力和有效供给的潜力不是很大,另外,旅游纪念品行业产品相互抄袭、雷同已经是司空见惯,由于缺乏知识产权及专利保护,旅游纪念品容易被模仿,致使各景区纪念品雷同,企业也缺乏创新的动力。如果政府可以通过相应的政策对企业提供创新保护,那么便能重新调动企业的生产设计积极性,激发旅游纪念品市场的活力。

第二节 旅游景区餐饮服务

一、旅游景区餐饮服务概述

旅游景区餐饮是满足游客需求的基础性项目,对于有餐饮的景区而言,旅游餐饮是景区整体产品的重要组成部分,景区餐饮服务质量是旅游景区服务质量的一个重要体现。

旅游六要素"食、住、行、游、购、娱",排在第一位的便是"食",可见餐饮于旅游景区的重要性。旅游餐饮是景区向游客提供的饮食产品和服务的基础和保障,它区别于一般社会餐饮的最大之处在于,旅游餐饮不仅仅满足游客对饮食产品和服务的基本要求,它还凸显了旅游景区乃至一个地区饮食文化的特色,影响着旅游景区的形象和声誉,是旅游景区创收的一个重要渠道。

(一)旅游景区餐饮服务的概念

旅游景区餐饮是指在旅游过程中旅游者品尝景区相关美味食品的餐饮行为,它更多的是注重旅游者的餐饮行为及餐饮质量,如在旅游过程中的饮食安全、卫生和营养等。

(二)旅游景区餐饮服务的特点

旅游景区餐饮因为其特殊的地理位置和环境,使之与一般社会餐饮存在着较大的差异性,这些差异性也构成了旅游景区餐饮自身的特点。

1. 目标市场构成复杂

一个旅游景区的游客通常来自四面八方。因为地域饮食文化存在差异,旅游者个人年龄、性别、喜好、口味、支付能力、审美情趣以及心理需求不尽相同,从而导致了他们对旅游景区餐饮要求的差异性,这种差异性对旅游景区餐饮的要求呈现复杂性和变动性。

2. 客源市场不稳定

旅游景区餐饮随着景区的发展阶段和客源的淡旺季情况而有较强的波动性。在景区发展的高峰期、国家法定假日、周末、黄金周、大型文娱活动时间,旅游者相对较多,通常旅游者达到景区峰值的时候,旅游景区餐饮就容易出现"爆棚"现象;在景区淡季和景区衰退期,旅游景区餐饮就容易出现门可罗雀的现象。因此,旅游景区餐饮重点要抓好游客高峰期的餐饮服务与管理,保证一定量的餐饮储备和组织适当人员为旅游旺季做准备。

3. 餐饮类型丰富

旅游景区通常包括中西式快餐厅、农家乐餐馆、美食一条街、户外烧烤、特色土菜馆、高档宴会餐厅、主题餐厅、海鲜酒楼等不同档次和消费水平的餐饮类型。旅游者还可以根据自身的饮食需求和消费能力,采用丰俭随意、快慢有别的用餐方式。

4. 经营方式灵活

旅游景区餐饮经营方式非常灵活,有自主经营、承包租赁、流动摊点、加盟合作等方式灵活,旅游景区餐饮灵活的经营方式便于对接复杂的目标市场。

5. 监管难度比较大

一是由于旅游市场竞争激烈,旅游景区餐饮产品同质化现象普遍存在。

二是某些旅游景区餐饮企业自身设施不完善、制度不健全、责任不落实、无证照经营的现象时有发生。

三是随着旅游景区的发展,出现了如农家餐馆、农家乐等一些新的旅游餐饮服务经营方式。

这些都给旅游景区餐饮产品和服务的监管工作带来了一系列的挑战。

二、旅游景区餐饮产品的开发

旅游景区餐饮单位应针对游客求新奇、求生存、求安全和求尊重的需求,开发能够满足游客需要的产品。旅游景区餐饮单位重点开发的餐饮产品有以下三种。

(一)大众型餐饮产品

大多数游客在旅游景区用餐,主要是为了解决日常饮食和生存需要。中式快餐具有价格便宜、适合中国人的口味、方便、快捷等优点,是大多数游客在旅游景区内解决饮食需要的优先选择。因此,不少旅游景区都开发了大众化的中式快餐,还有饮品,包括各类茶饮、酒水、咖啡、冰淇淋、乳品饮料等。但即便是大众型餐饮,也需要保持旅游景区自身的特色。

(二) 特色型餐饮产品

特色型餐饮产品是满足游客求新、求奇的餐饮消费心理的需要,也是弘扬地方特色、饮食文化的需要。旅游景区餐饮业的特色化经营主要体现在特色服务和特色食品上。旅游景区餐饮业应根据自身的特点,在保证旅游景区环境不受到破坏的前提下,将当地的特色小吃引进景区,以满足游客求新、求奇的需要。例如,杭州西湖景区的百年老店楼外楼,创建于清道光二十八年(1848年),采用砖木结构,端庄古朴,富有中国民族特色,因享有"佳肴与美景供餐"的美誉而驰名海内外,楼外楼是一家正宗的杭菜馆,烹制的菜肴以选料严谨、制作精细、烹调精湛、时鲜多变、风味独特而著称,招牌菜有西湖醋鱼、宋嫂鱼羹、油爆大虾、东坡肉、叫花鸡等。

(三) 高档型餐饮产品

高档型餐饮产品主要用于满足高端游客的需要,满足他们追求身份地位的特殊需求。

同步案例 吉尼斯之最,亚洲最大的酒楼——长沙西湖楼

背景与情境:"湘江北去千重浪,爽气南来第一楼",西湖楼始建于2000年,新址坐落于长沙马栏山,占地面积53333平方米,可同时容纳4000人就餐。西湖楼地理位置优越,交通便利,旁靠省广电中心,西邻浏阳河,东接黄花国际机场,北望"世界之窗"。巍巍城楼,青墙碧瓦,其独特的中式古典建筑主体与月湖公园相映成趣;雕栏画栋,楼台水榭,兼有明清宫廷的豪华和江南园林的秀美,组成一派湘楚盛景。西湖楼主打湘菜系,酸、甜、辣、咸中包含着祖祖辈辈的憧憬;蒸、煮、炒、炖间映衬着红红火火的幸福。其主要分为湘菜区、宫廷御用区、君临南国粤菜区、西湖街小吃区,四大区域围绕人工湖形成一个有机整体,成为亚洲最大的酒楼。如图7-1所示为长沙西湖楼外观。

图 7-1 长沙西湖楼

问题:不同类型的餐饮服务产品设计对于旅游景区发展的作用。

三、旅游景区餐饮服务的基本要求

（一）安全与卫生

知识活页

关于做好2012年旅游景区餐饮服务食品安全治理工作的通知

2012年3月31日，国家旅游食品药品监督管理局和国家旅游局联合下发《关于做好2012年旅游景区餐饮服务食品安全治理工作的通知》（以下简称《通知》），旨在全面加强旅游景区餐饮服务安全监管和治理，不断提升旅游景区餐饮服务食品安全水平。《通知》要求，一是严格落实旅游景区餐饮服务食品安全责任。各地食品药品监管部门和旅游行政管理部门要在地方政府的统一领导下，密切沟通协作，加强对旅游景区餐饮服务单位监督检查，督促旅游景区餐饮服务单位、景区经营者落实食品安全责任。旅游景区经营者要加强对景区内餐饮服务单位的日常管理，及时向当地食品药品监管部门、旅游行政管理部门报告景区餐饮服务单位季节性开业或歇业情况，及时公布餐饮服务单位量化分级管理评定结果，严禁无证餐饮服务单位进驻景区；旅游景区餐饮服务单位要认真落实餐饮服务食品安全主体责任，严格执行《餐饮服务食品安全操作规范》等食品安全管理制度；旅行社要倡导健康饮食习惯，提高广大游客食品安全意识和自我保护能力，引导游客到持有餐饮服务许可证、量化等级较高的餐饮服务单位就餐。二是加快推进旅游景区餐饮服务单位监督量化分级管理。各地食品药品监管部门和旅游行政管理部门要按照属地管理原则，在强化日常监督检查的基础上，加快推进旅游景区餐饮服务单位监督量化分级管理工作，力争年底前完成红色旅游经典景区餐饮服务单位监督量化分级管理工作。三是积极开展旅游景区餐饮服务食品安全示范工程建设。在推进旅游景区餐饮服务单位监督量化分级管理的基础上，遴选旅游景区量化等级较高的餐饮服务单位开展示范工程建设，发挥旅游景区餐饮服务食品安全示范店的引领和辐射作用，带动旅游景区餐饮业健康发展。四是严厉查处旅游景区餐饮消费违法违规行为。各地食品药品监管部门要严格按照《食品安全法》及其实施条例、《餐饮服务食品安全监督管理办法》的规定，强化对旅游景区餐饮服务单位日常监督检查，严厉查处违法违规行为。重点查处无证经营、擅自改变经营地址、许可类别、备注项目、转让、涂改、出借、倒卖、出租餐饮服务许可证等违法行为；采购和使用病死、毒死或者死因不明的禽、畜肉类及其制品，以及超过保质期的食品等违法行为；从业人员未经健康检查、使用未经清洗消毒餐用具等违法行为。

旅游景区餐饮消费的流动性大且经常接待团队游客，团队游客用餐时间集中，并且游客构成复杂，彼此间的健康状况互不了解，很容易引起交叉感染，因此，游客对旅游景区餐饮安全与卫生的要求非常强烈。旅游景区餐饮的安全与卫生不仅会让游客产生安全感,也会给游客留下难忘的用餐经历,从而增强游客的旅游体验。游客对旅游景区餐饮与安全的要求体现在用餐环境、餐具用品和餐饮产品几个方面。游客希望旅游景区用餐环境整洁雅静、空气清新,餐具用品都经过严格的消毒,餐饮产品都要新鲜、卫生。

(二)快速与及时

大部分游客进入旅游景区主要是为了游玩,为了抓紧时间游玩,就会缩短就餐时间,有的甚至选择边走、边看、边吃。因此,为了满足游客的需求,旅游景区餐饮服务必须快速、及时。目前,大部分旅游景区的餐饮形式以快餐为主,常备有快餐食品,从而为那些急于就餐的游客提供快速的服务。

(三)特色与创新

越来越多的游客在旅游景区就餐不仅仅是为了填饱肚子,更是为了获得一种特殊的体验。因此,旅游景区餐饮在安全卫生、快速及时的前提下,还要进行创新,体现其特色。游客对旅游景区餐饮特色的要求不仅体现在餐饮产品本身,也体现在用餐的氛围、环境等方面。

(四)便捷与舒适

旅游景区餐饮在景区内的位置要符合便利性的要求,既要有良好的外部连通性,又要有便捷的内部通达性。另外,旅游景区餐饮还要营造舒适的就餐环境,使游客感受到餐厅甚至景区的氛围,得到享受和尊崇感,但是,旅游景区餐饮在创造便捷交通和舒适环境的同时,不得以损害旅游景区景观环境和生态环境为代价,应尽量减少对周边自然环境和人文生态环境的破坏。

四、旅游景区餐饮服务质量管理

旅游景区餐饮服务质量是指利用餐饮设施、设备和餐饮产品所提供的服务在使用价值方面适合和满足客人需要的物质满足程度和心理满意程度。餐饮服务是旅游景区商业服务的一个重要环节,其服务质量关系着游客对旅游景区餐饮单位的印象,更关系着游客对旅游景区的整体评价。因此,旅游景区餐饮服务质量管理至关重要。

(一)餐饮实物质量

餐饮实物质量一方面包括餐饮单位提供的实物和饮料等有形产品的质量,如菜肴的花色品种、清洁健康、香味口感、色泽外观、内在质量与价格之间的吻合程度以及餐饮用具的清洁卫生、美观方便等;另一方面包括餐饮单位的硬件设施、设备的质量,如硬件的完好程度、安全程度、舒适程度和方便程度以及硬件的档次和规格、餐厅的容量等。

(二)餐饮环境质量

餐饮环境质量包括自然环境质量和人际环境质量。餐饮单位优质的自然环境一方面要求其建筑体量要符合旅游景区的主题,与旅游景区融为一体,另一方面要求餐饮单位的内部装修设计、空间布局和灯光音乐等要轻松舒适、美观雅致。餐饮单位良好的人际环境体现为餐厅的管理人员、服务人员和顾客三者之间友好、和谐、相互理解的互动关系。

(三)餐饮工作人员服务质量

餐饮工作人员服务质量是餐饮服务质量管理的重要构成,其水平的高低既要有客观的

衡量方法,还要更多地从顾客的主观认识方面加以评判。因此,对餐饮人员服务质量的管理要从制定服务质量标准和服务规程入手。餐饮业是劳动密集型行业,服务人员多,服务项目复杂。同时,旅游景区游客的餐饮需求多样,就餐时间有限,这些造成了旅游景区餐饮工作人员服务质量的不稳定性。因此,旅游景区必须制定服务质量标准和服务规范,通过对服务标准和每个环节的动作、语言、时间、用具,以及对意外事件、临时要求的化解方式、方法的规定,来规范对游客服务的行为,稳定餐饮服务质量。例如,针对2012年春节期间,各地旅游景区接连曝出的"天价餐"等宰客事件,山东青岛崂山风景区试行新规,规定在游客用餐时,店主需要先让游客在价格确认单上签字,一旦发生消费纠纷,确认游客合法权益受到侵害时,景区管理部门将向游客先行赔付,事后再向餐饮单位进行追责,山东青岛崂山景区尝试推行的签单前置和赔付先行,可谓是打造放心旅游消费环境的积极举措。

服务质量的高低虽然有很多客观衡量标准,但更多地取决于餐饮工作人员在服务现场的心理状态和顾客接受服务时的主观感受,常常因人、因时、因地而异。因此,旅游景区餐饮单位一方面要加强员工的培训,另一方面,要开展有效的市场沟通,发掘顾客需求,改善员工服务技巧并充分授权,从而充分满足顾客的例行性需求和潜在需求。

第三节　旅游景区住宿服务

一、旅游景区住宿服务概述

有一定规模的旅游景区都为游客提供住宿服务,住宿服务是旅游景区商业服务的一项重要内容。

旅游景区住宿服务就是借助旅游景区的住宿设施和服务人员向游客提供的,既可满足游客在景区住宿、休息等需求,又可满足游客的其他需求的服务。

不同规模的旅游景区都会设有相应规模的住宿接待设施,其选址可能在景区内,也可能在景区外,经营管理方式一般为景区直接经营,也有租赁经营、委托饭店集团经营等方式,但不论采用何种方式,都应视为景区的一个组成部分进行管理。

旅游景区住宿服务为旅游者在景区内的旅游活动提供了最基本的条件,使他们的基本需求得到满足和保障,并获得心理上的安全感。设施齐全、高质量或者特色化的住宿服务同样可以为游客带来美好的体验,延长游客在景区的停留时间,提高游客的满意度和重游率。旅游景区的住宿服务具有很强的季节性,受旅游淡旺季的影响更大。

二、旅游景区住宿服务的类型

按照住宿接待设施的档次和运作模式,旅游景区住宿服务可以分为休闲度假酒店类、经济酒店类、民居客栈类、家庭旅馆类、露营类等几种主要类型。

(一)休闲度假酒店类

按照《旅游饭店星级的划分与评定》(GB/T 14308-2010),休闲度假型旅游饭店作为旅游饭店特色类别项,要求具备特色休闲度假设备功能,建筑与装修风格独特,管理和服务特色鲜明。

汽车旅馆来自英文的 motel,是 motor hotel 的缩写。汽车旅馆与一般旅馆最大的不同点在于,汽车旅馆提供的停车位与房间相连,一楼为车库,二楼为房间,是典型的独门独户设计。由于竞争的日趋激烈,汽车旅馆的经营开始走向休闲的方式,装潢设计已达到甚至超越了高级饭店的水准。

(二)经济酒店类

经济酒店是在旅游景区中,设施、环境质量以及服务标准较星级饭店稍弱的住宿提供单位。旅游者在此可以获得住宿空间、设施以及部分基本服务,而其他如做床服务、整理房间等,则需要旅游者自己动手。

(三)民居客栈类

这类住宿服务的接待设施是根据旅游景区的自然和人文环境设计出的,具有当地特色的住宿场所,能够反映地方的风土人情及历史文化特色,能够满足游客休闲游憩体验的需要。如小木屋、吊脚楼、竹楼等。这类住宿接待设施在为旅游者提供住宿服务的同时,也构成了旅游景区中极具特色的风景,使旅游者能够感受到旅游景区内特有的自然和文化氛围。如图 7-2 所示为徽州民居客栈。

图 7-2　徽州民居客栈

(四)家庭旅馆类

这类住宿服务的接待设施、环境质量以及服务标准都较弱,价格便宜,旅游者在此获得住宿空间、设施以及部分基本服务,而其他如做床服务、整理房间等则需要旅游者自己动手。此类接待设施在为旅游者提供住宿空间、设施和简单服务的同时,可以帮助旅游者节省开支,体验当地生活,还可以弥补旺季酒店床位不足的缺陷。如厦门鼓浪屿景区将以前单体独栋的私家老别墅改建成家庭旅馆,较为有名的吴家园、船屋、海角八号等,这些家庭旅馆与鼓浪屿风景完全融合,相比大酒店,更具有当地人文气息。

(五)露营类

这类住宿服务的接待设施就是开辟一块专用营地,作为旅游者夜间露营休息的场所。

旅游者可自带露营设施,如露营车、帐篷,也可租用景区的露营设施。这类住宿接待设施往往选址在远离城市、风景秀美、贴近大自然的区域,给旅游者以自由、随意、放松的娱乐休闲体验。根据所处环境的不同,露营地可划分为山地型露营地、海岛型露营地、湖畔型露营地、海滨型露营地、森林型露营地、乡村型露营地。完整的露营地通常包含生活区、娱乐区、商务区、运动休闲区等,具备日常生活所需的各种设施及场地。这类住宿接待设施相对较为简陋,受外界环境的干扰较为严重,一般只在特定季节开放。如图7-3所示为户外营地。

图7-3　户外营地

三、旅游景区住宿服务管理

(一)旅游景区住宿服务管理的方式

在旅游景区的实际工作中,住宿服务管理主要通过表单管理、制度管理和现场管理来实现。

1. 表单管理

表单管理是通过对表单的设计和处理,来控制客房部业务的管理活动。表单一般分为三类:一是上级部门向下级部门发布的各种业务指令;二是各部门之间传递信息的业务表单;三是下级向上级呈报的各种报表。表单管理要遵循实用性、准确性、经济性和时效性原则,数量和种类应简单明了,易于填报分析。表单要能全面反映客房部的业务活动情况,表单的传递程序、时间要求、资料处理方式等都要有明确的规定。

景区住宿单位的服务和管理人员,应学会运用表单来了解和控制客房部的业务活动,通过阅读、分析营业报表,了解、控制客房部或旅游景区的经营活动,掌握本部门的工作情况,监督下属完成工作任务。

2. 制度管理

制度管理是通过组织实施景区的规章制度,来控制本部门的经营活动,科学合理的制度是旅游景区日常工作的行动指南,也是考核评价的依据。

实施制度管理,首先要根据旅游景区的特色和住宿部门管理的需要,制定出符合行业通行规则和旅游景区实际的具有较高科学性的制度;其次要严肃制度,维护制度的权威性,在执行制度时,对所有的员工要一视同仁,奖罚要以制度为依据,并在具体处理时讲究艺术性,把执行、遵守制度同细致的思想工作结合起来,把执行制度同解决员工的实际问题结合起来。

3. 现场管理

现场管理就是管理者到各个工作岗位现场,进行巡视检查,及时处理工作中遇到的问题,协调本部门与其他部门的关系,调节本部门经营活动中各方面的关系,现场管理能及时发现和处理工作中的各种问题,协调各方面的关系,便于管理者及时与下属沟通思想、联络感情,或者进行现场激励。

(二) 旅游景区住宿服务管理的内容

旅游景区住宿服务管理的内容很多,主要的两个方面是服务质量管理和安全管理。

1. 服务质量管理

旅游景区住宿服务质量管理是景区住宿部门对为游客提供的住宿服务及其相关方面的质量进行管理,主要包括以下几个方面:一是通过利用和开发旅游景区良好的环境资源和现有的设施设备,向游客提供高质量的住宿服务;二是通过市场调研和预测,结合旅游景区特色,开发符合市场需求的产品,以满足游客与当地消费者的需要,提高旅游景区的经济效益;三是通过旅游景区住宿服务业务与公关部门的广告、宣传,以及住宿单位设施设备的改进和服务质量的提高,创造住宿服务的声誉和口碑,以吸引更多的客源;四是通过与旅游供应商和零售商的业务联系,从产、供、销各个方面,不断改进服务质量,提高市场竞争力;五是通过专业教育和岗位培训,提高住宿服务部门各级管理人员和服务人员的专业知识水平和服务水平;六是通过对人力、物力、财力的决策、计划、组织、协调、监督等管理工作,提高住宿管理效率。

2. 安全管理

旅游景区住宿安全管理是景区住宿服务单位为了保障游客、服务人员的人身和财产安全以及景区住宿服务单位自身的财产安全而进行的计划、组织、协调、控制与管理活动的总称。景区住宿服务单位要综合考虑国家法律法规和旅游景区自身的特点,制定一套科学、有效的安全管理计划、制度与措施。

(1) 犯罪与盗窃的防范计划、控制与管理。

重点包括游客生命、财产的安全控制与管理,如旅游景区应加强景区住宿大门入口、电梯入口、楼层走廊的安全控制与管理,加强客房门锁、钥匙以及客房内设施设备的安全控制与管理,加强游客财物和保管箱的安全控制与管理;员工的安全控制与管理;财产的安全控制与管理。

(2) 火灾的应急计划、控制与管理。

火灾的应急计划是指在发生火灾的情况下,全体工作人员采取行动的计划及控制、管理方案。火灾的应急计划要根据住宿的布局及人员状况用文字制订出来,并经常进行演练。火灾发生或火灾警报发出时,所有员工必须坚守岗位,保持冷静,并按照平时规定的程序做出反应。所有员工无紧急情况不可使用电话,以便于管理层通过电话下达命令。

(3) 其他常见安全事故的防范计划、控制与管理。

旅游景区住宿还可能出现一些意外的安全事故,因此景区住宿服务单位必须考虑周全,事先做好相应的防范。例如对游客心理及信息安全的控制与管理,对逃账与住宿服务单位经济安全的控制与管理等。

第四节 旅游景区交通服务

一、旅游景区交通服务概述

（一）旅游景区交通服务的概念

旅游景区交通服务是指旅游景区向游客提供的，以实现游客从空间上某一点到另一点的空间位移的各种交通服务。旅游景区交通服务直接关系着旅游者的出游愿望，是景区旅游活动顺利进行不可缺少的物质基础。旅游景区的交通服务按照旅游者的空间移动过程，可以分为外部交通服务和内部交通服务。

1. 外部交通服务

旅游景区的外部交通服务是指旅游景区为游客提供的从客源地到景区的空间移动过程的服务，包括从客源地到景区所在地、从景区所在地交通口岸到景区两个服务过程。旅游景区的外部交通关系着旅游目的地的可进入性（时间、距离、便利性），主要的交通工具包括飞机、火车、旅游大巴、自驾车等。

2. 内部交通服务

旅游景区的内部交通服务是指旅游景区为游客提供的在景区内部空间移动的服务。旅游景区的内部交通是联络各个景区、景点的纽带和风景线，是组成景观的造景要素，强调可通达性、视觉效果和美学特征，旅游景区的内部交通服务是游客观光和了解地域风情的途径，一般采用水上游览、特种交通、步行等方式，主要的交通工具包括环保车、电瓶车、出租车、缆车、游船、滑竿、羊皮筏子、雪橇、溜索等。

（二）旅游景区交通服务的地位

旅游景区交通服务是旅游景区向游客提供的一项重要服务，直接影响着游客游览和体验的质量，对于旅游景区的正常运营也起着非常重要的作用。旅游景区交通服务的地位主要体现在以下几个方面。

1. 旅游活动的重要组成部分

旅游者的旅游活动包括食、住、行、游、购、娱六个方面，其中，"行"是整个旅游活动的重要组成部分。旅游景区提供的交通服务的质量直接影响到旅游者能否"进得去、散得开、出得来"。此外，旅游景区交通对于景点布局也具有重要作用。

2. 提升游客的旅游体验

旅游景区的交通是旅游活动的重要内容，游客乘坐不同的交通工具，接受不同的交通服务，可以领略到不同的风光，获得不同的感受。随着现代旅游业的发展，很多交通服务本身就构成了景区的旅游吸引物。如峨眉山景区提供的独具特色的交通工具滑竿，本身就是吸引大批游客前往的旅游吸引物。有些旅游景区还向游客提供骑马、观光缆车、热气球等独具特色的交通服务,这些服务不但起到了交通运输的目的,同时也丰富了游客的旅游体验。

3. 旅游景区重要的收入来源

旅游景区向游客提供的交通服务基本都是有偿的,游客可以通过这些交通服务满足自身的位移和体验要求,同时旅游景区也可以通过这些交通服务获得利润,这部分收入是景区总收入的重要组成部分。

4. 旅游景区经营成功的重要因素

良好的旅游景区交通服务可以使游客的游览过程畅通,使游客在充分体验美景的同时,节省游览时间,提升游览质量。既可以提升游客的满意度,培养旅游景区的回头客,同时,满意的游客也会为旅游景区进行积极的宣传,吸引其他游客前来,无形中增强了景区的竞争力。

二、旅游景区交通服务的类型

旅游景区交通服务的类型包括陆上交通服务、水上交通服务、空中交通服务和特种交通服务四种形式。

(一)陆上交通服务

旅游景区内的陆上交通服务主要由旅游景区主干道交通服务和步行游览道路交通服务两部分组成。

旅游景区主干道主要指公路,它主要用于景观间的游客运输和供应运输。道路布局要合理,路牌及交通标志要醒目规范,进出应便捷安全。另外,交通工具应注重绿色环保,如目前旅游景区内广泛使用的电瓶观光车。

旅游景区步行游览道路是旅游景区里各个景观内的步行连接道路,它具有十分重要的景观烘托和陪衬作用。旅游景区步行游览道路的设计和建造要有起伏,并贯穿最佳的观赏点,注重生态环境保护的同时尽量体现地方特色及民族特征。

(二)水上交通服务

目前,旅游景区内广泛采用的水上交通工具主要有游轮、普通游船、游艇、帆船、汽艇、气垫船、帆板、冲浪板、竹筏、羊皮筏等。游轮是一种将旅游交通工具、旅游接待设施和娱乐场所三种功能合为一体的旅游设施,深受游客的喜爱。普通游船体积与规模均较小,功能与设施较为简单,是游览江河湖泊、观赏江南水乡景色的主要水上交通工具,而游艇、帆船、竹筏等则是现代水上娱乐项目所采用的水上交通模式。

(三)空中交通服务

旅游景区内的空中交通服务主要以娱乐、休闲、运动为目的。交通工具主要采用小型飞行器,如热气球、滑翔机、升空伞、超轻型飞机等,还可以采用高塔跳伞和山顶索道滑翔等形式。

(四)特种交通服务

特种交通服务是指带有娱乐、体育、辅助老幼病残旅游者和特种欣赏意义的旅游交通服务,其交通工具主要有索道、旅游电梯、滑竿、溜索、轿子、马匹等。

1. 索道

索道是为了适应各种复杂地形而建造的能跨山、越河的运输工具,同时还具有游览、观光的作用,是森林公园和各种风景游览区的一种理想的输送游客的交通工具。索道有助于减少游客的体力消耗,改善旅游景区的接待能力,但也常常会给旅游景区环境造成一定的破坏,如景观破坏、植物毁坏、噪音污染、水土流失等,因此,在修建索道时,应注意旅游景区环境和整体景观的保护。

2. 旅游电梯

旅游电梯是一种垂直运输的交通工具,主要用于高差明显的旅游景区的游客运输。旅游电梯集观光和运输功能为一体,是一种新兴的景区交通方式,为游客提供了一条更加便捷的旅游通道。与索道相同,旅游电梯的修建也要注意与旅游景区整体景观的协调性,注意对旅游景区环境的保护。

3. 滑竿

滑竿是中国江南山区特有的一种供人乘坐的传统交通工具,目前这种旧式的交通工具成为旅游景区交通的一个重要组成部分。如今,滑竿的意义已不再局限于交通工具,更是当地民间习俗的一种体现。中国西南各省山区面积广大,因此滑竿极为盛行,特别是峨眉山上的竹椅滑竿,流传了几千年。

4. 溜索

溜索是我国西南少数民族的一种跨越江河的传统交通工具。溜索是用两条或一条绳索分别系于河流两岸的树木或其他固定物上,一头高,一头低,形成高低倾斜之势,然后顺势划过。溜索是怒江大峡谷各少数民族的主要交通工具,是怒江大峡谷最奇特的景观。到怒江大峡谷看溜索、过溜索,已成为云南省怒江傈僳族自治州开发的世上独一无二的旅游项目,吸引了无数中外游客。

三、旅游景区交通服务管理

(一) 旅游景区交通服务的要求

旅游景区的交通设施是景区正常运行、游客实现空间位移的基本保障,也是旅游活动顺利完成的必要条件。因此,旅游景区对交通服务有着特殊的要求。

1. 安全性

旅游者出门旅游是为了获得身体上和心理上的享受,旅途中任何意外都是无法接受的,因此,安全性始终是旅游者最关心的要素。旅游者往往会充分考虑旅游交通服务过程中的安全性。

2. 准确性

旅游景区交通服务带有严密的连贯性,任何一个环节的误点和滞留都会产生连锁反应,最终有可能产生一系列的经济责任,如房费、餐费和交通费的结算。

3. 节奏性

旅游景区的客流量在时间上具有较大的变化性。一般来说,进入和离开景区的客流量在每天的不同时段、周末和非周末,以及旅游的淡旺季都各有特点。这就要求旅游景区的管理者和服务人员要协调客流高峰带来的压力,为游客提供高效、优质、快捷的交通服务。

4. 快速性

游客往往希望在旅游过程中,旅行的时间较短而游玩的时间相对较长。因此,旅游景区的外部交通服务应注重时效性,尽量缩短旅游者从客源地到旅游景区的时间。同时,旅游景区内部应注重景点的空间分布,合理安排旅游节奏,丰富游客的旅游体验。

5. 多样性

不同旅游景区的交通方式各不相同,同一旅游景区内的交通方式也多种多样,甚至同一交通方式也存在高、中、低档次的差异。因此,旅游景区的管理者和服务人员应优化组合旅游景区内的交通服务,增加游客的可选择性。

6. 层次性

旅游者的结构具有多层次性,不同性别、不同年龄、不同出游动机、不同支付能力的游客,对于旅游景区交通方式及其价格的需求也不尽相同。因此,旅游景区的管理者和服务人员对不同层次需求的交通服务方式要进行运力和运量的合理考虑,以满足游客的不同需求。

同步案例 阿里山小火车翻覆事故

背景与情境:2011年4月27日,台湾嘉义阿里山小火车发生翻覆意外,造成5名大陆游客死亡,百余游客受伤。

发生小火车翻车事故后,不少游客取消或推迟了前往阿里山的行程,导致阿里山景区游客数量大幅度下降。据景区一名工作人员介绍,事发前平均每天的游客数量大约在6000人左右,事发后锐减为3000多人,下降了近一半。

问题:简述旅游景区交通服务的重要性。如何进行交通服务的管理?

(二)旅游景区交通服务管理的内容

旅游景区交通服务管理就是要确保进出车辆行驶规范、安全有序,工作重点是景区路段、交通标志、运营车辆和运营人员是否符合要求等。

1. 交通管制

旅游景区内的单位和个人所拥有的车辆的停放和通行,必须遵守旅游景区交通管理部门和旅游景区管理委员会的规定。对于违反规定强行通行的车辆,由旅游景区交通管理部门责令纠正交通违规行为,并给予罚款等行政处罚;妨碍执行公务的,由公安机关依法追究法律责任。必要时,旅游景区交通管理部门可以对特定车辆实行交通管制,如规定进入旅游景区的时间和路段,可以有计划地分流,以免造成交通堵塞或引起交通事故等。

2. 停车场管理

旅游景区一般都设有停车场,这是旅游景区必须拥有的基础设施。停车场可以根据旅游景区的交通状况进行设立,一般可分为级别不同的停车场,用来停靠不同的游览车辆。通常,旅游景区可以开设大型机动旅游车停车场和小型游览车停车场。停车场要与景观环境相协调,停车场的服务应符合旅游景区的统一要求,安排交通协管员或服务人员。交通协管

员或服务人员要礼貌待客,文明服务,具备一定的交通指挥技能和知识,有安全意识,维护保管好客人的车辆。

3. 安全管理

安全管理是旅游景区交通服务管理最基本的工作,游览过程是最易发生交通事故的环节,旅游交通安全事故的发生不但会给游客带来损伤,也会影响旅游景区的形象、声誉和发展前景。因此,旅游景区应建立健全完善的旅游景区安全标志系统,制定严格的工作制度,对游客和工作人员进行交通安全宣传。同时,旅游景区工作人员要注意危险地段、公共场所、交通要道的交通秩序,在旅游旺季加强监视与疏导工作,以避免交通事故的发生。

第五节 旅游景区娱乐服务

一、旅游景区娱乐服务概述

(一)景区娱乐的含义与特点

旅游景区娱乐服务是指旅游景区借助景区工作人员和景区活动设施向游客提供的各种表演及参与性活动,其目的是让游客得到视觉和身心的愉悦。旅游景区娱乐服务具有安全性、休闲性、刺激性、挑战性、新颖性、时代性等特点。

(二)景区娱乐服务的作用

景区娱乐服务对景区发展具有非常重要的意义,不仅能够增加景区收入,还会直接影响景区游客的体验质量。有条件的旅游景区,通过提供娱乐服务可以增加游客视觉及身心的愉悦,满足游客参与的欲望,从而增加客源,提升景区的美誉度和知名度。

虽然景区娱乐服务有如此重要的作用,但是并不是所有的旅游景区都能够提供娱乐服务,比如我国的故宫、敦煌莫高窟等以及一些国家自然保护区都是禁止或限制各类娱乐活动的,美国的黄石公园禁止在某些核心区域开展任何形式的娱乐活动。

二、旅游景区娱乐服务的内容

综合各类旅游景区的娱乐服务,按照活动规模和提供频率可以分为小型常规娱乐和大型主题娱乐两类。

(一)小型常规娱乐

小型常规娱乐是指旅游景区长期提供的娱乐设施及活动,员工较少,规模较小,游客每次娱乐的时间也不长,主要存在于游乐园和主题公园内。这类娱乐项目的特色性较弱,对中远距离游客的吸引力较小,游客以当地和周边居民为主。景区内小型娱乐项目可以分为表演演示类、游戏游艺类和参与健身类三大类型(见表7-3)。

表 7-3 旅游景区小型娱乐项目类型

大类	亚类		特征及案例
表演演示类	地方艺术类		日本"茶道"、川剧"变脸"、鳄鱼表演
	古典艺术类		纳西古乐、唐乐舞、祭天乐阵、编钟乐器演奏
	民俗风俗类		对歌、抢亲
	动物活动类		赛马、斗牛、斗鸡
游戏游艺类	游戏类		竹竿舞、土家族摆手舞、秧歌
	游艺类		野战拓展、踩气球、猜谜语
参与健身类	人与机器		过山车、摩天轮、滑翔、射击、热气球
	人与动物	健身型	钓虾、钓鱼、骑马
		体验型	观光果园、观光茶园、狩猎
	人与自然	亲和型	滑水、滑草、游泳、温泉疗养、潜水
		征服型	攀岩、滑雪、迷宫
	人与人	健身型	高尔夫球、网球、桑拿、保龄球
		娱乐型	手工艺制作、烧烤

1. 表演演示类

表演演示类主要是旅游景区根据当地的艺术特色、民俗风情、动植物资源等组合的各种活动,其目的是向游客展示当地的旅游特色,宣传景区的旅游文化,并让游客体会到原汁原味的民族风情。如图 7-4 所示的川剧变脸和图 7-5 所示的编钟表演属于此类型。

图 7-4 川剧变脸

图 7-5 编钟表演

2. 游戏游艺类

游戏游艺类是旅游景区为了营造其热闹氛围而定期举行的一些街头舞蹈、秧歌舞及其他一些民族舞蹈等活动,如图 7-6 所示的云南民族村舞蹈表演和图 7-7 所示的崆峒山景区秧歌表演属于此类型。

3. 参与健身类

参与健身类主要是依托景点景区相关设施开展的人与机器、人与动物、人与自然、人与人的一些健身娱乐活动。

图 7-6　云南民族村舞蹈表演

图 7-7　崆峒山景区秧歌表演

同步案例　CS 野战基地

背景与情境：旅游景区开发的真人 CS（反恐精英角色扮演）激光枪战使参加者既可以体会和领略到"真枪实弹"、"战场厮杀"的感受，又能保证安全可靠。它可以锻炼参加者的体能、意志和思维等。在比赛中，为了取得胜利，在战术上可采用组织、布阵、抑制、掩护、包抄、攻击、埋伏等策略，要取得最后的胜利，配合、沟通及相互合作是必然的条件。激烈、刺激的战斗，有助于个人意志的提升及潜能的发挥，协同作战能够培养团队的合作精神，竞争、挑战的氛围，能使参赛的团队更具凝聚力。

问题：CS 野战营地受到游客喜欢的原因有哪些？

（二）大型主题娱乐

大型主题娱乐是旅游景区经过精心策划组织，动用大量员工和设备推出的大型娱乐活动。一般在推出前会进行较高频率的宣传，用心营造特定氛围，以掀起游客入园新高潮。按照活动方式可以分为舞台豪华型、花会队列型和分散荟萃型。

1. 舞台豪华型

舞台豪华型一般采用最先进的舞台灯光技术，用氢气球、秋千、声控模型、鸽子等占据多维空间，并燃放焰火、礼炮配合舞台演出。在舞台表演中，服饰强调彩衣华服、夸张怪诞，节目强调时代感与快节奏，包括杂技、小品、歌舞、服饰表演、游戏等，淡化艺术属性中的教育性、审美性和知识性，强调娱乐性，以新、奇、乐取悦观众。

知识活页

《印象·刘三姐》大型山水实景演出

大型桂林山水实景演出《印象·刘三姐》是中国·漓江山水剧场的核心工程，是全国第一部全新概念实景演出，是艺术性、震撼性、民族性、视觉性的集合，于每晚 20:00 开演。

在方圆两公里的风光美丽的漓江水域上,十二座山峰、广袤无际的天穹,构成了迄今为止世界上最大的山水剧场。传统演出是在剧院有限的空间里进行的,但山水实景演出则以自然造化为实景舞台,放眼望去,漓江的水、桂林的山化为舞台,给人宽广的视野和超凡的感受,让您完全沉溺在这美丽的阳朔风光里。传统的舞台演出是人的创作,而山水实景演出是人与上帝的共同创作。山峰的隐现,水镜的倒影,烟雨的点缀,竹林的轻吟,月光的披洒随时都会加入演出,成为最美妙的插曲。晴天的漓江,清风倒影特别迷人;烟雨漓江赐给人们的是另一种美的享受,细雨如纱,飘飘沥沥,云雾缭绕,似在仙宫,如入梦境……演出正是利用晴、烟、雨、雾、春、夏、秋、冬不同的自然气候,创造出无穷的神奇魅力,使演出每场都是新的。

演出以"印象·刘三姐"为主题,在红色、白色、银色、黄色四个"主题色彩的系列"里,将刘三姐的经典山歌、民族风情、漓江渔火等元素创新组合,不着痕迹地融入山水,还原于自然,成功诠释了人与自然的和谐关系,创造出天人合一的境界,被称为"与上帝合作之杰作"。身着白色纱巾的少女翩然起舞,水镜晨妆,风解罗衫,山水与少女彼此呼应,似乎在告诉每一位注视者,灵性就在大自然的深邃处,少女所有的美丽都来自山水的赐予。演出把广西举世闻名的两个旅游文化资源——桂林山水和"刘三姐"的传说进行了巧妙的嫁接和有机融合,让阳朔风光与人文景观交相辉映。演出立足于广西,与广西的音乐资源、自然风光、民俗风情完美地结合,游客在看演出的同时,也能看到漓江人的生活。图7-8所示为《印象·刘三姐》实景演出剧照。

图7-8 《印象·刘三姐》实景演出剧照

2. 花会队列型

花会队列型是一种行进式队列舞蹈、服饰、彩车、人物表演,一般与节庆相结合,在广场或景区内的街道进行,一般选择民族民俗、传统神话、童话故事等主题,喧闹喜庆,服饰夸张怪诞,娱乐性强。

3. 分散荟萃型

分散荟萃型主题娱乐以一定的节庆为契机,围绕一定主题在旅游景区各处同时推出众多小型表演型或参与型活动,从而共同形成一个大型主题娱乐活动。

目前,大型主题娱乐呈现出舞台型、花会型和荟萃型三种类型的相互交叉趋势,并大量运用声、光、电等高科技手段,使活动更丰富、热烈,更加精彩纷呈。

三、旅游景区娱乐服务设计

景区内部艺术的发展方向应当是从文化性向娱乐性发展。在景区进行娱乐项目设计时,应该综合考虑社会、政治、文化、环境、心理和娱乐对象等诸多因素。应先确定娱乐项目的主题,进而设计娱乐项目的具体内容,制订详细的运作模式和商业计划,并对娱乐项目进行严格的管理和后期市场调查,以便能适时调整完善。景区娱乐项目设计可以从以下几个方面入手。

(一) 挖掘娱乐项目文化底蕴

娱乐服务的内容应该和景区的文脉相结合。所谓文脉,是旅游景区及其所在地的自然地理基础、历史文化传统、社会心理积淀、经济发展水平的四维空间组合。景区方面应深入挖掘文化内涵,积极开发参与性和娱乐性强的娱乐项目,吸引游客在景区停留和消费,提高景区综合收入。有文化内涵才有灵魂,历史、文化都是旅游景点的宝贵财富,也是景区景点的"主心骨",富有文化内涵的娱乐项目更能吸引观众。娱乐项目无论采用什么样的开发模式,都无法忽视社会文化发展中的民众角色,他们是文化的载体,其开发的主题定位要以民间为本,只有娱乐项目首先满足了当地人民的需要,才可能使其在举办中得到持续发展,才可能散发真正吸引游客的魅力。

深入挖掘娱乐项目所体现的文化内涵,并为现代所用,而这种挖掘又要充分体现时代的潮流,既要扎根于中国优秀的历史文化传统,凝聚民族文化精华,又要反衬时代发展的主流和方向,具有浓郁的民族风格。

立足本土开发和建设文化含金量高的娱乐项目,整合历史文化内涵,着重反映我国民族文化的优秀传统,摒弃封建迷信以及低级趣味的东西,在设计、风格、形式上赋予新意,体现出丰富的文化内涵以获得游客的青睐。

创新历史文化传承,着眼于通过历史文化寻找旅游景点的灵感和独特魅力,用反衬时代精神和现代文明成果的景观、景色、景点去激励游客、感染游客、熏陶游客,显示民族文化的当代性,让游客流连忘返,成为独有的风格和魅力的源泉。

(二) 创新娱乐项目内容

旅游景区娱乐项目环境、内容及模式一旦被固定,游客就会逐渐对娱乐项目失去兴趣。因此,旅游景区在原有娱乐项目的基础上,应注重娱乐项目主题外延、内涵深化和活动更新;要将与主题相关的项目纳入娱乐项目中,以丰富其内容和服务,促进景区旅游资源的综合运用,保持旅游景区娱乐项目的生命力。另外,旅游娱乐项目具有自身的生命周期,存在着更新换代的替代性问题。因此,娱乐项目内容要时时刻刻创新。只有创新才能够始终保持其继续发展的动力,才能够使其始终具有强大的竞争力。比如有些游乐园引入电脑控制技术,给游客带来了不同寻常的感受,从而重新焕发活力。景区娱乐服务的核心吸引力很大程度上来自设计的亮点,有效的亮点能充分调动游客的情绪,给游客留下了深刻的印象,增强娱乐项目的美誉度,从而扩大市场的影响力。

教学互动

互动问题:

1. 从自身的角度出发,分享你出去旅游时印象最深刻的景区娱乐服务,并说明留下深刻印象的原因。
2. 请总结旅游景区娱乐服务设计的重点。

要求:

1. 教师不直接提供上述问题的答案,而引导学生结合本章教学内容就这些问题进行独立思考、自由发表见解,组织课堂讨论。
2. 教师把握好讨论节奏,对学生提出的典型见解进行点评。

本章小结

内容提要

本章介绍了旅游景区的购物、餐饮、住宿、交通、娱乐五个方面的商业服务。

旅游景区购物服务主要介绍了旅游景区购物服务概述、旅游景区购物商品销售、旅游景区购物环境的营造。

旅游景区餐饮服务主要介绍了旅游景区餐饮服务概述、旅游景区餐饮产品开发、旅游景区餐饮服务的基本要求和旅游景区餐饮服务质量管理等。

旅游景区住宿服务主要介绍了旅游景区住宿服务概述、旅游景区住宿服务类型和旅游景区住宿服务管理。

旅游景区交通服务主要介绍了旅游景区交通服务类型和旅游景区交通服务管理。

旅游景区娱乐服务主要介绍了旅游景区娱乐服务概述、旅游景区娱乐服务内容和旅游景区娱乐服务设计。

核心概念

旅游景区购物服务;旅游景区餐饮服务;旅游景区住宿服务;旅游景区交通服务;旅游景区娱乐服务

重点实务

旅游者购物动机及行为分析;旅游景区商品销售技巧;旅游景区餐饮服务的要求。

知识训练

一、简答题

1. 旅游景区购物商品销售技巧有哪些？
2. 旅游景区餐饮服务的主要类型及要求有哪些？
3. 旅游景区住宿服务管理的方式和内容有哪些？
4. 旅游景区交通服务管理的要求主要有哪些？

二、讨论题

1. 分析旅游景区购物环境的营造。
2. 分析旅游景区娱乐服务设计需要考虑的内容。

能力训练

一、理解与评价

景区发展旅游购物要慎重一点

笔者在调研中发现，游客对景区不满意的地方主要有：一是二次门票，即买了景区门票之后，进景点还需要单独购票；二是景区购物场所过多、过滥，在一些景区内到处是购物店，有些甚至高声吆喝，招呼游客购买商品；三是旅游商品千篇一律，质次价高。

有人提出，景区的旅游商品要有景区的特色，要多品种、高质量、低价格。笔者也经常看到媒体报道在某某部门的重视下，某某景区开设了多少个旅游购物店，开发了多少种旅游商品等。听起来、看起来似乎都有道理，但经过多年的努力后，景区的旅游购物仍然不能令人满意。

在一些景区旅游购物规划、策划中，在景区旅游商品的宣传中，经常有人把迪士尼主题乐园、大英博物馆等作为所有景区旅游购物和旅游商品开发的典范，并将其作为标准，要求所有景区都按照同样的比例和内容去开发、销售。这种忽视不同景区差别的做法，即使投入再大的人力、物力、财力，最后也只是一堆荒唐的笑话。

虽然要提高旅游购物收入在旅游收入中的比例，但景区的条件不同，游客的需求不同，这些都决定了景区是否适合进行大规模的旅游商品开发，是否适合开设大量的旅游购物店。

（资料来源：http://zqb.cyol.com/html/2016-08/25/nw.D110000zgqnb_20160825_4-08.htm.）

问题：请对以上案例进行分析，对"景区发展旅游购物需要慎重"这一观点进行评述。

二、案例分析

景区爆棚处处拥堵

"客栈平时150，节假日680"、"人山人海煞风景，到此一游是合影"、"一放假，全国人民都堵在了高速上"……近几年来，景区涨价、节日拥堵和休假扎堆，是困扰着中国游客的"老三难"。五一小长假，各大景区依旧火爆，也让旅游"老三难"再次暴露于公众视野中。记者调查发现，这几大难题环环相扣，亟待通过政策规范、景区管理等多方合力破题。

太贵:吃、住、行都逢节必涨。

记者在湖南、湖北、安徽等多个景区走访发现,逢节必涨是各大景区的普遍现象,酒店价格翻倍甚至更多,餐饮配备两套菜单,节假日用"高价"版,交通涨价更是立竿见影。

太挤:景区处处爆棚,高速条条拥堵,供需关系失衡,简单来说,就是节假日景区爆棚了。"鼓浪屿要被踩沉,泰山堵得人发疯"、"北京动物园,99.99%的动物都是人"、"西湖断桥,只见人头不见桥头"……景区究竟挤到了什么程度?从游客们的种种"吐槽"中便可知晓。

(资料来源:http://jining.iqilu.com/lvyou/2014/0504/1975070.shtml.)

问题:

1. 齐全的旅游景区配套服务是否可以提高旅游景区的服务质量?
2. 如何解决淡季游客少、配套服务过剩与黄金周涨价、过度拥挤的矛盾?

第八章
旅游景区运营服务

学习目标

通过本章学习,应当达到以下目标:

职业知识目标:掌握景区在日常运营过程中的运营统筹,包括运营方案的制定、信息的发布、现场协调以及运营数据分析;熟悉旅游景区客流的特征,掌握旅游景区客流管理尤其是排队管理的技巧;理解游客行为的特征,熟悉游客不文明行为的类型,掌握游客行为引导的方法。

职业能力目标:运用本章专业知识了解景区运营计划性,透过相关运营数据,把握景区现场旅游客流和游客行为的特征,提升游客游玩体验,提高景区的运营效率。

职业道德目标:结合本章的教学内容,依照行业道德规范或标准,分析旅游企业从业人员及游客行为的特征,强化职业道德素质。

引例:迪士尼乐园管理"秘方"

背景与情境:迪士尼乐园的创办人华特·迪士尼曾说过:"每个人都在自己的心中憧憬、设计、创造一个世界最精彩的地方,而真正能够将梦想化为现实的也只有人自己。"迪士尼乐园在经济不景气的情况下仍能留住大批游客,就是因为迪士尼具有自己独特的生产方式和运营体制。

SCSE:安全(safety)、礼貌(courtesy)、表演(show)与效率(efficiency)

东京迪士尼乐园的核心理念不是"幻想和魔法的王国",而是"家庭娱乐"。如果当初把"幻想和魔法的王国"作为核心理念来宣传的话,那么这里的饮水处就不会特意采用能让父母和子女面对面的设计方式了。

所有迪士尼乐园都有属于自己的关键词,也就是为实现乐园核心理念而提出的具体指导方针。就东京迪士尼而言,乐园的关键词围绕"家庭娱乐"4个字而展开,表现为4个方面:安全(safety)、礼貌(courtesy)、表演(show)与效率(efficiency),也就是SCSE。

具体来说,安全是指游客可以放心地使用游乐设施、购买商品、享用美食等,让游客安心地享受在迪士尼里的美好时光,这是提供服务首先就应该考虑的要素。对普通企业而言,就是在提供服务时首先考虑商品的安全性。

礼貌是指待人处世的态度。服务是人与人所做的行为,因此,就存在一些必须遵守的礼仪。对普通企业而言,商品最终要传送给顾客,所以一点都不能马虎。

表演是指娱乐界所说的"表演必须继续"。在每天的节目表演中,演员都要带着第一次演出的心情,舞台建筑上也不允许有油漆脱落或是灯光不亮的情况发生。对普通企业而言,就是要避免出现劣质产品。

最后,效率是指让尽可能多的游客享用到乐园的游乐设施。游客是专程到游乐园游玩的,如果他们没能来得及参与几个游乐项目就要离开的话,主题公园也就失去意义了。对普通企业而言,效率一词要求的是生产效率的提高、价格策略的合理制定与客源的尽力争取。

突发事件下的 SCSE 法则

同其他企业一样,在迪士尼乐园的实际运作中,员工手册必不可少,但是突发事件发生时仅靠员工手册不能解决所有问题,这时,SCSE 的意义不言而喻。当遇到意外情况时,员工只要遵循迪士尼乐园的 SCSE 法则处理就没有问题。

S——能否确保游客的生命安全?

C——是否彬彬有礼地处理问题?

S——是否会破坏游客的雅兴?

E——对于游客而言,这是不是迅速有效的解决方式?

对经理而言,员工引发问题并做处理之后,还需要考虑以下内容。

S——能否确保游客与员工的生命安全?

C——是否彬彬有礼地处理问题?员工的行为是否得当?

S——是否会破坏游客的雅兴?员工的行为是否得当?

E——对于游客而言,这是不是迅速有效的解决方式?员工是否采取了迅速有效的处理方式?

总之,迪士尼乐园所体现的 SCSE 法则,完全可以也应该贯彻于一般企业管理运作的实践当中。

(资料来源:芳中晃.迪士尼乐园管理"秘方"[J].商周刊,2005(48).)

迪士尼乐园作为国际主题公园的开创者与领跑者,拥有自己独特的经营模式与运营体制,如何能够贯彻落实一个乐园或景区的核心理念,就需要景区的多个组织协调合作,与时俱进,利用科技优化管理手段,提高管理效率,提供优质服务。

第一节　旅游景区运营统筹

随着景区由单一的观光游览模式，向综合体验、互动的休闲度假功能的转变，旅游景区的旅游景点、演艺、体验、节庆活动等不断增多，这些旅游项目如何根据游客数量进行统筹协调，是目前景区需要关注的问题。为了提升旅游景区的运营效率与服务品质，必须要以游客的需求和关注为焦点。为保证旅游景区尤其是以活动居多的主题公园，平稳高效运营，提升游客游玩体验，组织架构上一般设立运营中心，统筹景点、演艺及经营点的日常、黄金周及节庆活动的运营管理，主要从旅游景区整体运营方案制定、现场运营协调及各类运营信息的发布等方面进行统筹安排。

一、制定运营方案

旅游景区运营方案是为了协调旅游景区景点、演艺、经营点、活动、交通工具等旅游项目与游客客流而制订的运营计划，作为指导景区每日运营安排的依据。

（一）制定运营方案

旅游景区运营中心以景区策划的全年主题活动和历年的游客量为依据，制订全年的运营计划，并按计划推出阶段性运营方案。包括景区内的各个景点或项目、演出节目、经营点、交通工具等所有与游客游玩有关的运营时间安排，同时指导全年景区在人力、物力方面的计划安排。

（二）发布运营方案

全年运营方案确定后，阶段性地公布不同阶段的旅游景区运营方案。一般运营方案会提前10天左右公布。以深圳欢乐谷为例，黄金周及大型主题节庆活动阶段性运营方案提前10天发布，其他阶段性运营方案提前5天发布。

（三）执行运营方案

运营方案集体向景区所有运营部门发送，并要求按照方案执行，如需调整，由运营中心统一审批。

（四）优化运营方案

运营方案在执行过程中，运营中心要时刻汇总景点或项目接待数据、演出接待数据、经营数据、施工计划，并结合游客满意度及主题活动调研报告，优化运营方案。

二、发布运营信息

旅游景区的各项旅游信息均需要对游客进行发布，运营信息发布的准确及时性，能考验一个景区的运营效率与水平，如果信息错误，极易产生游客投诉。景区运营信息一般分为两类:一是景区营业时间、景点内项目和演出运营时间、票务政策、客流预报等常规信息;二是项目临时性暂停或停运、演出调整、开闭园时间调整、游客群体事件或打架斗殴、演出换票等特殊信息。

(一)常规信息

常规信息指区内部项目及演出运营时间、景区票务政策、当日开园运营信息、团队人数预报、重大节庆客流预报等常规信息,具体发布内容及工作要求如表8-1所示。

表8-1 旅游景区常规信息发布内容及工作要求

信息内容	发布时间	发布平台	工作要求
景区内部项目及演出运营时间	全年	官网、景区入口	官网及景区入口公示景点及内部项目和演出的运营时间
票务政策	全年	官网、景区入口	官网及景区入口公示景区票务政策信息
当日景区营业时间、项目检修、停运信息	开园前	官网、景区入口	1. 售票窗公示景区营业时间、项目检修、停运信息; 2. 各部门做好信息传达、游客解释工作
团队人数预报、重大节庆客流预报	提前1天	景区办公平台	1. 市场部提前1天将次日团队人数发送给运营中心; 2. 运营中心统筹安排接待方案、支援配合方案

(二)特殊信息

特殊信息指项目临时性暂停或停运、演出调整、开闭园时间调整、游客群体事件或打架斗殴、演出换票等特殊信息,责任部门需立即通知运营中心,运营中心统一发布信息及解释口径,具体发布内容及发布流程如表8-2所示。

表8-2 旅游景区特殊信息发布内容及发布流程

信息内容	发布流程
项目或演出暂停	1. 岗位工作人员或运营部门上报运营中心; 2. 运营中心发布通知,重点通知票房、检票口等关键岗位,做好信息提醒; 3. 各部门做好信息传达和游客提醒、解释工作
开闭园时间调整	1. 运营中心通知各部门; 2. 各部门做好信息传达和工作安排
游客群体事件	1. 运营中心接报通知安全保卫部; 2. 安全保卫部赶到现场处理
演出换票	当天入园人数超过一定人数时,运营中心通知财务部或演出部门换票

同步案例：某主题公园万圣节欢乐夜场运营方案（部分内容）

一、运营方案说明

适用时间：10月5日至11月13日夜场。

平日：周一至周四、10月8日至9日。

重点日：周五至周日。

二、公园运营时间

表8-3是某主题公园万圣节欢乐夜场运营时间。

表8-3　某主题公园万圣节欢乐夜场运营时间

方案	平日	重点日	10月28日—31日
运营时间	18:00—22:00	18:00—23:00	16:00—23:00
售票时间	17:30—20:30	17:30—21:30	16:00—21:30
检票时间	18:00—21:00	18:00—22:00	16:00—22:00

三、执行标准

A方案：适用于夜场预报10000人以下的平日。

B方案：适用于夜场预报10000人至20000人的平日及重点日。

C方案：适用于夜场预报20000人以上。

四、运营方案

表8-4是某主题公园万圣节欢乐夜场运营方案。

表8-4　某主题公园万圣节欢乐夜场运营方案

项目		A方案	B方案	C方案
夜场开闭时间		18:00—22:00	18:00—23:00	16:00—00:00
鬼屋	魔堡惊魂	18:00—21:30	18:00—22:30	16:00—23:30
	异度空间·谜藏			
	木乃伊加工厂			
	失魂惊悚	18:30—21:30	18:30—22:30	16:00—23:30
	丧尸阻击战			
	迷梦森林	18:30—21:30	18:30—22:30	16:00—23:30
	极盗			
	极度整容尸录			
	地狱之门			

续表

项　　目		A方案	B方案	C方案
街头鬼怪	全园	18:00—20:30	18:00—21:00	18:00—21:30
其他	3D影院	—	21:00 最后一场	22:00 最后一场
	旋转木马	—	21:00 关闭	22:30 关闭
	激光战车	20:30 关闭	21:30 关闭	23:30 关闭
	金矿听音室	21:00 关闭	22:00 关闭	23:00 关闭
	四维影院	20:30 最后一场	21:00 最后一场	23:00 最后一场
	尖峰时刻	20:30 关闭	21:30 关闭	23:30 关闭
	UFO	21:00 关闭	21:30 关闭	23:30 关闭
	发现者	21:00 关闭	21:30 关闭	23:30 关闭
	龙卷风	21:00 关闭	21:30 关闭	23:30 关闭

问题:以上为某主题公园万圣节欢乐夜场运营方案中的部分内容,请讨论还需要增加哪些内容?

三、现场运营协调

景区管理重在现场,解决景区现场问题的效率是提升游客体验的关键,特别是在节假日等高峰运营期间,通过提高接待效率、关注重点人群服务需求、提高舒适度、处理突发事件等来提高现场问题解决效率,从而提升游客的体验感与满意度。景区运营中心应该提前制定好高峰运营接待各个环节的方案,保证现场运营高效有序,一般要求在各主要活动前进行运营沟通,收集相关问题并进行研究确定,统筹安排工作;执行过程中,各部门根据应急方案或事先确定方案各司其职,保证有序运营。

(一)运营沟通

黄金周、暑期、主题活动、专项检查期间,运营中心组织相关部门召开运营协调会,提前部署运营工作。黄金周、暑期、主题活动期间,容易出现客流高峰,需要提前部署游客分流导览、调整项目及演出、总结同期的突发事件及预防方案、部署景区员工服务、硬件设施、园林绿化等方面的工作,做到有组织、有规划。

(二)运营配合

在大型团队接待、节庆客流高峰分流引导、运营突发状况等情况下,运营中心需统筹相关管理部门配合,高效完成服务接待或事件处理。比如,在团队接待和高峰客流引导时,按照预报人数划分等级,运营中心提前安排相关部门抽调员工支援接待工作。在发生突发事件时,运营中心统一调度,安全管理部门负责疏散、秩序维护、监控取证,运行部门负责解救安抚,客服部门做好救护及后续处理工作等。

四、运营数据研究

为了给运营方案的制定、景区客流的引导、游客行为管理提供依据和建议,景区需要对当前的运营数据进行分析和研究。现代智慧景区需要建立自身的景区运营数据库,在运营数据平台的支持下,对景区数据进行分析并运用。

(一)运营数据平台

景区信息化建设不能仅仅依靠某一个独立的平台,而需要一个整合平台,有效地整合游客的个人信息、购票信息、消费信息、游览信息及反馈信息,从而促进景区聚焦游客需求,及时灵活调整运营,提高游客游玩品质。目前景区普遍建设的数据平台如下。

1. 电子商务系统

景区建立电子商务系统,整合门票预订、门票验证及退订、会员办理等功能,开发自有电子商务系统,并充分利用第三方电商资源,从而不仅提高了景区的内部运营管理的效率,节约了管理成本,而且还可以收集利用准客户的信息资料及消费数据,为未来客户营销及景区运营提供参考。

2. 智慧导览系统

智慧导览系统就是借助互联网技术,将传统的纸质导游图的功能转嫁于景区官方 App 平台,智慧导览系统在传统纸质导游图提供的功能基础上,融合定位导航、游览线路规划、项目介绍及排队时间提醒、互动营销等功能。在实现这些方便游客游览的功能之外,借助导航系统,能够不断吸收粉丝,壮大景区的游客信息库,进行客户关联信息的分析以及定位营销。

3. 客流统计系统

利用辊闸、红外线、Wi-Fi 探针技术构建景区客流统计系统,特别是在景区主出入口、重点区域出入口、剧场及大型热点项目进行客流统计,指导人员配置、人数预警,避免类似上海外滩踩踏、黄山游客滞留等安全事故发生,及时向公众发布景点实时客流,提升城市的旅游业信息化水准。

(二)运营数据分析应用

1. 游客接待量预测

基于历史入园数据、入园量与入园量影响因素取值的函数关系,结合考虑当日的天气、市场政策、经济状况、交通条件等因素的影响和程度,做出当日游客接待量的最终预测。依据当日的预测数据,合理配置景区的人力、物力资源,如售票窗口的团队、散客票窗安排、景区服务项目的临时工安排及员工的排班计划。此外,节假日的高峰人数预测,有助于准备工作提前到位,更好地发挥应急预案的效果,降低公园运营风险。

2. 合理分流景点内热门项目,提高人均游玩项目数

借助客流统计系统,通过景区各区域的实时数据分析,合理分流游客,有效解决排队时间长、项目接待压力集中、资源破坏等问题。解决问题的思路,在于实时收集园内各项目饱和状态、排队时长的数据和园内游客总量、各主题区游客量、新入园游客量的数据,做出游客量在主题区间调配方向的判断,并通过有效途径将信息传递给游客。

3. 分析游客消费习惯,提高景区二次消费

门票作为中国景区的收入主要来源,提高二次消费成为景区能否可持续发展的重要指标,其中主要包含主题商品、餐饮、交通收入等。在研究如何提升二次消费水平方面,游客的历史消费数据就可以指明方向,比如根据游客的消费习惯、消费场所的选择、消费商品的喜好等,进行调整优化园内商店位置、类型,合理安排商品库存,进行商品的精准设计与投入,以达到高产出的目的。

4. 运用数据匹配,提供精准化服务

精准化服务的重点是针对特定对象,在特定时间与空间,运用特定形式,选择特定内容,提供特定的服务。实现景区大众服务的精准化必须依靠物联网和信息系统实时获取资源、环境、设施、人员等景区时空大数据,在利用大数据中心及云计算平台提供的实时数据分析——先将进入景区的游客和未进入景区的公众进行类型划分,并根据相关大数据分析其偏好与需求,然后再匹配景区资源、环境、设施等教育科普内容与信息服务。

5. 景区资源保护精确化

通过充分发挥景区时空大数据的特点与优势,构建时空大数据获取、管理、处理、分析、应用的技术体系,特别是加强基于时空大数据的决策支持分析,识别景区资源的时空特征,以便在合适的时间和空间采取合理的保护行动,达到实时、快速、高效的资源保护目标。

同步思考

"享智游"平台

当前去哪儿、艺龙、携程等旅游电商都已开通了线上跟团、票务预订等功能,并提供了手机App。通过这些App,游客可以足不出户就能实时获取旅游信息。但这些传统的在线旅游平台仅做到了将旅游信息共享,并未将景点各种角色统一管理起来,也缺乏对游客旅游途中提供实时的智能化服务。而"享智游"平台致力于以某个景区为核心,通过统一的电商平台,借助景区一卡通的普及,以及智能手机的微信平台,力图打造一个全方位的智慧旅游平台,为景区的各种角色提供实时的智慧化旅游服务。

该平台由"享智游"微信公众号、"享智游"电商网站、"享智游"管理后台,以及分布在各商铺的一卡通终端四部分组成。旅游出行前,游客可以在门户网站预订门票、酒店。进入景区后,通过购买的一卡通,游客可便捷地在任何商铺消费,保证商品价格透明化。游客也可以打开微信公众号,绑定自己的一卡通,实时查询消费记录。此外,后台会根据当前一卡通的消费位置,准确推荐当前景点导游信息。商户可以通过微信实时查看营业额与报表分析;景区管理者则可以通过微信查看景区门票销售情况、景区游客实时流量以及及时发布通知公告等。

通过该公众号，用户具体可以获得以下三方面的功能。

1. 游客功能

具体包含：①门票、酒店预订，用户可跳转到 eshop 门户在线预订；②景区导航，微信地图导览；③评论景点，游客对附近景点发表评论；④"摇一摇"查看附近评论；⑤一卡通消费查询，游客查询自己的一卡通消费记录，未绑定将提示游客绑定；⑥导游信息智能推荐，根据游客当前定位或者一卡通刷卡地点，准确推荐当前景点导游信息；⑦景区人流量查询，查询当前景区各景点游客实时密度，避开过度拥挤景点。

2. 商家功能

具体包含：①酒店、商品、租车订单，旅行社组团订单，农家乐预订通知，通知商户有实时下单，请及时处理；②一卡通结算查询，查询每日交易结算是否完成；③交易额查询与报表分析，选择查询某个时间段交易总额，智能分析并实现交易预测。

3. 景区管理者功能

具体包含：①通知发布，实时发布紧急通知；②门票销售查询，查看每日门票销售情况；③游客流量分析与查询；④商户管理跳转，管理景区商户；⑤评论管理跳转，管理游客对景区、商户的评论；⑥一卡通消费报表分析与查询，查询景区所有有卡的一卡通消费额与报表分析；⑦智能管理与决策建议，例如游客流量预警。

"享智游"智慧旅游平台在四川省科技厅的全力指导下，已在九寨沟景区部署试运营。平台整合了在线旅游电商网站、景区一卡通、微信公众号，让游客、景区商户、管理员都可以通过手机微信轻松获取与自己相关的景区业务数据，做到了旅游的实时智慧感知。"享智游"智慧旅游平台将传统的在线旅游实现了移动互联，打造了一个实时信息感知的智慧旅游平台。该平台通过在线预订方便了游客出行，智能实时推荐提升了游客观光体验，还促进了景区酒店、租车商、农家乐、旅行社等商户的交易活动，大量的游客消费记录与观光轨迹更能为管理者提供智能的决策参考。该平台深度聚合了旅游业多方位资源，实现了旅游系统信息化，保证了旅游业的可持续发展。

（资料来源：刘华山，李永量."享智游"：基于微信平台的智慧旅游助手[J].现代计算机（专业版），2016（1）.）

问题：对于游客及景区，"享智游"智慧旅游平台的优势分别在哪里？

分析提示：游客方面，现场游玩体验；景区方面，现场运营管理及市场发展预测。

第二节 旅游景区客流引导服务

一、旅游景区客流的特征

旅游景区客流简称旅游客流,是指在旅游景区范围内旅游者的流动,是集体性的空间移动。旅游客流的形成是由于旅游需求的近似性,因为景区游线的限制和旅游者旅游需求的近似性和大众性,所以旅游客流具有一定的时空特征及规律。旅游客流的强度和大小及其波动程度、分布状况及其合理程度、组成结构的差异,直接关系到旅游景区运营方案的制定。

(一)旅游客流构成要素

旅游客流的特征主要包括以下关键指标:游客的流动方向(流向)、流动速度(流速)、流动强度(流量)、流动质量(流质)。

1. 流向

流向是一个空间概念,主要描述游客的空间移动方向,反映游客在空间上的分布特征。流向在景区内的游客导览线路引导中有积极作用,只有当需求指向与资源(或产品)相吻合时,才能发生实际的旅游位移,如果拥堵就可能产生分流。

2. 流速

流速是一个时间概念,主要描述单位时间内的游客流动量(或者是游客在一定空间范围内的滞留时间),反映游客在时间上的分布特征。流速表现为游客在景区内停留时间的长短。景区一方面总是通过增加旅游项目让游客在景区停留时间更长,另一方面又想方设法在重要景点让游客顺畅快速通过,避免拥堵现象的出现。

3. 流量

流量是一个时空概念,主要描述游客在一定时段内某一空间范围的分布特征,反映一定客流强度与规模,就是说在景区某一时空通过的游客量。流量与景区的游客量有直接关系,它决定了对旅游目的地基础设施、旅游设施和对社区经济、文化和环境施加影响的强度和潜力。

4. 流质

流质是一个质量概念,主要描述游客的结构指标,反映了游客在评价要素指标体系中的结构特征。

(二)旅游客流的时间特征

景区一年之中游客接待量的分布是不均衡的,有较强的季节性。淡季游客较少,大量的设施设备闲置;旺季人满为患,景区资源环境承受较大的压力。在一天中也是不均衡的,表现出明显的时段性,高峰时段会出现游客排队等待的现象,低谷时期则游客稀疏。

1. 一年内的季节变化

由于气候等自然条件的变化,旅游景区的环境、景区的设备设施的可利用情况、游客的生理适应性等也发生变化。因此,我国很多以自然资源为依托的景区都表现出明显的季节性。例如九寨沟景区、敦煌景区等季节变化明显的景区,游客在冬季明显减少,形成淡季。

影响旅游景区客流季节变化的另一重要原因是旅游者闲暇时间分布具有规律性。对于大多数人而言,由于工作等原因,平时一般没有外出旅游度假的时间,中远程距离的旅游往往集中在节假日或长假时间,而周末双休日往往是近程旅游的高峰期,寒暑假是学生、教师出游的集中期。特别是我国实行"黄金周"休假制度以来,每年的五一、十一、春节三个黄金周期间,许多旅游景区内游客摩肩接踵,人满为患,给旅游景区经营与管理带来了较大的压力。

在自然条件的季节变化、节假日、游客出游习惯等因素的综合作用下,我国大多数室外旅游景区的旅游旺季为每年的5月至10月,11月、3月、4月是平季,12月至2月是淡季。但由于我国地域广阔,南北季节自然条件差异大,南方和北方的旅游淡旺季也不同。如相对于海南等地,每年的12月至2月因为温暖的气候,吸引众多北方的客人,此时反而是它们的旅游旺季。

2. 一周内的变化

在一周范围内旅游景区客流量的变化主要是周末和平日的差别,一般室外景区周末游客量会增加,上班日游客以团队游客为主,相对较少。

3. 一天内的时段变化

由于游客出游的时段和距离的不同,游客到达旅游景区的时段也相对有差异,同时,由于与游客集散中心和游客服务中心距离远近、开放时间、活动内容等不同,在一天之中的不同时段,会形成客流的高峰和低谷。高峰时段会出现游客排队等待的现象,低谷时段则游客较少。

一般而言,早上旅游景区入口处客流量相对较大,会形成景区入口的主要干道、游客中心买票、检票区域排队现象;黄昏时段是游客离开的高峰期,景区出口、离开景区的主要干道客流强度较大;景区内重大表演活动的开始前后、娱乐设施附近也会出现客流集聚、排队等现象。但是由于旅游景区的性质、开放时间、距离客流集聚地的远近不同,每一个旅游景区的旅游流的时段变化会不同。如故宫每年10月15日—3月31日的开放时间是8:30—16:30,15:30停止售票;4月1日—10月14日的开放时间是8:30—17:00,16:00停止售票。早上9:00—10:00是游客进入的高峰时间,此段时间午门外的售票处常常出现排队的长龙;15:00—16:00神武门外会有高强度的离散客流。深圳欢乐谷开放时间每天是9:30—21:00,由于19:00有大型主题晚会,因此,每天15:00是入园高峰期之一。

(三)旅游客流的空间特征

旅游景区内游客的空间位移呈现出线性多向流动与节点会聚的空间特征。

1. 线性多向流动

一般而言,游客进入旅游景区后,会在导览图和标识系统的引导下,沿着一定的线路或旅游景区游道进行游览或体验。游客从进入旅游景区到离开的空间位移过程是高度流动和发散的。以一日游为例,游客进入景区后一般会经过以下线性移动过程:到达—停车—买票—验票—游览、娱乐、看表演—午餐—游览、娱乐、看表演等—出口—取车—离开。这一过程中,游客的空间位移过程是线性的、连续的。

从流动方向看,旅游客流的流向是多向、混杂的。由于旅游景区内部游道布局、游道宽窄不同,游客对出入口游览线路选择不同,游览速度不同,游客的流向有时是单向的,有时是双向的,有时是交错混杂的。如西湖旅游景区主游道上往往电瓶车、游人交会,既有双向流动的人流,偶尔也有横向流动的人流,旅游客流的流向是混杂、多向的。从流动节奏看,游客的流动节奏不一,游客的流动速度有时慢、有时快、有时静止不动,如当欣赏某个景物或观看表演时,游客流动相对是静止的。

2. 节点会聚

在旅游景区内部游客空间移动过程中,旅游景区出入口、高级别吸引物、主要游乐设施、表演场所、购物场所、就餐地点、游道交汇处等会形成人流会聚,特别是在旅游旺季的高峰期,这些节点会承受游客超负荷的压力,对于景区和游客来讲都会产生负面影响。对于旅游景区来讲,对景区内的接待设施、资源环境等产生较大的负面影响,主要的游乐设施、表演场所等地还会出现游客排队等待现象,给景区管理带来诸多压力;对于游客来讲,客流会聚超过游客的心理容量,会降低游客的体验质量。

二、旅游景区客流管理

旅游景区客流时空分布不均衡,给旅游景区资源环境、设施设备供给带来了压力,也埋下了一些安全隐患。旅游景区客流管理是旅游景区现场运营管理的重要内容,主要包括游客总量控制和游线管理。

(一)景区游客总量控制

景区游客总量控制是景区客流的定量管理。所谓定量管理是指通过限制进入时间、停留时间,控制旅游团人数、日游客接待量,或综合运用几种措施的方式限定游客数量和预停留时间,解决因过度拥挤、践踏、温度、湿度变化引起的旅游资源损耗。例如,九寨沟是我国率先采用限制游客数量来保护旅游资源的景区,九寨沟曾限定日游客接待量不得超过1.2万人。主要的总量控制方法有以下几种。

1. 控制景区接待量

凡资源导向型景区如古迹、溶洞、森林等,可以尽可能多地通过限定合理的资源容量来限制景区日最高接待量,以减少客流过大对于资源的破坏。如莫高窟每日限定数百名游客进窟参观,九寨沟景区曾限定每日1.2万游客进区旅游,并实行网上预售门票,黄山则实行景区轮休制度以保护资源。

2. 通过价格杠杆调节客流结构

旅游活动具有明显的时间性和季节性,导致客流量不均衡,忽高忽低,旅游旺季、公共假日、周末都是游客相对集中的时期,这些时期游客量有可能超过容量,对景区环境形成负面影响,其他时间则出现资源大量闲置的现象。因此,可以通过灵活的价格政策来调节客流,以保证景区保持较高的接待规模且不超载,例如旺季价格高,淡季价格低;热点价高,冷点价低。有的景区周末和平时的客流量差别很大,就可以采用平时价低、周末价高的办法,有的景区只有部分景点超载,则可只针对可能超载的旅游景点进行收费,其他景点免费开放。

(二)游线管理

旅游景区游览路线设计是否科学直接影响到游客的体验质量和旅游行为。科学的游览路线应该使游客付出最少的体力和精力成本,获取最多的信息,获得最大的愉悦和满足感。

1. 降低游览成本

为了保证游客得到高质量的旅游体验,在设计游览路线时应降低游览成本,提高体验丰富程度与质量。降低游客游览成本,主要应缩减不能给游客带来太多收益的景点间转移的距离,提高游客游览收益主要应考虑增加游览路线上景观的差异性,为游客提供更好的观景位置和观景角度等。颐和园的一小时左右的最佳游线是:东宫门—仁寿殿—德和园—乐寿堂—邀月门—长廊—石丈亭—石坊—西宫门。半天左右的最佳游线是宫门—仁寿殿—德和园—乐寿堂—邀月门—长廊—排云殿—佛香阁—智慧海—松堂旅游景区—苏州街—宁堂—后溪河—谐趣园—铜牛—新建宫门。

2. 专业化路线设计

游线管理还可以根据景区的产品情况以及游客的需求,设计不同的旅游路线,不仅可以满足不同游客的需求,还能有效地将游客进行分流。例如,西溪湿地在游线设计时分为经典一日游、西溪向晚游、渔夫之旅、健康徒步游、生态科普游、西溪影视外景游、文化历史探寻游等。

游线设计与管理有利于调控景区内客流分布,分流热门景点的客流,减少旅游景区内的拥挤和环境压力,确保游客安全与体验质量。同时,还可以满足不同游客的需求,将景区内的旅游产品推广到极致。

三、旅游景区排队管理服务

旅游景区在旅游旺季、节假日或接待高峰时段会出现旅游客流集中集聚的现象,如果管理不佳,会出现安全事故,同时还会破坏游览设施或损坏公共资源。为了保护游客安全以及环境资源,让游客有序游玩,需要对游客高度集中的区域提供排队服务并设专人管理,如停车场、售票区、检票区、热门景点、重点旅游资源、乘骑设施、游乐设施项目、安全隐患突出地,甚至集散地的公共厕所等。排队服务质量的高低会影响游客对景区管理评价的好坏,如果排队管理措施不力,会降低游客的满意度,影响景区的声誉。因此,旅游景区排队系统管理是景区运营服务管理的重要内容。

(一)排队服务管理

1. 游客排队心理

游客排队心理是景区排队系统管理研究的重要内容,只有明白游客排队时的心理,才能更好地对游客进行服务和管理。对等待心理研究较全面的是大卫·迈斯特尔,1984年,他提出了被广泛认可和采用的等待心理八条原则。另外,在此基础上,戴维斯和海尼克(1994年)、琼斯和佩皮亚特(1996年)分别对顾客排队等待心理理论加以补充,主要内容如下:

(1)无所事事的等待比有事可干的等待感觉要长。

(2) 过程前、过程后等待的时间比过程中等待的时间感觉要长。

(3) 焦虑时等待感觉比实际等待时间更长。

(4) 不确定的等待比已知的、有限的等待时间感觉更长。

(5) 没有说明理由的等待比说明了理由的等待时间感觉更长。

(6) 不公平的等待比平等的等待时间感觉要长。

(7) 服务的价值越高,人们愿意等待的时间越长。

(8) 单个人等待比许多人一起等待感觉时间要长。

(9) 令人身体不舒适的等待比舒适的等待感觉时间要长。

(10) 不熟悉的等待比熟悉的等待感觉时间要长。

针对以上的排队等待心理,旅游景区管理者应从游客心理入手,针对排队区域进行有效的管理和设计,一方面提高服务水平和效率,另一方面要掌握排队服务中的技巧,以提高游客的满意度。

2. 排队管理的原则

排队管理是指控制和管理服务等待的时间,包括针对预期的游客人数和到达时间,配备必要的服务设施,确保必要的服务接待能力,尽量缩短顾客等待时间,努力满足顾客等待的心理需求和期望。在排队管理中要把握好以下几个原则。

(1) 公平规范原则。

游客排队区域管理中应坚持公平规范原则,公平是指对游客要平等对待,不特殊照顾(老弱病残游客除外),使游客保持良好的排队心态;规范是指排队管理要制定排队管理的规则,并将规则张贴在游客可以看到的地方。在排队管理中要依据规范制度执行,管理者要保持和建立良好的排队秩序,不挤、不插队,需要特殊照顾的特殊人群或优先的团队应设置专门的入口,并在入口处明示团队或老弱病残等专用通道,以免让其他游客感觉心理不平衡。

(2) 等候知晓原则。

等候知晓原则首先要让游客清楚排队过程大约需要的时间和等待的理由,这样游客在等待过程中就不会着急或焦虑,比如,通过电子屏幕显示排队大约需要的时间。其次,可以安排工作人员在排队现场维护秩序或适当安抚游客,让游客明白工作人员知道他们在等待。

(3) 愉快等候原则。

在排队管理中要让枯燥无味的等待变得愉快,在等候区内可以根据景区或娱乐活动主题进行布置,播放宣传片、动画片或提供一些阅读材料等,使等待过程变得活泼有趣,也可以将等候区与娱乐区隔开,避免直接的视觉刺激。如在迪士尼乐园人们排队游玩时,队伍的两旁都挂有许多有趣的照片给游客欣赏,使游客不觉得自己在等待,更像在参观。

(4) 周到服务原则。

游客在等待时无其他事可做,这时会仔细反复地熟悉周围环境,甚至于注意每一个细微之处,所以,此时应更加注意服务细节。

同步案例 "之"字形队伍的尴尬

背景与情境:在某旅游景区内游客均在入口处等候前往山顶的巴士,"之"字形队伍在木栏杆的隔离下排得很长,游客中有年轻人、老年人、小朋友……大家都挤在长长的队伍中无聊地等待,此时,小王一家三口也在队伍中,小王和太太抱着三岁多的女儿在队伍中等待巴士的到来,队伍不断前行,他们在队伍中绕了几个弯后,小王的女儿说想上厕所,这时他们刚好前进到队伍中央。小王想找工作人员求助,但是附近没有工作人员,隔着人群喊周边的工作人员,却没有人应答,没办法小王只好从长长的队伍中挤出来带小朋友去上厕所。

问题:该排队区域出现了什么问题,应如何解决?

(二) 排队服务技巧

排队等待通常出现在服务的最开始,有效地管理游客的排队等待特别重要,不管在等待后得到的服务有多好,但第一印象会长期保持,并极大地影响着游客的总体感受。因此,景区应从服务品质出发,做好排队服务工作。

1. 培养敬业的服务精神

排队服务过程中需要工作人员在现场服务,这看似是一件非常小的工作,但是要将细微的工作做好,是非常不易的。首先,工作人员要明白自身工作的重要性和职责;其次,良好的工作态度和敬业精神是游客关注的对象;再次,工作人员需要良好的沟通能力、丰富的游客管理经验和乐观积极的心态,处理游客间歇不断的问题和牢骚埋怨。

2. 制定合理的排队规则

公平对待每一位排队的游客是非常重要的,景区必须制定一系列排队规则,并严格加以执行,以维护排队的公正性。一般排队要遵循以下几个优先原则。

(1) 先到者优先,对先到者提供优先服务,杜绝强行插队、熟人插队的不良现象。

(2) 预订者优先,网上、电话预订的游客,已提前确定了服务消费需求,应实行优先服务。

(3) 团队优先,团队客人往往规模较大,服务方式一致,所需服务的时间相对较短,而且团队是与景区有着长远利益关系的客户。因此,在不涉及原则性问题时,景区可以开放优先队列进行优先服务。

(4) 特殊人群优先,针对老人、幼儿、孕妇、残疾人、军人等社会特殊人群,在排队时可以有不同程度的照顾,安排优先队列或等候区域排队或等待。

3. 设置合理的游客排队队列

合理的队列结构可以减少队列排队时的焦虑,因此,队列结构设计时要注意以下问题。

(1) 不同旅游景区根据游客流量、游客集中度、排队项目特点、排队区地形特点等应采取不同的队形和接待方式,灵活运用单通道、多通道和混合通道等多种队列设计模式。

(2) 注意队列的流动性和队列方向的变化,给游客以队伍在不断前进的感觉,并以四周的景色来缓解游客等待时的焦急心情。

(3) 在经常排长队区域应设置必要的隔离设施对队列结构进行固定,避免队列秩序混乱。

4. 提供良好的等待服务

在游客排队等待时,应结合景区特点对等待服务进行服务策划,减少游客等待时的焦虑。

（1）营造良好的排队环境。

良好的排队环境可以转移游客的注意力，使他们在等待中不会感到无聊或浪费时间，如干净的栏杆、舒适的座椅、具有吸引力的可视景观、丰富的阅读材料、优美的音乐、电视音像和免费 Wi-Fi 等，以分散游客的注意力。如在主题公园矿山过山车的排队区，让排队的游客通过曲折幽暗的隧道，用各种道具和声光效果渲染环境的神秘气氛，让游客在越来越接近体验的同时，积累对这种体验的期待；表演性娱乐活动在正式表演前或在排队区域会有小丑等出现，在现场与游客互动，制造气氛，让等候的观众不会觉得无聊。图 8-1 所示为上海迪士尼乐园的排队服务。

图 8-1　上海迪士尼乐园的排队服务

（2）设置宽敞的等候区域。

旅游景区需要经常排队的区域建议设置专用等候区，专用等候区可以减少恶劣天气的影响。等候区内可以放置一些舒适、小巧的沙发、椅子。同时还可以展示景区的新、特景点或土特商品销售，帮助游客轻松度过等待时间。如在泰山索道的排队区设置休息座位，有电视介绍泰山美景，提供免费茶水。在云南玉龙雪山旅游景区内候车厅，旅游者可以看电视，听音乐，在乘坐索道的区域，游客可以听到广播里有关雪山的介绍，周围墙壁上布满了有关雪山、冰川的图片和文字介绍。

（3）提供必要的关怀服务。

及时与游客沟通排队情况信息，提醒等候时间，让游客对等待有充足的思想准备，克服顾客在等待中所面临的焦虑，提高对服务的期望值。还可以为游客送茶水、为老人搬椅子、为小朋友提供特色小商品等，使游客清楚工作人员知道游客正在等待，并积极满足游客的需求。

（4）保持良好的服务氛围。

在排队服务过程中，除了提供整洁、舒适的环境和服务设施外，不直接参与服务的员工和设施应避免让游客看到。游客在等待的时候，如果进入他们视线的每个员工都在忙碌，游客会更耐心一些。相反，如果看到有些资源闲置在一边，游客会感到不耐烦。

5. 智慧排队服务

随着科学技术的发展、智慧景区的建设,景区内排队管理系统和方法越来越先进。目前,除了可以快速通过的电子门票能够缩短排队时间外,某些主题公园内率先开发运用了一些智能排队系统,如迪士尼乐园在官方 App 中除了有导览服务、定位服务等,还可以显示不同景点排队情况或等候时间。迪士尼乐园设有 fast pass 通行证,同样可以减少游客排队等候的时间。图 8-2 所示为香港迪士尼乐园智能排队服务。

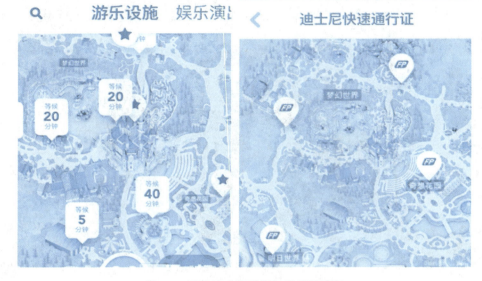

图 8-2　香港迪士尼乐园智能排队服务

> **知识活页**
>
> ### 迪士尼的排队服务
>
> 花了 5 年时间建立起来的上海迪士尼乐园终于正式开园,很多游客都想去,十分想见米老鼠,但又很害怕排队,那么不妨用这款由迪士尼官方推出的游览辅助 App,App 虽小,但"五脏俱全",该看该玩的东西一目了然。如图 8-3 所示为迪士尼乐园智能 App。
>
> 首先,你要注册账号,利用这个账号,不仅可以及时看到乐园的新动态,还能直接通过 App 购买门票,不同时段的票价各有不同,你可以根据自己的时间和旅游成本安排选择。另外,App 还能提前预约导览服务,帮你在出游前就做好准备。
>
> 准备好之后,就要进入乐园了。App 可以准确为你定位,如果你是个路痴,那么你只要往 App 的地图模式上一看,就知道自己在哪儿,该往哪儿去了。

图 8-3　迪士尼乐园智能 App

App 还有另一个很大的作用，它能告诉你你想玩的游乐设施需要排多久的队！上海迪士尼乐园内有很多游乐设施，包括被粉丝戏称为"三巨头"的三大新设施——"明日园区"的 TRON、"探险岛"的飞跃地平线和加勒比海盗，但前面排队的人可不少，想尽可能节约时间，在热门项目和普通项目里自由穿梭，尽可能玩到更多项目，就可以留意 App 地图，根据地图上的显示，尽量挑排队时间短的项目玩。

此外，乐园很多项目都可以办理快速通行证（FP），有了 FP，你排队的时间将被大大缩短，但到底哪些项目能办理 FP 呢？把 App 调到 FP 频道就能清晰地在地图里看到了。

另外，你还能在地图里看到园区内的服务设施、酒店等必备项目，作为一款官方导览 App，在园区介绍和导航方面也做得十分到位，如果你正好在乐园里迷路了，又或者打算去那边挥霍一把，记得备好这个 App。

快速通行证怎么用？

1. 领取地点

游客可在适用景点园区内的游客服务中心领取快速通行证。不过要注意，快速通行证一个区域只能领一张，比如在明日世界区域，只能去那个区域的游客中心领一张背包飞行器或极速光轮的快速通行证。

2. 如何使用

第一步：请至适用主题园区的游客服务中心的迪士尼快速通行证分发亭扫描主题乐园门票。

第二步：选择想要游览的景点，您将收到标明指定返回时间的迪士尼快速通行证。您可以先体验其他景点，不必排队等待。

第三步：在指定返回时间回到景点入口，向演职人员出示迪士尼快速通行证，将排队时间缩至最短。

（三）景区排队队列

旅游景区内合理的队列一般有以下三个要求：第一，使游客感觉等待时间比实际等待时间短；第二，队列秩序井然，有条不紊，不给插队者可乘之机；第三，队列结构要能灵活调整，在不同的旅游景区或者景区内的不同区域，根据客流规律采取不同的队形和接待方式。

队形一般分为以下五种形式，且各有优缺点。

1. 单列单人队形

特点：一个队列，一名工作人员。

优点：人工成本低。

缺点：等候时间难以确定；游客进入景区的视觉有障碍。

改进措施：设置座位或护栏；标明等候时间。

2. 单列多人形

特点：多名工作人员。

优点：接待速度较快，较适用于游客数集中的场合。

缺点：人工成本增加；队列后面的人仍然感觉视线较差。

改进措施：设置座位或护栏；队列从纵向改为横向。

澳大利亚悉尼动物世界排队服务即为此种形式（见图 8-4）。

图 8-4　澳大利亚悉尼动物世界排队服务

3. 多列单人队形

特点：几个队列，一名工作人员。

优点：视觉进入感缓和；人工成本低。

缺点：队首是否排好非常关键；栏杆多，成本增加；游客需要选择从哪个队列进入。

改进措施：外部队列位置由纵向改为横向，可以改善视觉。

4. 多列多人队形

特点：几个队列，多名工作人员。

优点：接待速度较快；视觉进入感缓和。

缺点：成本增加；队列速度可能不一。

改进措施：不设栏杆，可以改善游客进入视觉感。

墨尔本丹顿农小火车售票排队服务设施即为此种形式（见图8-5）。

图8-5　墨尔本丹顿农小火车售票排队服务设施

5. 主题或综合队列

特点：一般为单列队，队列迂回曲折，不少于两名工作人员。

优点：排队时间及视觉改善；有信息展示；排队硬件舒适。

缺点：增加硬件建设成本。

改进措施：单列可增为双列。

第三节　游客行为引导服务

一、游客行为特征

(一) 游客个体行为分析

游客个体行为是指游客在旅游景区内的行为表现，游客行为来源于游客心理，其心理对

于行为具有决定性作用,往往是游客行为的主要动力来源。游客中常见的四种心理状态分别如下。

1. 好奇心理

好奇是旅游者典型的心理特征,求新求异的心理也正是旅游者行为的根本动机。因为好奇心,所以旅游者对于景区内的新鲜事物都抱有新奇的感觉,敢于尝试,但好奇心理不具有持续性,好奇心理强度会随着时间和距离的推移而逐步发生变化。一般情况下,游客在到达景区前、在景区中、离开景区的不同时段好奇心会有所不同。因此,景区管理者可以利用游客的好奇心变化进行景区旅游产品或线路设计。

游客好奇心往往有波峰和波谷阶段,处于波峰阶段时游客好奇心增强,容易引发不理智或不文明行为,甚至引发事故;处于低谷阶段时旅游者注意力和体力较差,往往也会引发安全事故。因此,可以根据好奇心的特点加强对游客行为的管理,如通过警示或标识系统对游客进行管理。

2. 占有心理

从本质上来看,人是利己的动物,当看见美好事物时总是希望将其占为己有。同时,人又可以合理地控制自己的欲望及行为。对于旅游者而言,面对全新的环境和景观,部分旅游者的理智无法控制情感,有意无意地对景区内资源和环境造成破坏。如摘下景区内美丽的花、带走古建筑内的砖瓦、拔下鸟类身上漂亮的羽毛、手摸或刀刻建筑和遗迹等。这是景区中普遍存在的现象,只有通过持续不断的教育并采取一定的强制措施才能保证游客行为方式不受该心理的影响。

3. 从众心理

从众心理也是旅游者较为普遍的心理特征,即旅游者习惯于跟随前面游客的足迹或行为,游客的从众心理对游客的行为产生影响。如景区内一个地方出现一些垃圾,即使旁边标示"此处严禁倒垃圾"的字样,部分旅游者还是会将垃圾放置于此处。盲目的跟风和从众心理是旅游景区中某些游客行为屡禁不止的主要原因。

4. 逆反心理

旅游景区中游客的逆反心理也经常出现,比如景区内明确标示"危险!严禁进入!"字样区域,偏偏有游客要探险,不许爬高的地方也有游客照爬不误,游客的"明知山有虎,偏向虎山行"的行为,往往不仅使自己遭受损失,还给其他游客带来困扰。对于此类旅游者,景区应该制定严格的游客行为规则,并在重要地段派专人值守。

(二)游客组织旅游行为的特征

游客不同组织形式对旅游行为也会产生影响。根据游客的组织形式可以将游客分为散客游客和团队游客,游客的旅游行为不同,其引导和调控的侧重点也不同。

1. 散客游客行为特征

散客是相对团体而言的自行结伴、自助旅游者,他们根据自己的兴趣和爱好,按照自己的意志自行决定旅游线路和内容,散客的数量一般是10人以下。

散客旅游是人们突破团队的约束,追求个性化行为的表现,具有决策自主性、内容随机性和活动分散性的特点。我国旅游景区中散客旅游者以中青年为主,在景区内的活动不确定因素很多,其行为的调控与管理难度相对较大。

2. 团队游客行为特征

团队游客是由旅行社组织并安排的,按照既定的旅游线路、活动日程与内容,进行一日或数日旅游的组织,团队游客的人数一般在10人以上。

团队游客的行为往往受到较多约束,旅游活动按既定路线和内容行进,行程安排大都比较紧凑,灵活性差,而且一般统一行动,游客行为在群体中相互约束,相互影响,相对来说,因为有导游的引导,管理相对容易一些。

二、游客不文明行为

(一)游客不文明行为的类型

游客在景区游览过程中因为好奇心理、占有心理、从众心理和逆反心理等心理现象,在景区游览过程中往往会做出一些破坏景区环境、影响景观质量和影响旅游者身心愉悦的相关行为,统称为游客不文明行为。按照游客不文明行为的性质,可将其分为以下三种类型。

1. 违章违法行为

在游览过程中不遵守景区有关游览规定的违规活动行为,如乱攀乱爬,乱涂乱画,违章拍照,违章采集,违章野炊、露营,随意给动物喂食,袭击、捕杀动物等。

2. 违背社会公德行为

在景区游览过程中随意丢弃各种废弃物的行为,如乱扔废弃物、随地吐痰、不修边幅、在公共场所高声喧哗、上车不排队等。这些行为均是破坏环境、损害别人权益、妨碍别人的不文明行为,在任何文明社会里这些行为均属于违反社会公德的行为,都要受到谴责。

3. 文化差异而引起的失礼行为

由于各个国家、民族的文化风俗存在差异,在外出旅游时会产生违反当地文化礼俗的行为,如在中国,人们喜欢抚摸漂亮的小孩的头部,但在泰国,除和尚外,任何人不能触摸别人头部。

知识活页

十大旅游不文明行为

中央文明办、国家旅游局公布了经归纳整理的、民众反映比较普遍的不文明行为表现,以及针对性、可操作性较强的多项改正建议。这些不文明行为包括以下十项。

1. 随处抛丢垃圾、废弃物,随地吐痰、擤鼻涕、吐口香糖,上厕所不冲水,不讲卫生、留脏迹。

2. 无视禁烟标志,想吸就吸,污染公共空间,危害他人健康。

3. 乘坐公共交通工具时争抢拥挤,购物、参观时插队加塞,排队等候时跨越黄线。

4. 在车船、飞机、餐厅、宾馆、景点等公共场所高声接打电话、呼朋唤友、猜拳行令、扎堆吵闹。

5. 在教堂、寺庙等宗教场所嬉戏、玩笑,不尊重当地居民风俗。

6. 在大庭广众之下脱去鞋袜、赤膊袒胸,把裤腿卷到膝盖以上、跷二郎腿,酒足饭饱后毫不掩饰地剔牙,卧室以外穿睡衣或衣冠不整,有碍观瞻。

7. 说话脏字连篇,举止粗鲁专横,遇到纠纷或不顺心的事大发脾气,恶语相向,缺乏基本社交修养。

8. 在不打折扣的店铺讨价还价,强行拉外国人拍照、合影。

9. 涉足色情场所、参加赌博活动。

10. 不消费却长时间占据消费区域,吃自助餐时多拿浪费,离开宾馆饭店时带走非赠品,享受服务后不付小费,贪占小便宜。

(二) 正确引导游客行为的意义

很多游客存在不文明行为,不文明行为不仅破坏旅游环境、影响旅游景区环境质量、破坏旅游资源,往往还会给游客的人身安全带来隐患。为了保证景区资源环境的可持续发展,保护游客人身安全,提升旅游质量,正确引导游客行为的责任尤其重要。

1. 保障游客安全

景区游客引导服务必须做好警示、示范、检查等工作,确保游客人身安全。游客来到景区游玩,最重要的是安全保障。引导游客,规范游客的旅游行为主要是为了保护游客的人身安全。游客很多不规范的行为都会给自己的人身安全带来隐患,如违规攀爬、海边随意下海、随意喂食动物、不按规定操作娱乐设施等,都可能造成意外伤害。

2. 保护景区旅游资源

景区引导服务通过引导、提醒、管理和约束游客行为,最大限度地把景区内游客数量、旅游活动强度等控制在景区生态系统的承载力范围之内。景区内的生态系统是景区可持续发展的保证,且有些景区的相当部分旅游资源具有不可再生性,景区自然环境具有脆弱性,一旦破坏,难以恢复。因此,景区首先要加强游客的流量管理,将景区内的游客限制在景区生态系统承载力范围之内;其次景区通过引导、提醒等减少游客的行为尤其是不文明行为对景区的影响,如违章抽烟、随意刻画、违规野炊等。

3. 获得优质旅游体验

优质的旅游体验是每一位游客来景区游玩想要收获的,使游客获得良好的旅游体验是旅游景区管理的一个重要目标,也是景区树立品牌、扩大美誉度、提高游客回头率并最终获得较好经济效益的一个基础。影响游客旅游体验的主要因素有以下几个方面:首先,由于景区内游客流量过大、流速过慢等客流量引起的拥挤,让游客观不到景,只有观人,让游客旅游体验受到影响;其次,某些游客的不文明行为往往成为其他游客游览活动中的视觉污染,影响游兴,破坏环境,进而影响其他游客的体验质量。

三、游客引导服务的方法

(一)实物引导法

1. 设置旅游标识

在景区内需要标注的区域悬挂和摆放规范的、醒目的旅游标识,如道路交叉口、河湖岸边、悬崖边以及珍贵的文物、古迹等区域,配置有亲和力的标志性说明文字及提醒文字,达到游客自觉维护旅游秩序和保护环境的目的。在进行旅游标识设计时,建议少用命令式或指令性语气词语,尽量用肯定句或祈使句来代替否定句,减少游客的对抗情绪。图 8-6 所示为墨尔本大洋路景区警告旅游标识。

图 8-6　墨尔本大洋路景区警告旅游标识

2. 完善各种设施

景区应提供各种设施、设备以防止游客不文明旅游行为的发生,如合理放置美观、有趣的垃圾箱,使游客便于、乐于处理废弃物,如图 8-7 所示的澳大利亚墨尔本旅游景区道路指引标识、图 8-8 所示的浙江新昌大佛寺景区垃圾桶、图 8-9 所示的墨尔本大洋路景区垃圾桶均为此点的较好运用。

3. 发放垃圾袋

在自然型景区内,为了提醒游客爱护环境,加强环保意识,可以给每位游客发一个垃圾袋,以便保护旅游景点的环境卫生。

图 8-7　澳大利亚墨尔本旅游景区道路指引标识

图 8-8　浙江新昌大佛寺景区垃圾桶　　　　图 8-9　墨尔本大洋路景区垃圾桶

（二）组织引导法

1. 人员引导

景区可以通过工作人员、带队导游、志愿者等人员引导，对游客的行为进行引导。首先，景区可以在关键的节点或区域内安排工作人员对游客进行引导服务，关键节点包括排队区域、道路节点、拥堵路段、游客不文明行为发生较多地段等。其次，景区可以发动带队导游，对游客的行为进行引导、监督和制约。在景区导游引导服务方面，浙江省淳安县旅游局的做法颇有借鉴意义。再次，景区可以设立志愿者活动公益组织，通过志愿者向游客进行宣传保护景区或环境的意义，组织引导游客。最后，可以发挥景区内及周边居民的作用，通过景区内及周边的居民引导游客积极参加景区环保活动，充分发挥其示范作用与监督作用。如武夷山风景区成立了由大量景区居民参加的"风景旅游资源保护协会"，在保护资源环境、发挥示范作用方面取得了很好的成效。图 8-10 所示为深圳欢乐谷景区工作人员引导服务。

2. 沟通反馈

景区可以建立方便反映问题的渠道，除了设置投诉电话外，还可以在景区内各个主要景点设置意见簿、意见箱等，便于游客提出问题和意见，及时消除不满情绪，预防破坏行为的发生。图 8-11 所示为浙江西塘景区意见箱。

图8-10 深圳欢乐谷景区工作人员引导服务

图8-11 浙江西塘景区意见箱

> **知识活页**
>
> **千岛湖的"环保大使"**
>
> 为了保护千岛湖良好的生态环境,淳安县旅游局明确要求导游人员成为千岛湖的"环保大使",强调每个导游人员有责任向游客宣传千岛湖的环境保护,还在导游队伍中发起"保护千岛湖,从我做起"的倡议。

3. 示范引导法

景区员工在履行正常职责的过程中,要以身作则,以自己的实际行动教育游客保护景区的资源和环境,遵守规章,尊重环境。如黄山景区之所以卫生状况较好,除了到处都设置石砌的垃圾箱外,清洁人员也常常不辞劳累、默默无闻地捡拾游客留下的垃圾,给游客以示范和警示的作用。同时,工作人员可以随时与游客交流,提供游客所需要的信息,并听取他们的意见,向游客阐明注意事项,及时解答游客的疑问。

(三)教育引导法

1. 宣传公告

景区通过宣传加强对游客的引导,首先,可以通过编制旅游指南或手册,向游客介绍景区的活动类型、开放时间、场所等,经常性地向游客、旅游地居民公布环境质量信息及污染对健康、经济、环境的损害。其次,可以通过景区大屏幕实时向游客播报景区当地的温度、气象、游客在园数量、拥堵情况、景点景区开放情况、景区文明行为规范等,实时的信息可以让游客更准确地了解景区的情况。再次,可以通过交通工具上的视听设备、移动通信设备等进行宣传,使社会大众对旅游与环境的关系问题有正确的认识。可以通过宣传公告,让游客了解自身的责任,以减少游客的投诉,增强游客对景区的信任。图8-12所示为某些旅游景区的宣传册。

2. 增加环保旅游项目

旅游景区在旅游活动项目的安排中可以有意识地增加与环境、景观保护有关的内容,使游客在生动有趣的活动中获得相关知识。如国外许多生态旅游地在游客进入景区中心部位之前,总是先通过种种形象生动的手段如展览、讲解培训等,对游客进行生态知识、游览规范

图 8-12　旅游景区宣传册

等的教育和引导,旨在唤醒游客的生态责任意识。通过种种措施和手段在景区内营造一种保护环境和景观、遵守游览规范的良好氛围,使游客时时意识到旅游景区对文明行为的期待,从而能够约束自己的不文明旅游行为。

3. 加强教育

加强旅游者的旅游法规教育,围绕旅游合同开展各种宣传教育活动,让旅游合同成为投诉和处理投诉的共同标准。

(四) 强制引导法

1. 规章约束

景区可以根据自身的资源特点编制游客规则,制定比较完备的规章制度,对可能出现的各种不文明行为,尤其是对故意破坏行为加大制约力度,并配备现代智能的监督设备如电子监控进行监督,或配备一定数量的管理人员约束游客的不文明行为,包括加强巡查、长期雇佣看护员等。

2. 封闭管理

在某些人数限制的区域,可以采用封闭管理的措施,通过限制流量、规定时段开放等进行管理。限制流量可以限制进入景区的人数,等有游客出去后其他游客再进入,达到保护景区资源的目的。限制时段可以根据景区资源的性质限制开放时间段,这样可以控制人流。

教学互动

互动问题:讨论旅游景区运营数据研究的意义。

要求:

1. 教师不直接提供上述问题的答案,而引导学生结合本章教学内容就这个问题进行独立思考、自由发表见解,组织课堂讨论。

2. 教师把握好讨论节奏,对学生提出的典型见解进行点评。

内容提要

本章讲述了旅游景区运营统筹、旅游景区客流引导服务和游客行为引导服务三部分内容。

本章首先介绍了旅游景区运营统筹职能,着重介绍了景区运营方案的制定、现场工作的统筹安排及景区各类信息发布的相关要求。

旅游景区客流引导服务,着重介绍了旅游景区客流的特征、客流管理的方法,以及排队服务。重点阐述了排队服务中游客的心理、排队服务管理的技巧、排队服务队列设置。

旅游景区游客行为的引导主要分析了景区游客行为特征、景区内游客的某些不文明行为,以及游客引导服务的方法。

核心概念

运营统筹;信息发布;旅游客流;游线管理;排队服务;游客行为;引导服务

重点实务

旅游景区运营方案制定;旅游景区客流管理;不文明行为管理。

知识训练

一、简答题

1. 如何制定景区运营方案?运营方案中应该包含哪些内容?
2. 哪些属于景区运营数据?这些数据可以应用在哪些方面?
3. 旅游客流的空间、时间特征有哪些?
4. 旅游景区游客行为特征有哪些?

二、讨论题

1. 如何将运营数据的收集工作与服务工作良好结合?或者可以用哪些技术实现?
2. 旅游景区客流管理的技巧有哪些?
3. 游客行为引导的方法有哪些?

能力训练

一、理解与评价

以主题公园为例,在设计万圣节主题活动的过程中,需要从哪些方面考虑公园的运营,请制定详细的公园万圣节运营方案。

二、案例分析

深圳欢乐谷 HMP(Happy Moment Project)欢乐时刻项目

HMP(Happy Moment Project)欢乐时刻项目,自2013年开展以来,秉承"用智慧创造欢乐、用激情传递欢乐"的欢乐文化理念，充分发挥员工的创造力，针对不同项目、不同岗位特质，塑造共性与个性相结合的特色服务，带给游客参与游乐项目和感受人文关怀的双重娱乐体验。

例如，一名游客来到深圳欢乐谷，会经历停车、购票、检票入园、玩项目、看表演、购物、餐饮等一系列服务过程，服务人员会按照标准服务流程提供服务。但是，仅为游客提供简单的基础服务是不够的，欢乐谷景区开始探索如何通过与游客"零距离"情感互动交流，丰富游客的游玩体验，于是开始推行HMP欢乐时刻项目。

景区服务人员是实现HMP欢乐时刻项目的基础。为了调动服务人员参与项目的积极性，深圳欢乐谷每年组织"HMP服务创意大赛"，收集基层员工的服务创意，试点开展并邀请游客参与评估，在旅游旺季期间实施推广。以下是HMP欢乐时刻项目的部分创新点与成果。

1. 排队娱乐化，缓解游客焦虑

保安人员通过与游客玩游戏，教游客吹气球、编气球，说笑话等方式，既丰富游客排队的等候体验，又巧妙化解插队现象，并维护排队秩序。演艺人员在排队区流动表演魔术、杂耍等，赢得游客的广泛好评。

2. 设备拟人化，增加游客体验

项目主持人将游乐设备划分为激情型、温馨型等，结合设备所在区域主题故事线，通过说唱、双话筒等形式，让游客在游玩游乐设备的同时，全身心感受主题文化带来的欢乐。

3. 销售角色化，游客开心购物

商店的销售员装扮成项目角色，在游客结束项目体验、进入主题商店时，通过与游客互动，让游客再次回味项目，激发游客的购物欲望。

4. 导览流动化，方便游客咨询

导览员骑着流动思维车，主动寻找有需求的游客，提供游玩建议，解答游客提问。

5. 生日礼遇化，惊喜连连不断

当天生日的游客，服务人员会送上祝福，并能享受快速通道、购物优惠。

问题：

1. 深圳欢乐谷景区游客现场运营管理的技巧有哪些可以借鉴？

2. 根据HMP（Happy Moment Project）欢乐时刻项目要求，分组进行服务创意点子策划。

第九章
旅游景区营销管理

学习目标

通过本章学习,应当达到以下目标:

职业知识目标:通过对本章的学习,了解旅游景区营销的含义以及其基本内容;熟悉景区营销组合的内容和策划原则及方法;掌握旅游景区营销目标市场的确定方法;掌握景区形象定位策划的基本方法和景区市场营销组合策略。

职业能力目标:通过掌握景区营销的内容,能熟悉景区营销模式,能合理规划景区市场并对市场的开拓、维护、广告宣传等有深刻的了解和认识,具备一定的市场开拓能力、控制协调能力和团队领导力。

职业道德目标:结合本章的教学内容,依照行业道德规范或标准,分析企业或从业人员服务行为的善恶,强化职业道德素质。

引例:"大连旅游"入驻天猫旗舰店

背景与情境:经市旅游局授权,由大连市智慧旅游电子商务有限公司建设的大连官方旅游门户——大连旅游官方旗舰店与淘宝达成合作,于10月31日正式进驻天猫商城,实现了大连旅游电子商务的一大跨越。

据介绍,该旗舰店是一个集门票、线路等基础产品和特色主题旅游活动于一体的优质平台,为游客进行全方位的旅游咨询服务。智慧旅游公司相关负责人说,大连市旅游正在应对时代要求,正在努力改变传统对外促销的模式,加大利用网络"请进来"的手段,以低成本、高成效的方式吸引更多的游客。为突出大连特色,旗舰店已与市旅游咨询服务中心门店、96181旅游服务热线实现资源互补,线上线下统一的整合营销方案,旨在打造大连国际旅游城市优质旅游产品权威、诚信的展示平台、交易平台和推广平台,助力大连智慧旅游工程建设工作。

同时,该旗舰店针对大连不同季节的不同特色、不同游客的不同需求,会在每个特色季节推出大型优惠促销活动,活动期间将提供大部分大连优质景区的门票给游客进行1元秒杀以及推出9元抢购专栏。游客只需登录dltour.tmall.com,即

可在线参与惠民月旅游特惠产品抢购、秒杀活动,足不出户、零距离惠享大连冬季旅游盛惠。

(资料来源:http://blog.sina.com.cn/s/blog-5edf47870101oobc.html.)

大连旅游与互联网合作,开启了智慧旅游时代的旅游营销新方式。在大数据时代,旅游市场需求瞬息万变,旅游营销的方式也要随之发生变化,只有掌握旅游市场动态才能做好营销工作。景区营销管理的任务需要针对游客的不同需求状态而采取不同的方式来管理和开发游客的需求,让客源市场认识、熟悉、恋上旅游景区。

第一节 旅游景区营销管理概述

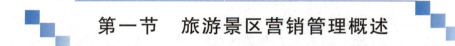

旅游景区营销概念与一般市场营销概念的本质相同,旅游景区营销可以定义为旅游景区景点经营者为满足旅游者的需要并实现自身经营目标而通过旅游市场所进行的变潜在交换为现实交换的一系列有计划、有组织的活动。

一、旅游景区市场营销的特点

在旅游业中,旅游景区作为游览场所经营部门,其经营管理与其他旅游部门存在很大差异,因而旅游景区营销带有自身的独特性,其表现为以下几个方面。

(一)功能的综合性

旅游景区的空间范围往往较大,产品和服务内容繁多,具体表现在导游服务、食宿服务、购物服务、其他服务(娱乐休闲服务、停车服务、安全服务、景区交通服务等)方面。

(二)外向性

旅游景区完全靠客源生存,在旅游景点数目不断增加,经营旅游景区难度日益加大的情况下,营销工作相当重要,旅游景区的经营者在竞争加剧的环境中,必须随时关注外部市场竞争状况的发展,始终瞄准市场,熟悉并了解旅游者的喜好,在旅游景区营销的方式、手段、观念乃至组织形式上必须灵活、科学,旅游景区营销管理者应具备全面的知识。

(三)超前性

经营者要充分了解市场需求的动向,及时更新旅游景区的服务项目,紧跟市场,快速调整经营方向。旅游者需求层次的不断提高,要求旅游景区提供更高质量的产品与服务,所以营销部门只有具备超前意识,才能有效满足旅游者观赏品位上升的需求。

二、旅游景区营销管理的任务

旅游景区所面临的客源市场的需求状况不一,可能存在没有需求或需求很小、很大需求或超量需求几种情况。营销管理就是针对这些不同的需求提出不同的任务。营销管理实质上就是需求管理,营销管理的任务是以帮助企业达到自己目标的方式来影响需求的水平、时机和构成。科特勒将市场需求归结为八种不同状态,每种需求状态下有不同的营销管理任务(见表9-1)。

表 9-1　不同需求状态下的营销管理任务

需求状态	营销管理任务	专门名词
负需求	开导需求	扭转性营销
无需求	创造需求	刺激性营销
潜在需求	开发需求	开发性营销
下降需求	再创造需求	再营销
不规则需求	平衡需求	同步营销
充分需求	维持需求	维持性营销
超饱和需求	降低需求	低营销
不健康需求	破坏需求	反营销

(一) 开导需求

旅游者可能对旅游景区提供的服务项目或活动丝毫不感兴趣甚至回避,针对这种负需求,旅游景区的营销工作就是开导需求,营销者的任务是分析旅游者对旅游景区不感兴趣的原因,考虑能否通过旅游景区重新设计、降低门票价格和加强推销等营销方案来改变旅游者的信念和态度。

(二) 创造需求

当市场处于无需求状态时,旅游景区营销的主要工作是进行刺激性营销,以创造需求。产生无需求的原因很多,很可能是旅游景区游玩内容陈旧或与其他旅游景区内容雷同、交通不便,或是辅助设施缺乏等。分析这些原因,制定适当的营销策略,设法使旅游者产生需求。

(三) 开发需求

市场潜在游客虽然具有心理上的需求,但没有真正购买,这种情况便是潜在需求。游客对门票价格适中、交通便利、经营项目灵活多样,内容富有特色、新鲜又奇特的旅游景区有强烈的潜在需求。营销人员应努力开发潜在游客的需求,并激发潜在游客的游览兴趣,以满足潜在游客的需要。

(四) 再创造需求

当游客对旅游景区不像过去那样抱有强烈的兴趣时,若不及时采取一定措施,需求便会持续下降,这种需求状态便是下降性需求。需求下降的原因可能是旅游景区产品内容处于生命周期的衰退阶段、旅游者需求发生变化、经营同类旅游区的竞争者增多等。面对下降需求状态,营销人员应采取再营销策略来扭转趋势。例如,我国许多人造旅游景区内容相同,这类景点的需求下降,主要是由于重复建设致使竞争加剧。针对这种情况,可以通过降价、开拓新市场、旅游景区内容更新等措施应对竞争对手,从而创造良好的需求水平。

(五)平衡需求

旅游者对旅游景区的需求会随时间、季节的不同而发生变化,这种时间性和季节性造成了旅游市场的不规则需求。不规则需求会引致一系列经营管理及经济、社会问题,不利于旅游企业开展正常经营活动。对此,营销人员的工作是平衡需求,即通过灵活定价、淡季促销等措施来平衡需求,使旅游景区的供求达到相对平衡,避免经济损失。

(六)维持需求

当旅游景区经营者对其业务感到满意时,即达到了充分需求,这时旅游景区的客流量与旅游景区的供给能力持平,经营处于最佳状态,这种需求状态又称饱和性需求。营销人员应采取维持性营销来维持这一最佳需求状态。

(七)降低需求

市场需求过于强烈,超过供给能力,则处于超饱和需求状态。在这种状态下,旅游景区如果超量接待游客,一方面人满为患会带来旅游景区的环境污染、空气污染和噪声污染,另一方面也会使旅游资源遭受一定程度的破坏,结果是游览者游兴大减。旅游者的需求因此往往不能获得很好的满足,从而影响旅游景区未来的经营。这种状况下的旅游景区经营者应采取低营销策略,可以通过提高价格、减少广告宣传投入,削弱销售渠道等措施来减少顾客的需求。

(八)破坏需求

有些产品的市场需求,从消费者、供应者的立场来看,对于社会有不良影响,这种需求称为有害需求或不健康需求。对于这种需求,必须采取反营销措施,来降低甚至消除这种需求。

三、旅游景区营销程序

旅游景区营销是一项长期而又复杂的工作。营销管理程序具有连贯性、集体性和程序性。旅游业经营管理的实践中,营销有一系列策略和方法,这些策略和方法在营销管理程序中得到具体体现,一般来说,旅游景区营销管理程序如下。

(1)分析市场机会,包括营销信息调研、营销环境分析以及旅游者行为动机分析。

(2)研究和选择目标客源市场,包括预测需求量、市场细分以及目标市场选择。

(3)设计营销策略,包括旅游景区开发构思、旅游景区定位以及旅游景区生命周期战略。

(4)企划营销方案,包括旅游景区服务项目、门票方案、分销渠道和促销方案等。

(5)营销活动的组织、执行与控制,包括营销组织部门设置、营销规划和营销政策等。

第二节 旅游景区营销市场调研

与一般商品不同的是,旅游景区旅游产品的开发及销售一般情况下只能在吸引物所在地进行,必须要旅游者自行前来购买(如游览景观、参与活动、享受服务、购买纪念品等旅游活动)才能实现旅游经济的运转,所以旅游景区开发离不开对市场的研究。市场营销调研是指运用科学的方法系统地、客观地辨别、收集、分析和传递有关市场营销活动的各方面信息,为旅游景区企业营销管理者制定有效的市场营销决策提供依据。

一、旅游景区市场调研的内容

(一) 外部环境调查

外部环境调查包括政治法律环境、人口环境、经济环境、文化环境、自然环境、科技环境等。

(二) 内部环境调查

内部环境调查包括市场需求和变化趋势、市场总体竞争、顾客消费动机等。其中,各旅游景区的市场竞争调查比较频繁,主要以各旅游景区的特点、市场占有率、客流量,以及各旅游景区不同的营销策略和营销文化等内容为重点。通过内部调查才能深刻了解自己,寻找自身条件与外部环境的最佳契合点,制订既符合市场发展方向,又能发挥自身优势的营销经营计划。

1. 旅游景区的基本情况

旅游景区的基本情况包括旅游景区经营战略、旅游景区的形象、旅游景区的文化、旅游景区的规模与接待能力、旅游景区的主要客源地或顾客群、旅游景区的硬件设施、旅游景区的员工数量与人员比例、旅游景区的服务规格和档次等。

2. 旅游景区的经营方式和营销策略

旅游景区的经营方式和营销策略包括旅游景区的体制、组织机构、机构运行方式及其定位,旅游景区的产品策略、价格及其弹性、销售渠道、促销手段等。

3. 旅游景区的财物状况

旅游景区的财物状况包括总资产、流动资产、固定资产、生产成本、利润、现金流量等。

4. 旅游景区的员工情况

旅游景区的员工情况包括员工的敬业精神、协作态度、主人翁意识、沟通情况等。

二、市场调查的类型

根据研究的问题、目的、性质和形式的不同,市场营销调查一般分为探测性调查、描述性调查、因果关系调查三种类型。

（一）探测性调查

探测性调查用于探询企业所要研究的问题的一般性质。研究者在研究之初对所要研究的问题或范围还不是很清楚，不能确定到底要研究什么问题。例如，某旅游景区在正常月份游客数量下降，这时就需要应用探测性研究去发现问题、形成假设。

（二）描述性调查

描述性调查是通过详细的调查和分析，对市场营销活动的某个方面进行客观的描述。例如，市场潜力和市场占有率、产品的消费群结构、竞争企业的状况描述。与探测性调查相比，描述性调查的目的更加明确，研究的问题更加具体。

（三）因果关系调查

因果关系调查的目的是找出关联现象或变量之间的因果关系。描述性调查可以说明某些现象或变量之间相互关联，但要说明某个变量是否引起或决定着其他变量的变化，就用到因果关系调查。例如，降低门票价格是否可以增加游客数？增加娱乐项目是否能吸引更多的客源？因果关系调查的目的就是寻找足够的证据来验证这一假设。

三、市场营销调研的步骤

根据调研活动中各项工作的自然顺序和逻辑关系，市场营销调研可分为以下四个阶段。

（一）准备阶段

营销调研准备阶段的主要任务就是确定研究主题，选择研究目标，形成研究假设并确定需要获得的信息，给正式调查工作打下基础。准备工作主要包括以下三个步骤。

1. 初步情况分析

调研人员要根据现有资料以及自己的观察和经验，进行初步分析，探索管理和营销中存在的问题，估计问题产生的原因，进行假定推断及提出可能的解决办法。比如分析旅游景区的各种营业记录、财务报表、顾客来信或留言、历史数据等内部资料，以及政府公布的统计资料、对手资料、各种传媒信息等外部资料，从而推测存在的问题及产生问题的原因。

2. 非正式调查

非正式调查也被称为试探调查，根据初步情况的分析所提出的问题以及各种假设，探究其是否成立，或淘汰旧的假设，发现新的假设，以继续探求问题产生的真正原因。

3. 确定调查主题

通过初步情况分析和非正式调查、划定主题的范围，使问题更加集中，以便确定正式调查的主题，制订调研计划和范围。

（二）实施阶段

1. 制订调研计划

调研计划是指导调研工作顺利进行的详细蓝图，是市场调研的总纲领，也称调研方案或调研设计。主要内容包括调研的问题与目的、调研的内容、方法、步骤、参加调研的人员及分工，调研的时间分配与进度要求，调研的费用预算等。

2. 执行调研计划

在研究设计完成之后,执行阶段就是把调研计划付诸实施,实施调研计划的主要工作包括培训调查人员、确定询问项目和设计问卷、收集材料和实地调研以及进行其他计划安排的工作。

(三) 分析阶段

分析阶段的主要任务是资料整理与分析研究。调研得到的大量信息往往是庞杂而分散的,调研人员要对这些材料进行鉴别、筛选、分类、整理,对数据进行统计,然后根据整理出来的材料进行系统、全面、深入、客观的分析,从而得出正确的调研结论。

(四) 总结阶段

总结阶段的主要任务是编写调研报告,汇报调研成果。市场营销调研的最终结果就是完成调研预告。调研报告应明确回答调研之初提出的问题,按照调研报告的一般格式规范撰写,以向经营者提供详实的材料、明确的结论和有价值的建议,用于指导实际管理工作,或为旅游景区营销决策、旅游景区发展预测提供依据。

四、市场调研的方法与问卷调查

(一) 调研的方法

编写和实施营销调查计划时,要注意根据调研的目的和具体的研究目标,采用适当的调查方法,以获取完整可靠的信息。

1. 文案调查法

文案调查法是通过收集旅游景区内部和外部各种现有信息数据,从中选取与此次市场调查主题有关的内容,进行分析研究的一种调研方法。

2. 实地调查法

实地调查法又称直接调查法,是在周密的调查设计和组织下,由调研人员直接向被调查者收集原始资料(第一手资料)的一种调查方法,主要有询问法、观察法和实验法。询问法是把研究人员事先拟定的调研项目或问题以某种方式向被调查者提出,请求给予答复,由此获取被调查者或消费者的动机、意向、态度等方面的信息的调查方法。观察法是由调查人员直接或通过仪器在现场观察调查对象的行为动态并加以记录而获取的一种方法。实验法来源于自然科学研究的实证法,是把实验对象置于特定的控制环境下,通过控制外来变量并测量变量变化对实验结果的影响,来发现变量间的因果关系,以获取特定信息。

(二) 问卷调查法

询问法是收集第一手资料的主要方法之一,而问卷是询问调查最常用的工具,了解并掌握问卷的制作是市场调查人员的基本功,也是市场营销人员的一项主要技能。

1. 问卷的基本结构

(1) 问卷的标题。

(2) 问卷说明,说明调查的目的意义、填表的方法和要求等。

(3) 被调查者的基本情况,如性别、年龄、民族、文化程度、职业、收入等主要特征。

(4) 问题,问卷的主体和核心部分。

(5) 编码,以便分类整理和统计分析。

2. 问卷的基本类型

问卷的编写关系到调查所获得信息的数量和质量,主要包括开放式问卷和封闭式问卷两种类型。开放式问卷不需要事先拟定答案,让被调查者自由回答,充分发表意见。封闭式问卷中需要列有问题的各种可能答案,被调查者从中选择回答。

五、旅游景区市场预测

(一) 旅游景区市场预测的含义

旅游景区市场预测就是在旅游景区市场调研获取大量信息的基础上,运用科学方法,预报和推测未来时期内供求关系变化的前景,从而为景区的营销决策提供科学依据的过程,它是景区管理决策的组成部分。

(二) 旅游景区市场预测的内容

1. 景区销售状况预测

景区销售状况预测一般包括销售额预测、销售目标预测和销售预算等。

2. 景区客源市场预测

景区客源市场预测包括旅游接待量的预测、旅游者需求结构预测和市场潜力预测等。

此外,还有行业销售额和市场占有率预测,产品价格弹性和产品价格预测,景区营业收入、营业成本、营业利润预测以及产品经济生命周期及新产品投放市场的适应性预测等。

通过这些预测,景区可以知道未来一段时间内景区所面对的市场购买力情况如何、景区产品对市场的吸引力如何、是否需要推出新的旅游项目、什么时候比较适合推出新的旅游项目、旅游景区将来的市场占有率怎样、在未来的某个时期或某段时间可能达到的销售额是多少、有可能实现多大的经济效益等。

知识活页

景区游客调查表

亲爱的游客,为了了解您对本景区的总体印象和综合评价的情况,以便我们不断提高产品的质量,更好地为您提供旅游服务,请您在繁忙之余协助我们填写这份调查问卷。您所填写的结果将作为我们改进工作的参考。谢谢您的合作!

一、被调查者的情况

1. 居住省份:
2. 居住城市:A.大城市 B.中等城市 C.小城镇
3. 性别:A.男 B.女
4. 年龄:A.25岁及以下 B.26~35岁 C.36~45岁 D.46~55岁 E.56岁及以上

二、调查问题
1. 您一共到过风景区多少次？
   A. 一次　　　　　B. 两次　　　　　C. 两次以上　　　D. 其他
2. 您最近到风景区旅游是多久以前？
   A. 一个月　　　　B. 半年　　　　　C. 一年　　　　　D. 其他
3. 您对风景区的总体印象如何？
   A. 很好　　　　　B. 好　　　　　　C. 一般　　　　　D. 差
4. 您对风景区的哪些旅游产品最感兴趣？
   A. 自然景观　　　　　　　　　　　B. 历史文化景观
   C. 人造景观　　　　　　　　　　　D. 参与性娱乐活动
5. 您对风景区的导游服务质量评价如何？
   A. 很好　　　　　B. 好　　　　　　C. 一般　　　　　D. 差
6. 您对风景区的交通便利情况如何评价？
   A. 很好　　　　　B. 好　　　　　　C. 一般　　　　　D. 差
7. 您对风景区的旅游购物环境评价如何？
   A. 很好　　　　　B. 好　　　　　　C. 一般　　　　　D. 差
8. 您是从哪种渠道获取风景区的旅游资讯的？
   A. 报纸　　　　　B. 电视　　　　　C. 杂志　　　　　D. 网络
   E. 朋友介绍　　　F. 其他
9. 您认为风景区目前面临的主要问题是什么？
   A. 基础设施落后　　　　　　　　　B. 开发不够
   C. 市场监管力度差　　　　　　　　D. 削价竞争
10. 您对风景区哪些价格不满？
    A. 门票价格　　　　　　　　　　　B. 餐饮价格
    C. 游船价格　　　　　　　　　　　D. 旅游纪念品价格
    E. 其他
11. 您是以什么形式到风景区旅游的？
    A. 旅行社团队　　B. 家庭自助游　　C. 自驾车游
    D. 散客　　　　　E. 其他
12. 您在风景区的总消费是多少（元/人）？
    A. 100 以下　　　B. 100~250　　　C. 250~500　　　D. 500 以上
13. 您的意见和建议：
14. 您的联系方式：

第三节 旅游景区营销的市场定位

一、市场定位的概念

市场定位并不是一个新的概念,早在多年前,美国著名的营销专家艾·里斯和杰克·屈特就首次提出了定位概念,在以后的不断实践中,定位观念日趋成熟。"对未来的潜在顾客心灵所下的功夫,也就是把产品定位在你未来的顾客的心中"。在市场营销活动中,定位先于整体营销传播策划,指导所有的营销活动,各种传播媒体都要与定位相协调,从而使广告、公关等种种推广宣传工具整合成一体,发挥出更有实力的综合效果,对于旅游景区来说,市场定位是确定旅游景区在旅游者心目中位置的过程。

(一)市场定位的概念

市场定位也叫产品定位,是指旅游景区为了使自己的产品在市场和目标消费者心目中占据明确的、独特的、深受欢迎的地位而做出的各种决策和进行的各种活动。根据这一概念,消费者对市场上各种产品进行比较后,会形成对某一产品的各种属性的看法,消费者对某种产品的看法就是这一产品在市场中的地位。

1. 市场定位的依据来源于目标顾客的需求

定位的关键是要找出消费者心智上的坐标位置,旅游景区旅游产品要占领的是消费者的心理位置,是对消费者的心智下功夫,是"攻心之战"。将消费者的心智看成一个"靶心",那么,定位就是将定位对象这支箭射向靶心,其命中率的高低,完全取决于射手的技巧是否娴熟,经验是否丰富,对消费者的心灵掌控得越准,定位策略也就越有效。

2. 定位是对市场的发现

定位是为旅游景区在市场上树立一个明确的、有别于竞争对手的、符合消费需求的形象,是为了在潜在游客心目中寻求有价值的位置而做的形式上的改变。这样改变的目的是为旅游景区的生存和发展赢得更大的空间,是对适合自己的市场的发现,在定位过程中,旅游景区产品并没有实质性的改变,有的只是为了实现向消费者心智的靠近而做的修饰性变化。

(二)市场定位的特点

如果说市场细分的重要目的是要让景区找到自己的顾客,而市场定位就是让景区赢得顾客的心,所以景区市场定位具有以下特点。

1. 复杂性

定位就是景区要想方设法在顾客心中留下对景区及其产品和服务的独特的、最佳的印象。要留下这样的印象是有极大难度的,因为顾客的心理活动过程是非常复杂的,市场定位的复杂性是由于它是针对顾客的心理活动的一种攻心术,是景区采取措施使自己的产品和服务的形象与顾客在心灵上进行双向沟通。这就需要景区了解和把握顾客的心理,采取恰当的营销技巧,通过各种方式和活动,打动顾客的心。

2. 独特性

定位的独特性是指景区在产品和服务的形象定位上要与其他的景区有较明显的差异,因为只有这种差异才能彰显景区的个性。目前市场上,很多景区的产品同质性越来越强,营销组合越来越相似,顾客在面临众多选择时,往往会选择潜意识中印象最深刻、有特色的景区。因此,景区的定位应该针对目标顾客的心理,塑造鲜明的个性,突出与竞争对手的差异,从而在顾客心目中形成独特的形象。

3. 广泛性

定位并不局限于某一景区或某一企业,定位几乎涵盖了所有的领域,任何一种商品、一个企业,甚至一个地区、一个国家,都存在着定位问题。通过准确的市场定位,找到自己准确的位置,才能充分发挥自己的专长和特色,并以这种专长和特色参与市场竞争。

(三) 市场定位的影响因素

1. 寻求概念和需求的结合

旅游景区的市场定位卖的就是"概念",所以要保持概念的差异性,由此保证竞争中的有效性。定位并不是主观的意愿或好恶所能决定的,而是要综合研究竞争形势、市场环境、自身特征等因素,更重要的是目标市场对定位的认识和反响,然后结合自身的优势,体现出旅游景区与其他旅游景区之间的差别,当其体现的差异性与消费者的需要相吻合时,旅游景区的形象就能留驻在消费者心中。

旅游景区的定位要有一定的前瞻性和预见性。有时候消费者自己也不知道要什么,所以旅游景区定位不能仅满足适应消费者的需求,而应积极地通过合理的、巧妙的、恰当的引导,在适当的时间、地点,以适当的方式去引导需求,创造需求,通过定位引导需求,并朝着预期的方向发展。

2. 呼唤消费者的情感

情感因素是人们接受信息渠道的阀门,在缺乏必要的丰富激情的情况下,理智处于一种休眠状态,表现出对周围世界视而不见、听而不闻,只有情感能打开人们的心扉,引起消费者的注意,况且,旅游产品不像其他商品,它不能物质化和量化,其质量也不能用一个具体的指标来衡量,只能根据消费者的内心感受来表现,而且不同的人购买同一旅游产品后的感觉也不会相同,所以渗透消费者的内心,让定位达到消费者情感的最深处,是旅游景区定位成功与否的关键。消费者的心理活动是多样的,而感情是其最为复杂又最重要的一面,要通过对旅游景区产品各要素及营销过程注入感情呼唤消费者的情感,把原本没有生命的东西拟人化,赋予其感性色彩,从而唤起消费者心底的共鸣,它可以通过多方面来实现,比如通过对旅游景区的命名、设计及宣传、服务等多种手段。

3. 采用成功的表现方式

消费者的心智能接受的信息有限,消费者的记忆空间有限,市场定位要创造新的记忆点,不仅要挤入消费者的头脑,还要力争第一,在消费者脑中树立领导者地位,定位的沟通和传播直接影响定位的效果乃至成败。因此,旅游景区在市场定位的同时,还要密切关注定位的沟通和传播的途径和方式,使定位达到事半功倍的效果。

4. 定位的变化和创新

今天的社会是不断变化的社会,旅游产品在变化,竞争在变化,消费者心理也有变化,变化是生活的一部分。在变化的环境中,曾经生意红火的旅游景区也可能在一夜之间变得门可罗雀。这便要求旅游景区在变化的环境中,抛弃过去传统的以静制动、以不变应万变的静态定位思想,对周围环境时刻保持高度的敏感,及时调整市场定位策略,提供新的服务来满足消费者的新需求,或是对原有的定位点偏倚或扩大,以做到驾驭未来,而非经营过去。改变定位策略有时不只是争夺一个新市场或提高市场占有率的问题,甚至是关系到旅游景区生产的问题,在某些因素改变之后,旅游景区有时不得不放弃原有的定位。成功的经验告诉我们,在动态的市场环境中,每一个旅游景区都应当严密监视市场环境,随时审时度势,依据环境变化、竞争对手变化、消费者态度变化、政府宏观政策的变化、重新定位自己的产品、服务和形象,修正旅游景区的营销策略,以适应不断变化的新市场的需要,市场不是静止的,市场定位也不是静止的。

> **同步案例** 衡山景区的重新定位
>
> 衡山自古就有"五岳独秀"的美誉,但是这一形象在国内众多的山岳型风景区内既不突出也不独特,与泰山相比,文化上没有比较优势;与黄山等江南名山相比,自然风光也没有竞争力,因而在旅游市场上影响力不强。面对现实,衡山营销人员遍查历史,调查市场,对品牌进行了重新定位,打出了"天下独寿"的品牌,并于2000年10月6日建成了中华寿坛和高9.9米、重56吨的中华万寿大鼎,同时还举办了国际寿文化节,使衡山真正成为高举"寿文化"大旗的"中华主寿之山"。
>
> 问题:旅游景区应该如何进行定位?

二、景区的市场定位过程

景区的市场定位要通过对景区分类、确定景区产品和服务的特征、确定定位位置、定位实施四个过程来实现。

(一) 景区的分类

对景区有效的定位,应该在对景区分类的基础上进行。

1. 按旅游动机分类

按照中国人民大学的国民生活课题组的抽样调查结果可以看出,旅游度假者动机可归纳为四个因子:社会因子(包括与其他人在一起、与朋友度过快乐时光、结交朋友、发展密切的友谊、获得情感上的归属)、放松因子(包括精神放松、清静的气氛、体力放松、逃避城市生活的喧嚣等)、技能因子(包括在运动中发挥体能和技巧、向自我能力挑战)、知识因子(包括增长知识、发展新地方和新事物、发挥自我想象等)(具体见表9-2)。经过测算,这四个因子间的相关系数都很低,所以按照这四个因子相对应地将景区划分为:休闲放松型、温情家园型、自我挑战型、自我完善型等。

表 9-2 旅游者动机的测定

旅 游 动 机	重要性均值/分	旅 游 动 机	重要性均值/分
1. 精神放松	6.24	8. 与其他人在一起	4.65
2. 发现新地方和新事物	6.13	9. 结交朋友	3.52
3. 逃避城市生活的喧嚣	5.98	10. 获得情感上的归属	3.33
4. 体力放松	5.77	11. 发挥自我想象	2.96
5. 增长知识	5.38	12. 向自我能力挑战	2.56
6. 清静的气氛	5.24	13. 在运动中发挥体能和技巧	2.47
7. 与朋友度过快乐时光	4.65	14. 发展密切的友谊	2.59

(注:1 分为最低分,7 分为最高分。)

2. 按旅游者收入水平分类

旅游者的收入水平对其购买行为的影响正如价格对需求的影响一样,是影响旅游者行为的一个重要因素。由于经济的发展,人们的生活水平越来越高,处于不同经济地位的人的心理、行为等都会有很大的差异。

3. 按旅游者职业分类

消费者在做出购买决策时会因其职业的不同而有所不同。据调查统计,在国内旅游者中,政府职员、教师对自然和人文景观兴趣较大,专业技术人员对健身运动和人文景观兴趣较大,商贸人员对健身运动和风土人情兴趣较大,服务人员对节庆活动和休闲度假兴趣较大,学生对健身运动和节庆活动兴趣较大,离退休人员对风俗人情和健身运动兴趣较大,个体经营者对风俗人情和自然景观兴趣较大。总体来说,国内旅游者中离退休人员出游在外平均停留时间最长。

(二) 确定产品和服务的特征

在将景区按某一标准或因素分类并确定本景区所属类型后,就应该根据本类型景区面对的目标市场的需要,选定能够使本景区区别于其他景区的特征。

(三) 确定定位位置

当选定了景区的特征后,就应确定目前该景区在市场定位图上的相对位置,如图 9-1 所示,A、B、C、D、E 分别代表一个景区。市场定位图能够清晰、客观地反映各景区所处的位置,从而使本景区能够更容易地发现和找到自己的位置。在找准自己的定位位置后,也就确定了景区今后的发展和努力方向,景区今后所有的营销活动就有了一个明确的奋斗目标。

(四) 定位实施

定位实施要做的是如何把景区的定位概念成功地传达给消费者,这一过程应该是一个完整的、统一的、协调的过程,定位的内涵及思想应该融于景区经营操作的全过程。

确定定位位置是一个战略性问题,而定位的实施则是一个战术性的环节,主要从五个方面进行:产品和服务、价格、促销、员工、形象。景区定位实施要通过这些方面去体现自己的

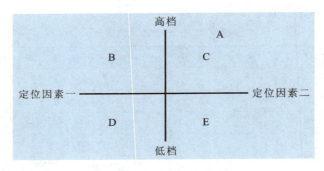

图 9-1　市场定位图

特色,从而树立自己鲜明而独特的定位形象。

另外,从细节方法上说,主要包括产品质量定位、功能定位、情景定位、价格定位、服务定位、概念定位、目标消费者定位、情感定位、文化定位等,而对产品定价诉求实现手段的组合定位,包括广告定位、渠道定位、包装定位、名称定位、公关定位等。各种类型的景区在完成各自的市场定位时都会有不同的方法和侧重点。

在景区定位的具体操作过程中,需要根据各自的特点采取不同的定位策略。下面就对几个典型的景区的具体定位进行一些探讨。

1. 温情家园型景区的定位

温情家园型景区的目标顾客的共同特点是:希望在旅游活动中与人沟通,想追求一种家庭的温馨、快乐氛围。这类景区的任务在于唤起某种感情的共鸣,给游客营造家的温馨。在产品的定位过程中多提供一些以家庭方式参加的产品,注意提供一些能够唤起情感的产品,以便使游客在消费景区产品和享受景区服务时,能享受到家的温暖。

成功的景区,顾客的重游率总是比较高的,因为忠诚的顾客不但可以使其节约成本,而且还会起到很好的宣传作用,而情感分析是培养忠诚顾客的关键。因此,这类景区的定位应该以情感定位为主线,将人情味投入景区当中,提供主动和富有个性的服务,以满足当前旅游市场中游客日益提升的心理需求。

2. 自我挑战型景区的定位

这一类旅游景区的目标顾客的主要特征是要求凸显个性,利用不同的方式、通过不同的途径来体现个性,因此,景区如何体现这种个性化特征是最重要的。

自我挑战型景区应突出其产品的趣味性和个性化特征,强化产品的运动性和建设性,以满足消费者好动、好奇、探新求异的心理。目前,这类景区的旅游产品主要有体育健身和探险两类。其中,以体育为卖点的旅游产品有其鲜明的运动、保健、参与、娱乐特色,能满足社会大众日益高涨的健身健体需求,而为满足消费者探险需求的旅游产品能体现消费者的自我价值,满足其自我挑战和要求刺激的心理,如野外生存训练、野营、登山等旅游产品。

3. 高档休闲型景区的定位

这一类型的景区主要是针对国内外生活富裕的人,这些人由于现代社会紧张而繁忙的生活节奏,需要通过一些活动来调节大脑。从心理特点来看,这些人希望受到重视,希望被特殊关照,希望受到优待,寻求享受,渴望在景区内寻求身心的彻底放松,使紧张的精神得以缓和。这类客人喜欢用不同的方式表现自己,显得自己很高明和很重要。针对这些特点,景区定位为高档休闲型景区,其市场前景是十分好的。

在确定了定位层次和位置后,就要体现出该类型景区的定位特色。景区应该利用自身提供的旅游产品的差异体现出其档次。比如可以通过提供一些高档次的休闲娱乐设施和康体疗养的旅游产品如高尔夫球场、泡温泉等来体现其差异。

因为高档景区的消费者有着优越感,所以,人性化服务便是提升自身档次的关键一环。此外,还要有人性化的管理与之相适应。

景区在初期开发阶段,有效的定位能达到先入为主的效果。在顾客还未意识到,或者还没有清醒地认识到的时候,就第一个把景区的产品形象推到他们面前。景区在市场站稳脚跟后,再进行针对景区品牌形象的全方位定位。使景区最终占据消费者的内心,达到定位的最高境界,这是景区定位的最终方向。

三、旅游景区的形象定位策略

旅游者在选择旅游景区和做出旅行决策时,除了考虑距离、时间、交通方式和旅游成本等因素外,还非常重视旅游景区的感知印象这个吸引因素。事实上,那些在游客心中具有强烈而深刻印象的旅游点,往往吸引着远在千里的旅游者。定位理论的核心思想就是"去操纵已存在心中的东西,去重新结合已存在的联结关系"。旅游景区的形象似乎比一般商品的形象更鲜明、稳固。旅游者身处一个被众多旅游景区品牌包裹的环境中,旧的形象已经很稳固,新的形象阶梯正在生长。这是在进行旅游景区个体形象定位时,所要把握的有关旅游形象阶梯的最基本的特点。

(一)逆向定位

逆向定位强调并宣传的定位对象是消费者心中第一位形象的对立面和相反面,同时开辟了一个新的易于接受的心理形象阶梯。例如,美国的"七喜"饮料就宣称为"非可乐",从而将所有的软饮料分为可乐和非可乐两类,"七喜"则自然成为非可乐饮料阶梯的第一位了。野生动物园的形象定位也属于逆向定位,它将人们心目中的动物园形象分为两类,一类是早已被人类熟识的普通笼式动物园,在中国这类动物园以北京动物园最知名,动物品种最丰富;另一类为开放式动物园,游客与动物的活动方式对调,人在"笼"中,动物在"笼"外,以非洲野生动物园最为著名。

(二)空隙定位

逆向定位要与游客心中原有的旅游形象阶梯相关联,而空隙定位全然开辟了一个新的形象阶梯。与有形商品定位比较,旅游景区的形象定位更适于采用空隙定位。尽管旅游景区的数目呈爆炸性增长,特别是同类人工旅游景区相互模仿、促使旅游景区数量剧增,但相对来说,仍然存在大量的形象空隙,旅游者仍然期待着个性鲜明、形象独特的新的旅游景区的出现,空隙定位的核心是树立一个与众不同的主题形象。如大型主题公园"世界之窗","世界之窗"的旅游形象不是一个个精雕细琢的世界著名建筑,而是黄昏和夜幕中尽情表演世界风情的"各国演员"。"世界之窗"的主体市场正如其宣传口号"让中国了解世界"所表明的,让从未踏出国门的国内游客欣赏来自全世界的演出。"世界之窗"在报纸和电视的宣传广告所突出展现并为人们永久记忆的还是那不同肤色和国别的"世界儿童"和热情奔放的异国导演。如今,北京、无锡、成都、广州各地纷纷出现类似景点,深圳的世界之窗通过进一步强化和宣传景点内部的吸引因素——外国演员和员工,树立一个全新的旅游形象,以空隙定位提高市场占有率和竞争力。

(三) 重新定位

重新定位的成功之例是美国加州的重塑形象。加州的形象在旅游者心中早已浓缩、简化为空间的概念,即游泳池、沙滩、金门大桥、好莱坞,而且这些形象描述不断为其他旅游景区借用,加州需要重新定位。加州新形象紧紧围绕其在地理、气候、人种、文化等方面的多样性这个核心特点,而用复数地名"那些加利福尼亚"为定位形象。这样,即使最不好奇的人也会询问有几个加州。加州一例固然包含绝妙的广告文字技巧,但它却提出了重新定位的意义。我国的主题公园迟早都会面临重新定位的问题。以深圳锦绣中华为例,当锦绣中华的发展处于游客人数下降的阶段时,为延长其生命周期,锦绣中华需要重新定位。如何重塑新形象?锦绣中华开始将客源市场定位于珠江三角洲区域的中小学生和各类企业青年员工,并宣传一个爱国主义教育和观摩基地的新形象,已取得了成功。

第四节 旅游景区营销组合策略

营销组合就是用来从目标市场中寻求其营销目标的一套营销工具,营销组合的要素很多,一般概括为四类,即 4P——产品(product)、价格(price)、渠道(place)、促销(promotion)。

一、产品策略

旅游景区在确定市场营销组合策略时,所面临的首要问题是向游客提供什么样的产品或服务,以满足他们的需要。正确的产品决策,是旅游景区生存和发展的关键。

(一) 旅游景区产品的概念和构成

旅游景区产品以提供游览娱乐活动为主要内容,但旅游景区不仅提供游览娱乐活动,而且需要同时提供饮食、住宿甚至交通及旅游信息服务等。

旅游景区产品由核心部分、外形部分、辅助部分三个部分组成。核心部分是与活动项目、旅游吸引物、娱乐设施、旅游基础设施相结合的旅游服务;外形部分是旅游景区的服务质量、特色、设计风格、地理位置、声誉及组合方式等;辅助部分是给游客提供的便利、优惠、推销方式等。

旅游景区经营者在进行营销时,应注重产品的核心部分,并在外形部分和辅助部分上有创造性地形成自身产品的差异性,以赢得产品的部分优势。特色、风格和质量是旅游景区差异化的关键,许多旅游景区往往不惜花大力气营造自身的风格和特色,以吸引更多的游客。

改进旅游景区产品的辅助部分,也是增加旅游景区吸引力的重要方面。

(二)旅游景区的生命周期策略

每一种产品都是为满足消费者需求而提供的,但一种产品在时间的序列上难以永远满足需求,这是因为人们的需求包括旅游需求都处在变化之中,因此,产品有一个由兴至衰的过程,旅游景区也是如此。一般来说,旅游景区的生命周期通常以旅游者人次和时间来衡量,分为四个阶段,即市场进入期、成长期、成熟期、衰退(再生)期。

1. 市场进入期

市场进入期又称为导入期或投入期,是指旅游景区按预先方案规划、开发、完成施工建设,到正式向旅游者开发的一段时期。在这一阶段,刚进入市场的旅游景区尚未被顾客了解并接受,旅游者接待人次增长缓慢,为了打开市场,经营者投入较大,所以单位成本较高。这一时期营销者应致力于加大投入,创造知名度,培育市场形象,通过广告、宣传向目标市场传递信息,以刺激市场增长。市场上一般没有或有较少同行竞争。

2. 成长期

当旅游景区基本被市场接受时,就进入成长期。这时来访游客的数量稳步增长,经营者渐渐收回投资,利润上升速度快,而用于广告宣传的费用相对减少,销售成本大幅下降。在这一阶段,营销者要及时抓住有利的市场机会,迅速扩大接待能力,同时,努力维持产品质量,挖掘市场潜力,为防止竞争者仿效抄袭,必须着手构思新产品的开发。

3. 成熟期

在产品的成熟期,潜在顾客很少,市场需求趋于饱和,游客总量达到最高点。此时市场上不断出现仿效者和替代产品,旅游景区利润率开始下降,用于对付竞争对手和保持市场份额的费用增加,处于成熟期的旅游景区,其营销重点应放在保护市场占有面和开拓新需求上,依靠产品价格的差异化吸引客源,开发新产品和服务项目,稳定质量创造回头客,加大促销力度,改进销售渠道。

4. 衰退(再生)期

经历成熟期后,产品便渐渐或很快失去吸引力,市场上出现新的旅游景区,市场被严重分割,这时旅游景区的游客流量明显下滑,旅游者的需求和兴趣转向新的产品,与之相伴的是经营收入迅速下降。另一种可能是旅游景区经营者预先采取产品改进方案,使旅游景区重获生命力,生命周期再次循环,产生再生期。由成熟期转入衰退期的旅游景区,经营者面临两种选择,要么采取行动退出市场,要么改进现有产品,无论何种选择,营销人员都必须对具体情况进行认真的分析研究,找出原因,以便采取新的营销策略。

(三)旅游景区产品组合

旅游者在旅游景区购买的旅游产品,往往包括食、住、行、游、购、娱等在内的多种产品或服务,此外,旅游景区经营者还必须联合其他旅游企业,按旅游者的需要对各旅游景区的产品进行组合,以满足各种不同的旅游需要。前者属旅游景区内部的产品组合,后者属旅游点、区之间的产品组合,为此将它们分别称为内组合和外组合。

1. 内组合

任何一个旅游景区都存在绝对意义上的内组合,只要该旅游景区提供单纯游览内容以外的其他服务功能。设在一个旅游景区入口处的摄影服务站所提供的留影服务和景点提供的纯游览服务便构成了一种简单的内组合。景区内部及周边向游客提供的服务种类越多，这种内组合就越丰富。可以说，内组合的目的在于提供游客所需的若干服务，直至满足食、住、行、游、购、娱等多种需要。内组合的丰富程度，要视旅游景区的具体情况来定。

2. 外组合

外组合是指经营部门为满足旅游者多种经历而将旅游景区串联组合在一起的行为。外组合实质上是旅游经历中多个旅游景点、旅游景区的集合体。对旅游景区进行组合时，旅游景区并不负责点、区之间的旅游服务，而单纯将旅游景区提供给游客，其他服务功能由旅行社或旅游公司去完成。在进行外组合时应注意：一是与旅游线路的设计特色相匹配；二是进入组合的旅游景区之间必须有层次地加以组织安排；三是旅游线路中组合起来的旅游景区要冷热兼顾。

我国的旅游资源十分丰富，为使各旅游景区发挥最大效益，各旅游景区经营者应该时刻关注旅游市场的需求变化，加强市场调研，加强彼此之间的协作，组合出内容丰富的旅游产品，以顺应旅游业发展的趋势。

（四）旅游景区的新产品开发

随着人们旅游需求的不断变化，旅游市场上传统的观光旅游产品难以满足现代旅游者的需要，旅游景区经营者必须不断开发新的旅游产品，才能更好地生存发展。旅游景区大多依靠增加服务项目、模仿竞争者的旅游项目、改进产品质量等方式进行新产品开发，只要是旅游景区中任一构成部分的创新或改革，都属于新产品。旅游景区新产品，大致可分为以下四种。

1. 全新产品

全新产品是为满足旅游者新的需求而创新的景点，这种景点是旅游市场中以前从未出现过的。全新产品往往耗时较长，投资巨大且风险性高。

2. 换代产品

换代产品是指对现有旅游景区的旅游内容进行较大改革后形成的产品。过去许多山地旅游景区没有索道，游客只能靠步行、登爬沿途游览，有了索道，旅游者可以在缆车内欣赏沿途旅游景区风光。

3. 改进产品

对旅游景区产品进行局部的改变便是改进产品。如有的旅游景区增设体育产品出租服务，为在旅游景区内进行体育运动的游客提供体育器材。推出改进新产品是景区经营者吸引游客的一种有效手段。

4. 仿制产品

仿制是一种重要的竞争策略。旅游景区模仿市场上已经存在的产品，享有其他企业的部分推销效果，能较快获得增长的客源，故多被采用。

旅游需求日益朝着文化、保健、参与、新奇、环保、增强体验效果的方向发展。正因如此，旅游景区经营者在开发新产品时必须对新产品进行风险性分析，并密切注意旅游产品的发展动态，以免新产品缺乏吸引力。

二、门票价格策略

门票价格是旅游景区营销策略中的重要内容,也是旅游者较为敏感的因素,制定适当的门票价格,是旅游景区有效的竞争手段之一。

(一)影响门票价格的因素

1. 成本

成本是价格的重要决定因素。旅游景区产品的成本可分为固定成本、可变成本、总成本、边际成本和机会成本等。一般来说,在人造旅游景区的成本中固定成本比重较大,而自然旅游景区可变成本则较大,前者的总成本大大超过了后者。

2. 市场条件与环境

在完全竞争的市场条件下,价格完全由产品的供求关系决定。旅游产品的供给在某种程度上有不易变动的特点,而独一无二的某些旅游景区的门票价格体现了一定的垄断性。

3. 市场需求

旅游者对某些旅游景区的旅游需求的大小与门票价格成正向变动,不同的需求情况反映到价格上就是地区差价、季节差价、批零差价。

(二)门票定价目标

旅游景区的总体目标可分解为营销目标、财务目标及其他目标。营销目标和财务目标直接决定定价目标。因此,我们把旅游门票价格目标具体分为利润目标、营销目标和竞争目标。

1. 利润目标

不同的利润目标直接影响旅游景区门票价格的高低。在市场竞争中处于绝对优势地位的旅游景区可以利润最大化为目标进行门票定价;在实际运营中的旅游景区难以达到理论上的最大利润,在经营者允许的基础上可以以满意利润目标来定价;追求不同投资收益率的旅游景区经营者,在定价时以理想的投资收益率为目标。

2. 营销目标

要有效地吸引和保持来访游客,意味着销售量在现有程度上必须继续扩大,门票价格就有必要进行调整。从长远的角度,扩大市场份额比提高销售量更重要,前者既有利于后者,又有利于提高收益率。具有较大市场理论的旅游景区,其营销策略的制定和实施的主动性更大。专业化的销售分工有利于产品分销效率的提高,节省企业的营销费用。调动旅游分销商销售产品的积极性,必须与旅游中间商维持良好的长期合作关系,制定能为他们带来利润的价格措施。

3. 竞争目标

把维持生存作为运营首要目标的旅游景区,必须通过制定适合顾客要求的价格来扩大需求,生存价格以不低于成本为下限。稳定价格可以树立良好形象,在旅游业中有举足轻重地位的旅游景区常以此为目标。在不同的竞争状况下,大多数旅游景区应付竞争对手时选择有利于竞争的价格调整。

（三）门票定价策略

门票价格策略是旅游景区制定价格时依循的总体指导思路，为营销人员提供解决定价中所遇到问题的基本原则，它包括新产品定价策略、心理定价策略和促销定价策略。

1. 新产品定价策略

新产品定价具有较大灵活性，可以考虑弥补旅游景区开发成本或限制竞争等因素，它分为市场撇脂定价和市场渗透定价。

（1）撇脂定价。

撇脂定价是指旅游景区的新产品或新旅游景区投放市场时可以指定大大高于产品成本的定价，这是因为新产品较早进入市场，很少有竞争性的替代产品，需求的价格弹性小。制定高价有利于旅游景区在初级市场中培育独特的、高价值形象，使企业迅速回收投资，为市场成熟期制定价格留有余地，但若产品易被效仿和被竞争者跟随，就不宜采用此策略。

（2）渗透定价。

渗透定价是以低价位投放市场，可以迅速占领市场，取得较高的市场份额，达到有效排挤竞争者的目的。这种策略适宜于价格敏感型的客源市场。

2. 心理定价策略

这要求营销人员在制定门票价格时，考虑游客情绪上对价格的反应，这种策略更适合为传统型旅游景区使用。心理定价策略主要有声望定价、习惯定价。客源较固定的旅游景区往往接受习惯定价，不宜随便改动调整，原因在于长期游览此类景点的游客已习惯于这种价格。声望定价策略多为著名旅游景区采用，由于这类旅游景区享有行业中极高的声望，旅游者信任它而愿意支付较高的门票价格。

3. 促销定价策略

门票价格的制定应考虑与促销活动的相互协调。促销定价策略有差别定价和特定时间定价。在旅游景区促销时，通常制定多层次有差别的价格，以此刺激游客数量的上升。许多旅游景区（博物馆、科技展览馆、风景名胜区）通常暂时或长期对学生收取较低的门票费。在特定的季节或节假日、纪念日时，利用特别时间定价来吸引更多的旅游者，从而达到促销的预计效果。

三、销售渠道策略

（一）销售渠道的概念

销售渠道的概念较宽泛，除旅游景区在其生产现场直接向来访游客出售其产品或服务的传统销售方法外，还包括旅游景区借助旅游中间商向游客出售其产品的间接销售途径和依靠自身的力量在其生产地点以外的其他地方向旅游大众出售产品的直接销售方式。因此，旅游景区销售渠道是指旅游景区经营者通过各种直接或间接的方式，将其旅游产品转移到旅游者手中的整个流通结构。

（二）销售渠道的类型

旅游景区产品的销售渠道可归纳为两类：直接销售渠道和间接销售渠道。直接销售渠道是指不经任何中间媒介，将旅游景区这一旅游产品直接销售给顾客的途径；间接销售渠道则意味着产品经由旅游中间商转移到顾客手中的途径。

1. 直接销售渠道

从世界各地旅游景区的销售实践来看,这类渠道多限于一种模式,即旅游景区向登门来访的游客直接出售门票的传统销售方式。在这种传统模式中,旅游景区在其坐落地扮演着零售商的角色。旅游景区基本仍以这种销售门票的方法为主。直接销售最明显的优点在于节省付给中间商的费用。另一种有选择地采用的直销方法是旅游景区营销人员直接组织客源,这对一些旅游景区来说也不失为一种有效的销售方式。

2. 间接销售渠道

经由旅游中间商进行的间接销售,主要是指通过旅行社、旅游公司、旅游代理商、旅游批发商、旅游协会等机构来组织吸引客源。有的旅游景区选用多种组织与旅游中间商来销售自己的旅游产品。

(三) 销售渠道的选择与设计

旅游景区在选择、设计销售渠道时,必须统筹兼顾多方面的情况。一般来说,选用的销售渠道主要评判标准如下。

1. 目标市场

旅游景区目标市场的远近及其客源类型,决定着是直接销售还是间接销售以及选择哪一类旅游中间商。

2. 坐落地点

旅游景区所处的地点对吸引游客有很大影响,区位较好的旅游景区更适合直接销售。

3. 旅游中间商的经营规模

其规模大小意味着其销售网点的多寡,一般情况下应优先考虑选择经营规模较大的中间商。

4. 旅游中间商的信誉及营销能力

信誉好、营销能力强的中间商更易被旅游景区经营者选择并建立合作关系。以间接销售为主要手段的旅游景区,应在选择销售成员时形成合理的组织结构,兼顾各类旅游中间商,以免遗漏有效的销售空间。

设计销售渠道,往往与总体营销计划相互结合进行,其设计步骤大致为:分析目标市场客源的具体特征—确定销售目标—选择销售策略—确定合适的销售成员。

四、促销策略

现代营销者不仅要求将有吸引力的旅游产品和价格推向旅游市场,以使旅游者获知并接受,还必须与目标顾客进行沟通,扮演起信息传播者和促销者的角色。研究旅游景区的促销策略,对于有效地诱发旅游者购买动机、拓宽客源、提高销售量以及梳理品牌形象都具有重要的作用。

(一) 促销的概念和作用

旅游景区促销是指营销人员为提高游客来访量,诱发目标顾客的购买动机,通过向市场传递自身旅游信息而采取的综合行动。促销策略与其他策略一样,在旅游景区的营销活动中占有重要地位。特别是服务产品产销一致性的特点使促销的重要性显得更加突出。通过促销所树立的旅游景区形象会影响产品、价格和销售的策略实施,而促销实际操作必须以4P为基础。促销在旅游景区经营活动中的主要作用有以下几点。

1. 信息作用

让消费者知道有关旅游景区的信息(坐落地点、服务项目、特色、风格等),能有效克服旅游景区不可转移性的特点,缩短经营者与旅游消费者之间的距离。在如今旅游市场范围迅速扩张的社会生活中,人们渴望方便低廉地获得更加丰富的旅游信息。这对旅游景区采用多种手段传递旅游信息提出了更高的要求。旅游景区促销活动的核心就在于与旅游大众沟通信息,引起目标群体的注意,从而帮助旅游景区接待更多的来访者。

2. 诱发作用

在激烈的旅游市场中旅游景区通过促销自己的特色和差异,能有效地诱发消费者来访的欲望。促销的关键就在于突出旅游景区自身与竞争者之间的差异,让人们感知到其能带来的独特利益,从而激发人们对游览地区有所了解,产生好感,继而形成出游的动机和需求。如何有效诱发人们的出游动机,是旅游景区营销活动促销工作中的重要部分。

3. 树立形象

树立旅游景区在地方或国际市场上的形象,是旅游促销的重要使命。旅游地的良好形象不仅能够积极推动旅游者购买的热潮,而且对于挖掘旅游市场潜力有重要意义。通过促销活动树立形象是一项系统工程,需要各旅游景区以及旅游管理部门的长期努力和通力合作。

(二)旅游景区促销策略

1. 广告

旅游景区广告是指通过购买宣传媒介的空间或时间,向特定的公众或旅游消费市场传播旅游景区信息的营销工具。根据所选择的媒介,旅游景区广告可分为大众传媒广告、印刷品广告、户外广告、电子广告四种形式(见表9-3)。

表9-3　旅游景区广告形式

广告形式	表现类型
大众传媒广告	报纸杂志广告、电视广告、广播广告等
印刷品广告	旅游画册、招贴画、旅游手册、宣传册、明信片等
户外广告	户外牌、广告画、交通工具广告、空中广告等
电子广告	录像带、DVD光盘、电影等

旅游景区广告一方面可以帮助旅游景区树立长期形象,另一方面也能在短期内促进销售。由于使用媒介的不同,不同广告形式之间的预算差别可能非常大。由于旅游产品与其他产品有不同的特点,在进行广告宣传时,旅游景区自身单独做广告的同时,往往依托当地的环境与其他旅游景区或饭店企业联合做广告,或由旅游管理部门承担部分营销工作,以吸引境外游客。

不同类型的旅游景区往往采用不同的广告形式。客源型旅游景区多在地方大众媒体花费较多的代价,集中力量进行广告宣传,电视台、电台及当地报纸是重要的宣传渠道,同时,还使用印刷品广告,在人群密集地带如商业中心、车站等向游客广为散发。资金实力雄厚的新景点还会采用户外广告形式,营造气氛,满足旅游需求。对于大型的以观光游览为主题的传统旅游景区,在联合对外促销时,采用印刷品广告和电子广告的宣传形式宣传旅游景区。另外,旅游景区处于不同的生命周期阶段,选择广告目标也有不同的技巧。广告按目标可分为通知型、说服型和提醒型。通知型广告主要用于旅游景区的市场开拓阶段;说服型广告适合旅游景区的市场宣传,任何生命周期阶段都可以采用;成熟期采用提醒型广告,会有意想不到的效果。

同步案例 深圳华侨城网络广告营销

背景与情境: 东部华侨城坐落于中国深圳大梅沙,占地近9平方千米,由华侨城集团斥资35亿元精心打造,是国内首个集休闲度假、观光旅游、户外运动、科普教育、生态探险等主题于一体的大型综合性国家生态旅游示范区,主要包括大峡谷生态公园、茶溪谷休闲公园、云海谷体育公园、大华兴寺、主题酒店群落、天麓大宅六大板块,体现了人与自然的和谐共处。华侨城以"规划科学合理,功能配套齐全,城区环境优美,风尚高尚文明,管理规范先进"为规划,以"让都市人回归自然"为宗旨,定位于建设成为集生态旅游、娱乐休闲、郊野度假、户外运动等多个主题于一体的综合性都市型山地主题休闲度假区。"唐宋中国"自2011年进行东部华侨城的网络数字品牌管理运营以及整合推广以来,取得了两年近两倍的PV(页面浏览量)增长,访问深度也获得36%以上的回头访问。

2012年其官方网站的访问量更是突破了近800万人次,网站从世界排名十多万名上升到了4万多名,获得了非常大的进步。2013年在整合营销的基础上,开始为电子商务的开展工作做准备。

问题: 请谈一谈深圳华侨城网络营销对其他旅游景区的启示。

2. 销售促进

这是一种鼓励人们来访的短期刺激活动,促销的对象主要有旅游者、旅游中间商、推销人员。针对旅游者进行的促销手段通常是赠送纪念品、宣传品、实物礼品或赠送折价券,以及减价和进行抽奖。为达到使游客留下印象,向他人推荐或鼓励重游的目的,旅游景区可以向旅游者赠送旅游地风情画册、特产、纪念品,也可以让游客享受购物优惠。销售促进活动的目的在于扩大和增加旅游景区同游客之间联系的渠道,向中间商提供不同层次的优惠折扣,对于提高游客接待量有重要意义。这种销售促进除了可采用以价格为中心的手段外,还可以采用展览的方式进行。针对销售人员的销售促进也是旅游景区加强促销的常用方法,目的在于调动推销人员的积极性。

3. 公共关系与宣传

旅游景区的公共关系与宣传活动主要针对新闻界和社会公众来进行。与新闻界有关的目标,是将有新闻价值的旅游景区信息通过新闻媒体的传播来引起人们对旅游项目或服务的注意。旅游景区一般都比较强调针对游客的公关活动。据统计,旅游业中有50%以上的顾客是通过朋友、熟人介绍来的,把每一个客人都看作公关的对象,其效果比新闻宣传要好。旅游景区要与新闻界和社会公众建立关系,应慎重选择公关宣传的内容,这就必须去寻找和创造有宣传价值的新闻。旅游景区营销人员要具有新闻敏感性,寻找旅游者关心的焦点问题。

同步案例 日薪万元招聘洗脸工

2014年4月16日,新浪微博官方认证用户"@沂蒙山旅游区龟蒙景区"发微博称,日薪万元招聘"蜘蛛侠洗脸工",为景区的山体雕刻寿星"洗脸",并写明"自行负责安全问题"。大众网记者随后对此事进行了核实,景区承认此次招聘属实,并要求最终选上的清洗工要签下带有"安全责任自负"的协议书。记者查询后获悉,该山雕高218米。

这份招聘启事的名字叫"日薪万元招聘洗脸工,只要蜘蛛侠",并附一张蜘蛛侠的照片。其中写到,为迎接4月26日开幕的沂蒙山拜寿大典,向社会招聘为寿星石雕"洗脸"的清洁工,日薪万元,安全责任自负。

该报道一出,景区对应聘者的部分要求引发网友争议,随即引起了社会的关注。

紧接着在4月21日,山东齐鲁晚报网刊登出了《龟蒙景区日薪万元招"洗脸工"44岁女蜘蛛侠累晕》,大众对于沂蒙山龟蒙景区的印象又加深了一次。

问题:

1. 分析两篇报道对该景区知名度提高的影响。
2. 沂蒙山龟蒙景区采用了什么营销策略?

4. 直接营销

直接营销是一种不使用中介环节,浓缩促销活动的行为。近年来,随着社会、经济和科技的进步和发展,旅游业中直接营销被大众接受并趋于多样化,包括门市销售、邮购、电台和电视台直播、电子销售等形式。这些促销形式的共同特点是直接刺激游客加深对旅游景区的游览欲望。直接营销主要的方式有组织购买和电子销售两种。

(1)组织购买。

组织购买是旅游景区通过推销人员直接向组织寻求购买来增加游客数量,使用这种方法的推销人员结合门票价格的优惠措施或其他活动,与目标顾客或组织建立良好的关系,对存在特定客源市场的旅游景区来说,采用向组织推销的直接营销方式往往能获得数量可观的顾客,而且客源稳定。

(2)电子销售。

电子销售在我国仍属于一种新式的销售促进方式,包括视频信息系统和网上信息系统。目前,在我国部分旅游景区已采用这两类信息系统,但为数不多。用于旅游景区的视频信息系统为游客提供旅游信息咨询服务,是一种计算机信息库的单向装置,游客可以通过视频查询到自己感兴趣的旅游信息。该类装置多摆放在繁华商业区、旅游信息咨询中心、大型旅行社门市、高星级饭店内或旅游景区周围旅游者密集的地方。视频信息装置能够提供给游客包括声音、图像、指示图和文字说明等体现旅游内容的综合信息,寓言宣传于服务之中,促销效果显著。网上信息系统作为信息宣传手段的出现,是在视频信息系统之后的事情。旅游景区将地区的旅游节目制作成声情并茂、丰富多彩、形式灵活的网页,供网上访客查询,是高效、低成本、无障碍宣传促销的最佳手段,是真正实现旅游信息提供的现代化,借助现代化数码摄影技术和特效软件的支持,旅游景区的网站可以享受到身临其境的动静相结合的绝佳感受。正因为网上信息系统带来的独特宣传促销效果,这种销售方式已经成为各类旅游企业的重要营销手段之一。

电子销售这种直接营销方式为旅游者提供了方便、有趣、快速这一系列好处的同时,也给旅游景区营销者提供了更广泛的潜在市场。

教学互动

互动问题:请举出你熟悉的旅游景区的营销策略有哪些?

要求:

1. 教师不直接提供上述问题的答案,而引导学生结合本章教学内容和平时的信息收集就这些问题进行独立思考、自由发表见解,组织课堂讨论,培养学生在生活中注意观察专业发展的能力。

2. 教师把握好讨论的节奏,对学生提出的典型见解进行点评。

本章小结

内容提要

本章主要讲述了旅游景区营销管理概述、旅游景区营销市场调研、旅游景区营销的市场定位、旅游景区营销组合策略四个部分的内容。

旅游景区营销管理概述中主要讲述了旅游景区市场营销的特点、旅游景区营销管理的任务和旅游景区营销的程序。

旅游景区营销市场调研主要讲述了市场调研的内容、市场调查的类型和市场营销调研的步骤。

旅游景区营销的市场定位主要包括市场定位的概念、景区市场定位过程、旅游景区的形象定位策略。

旅游景区营销组合策略主要从产品策略、门票价格策略、销售渠道策略和促销策略。

核心概念

旅游景区营销;旅游景区市场调研;市场定位;组合策略;产品;价格;渠道;促销

重点实务

为景区进行市场调研,并进行市场定位和策略营销组合。

知识训练

一、简答题

1. 旅游景区营销管理的任务有哪些?
2. 旅游景区市场调研的步骤有哪些?
3. 旅游景区市场定位过程是怎样的?

二、讨论题

1. 旅游区形象定位的策略有哪些?
2. 旅游景区营销组合策略中产品、价格、渠道和促销中哪一个会显得更重要?

能力训练

一、理解与评价

大数据时代,智慧景区营销的方式与传统旅游景区营销方式有何不同?

二、案例分析

宁夏沙坡头:打好娱乐营销牌

2016年10月,《爸爸去哪儿》第四季拍摄组重返港中旅(宁夏)沙坡头旅游景区的消息传出后,再次引起了各界关注。地处大西北的沙坡头旅游景区为何会有如此大的吸引力,让大热的真人秀节目打破常规再次选择它呢?

据介绍,自《爸爸去哪儿》第一季播出后,《极客出发》《西游奇遇记》《冲上云霄》等各种电视、网络热播的文娱节目纷纷把港中旅(宁夏)沙坡头旅游景区作为拍摄地。短短几年时间,沙坡头就依靠这些热播节目迅速提升了知名度,游客接待量成倍增长。

近几年,沙坡头旅游景区主动创新营销方式,积极与电视、网络热播的影视节目组联系,利用明星效应,采用娱乐营销方式,使景区的营销宣传达到事半功倍的效果。港中旅(宁夏)沙坡头旅游景区副总经理朱文军说,大众娱乐时代,"娱乐营销"能够起到四两拨千斤的作用,沙坡头适时选择,搭上了这趟顺风车。

首次结缘创造"奇迹"

沙坡头北接浩瀚无垠的腾格里沙漠,南抵香山,黄河从中穿过,景区集大漠、黄河、绿洲、高山于一处,悠久的黄河文化和自然地域的过渡性、多样性,北国的雄浑与江南的秀美和谐地交织,融自然景观、人文景观、治沙成果于一体,游客可在景区搭建野营帐篷、骑骆驼、滑沙、扎羊皮筏子、黄河捞鱼等,这些互动体验项目十分新奇,游客口碑普遍较好。

然而,当初谁也没有想到,一档电视节目会让地处大西北的沙坡头红透半边天。在"爸爸去哪儿?就去沙坡!"这句广告语的背后,是2014年冬季本该进入淡季的沙坡头游客接待量同比增长了4倍多,年接待游客量增加了30万人次。

朱文军说,沙坡头景区首次与《爸爸去哪儿》节目组合作就创造了4个第一:成为《爸爸去哪儿》节目组第一个特约拍摄基地;作为《爸爸去哪儿》拍摄地中唯一一家5A级旅游景区,独特的旅游资源助节目在第三期时创下最高收视率;因参与《爸爸去哪儿》拍摄,景区获得了第一个中国营销整合奖;景区开业以来第一次实现了景区全年无淡季。

借势营销继续发力

据了解,《爸爸去哪儿》节目中明星所参与的项目由于人数相对较少,设施和服务相对完善,而为了将这些项目变为大众化的旅游产品,沙坡头景区将节目中展示的玫瑰湖基地、淘宝屋、羊皮筏子制作展示区、野营帐篷区、沙漠寻宝区等明星线路进行改进升级,让每一位游客在沙坡头都能找到做明星的感觉。

该系列服务推出后,宁夏中国国际旅行社、中国旅行社宁夏有限公司、宁夏中铁青年旅行社等宁夏几大知名旅行社共为景区带来亲子互动旅行团100多个,周边自驾游客数量更是多到难以统计。

来自上海的72岁游客郑先进拉着7岁的孙女在景区沙漠中尽情游玩,度过了愉快假期。他说,看过《爸爸云哪儿》沙坡头那期后,一家三代人就一直想体验坐羊皮筏子、骑骆驼,这次总算圆梦了。

戏沙、戏水、扎方草格、搭帐篷、睡在帐篷里看星空等《爸爸去哪儿》系列旅游产品使沙坡头由多年来卖资源、卖商品变为卖体验、卖产品,实现了质的提升。

为了进一步扩大宣传,持续曝光,近两年,沙坡头又陆续邀请《西游奇遇记》、《冲上云霄》、《王者归来》、《极客出发》等摄制组前来拍摄。笔者从沙坡头景区市场部了解到,截至2016年10月,各种摄制组的拍摄计划已经排到了2017年上半年。

重新定位放眼世界

2016年,《爸爸去哪儿》第四季拍摄组打破常规,重返沙坡头,加之这一季的节目在国内各大网站同时上线,其影响力、关注度、参与度将再创新高,沙坡头也将随之迎来新一轮的游览高峰。

港中旅(宁夏)沙坡头旅游景区总经理韩忠胜说,景区以打造"中国沙漠迪士尼"为目标,以沙坡头旅游景区为半径(300公里为本地市场,600公里为周边市场,900公里为中程市场,1200公里为远程市场),将原来"立足宁夏、渗透周边、辐射中远、带动全国"的营销战略调整为"立足周边、渗透中程、辐射远程、带动全国、走向世界"。明年计划在全国落地100家沙坡头旅游营销运营中心,把销售渠道进一步拓展,打好"娱乐+营销"这张牌。

同时,景区还将以在沙坡头拍摄的各种娱乐节目为版本,打造更多线路产品,让游客在沙坡头体验到更多的乐趣。

多年从事景区营销的朱文军认为,现在的信息传播方式多样化、碎片化、移动化,娱乐营销能够更好地与各种信息传播方式融合,达到最佳的营销宣传效果。今后,沙坡头将加大这方面的营销力度,不断提高沙坡头的知名度和美誉度,打造更多、更有趣的项目和产品,让更多的人来沙坡头旅游。

(资料来源:http://www.sohu.com/a/119172063_374728.)

问题:

1. 沙坡头景区在第一次娱乐营销成功后的营销策略是什么?
2. 对其他旅游景区营销有什么启示?

第十章
旅游景区组织与人力资源管理

学习目标

通过本章学习，应当达到以下目标：

职业知识目标：理解旅游景区组织管理的重要性，认知一个合理有效的组织架构、组织体系、管理运营制度对景区经营管理的重要性；掌握景区人力资源管理的基本概念，掌握景区人力资源过程中涉及的招聘、培训、绩效考核及员工激励各模块的工作内容，从而有效解决景区人力资源管理中实际遇到的问题。

职业能力目标：运用本章专业知识研究相关案例，掌握旅游景区现代化组织架构，掌握旅游景区服务工作人员的基本要求，以及景区工作人员待客的基本流程；通过服务流程的基本操练，培养相关专业技能。

职业道德目标：结合本章的教学内容，依照行业道德规范或标准，分析企业或从业人员服务行为的善恶，强化职业道德素质。

引例：上市旅游企业新困境

背景与情境：丽江旅游成立于 2001 年，公司主要运营玉龙雪山旅游索道、云杉坪旅游索道和牦牛坪旅游索道及其相关配套设施。公司的三条索道分别位于玉龙雪山景区较知名和成熟的三个景点，是玉龙雪山景区主要的旅游接待设施。2004 年，公司在深交所上市，是滇西北地区实力最强的综合性旅游集团。公司上市后进入了全新的发展阶段，但在企业管理过程中出现了影响企业发展的新困境。从长远看，公司的人才队伍和管理水平跟不上企业全新发展的要求；从眼前看，公司的管理现状问题多多、矛盾丛生、效率低下。

公司通过明确战略定位—组织结构调整—责权划分、职责描述和人员配置—人力资源管理制度体系的构建—制度实施—组织秩序和效能的全新确立等一系列的管理过程之后，企业运转顺畅，各部门的工作陆续开始有了显著的进展与成效，管理效率明显提升，员工满意度和工作积极性提高。

（资料来源：和君咨询案例，本项目案例荣获 2010 年全国管理咨询优秀案例奖。）

在公司资源基础和产业机会都具备的条件下，人力资源和管理水平的落后成为阻碍公司发展的关键因素。21 世纪的竞争是人才的竞争，企业的可持续发展得益于人才的可持续。现代化旅游景区需掌握现代化的组织架构和管理模式，不断提升自身的管理能力，这是企业得以长期发展的必经之路。

第一节　旅游景区组织机构设置

一、旅游景区组织机构

旅游景区组织机构是旅游景区内部各个有机组成部分相互作用、相互联接的纽带，是旅游景区内部组成的有机联系框架，它既是景区内部的管理体系，也是旅游景区组织的指挥系统。

（一）旅游景区组织机构的设置原则

1. 目标有效原则

设置组织机构的根本目标，是为了使企业管理科学化和高效化。因此，旅游景区组织形式的选择，各种职能部门机构的设立，每个岗位职责、权限的界定都必须有利于景区的经营发展目标的实现，都要有利于景区不断适应经营环境的变化，提高管理效率和水平。

2. 责权对等原则

职责和权利是组织管理中两个基本的要素，也是有效完成任何一项工作任务不可分割的两个方面。组织给每个部门、每个人分配任务，要求他们对自己的工作负责，同时授予他们相应的权利，以便于他们在履行自己职责的过程中，在自己的职责范围内能够处理和解决问题。

3. 统一指挥原则

统一指挥原则是在旅游组织管理体系中，每一位下级只接受一个上级的指令的原则。表现为一个下级只对一个领导负责，副职对正职负责，部门员工只对本部门主管经理负责。统一指挥要求避免多头管理或者职责不清的现象，各级管理机构都必须实行领导负责制。

4. 分工协作原则

分工协作中的分工是指明确每个部门工作范围、职责和工作目标，协作是指一个旅游景区中各个部门相互帮助，相互支持来完成工作，分工不分家，其目的是体现组织机构的整体力量、团队精神。

5. 管理跨度原则

管理跨度是指一名管理者直接管理下属的人数。上级直接管理下属的人数越多,则管理跨度越宽,反之则越窄。如果上下级之间工作越复杂,需要经常接触和双向沟通,管理跨度则适合窄一点,简单重复、变化不大的稳定型的工作,管理跨度可以大一些。

(二) 旅游景区组织机构的设置模式

1. 直线型

直线型的组织结构是最简单和最基础的组织形式。它的特点是旅游景区从上到下实行垂直领导,呈金字塔结构。直线型组织结构中下属部门只接受一个上级的指令,各级主管负责人对所属单位的一切问题负责。该模式适用于规模较小、内部管理机构比较简单的小型景区。图10-1所示为直线型组织结构图。

其优点是:结构比较简单,决策迅速,责任分明,命令统一,提高工作效率。

其缺点是:景区最高管理者具有较为全面的经营管理能力和业务能力,以及较强的综合协调能力和指挥能力,由于过度集权,缺乏横向协调和配合,一旦管理者岗位变动,对于景区影响较大,甚至出现管理梯队断层的现象。

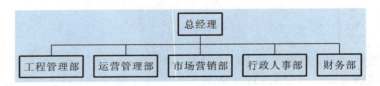

图 10-1　直线型组织结构图

2. 职能型

职能型组织结构亦称U型组织,又称为多线性组织结构,它是按职能来组织部门分工,即从企业高层到基层,均把承担相同职能的管理业务及其人员组合在一起,设置相应的管理部门和管理职务。随着生产品种的增多,市场多样化的发展应根据不同的产品种类和市场形态,分别建立各种集生产、销售为一体,自负盈亏的事业部制。主要适用于中等规模、职责明确、经营活动不是很复杂的景区。

其优点是:根据旅游管理业务划分不同职能部门,使各部门在其职责范围内对下属行使管理职权,同时各部门负责人由景区总经理负责管理。这样各部门之间职责明确,有利于提高工作效率,与直线型比较是一种进步。

其缺点是:容易产生多头领导,难以相互协调,上下级容易脱节。

3. 直线职能型

直线职能型组织结构在大中型组织中尤为普遍。这种组织结构的特点是以直线为基础,在各级行政主管之下设置相应的职能部门(如计划、销售、供应、财务等部门)从事专业管理,作为该级行政主管的参谋,实行主管统一指挥与职能部门参谋指导相结合。在直线职能型结构下,下级机构既受上级部门的管理,又受同级职能管理部门的业务指导和监督。各级行政领导人逐级负责,高度集权。因而,这是一种按经营管理职能划分部门,并由最高经营者直接指挥各职能部门的体制。

其优点是：它快速、灵活、维持成本低且责任清晰，专家认为，直线职能型组织结构比直线型组织结构具有优越性。它既保持了直线型结构集中统一指挥的优点，又吸收了职能型结构分工细密、注重专业化管理的长处，从而有助于提高管理工作的效率。

其缺点是：①属于典型的"集权式"结构，权力集中于最高管理层，下级缺乏必要的自主权；②各职能部门之间的横向联系较差，容易产生脱节和矛盾；③直线职能型组织结构建立在高度的"职权分裂"的基础上，各职能部门与直线部门之间如果目标不统一，则容易产生矛盾。特别是对于需要多部门合作的事项，往往难以确定责任的归属；④信息传递路线较长，反馈较慢，难以适应环境的迅速变化。

直线职能型组织结构所存在的问题是经常产生权力纠纷，从而导致直线人员和职能参谋人员的摩擦。为了避免这两类人员的摩擦，管理层应明确他们各自的作用，鼓励直线人员合理运用职能参谋人员所提供的服务。

4. 事业部型

事业部型是一种常见的组织结构形式，最早起源、应用于通用公司。事业部型结构又称分公司制结构，其特点是一个旅游集团公司下设立一些半独立的经营机构，并把这些机构称之为事业部，各事业部之间都有自己的经营项目和市场划分，在某个方面的旅游营销中实行独立核算，它是一种实行集中决策、分散经营的分权型组织形式。图10-2所示为事业部型组织结构图。

其优点是：有利于高层摆脱日常事务性管理，集中精力于重大问题的研究，有利于将联合化和专业化结合起来。

其缺点是：不利于事业部之间的沟通联系合作，容易产生本位主义，影响各部门之间的合作，忽视整体的长远利益；容易造成机构重叠、管理人员增多、经营费用增加。

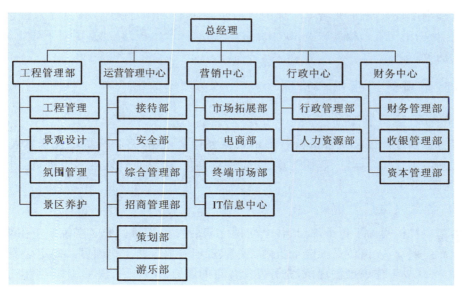

图10-2 事业部型组织结构图

5. 矩阵型

该结构具有纵横两套系统，横向为职能系统，纵向为项目系统，纵横相交叉组成一个个矩阵。

其优点是：要求将革新与高效统一起来，上下关系不是靠一条纵轴简单进行调整的，左右关系也不是靠协商来解决的。在矩阵型结构中，命令式减弱，指导性增强。下级成员在多元指挥体系中，必须有判断力和协商能力，才能完成组织目标。这样更能够发挥每个成员的作用和能力，以保证经济效益。矩阵型在大型景区中运用较多，它要求景区成员对外界反应较为敏捷。

其缺点是：多元命令易出现权力争夺，管理次序混乱，机构重复，费用增加等问题。所以一般中小景区不适应矩阵管理，大型景区也需要在管理人员素质较高、能力较强的前提下才能推进。

6. 扁平型

扁平化组织结构的定义是通过减少行政管理层次，裁减冗余人员，从而建立一种紧凑、干练的组织结构。

扁平化组织结构所隐含的人性假设是"自我实现人"。该假设认为，人除了有社会需求外，还有一种想充分表现自己能力、发挥自己潜力的欲望。基于这样的人性假设，建立较为分权的决策参与制度，选择具有挑战性的工作，满足自我实现的需要。但是，其理论基础不能够完全成立。扁平化思想的产生受学习型组织的启发，学习型组织是扁平的，即从最高的决策层到最低的操作层中间相隔的管理层级很少，让最下层单位拥有充分的自主权，并对生产的结果负责，从而形成以"地方为主"的扁平化组织结构。

其优点是：有利于缩短上下级距离，密切上下级关系，信息纵向流通快，管理费用低，而且由于管理幅度较大，被管理者有较大的自主性、积极性和满足感。

其缺点是：由于管理幅度较宽，权力分散，不易实施严密控制，加重了对下属组织及人员进行协调的负担。

二、旅游景区组织机构管理

（一）景区管理制度

景区管理制度是景区正常运营过程中事务处理的依据，是景区得以长期发展的保障。景区管理制度包括领导制度、职能制度、岗位职责制度、经济责任制度和管理审批授权制度五大类（见图10-3）。

（二）景区岗位职责制定

景区组织机构明确了每个部门、各个岗位之间的责权关系。景区岗位职责主要是为了实现景区部门宗旨，该岗位员工应承担的工作职责和应承担的工作项目。制定必要、规范的岗位职责，可减少工作中推诿现象，充分发挥各自的能力。

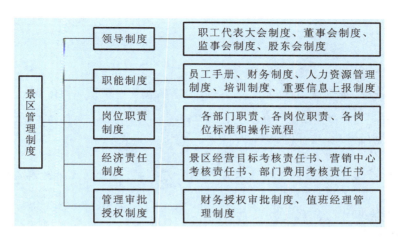

图 10-3　景区管理制度图

> **知识活页**

某公司人力资源部架构与工作职责

一、人力资源部架构

某公司人力资源部架构图如图 10-4 所示，共计 6 人。

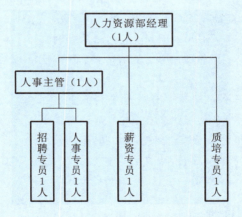

图 10-4　某公司人力资源部架构图

二、人力资源部工作职责

1. 人员招聘

(1) 招聘制度及招聘流程的制定、更新。

(2) 工作岗位分析、核编核岗。

(3) 开拓维护网络、院校、猎头等招聘渠道，开展日常招聘，满足公司用人需求。

2. 人事管理

(1) KIP(关键业绩指标)考核管理实施、跟进。

(2) 骨干队伍的搭建和动态管理。
(3) 各项人事手续办理,员工花名册、人事报表等人事档案的管理。
(4) 人事制度的制定、更新和执行跟踪。
(5) 劳动合同、实习协议、劳务协议等的维护。
(6) 规范人力资源工作,进行人力资源审计。
(7) 劳动局、人力资源市场等政府部门关系维护,最大限度地争取相关劳动政策的扶持。
(8) 各类人才的落户。

3. 薪酬绩效管理
(1) 公司薪酬制度及年度薪酬方案的制定。
(2) 公司内外薪酬水平调研,以及薪酬满意度调研。
(3) 人力成本的预算及控制。
(4) 社保、公积金等手续办理。
(5) 考勤管理及工资核算、员工福利管理。
(6) 绩效考评方法的制定、更新及后期的实施(含转正考核、月度及年度考核)。

4. 质培管理
(1) 质检、培训制度的制定、更新。
(2) 月度、年度质检和培训工作计划、总结的制订。
(3) 各项培训工作(新员工培训、在职培训、提升性培训、外派培训等)的组织、实施、监督。
(4) 组织实施下属公司暗访工作及相关行政监察工作。
(5) 技能比武大赛、专业知识笔试、内训师评审等活动的组织实施。
(6) 员工关系的维护和管理,以及员工投诉的处理。
(7) 相关院校的开拓和维护,以及日常课程的设置和授课老师的安排。

(三) 景区岗位工作流程

旅游景区岗位工作流程是指员工的每一道工序都要遵循标准化的步骤和工作要求。旅游景区的工作流程主要是根据景区运行过程中所需要设定的工作岗位来制定的。

知识活页

某旅游景区导游接待工作流程

迎接游客时应用丁字步一位手站姿,目视游客,面带微笑。

当游客站定,应用亲切的目光和灿烂的笑容道出欢迎语:"亲爱的游客朋友(们)!欢迎光临×××景区!"鞠躬致意,进行简单的自我介绍:"我是×××景区的讲解员×××,大家可以叫我小×,接下来就由小×带领大家一起游览×××景区。"

引领前应用横摆式示意:"请往这边走。"

讲解过程中,注意目光的环视及与客人的交流。在行进中与客人交流或答复提问时,应将头部、上身转向游客。

讲解结束后应用答谢语及祝福语告别并行鞠躬礼,"亲爱的游客朋友,今天我的讲解就到此结束了,接下来是大家的自由活动时间,在自由活动的时间里,请大家保管好个人的随时物品,并注意安全,欢迎下次光临×××景区,谢谢,再见!"

(四)旅游景区员工手册的修订

员工手册是企业的"宪法",它主要是通过书面的形式来表达各岗位工作人员在整个景区组织系统及主要部门结构的说明、聘用条件、规章制度、奖惩办法等情况,员工通过对员工手册的学习,了解自己的权利、劳动义务及工作方式。

知识活页

某景区员工手册

目　录

第一章　公司概况

第二章　薪资与福利

第三章　人事政策

第四章　绩效考核

第五章　员工奖惩

第六章　安全管理

第七章　接待规范

附　则

员工承诺书

第一章　公司概况

略。

第二章　薪资与福利

作为一名合格的×××景区员工,在遵守公司各项规章制度和《员工手册》并全面完成岗位工作的前提下,可享有以下薪资福利。

一、薪资

（一）薪资体系

根据公司的发展要求、市场情况、岗位需要、个人能力，结合社会经济发展、物价水平和地区差别，公司制定合适的、有竞争力的薪资体系。由于文化旅游企业的特殊性，员工的工作经验、岗位技能、学历、形象等均作为"同岗位不同薪资"的差别依据。

员工收入由岗位工资、福利及各类补贴、奖金等构成。岗位工资包括基本工资、工作津贴和绩效工资三部分。其中，基本工资根据职级和岗位核定，工作津贴和绩效工资根据个人工作业绩、企业发展及效益核定。

（二）发薪日及发薪方式

公司一般不晚于每月10日发放上月工资。工资由人力资源部造册，银行代发至员工个人账户，个人所得税、社保个人应缴部分及其他个人需承担的相关费用由公司在员工当月工资中代扣。

（三）薪资调整

薪资调整包括增长及下调，其调整与否与公司效益、个人考评成绩及社会经济发展情况结合，根据公司相关程序操作。

（四）年终奖金

公司根据每年的经营目标完成情况、员工年度绩效考核成绩等因素核定员工年终奖的发放数额。发放奖金之日仍在职工作的员工，方能获发年终奖。

二、福利

（一）社会保险

公司按照国家有关规定为员工办理包括养老、医疗、生育、工伤、失业在内的社会保险，员工可按规定享受国家社会保险福利。

（二）法定假期

……

第三章 人事政策

公司制定长远的人力资源战略规划，并配套制定适应集团发展所需的人事政策。每年年初，公司根据经营情况，统一核定人员编制，各公司、各部门应严格控制用工，确保工作饱满、人尽其才，坚决杜绝人浮于事。确需增加岗位编制的，须经总裁办公会议核准。同时，为建设有效的人才梯队，公司对艺术人才和专业技术人才将进行一定的储备。为确保公司健康发展，将不断调整人才结构，注入新鲜血液。

一、工时管理及考勤
（一）工时管理
因服务行业的特殊性,根据季节变化、业务需求等实际情况,公司制定适合项目要求的工时管理制度。员工工时以综合计时工作制和不定时工作制为主,午餐时间、休息时间及员工往返工作单位路程的时间均不计入工时。

各主题公园根据季节及旅游淡旺季,相应调整开闭园时间,各公司负责人和人力资源部应结合自身实际情况,制定方案,灵活执行,确保员工劳逸结合。

……

第四章 绩效考核

为补充新鲜血液、充实员工队伍,公司每年结合岗位工作业绩和个人能力等,进行择优汰劣的考核。《员工手册》及公司的规章制度作为每一位管理人员和员工考核的重要依据,直接影响考核成绩。

各公司以年度考核为主要依据,确定员工年淘汰比例5%～10%(不含主动离职),主管(含)以上管理人员年淘汰/不聘/降职比例为3%～5%,且淘汰比例不能跨公司平衡。注重日常考核的成绩和记录,为年终晋升、降职、淘汰等提供依据。同时,公司建立人才梯队培养体系,管理人员每年需培养或保持本部门至少10%比例的员工为骨干员工,并经人力资源部考核确认。通过骨干员工梯队建设以及考核、奖惩和淘汰机制,建立精干的员工队伍,为企业不断发展壮大提供坚实的人才保证。

一、考核种类
（一）公司年度经营目标责任考核

……

第五章 员工奖惩

为加强公司经营管理,提高服务质量,明确奖惩依据和程序,使奖惩公开、公平、公正,更好地规范员工的行为,维护正常的经营秩序和工作秩序,鼓励和鞭策广大员工奋发向上,创造更好的业绩,特设置员工奖惩制度。

一、员工奖励
员工按照岗位说明书和工作规范做好本职工作是应尽的职责,同时公司贯彻以奖为主、以惩为辅、有功必奖的原则,对公司做出特殊贡献的员工,给予通报表扬、发放奖品/奖金、提薪、提职等各方面的奖励。符合以下条例者,公司将通报表扬并给予500～100000元不等奖励,重大奖励一事一议,不设上限。

（一）奖励类型
1. 年度/月度先进奖:董事长奖、总裁奖、优秀基层管理奖、优秀员工奖、月度星级员工奖。

……

第六章　安全管理

安全是企业的生命线,确保安全是公司每一位员工的头等重任。每个公司都必须建立三级安全与消防检查等安全管理制度,并严格执行。为了保证宾客、员工和公司的生命财产安全,每位员工必须承担安全责任,严格遵守公司的安全管理规定,认真贯彻执行"谁主管谁负责,谁在岗谁负责,谁操作谁负责"的岗位安全责任制。

一、安全重点

(一)防恐防暴工作

……

第七章　接待规范

接待是企业的生产力,公司全体员工都是公司形象的代表,每一位员工都应熟悉基本的接待礼仪,树立良好的接待意识。在重要接待中,应建立专人负责制,提供一对一的接待标准,并请注意以下几点。

1. 有宾客来访时,应遵循诚恳热情、讲究礼仪、细致周到、按章办事、保守秘密的待客原则。

2. 接待来访宾客前,须与来访宾客确认来访人员、人数及车辆,提前做好入园安排、车位预留等,提前到门口迎候并做好相应接待服务工作。

……

附则

1. 根据公司发展需要特制订本《员工手册》,本手册于2015年6月1日起生效,同时原《员工手册》废止。
2. 本手册的第五、六、七章亦适用于公司的实习生和劳务人员。
3. 请各公司及外包单位组织员工进行学习并遵照执行。
4. 公司对制度的修订及完善,届时将以补充文件形式下发。

员工承诺书

今我收到《员工手册》,已了解《员工手册》的全部内容,并愿意自觉遵守。若违背该《员工手册》及公司的规章制度,我愿意承担由此引起的相关责任。同时,我将妥善保管《员工手册》,离职时交回公司。

特此签名。

姓　　名:

身份证号码:

部门/岗位:

年/月/日:

第二节 旅游景区人力资源管理

旅游景区资源中,人力资源是一项很重要很宝贵的资源。景区人力资源是指景区内外具有劳动力的人的统称,其中,以景区管理者和员工为主体。景区人力资源管理是指旅游景区对本企业的"人"进行管理,通过工作分析、人力资源规划、所需人员的招聘选拔、绩效考核、员工激励、人才培训与开发等一系列手段来提高员工的工作水平,最终实现景区发展目标的一种管理行为。在旅游景区人力资源管理过程中,景区不仅会用人,还要会选人、育人、留人,形成一个优秀的组织机构。

一、景区员工招聘

(一)员工招聘的概念

员工招聘是旅游景区运用人力资源的开端,景区的人力资源运用要以一定的数量和质量的人才储备为基础,成功的员工招聘为景区组织员工管理工作的顺利开展奠定了基础。

员工招聘是企业为实现目标和完成工作任务,由人力资源部和用人部门按照科学的方法,运用先进的手段,选拔岗位所需的人力资源的过程。招聘是旅游景区人力资源管理开展的首要工作,其完成质量的好坏直接关系着景区能否得到合适的员工,是搭建有战斗力的团队的基础。在实际工作中,员工的招聘工作是景区与员工之间的双向选择的过程。

(二)员工招聘的原则

员工招聘的最直接的目的就是景区获得所需的人,降低招聘成本,规范招聘行为,确保到岗人员的质量。因此,无论准备招聘的人员数量是多少,无论招聘工作是由企业内部人力资源完成还是委托外部机构完成,都必须遵循一定的原则,才能确保整个招聘过程的有效性。

1. 合法性原则

我国的《宪法》《劳动法》以及相关的政策、法规都在保障劳动者的就业方面做了相应的规定,企业招聘过程中都必须严格遵守国家的法律、法规。

2. 全面原则

全面原则,是指企业尽可能地采用全方位、多角度的评价方法来评定候选人的优劣势,而不是靠第一感觉、印象,甚至是与自己的亲密程度来筛选候选人,全面原则有利于企业找到更加合适的候选人。

3. 公平、公开的原则

公开原则即把招聘单位、职位名称、招聘人数、任职资格、招聘方式与流程、工作内容、工作时间等信息进行公开发布。公平原则就是一视同仁,不会人为地制造各种不平等的限制条件和不平等的优先优惠政策。

4. 考核择优原则

一般来说,选聘候选人时应尽可能地选择高素质、高质量的人才,但是也不能一味强调高水平,应坚持能级相匹配和团队相融合原则。简而言之,就是选择最适合企业、适合本团队的候选人。

5. 效率优先原则

效率优先原则是指尽可能用最少的录用成本招聘到最合适的员工,选择最合适的招聘渠道和科学合理的考核方法。在保证及时有效地招聘到合适的人才的基础上节约招聘费用,避免长期职位空缺造成损失。换而言之,既不能为了招聘到合适的人才而不计成本或者增加不必要的费用,也不能为节约成本而招聘不到合适的人才。

6. 能级对应原则

人的能力有大小,技能有高低,招聘时应量才录用,做到人尽其才,用其所长,这样才能高效持久地发挥人力资源的作用。能力要和职位相匹配,把合适的人放到合适的岗位上去。

7. 竞争择优的原则

通过一系列的考核面试鉴别出候选人的优劣,为了选择更合适的人才,一方面要让更多的人参与面试选拔,另一方面要更科学合理地选拔候选人,最终招到优秀的人才。

(三)招聘渠道的选择

1. 内部选拔

(1)内部选拔的途径。

内部选拔的途径有内部提升(也称为内部竞聘)、内部调动、工作轮岗和返聘等。

(2)内部选拔的优缺点。

众多旅游景区的内部岗位选拔比例高达50%,甚至更多。因此,内部选拔的优劣势非常明显,其优势是激励性很强,适应快,费用低以及准确性高。内部选拔因选择范围较小,存在较多的不足之处:①被拒绝申请的员工会感到失落、不被认可,影响工作的积极性和稳定性;②在员工内部群体中引发妒忌、攀比以及拉帮结派的现象;③容易造成近亲繁殖,引发高层的不团结;④缺乏创新,缺乏新思想进入企业,影响企业的活动和竞争力。

2. 外部招聘

(1)外部招聘的途径。

①网络招聘,利用招聘网站(如51job、智联、猎聘、赶集网等)发布招聘信息,进行简历收集,通过在线测试后进行预约面试。

②员工推荐,当岗位出现空缺时,发动员工向公司推荐其亲戚、朋友、校友等,经过面试合格后进行录用。

③校园招聘,大学校园是高素质、有潜力人员的聚集地,是企业梯队培养的重要来源。

④职业中介机构/猎头猎聘,职业中介机构能快速地帮助企业选拔人才,节约时间,费用较低,但是人员素质普遍不高,适用于基层一线岗位。

猎头招聘适用于高级人才招聘,猎头公司专门为企业搜寻高级人才,可以多渠道地挖掘尚未有跳槽意向的高级人才,企业需按照人才的年薪支付高额的猎头费用,一般为年薪的

20%～30%。

⑤现场招聘,定期参加人才市场举办的现场招聘会,随着互联网的发展,现场招聘会的质量逐步下降,其优点是双方见面,可信度较高,费用低廉。

⑥广告招聘,是指通过自媒体、广播、行业出版物等媒介向公众传播企业招聘信息,其招聘手段传播范围广、力度大,但是效果不明显,录取成功率低。

(2)外部招聘的优劣势。

外部招聘的优势:①有利于平息和缓和竞争者之间的紧张关系;②带来新思想、新方法,能够为企业注入新的活力;③树立形象,可以通过外部招聘为企业树立良好形象;④可以规避涟漪效应中产生的各种不良反应;⑤有利于招聘到一流人才。

外部招聘的劣势:①选拔难度大,时间长;②外聘人员不熟悉企业的情况和企业运作的流程;③企业对候选人缺乏了解,用工风险较大;④对内部员工的积极性造成打击;⑤招聘成本大。不论招聘什么层次的人才,都需要相当高的招聘费用。

(四)面试

面试是企业筛选候选人主要的方法之一,是由一个人或对多个人发起的以收集信息和评价求职者是否具有被录用资格为目的的对话过程。

1. 面试的类型

(1)非结构化面试。

这种面试允许应聘者最大自由度地决定讨论的方向,而面试官尽量避免使用影响应聘者的评语。面试官可以问一些诸如"请你谈谈你的上次工作经历"之类的范围广、开放式的问题,并允许应聘者自由发挥而且尽量不被打断。在面试过程中,面试官听得很仔细、不争论、不打断或者突然改变话题。这种面试一般运用于高级管理人员。

(2)结构化面试。

结构化面试也称标准化面试,是根据特定的评价指标,运用特定的问题、评价方法和评价标准,严格遵照特定的程序,通过面对面交流,对应聘者进行评价的过程。具有如下特点:第一,根据工作岗位特点,设计面试问题,建立面试题库;第二,向所有面试者提同一类型问题,问题的内容和先后顺序都是事先设定过的。结构化面试不提假设性的问题,它更注重根据实际工作得出与工作相关的特性,面试人员知道应该提出哪些问题和为什么提该问题。

(3)情境面试。

在这类面试中,面试官给予应聘者一个假定的情境,并请应聘者进行回答。例如,提问:"当你的意见与上级领导不一致时,而且上级领导有明显错误的时候,你该怎么办?"

(4)行为描述面试。

与情境面试相似,只不过描述的是应聘者以往的真实经历。例如,考核一个市场经理开拓能力时会提问:"说说上次你是怎么把散客市场占比提高至20%的?"

2. 面试的方法

(1)一对一面试。

一对一面试是面试过程中最为常用的方法。

（2）小组面试法。

小组面试法也称无领导小组面试，该方法多运用于校园招聘，它有助于应聘者在参加小组讨论时展现个人的人际关系能力、领导能力、口头表达能力、思维逻辑性，该面试方法能为面试官节约时间。

（3）多对一面试法。

这种面试方法是由企业若干个代表作为面试官，一般为用人部门的部门经理、人力资源部经理以及分管领导共同参与面试。使用多人面试降低雇佣时的偏见，尤其是专业性较强的岗位，比较适合多对一面试法。

知识活页

旅游景区招聘信息

一、招聘岗位及人数

新媒体运营专员1名。

二、岗位要求

1. 广告传播、计算机、新闻或中文相关专业，全日制本科以上学历。
2. 熟练PS（图像处理）、网络技术，有一定的计算机基础。
3. 了解新媒体营销和传播方式，热爱社交媒体，对文化传媒、互联网前沿科技领域有浓厚的兴趣或一定的研究。
4. 文字功底扎实，具有一年以上运营或新媒体相关工作经历。
5. 责任心强，具有亲和力，良好的沟通能力以及团队精神。

三、岗位职责

1. 负责做好微信、微博等平台的日常维护和运营。
2. 采集研究网络热门话题，结合新媒体特征，对微信、微博内容进行调整和更新。
3. 负责微信、微博活动方案的策划、创意、执行、运营以及汇报和总结。
4. 负责微信、微博媒体资源的拓展，渠道的运营以及管理。
5. 完成上级指定的工作内容。

四、岗位待遇

年薪：××-××万元/年。

福利：五险一金、双休、工作餐、带薪休假、员工宿舍、绩效奖金、年终奖、带薪培训。

五、简历投递及联系方式

51job、××公司官方网站、猎聘网等均可投递简历。

联系人：谢女士。

联系电话：0571-×××××。

二、景区员工培训

随着旅游景区的快速发展，培训在旅游景区人力资源管理中占据越来越重要的地位，公司领导对培训的关注度也越来越高。旅游景区企业如何做好人才的储备，为景区企业发展提供不断的生产力，关键在于企业对员工潜能的开发和培训。

（一）旅游景区培训的类型及内容

1. 根据员工在景区工作的地点和内容变化进行划分

（1）岗前培训。

岗前培训也称新员工入职培训，岗前培训涉及的内容很多，首先是对景区概况、企业文化、人事制度、组织机构、奖惩制度、管理人员识别等方面进行培训，使新员工对景区有一个初步的了解。其次，对新员工进行岗位职责培训、工作态度培训、工作流程培训、工作内容培训，使新员工更快地适应新环境并开展工作。一般岗前培训分为两部分内容，即入职报到培训和岗前技能培训。

（2）针对岗位服务与管理过程中所出现问题的培训。

针对在岗位服务过程中所普遍存在的问题进行改正培训，具体是指在景区工作和管理过程中出现了由于工作人员知识或技能的欠缺，使景区服务出现一些不尽如人意的地方，给游客带来不好的印象，影响景区的正常经营。这时就要对相关人员进行相应的培训，改正错误，纠正缺陷，提高景区的服务质量、服务水平。

（3）服务方法、服务标准及景区产品变化时的培训。

如果景区的服务方法、服务标准及产品内容发生变化时，要对员工进行适应新服务方法和标准及新产品的培训。随着旅游业的发展，游客的品位、喜好不断变化，旅游产品不断推陈出新，景区也要针对这些变化进行一些相应的培训来适应旅游市场的需要，适应游客的需要。

> **同步思考**
>
> **入职报到培训和岗前技能培训分别包含哪些内容？**
>
> 理解要点：入职报到的培训内容包含景区企业的发展历史、企业组织架构、企业高层领导、企业文化、企业产品、景区企业制度、与工作相关的制度和流程、安全与保卫、周边生活环境、就餐等。
>
> 岗前技能培训包含各部门介绍、部门的作用、部门的组织结构、岗位设置及岗位的职责、劳动纪律、本岗位工作职责介绍、本部门参观学习、岗位工作技能的学习、设备正常使用及日常保养、成本控制、客人投诉处理技巧、紧急预案的演练及应对措施、工作质量要求、本岗位潜在的重大影响事件等。

2. 根据景区员工培训的具体内容划分

(1) 职业态度。

在服务行业,一个员工的工作态度很大程度上取决于他将来的工作效率和工作业绩。刚到岗位从事服务性工作,很大程度上与他所期望的工作有一定的差距,如果不通过培训的形式及时引导,可能会消极怠工,从而影响工作效率。通过职业态度的培训,让员工意识到自己在景区发展过程中的重要性,热爱自己的工作,爱岗敬业,从而提高整个景区的团队精神,为景区的发展打下坚实的基础。

(2) 职业技能。

职业技能主要是培训员工掌握技能和运用技能的能力。一个员工从事一个岗位,最基本的要求就是他要具有该岗位所对应的技能,才能完成领导交办的任务。新员工刚接触时需要进行培训,老员工虽然可能熟悉自己的岗位工作,但是随着社会的进步和景区的发展,也需要进行培训。此外,因为企业会经常引进新设备、新仪器,所以也需要进行培训。

(3) 职业知识。

职业知识主要是培训员工在工作岗位方面的文化知识,新员工的教育背景各不相同,培训职业知识可以让员工更深层次地理解自己的岗位职责,在工作中运用知识,开动脑筋,促进景区的发展,并在自己岗位上有所创新和突破。

(4) 职业习惯。

因旅游行业的特殊性,旅游产品分为两种,一种是有形的旅游产品,如旅游资源、旅游纪念品等,还有一种是无形的产品即旅游景区提供的服务,如果旅游景区工作人员有良好的职业习惯,有利于景区提升服务品质,从而树立良好的口碑。

(二) 培训的作用和意义

旅游景区人力资源培训是培育和形成共同的价值观、增强凝聚力的关键性工作,是提升员工服务水平、能力水准,达到人与事相匹配的有效途径,是激励员工工作积极性的重要措施,是建立学习型组织的最佳手段。

(三) 培训工作的流程

培训工作的流程包括四个阶段,即培训需求分析阶段、培训计划制订阶段、培训组织实施阶段和培训效果反馈阶段。

培训需求分析关系到培训的方向,对培训的质量起着决定性的作用。培训需求确定后,就应该根据这些需求制定培训目标,它可以指导培训内容、培训方法和培训评价方法的开发。对培训目标的陈述方式主要有三种:①知识目标,培训后受训者将知道什么;②行为目标,培训后受训者在工作中将做什么;③结果目标,通过培训最终获得什么样的结果。

培训计划的制订主要是完成培训内容和培训方法的制定,这两个方面相辅相成。培训目标制定后,具体的内容也可以随之确定,然后培训方式也可以相应地确定下来。在旅游景区的一些岗位技能培训中,"传帮带"即师傅带徒弟的方法使用普遍,比如景区的导游岗位、售票类岗位等,这种方法节约成本,效率更高。

三、景区员工考核

员工考核是指景区对员工的行为、表现等是否符合管理者期望的评估管理活动。通过考核可以看出员工对本职工作的态度、能力和业绩,以达到提高员工工作业绩的目的。可以为工资、奖励、升降、调动、聘用与教育培训提供人力资源信息与依据,还可以加强上下级之间的沟通,进一步引导、激励和管理员工。但是景区作为一个综合单位,有着不同性质的岗位,考核起来比较困难。因此,景区本着公开、公正的原则,根据岗位的职责和要求确定考核的内容,并对考核的内容进行量化,最终将考核结果直观地反映出来。

(一) 考核的方式

1. 上级评议

上级评议是指员工的直接上级领导者对员工工作的评议。管理者为员工的直接的任务分配者和工作监督者,可以实事求是地对员工的工作进行评议。

2. 同事同级评议

同事同级评议主要是指同事之间的相互评议,同事之间存在着相互协作的关系,可以相互评价,但是这种评价可能存在着一定的主观色彩。

3. 下级评议

作为景区管理者的一员,不仅要接受上级领导的评议,也要接受下级的评议。

4. 自我鉴定

自我鉴定是在一定时间段内,员工根据自己的工作表现所做的自我评定,这个也是考核的主要方式之一。

5. 游客评议

景区内大部分员工服务的对象是游客,游客直接享受着员工的服务,因此,游客的评议具有很强的说服力,游客的满意度可以更加客观公正地反映景区员工的工作结果。

(二) 考核的办法

景区员工考核是景区人力资源部或者业务主管部门依据工作目标及其相关规定,对员工的工作行为和工作进程进行的有序的、系统的、科学的分析与评价,从而公平地确定被考核员工在企业中的价值。一般来说,景区员工考核一般有以下三种办法。

1. 相对评价法

(1) 序列比较法。

序列比较法是按照员工工作的成绩好坏进行排序考核的一种方法。在考核之前,首先要确定考核的模块,但是不确定要达到的标准。然后,将相同职务的所有员工在同一考核模块中进行比较,根据他们的工作状况排列顺序,工作较好的排名在前,工作较差的排名在后。最后,将每位员工几个模块的排序数字相加就是该员工的考核结果。总数越小,绩效考核成绩越好。

(2) 相对比较法。

相对比较法是对员工进行两两比较,任何两位员工都要进行一次比较。两位员工比较之后,相对好的员工记1,相对较差的员工记0。所有的员工相互比较完毕后,将每个人的得分相加,总分越高,绩效考核成绩越好。

2. 绝对评价法

(1) 目标管理法。

目标管理法是通过将组织的整体目标逐步分解至个人目标，最后根据被考核人完成工作目标的情况进行考核的一种绩效考核方式。在开始考核之前，考核人和被考核人应该对需要完成的工作内容、工作期限、考核的标准达成一致。在时间期限结束时，考核人根据被考核人的工作状况及原先制定的考核标准进行考核。

(2) 关键绩效指标法。

关键绩效指标法是以企业年度目标为依据，通过对员工工作绩效特征的分析，来确定反映企业、部门和员工个人一定期限内综合业绩的关键量化指标，并以此为基础进行绩效考核。

(3) 等级评估法。

等级评估法根据工作分析，将被考核岗位的工作内容划分为几个相互独立的模块，在每个模块中用明确的语言描述完成该模块工作需要达到的工作标准。同时，将标准分为几个等级，如优秀、良好、合格、不合格等，考核人根据被考核人的实际工作表现对每个模块的完成情况进行评估，总成绩便为该员工的考核成绩。

(4) 平衡记分卡。

平衡记分卡从企业的财务、顾客、内部业务过程、学习和成长四个角度进行评价，并根据战略要求给予各指标不同的权重，实现对企业的综合测评，从而使管理者能整体把握和控制企业，最终实现企业的战略目标。

3. 描述法

(1) 全视角考核法。

全视角考核法也称360度评价法，即上级、同事、下属、被考核者本人和顾客对被考核者进行考核的一种方法。通过多维度评价，综合不同评价者的意见，则可以得出一个全面、公正的评价。

(2) 重要事件法。

重要事件法是指考核人在平时注意收集被考核人的重要事件，这里的重要事件是指那些会对部门整体工作绩效产生积极或消极的重要影响的事件，对这些表现形式形成书面记录，据此进行整理和分析，最终形成考核结果。

绩效定量管理法正是在不同时期和不同的工作状态下，通过对数据的科学处理，及时、准确地考核，协调落实收入、能力、分配关系。

同步案例 集团全员月度绩效考核方案

月度绩效考核既和公司的经营业绩挂钩，更与员工本人的绩效紧密联系。全员月度绩效考核方案实施两年多来，基本达到了及时、全面、公正的月度绩效考核及评估效果，起到了肯定成绩、发现问题，促进工作效率的提升和个人的成长的目的。

为了更加精确化、科学化地实施绩效考核方案，结合各公司的实际情况，现对绩效考核方案进行修订如下。

一、绩效考核对象

正式员工至公司/部门负责人；实习期在6个月以上的实习生，实习满3个月后各公司可根据需要参与绩效考核。

二、绩效考核工资构成

1. 员工级别核定绩效工资。
2. 主管级以上管理人员核定绩效工资。

主管：×元。

副经理：×元。

经理/副总监/总监：×元。

三、绩效考核形式

绩效考核分为量化考核和非量化考核两种。

（一）量化考核

量化考核的绩效工资与该岗位完成的工作量紧密挂钩，体现多劳多得、数量和质量兼顾的考核原则。量化考核涉及的岗位包括平面设计、车队、招商、餐饮部。详见各岗位具体考核细则。

（二）非量化考核

除上述的量化考核岗位之外，其余岗位均采用非量化考核。该类岗位的绩效工资与企业经营业绩及个人岗位绩效相挂钩。

四、各公司非量化岗位绩效考核办法

非量化岗位绩效工资由所在公司当月经营业绩考核和个人任务绩效考核两部分构成，经营部门人员两部分考核比例分为50%与50%，后台非经营性人员两部分考核比例为30%与70%。

（一）经营业绩绩效考核办法

经营业绩绩效考核是指公司每月的经营业绩与员工绩效工资挂钩，绩效工资按照当月经营业绩的完成情况，按规定比例进行核定。

当各经营部门当月业绩完成超出100%，根据超出比例给予绩效奖励。当月绩效完成率在101%～105%时，绩效考核系数为150%；业绩完成率在106%～110%时，绩效考核系数为200%；经营业绩完成率在111%～130%时，绩效考核系数为300%；超出130%部分业绩作为留存处理，有留存月份按照留存额度补足未完成的最低月份，如全年均完成经营指标，超出部分用于补足完成经营指标最低月份，且不得拆分。

（二）个人岗位绩效考核办法

主管级以上管理人员月度绩效考核结合月度述职报告进行。

员工月度绩效考核以本岗位的绩效任务书进行。绩效任务书由任务绩效和能力绩效构成，任务绩效以岗位职责为出发点，设置日常工作任务考核指标，指标需简单、明确、重点突出，5～10项即可。能力绩效考核指标主要对被考核人员工作态度、工作责任心等方面进行综合评价,总分值不超过个人绩效的10%。

另特设特殊事项及奖惩,本月度有重要工作成果或重大工作失误均在该项体现。个人岗位绩效考核系数说明如下。

(1) 主管级以上管理人员个人岗位绩效考核分值设定为100分,每月根据实际考核得分计算个人绩效考核工资。当管理人员个人绩效得分为91(含)~100分时,绩效考核工资为绩效工资的100%;得分为81(含)~90分时,绩效考核工资为绩效工资的90%;得分为71(含)~80分时,绩效考核工资为绩效工资的70%;得分为60(含)~70分时,绩效考核工资为绩效工资的50%;得分低于60分时,绩效考核工资为绩效工资的0%。

(2) 员工级人员个人绩效考核分值设定为100分,每月根据实际考核得分计算个人绩效考核工资。当员工个人绩效得分为96(含)~100分时,绩效考核工资为绩效工资的100%;得分为91(含)~95分时,绩效考核工资为绩效工资的90%;得分为81(含)~90分时,绩效考核工资为绩效工资的70%;得分为60(含)~80分时,绩效考核工资为绩效工资的50%;得分低于60分时,绩效考核工资为绩效工资的0%。

注:行政类员工包括行政文员、平面设计、文案策划、HR(人力资源)专员、宿舍管理员、会计、出纳、审计、采购等。

五、考核的程序

1. 员工的直接上级为该员工的考核负责人,具体执行考核程序,考核结果最终由部门负责人核定后生效。

2. 考核结束时,考核结果需在本部门进行公布,以确保考核的公开、透明性。

3. 考核负责人须与员工本人单独进行绩效沟通,以达到绩效改进和提升的目的。

4. 具体考核步骤在各岗位的考核实施细则中规定。

六、绩效申述

员工在收到绩效反馈后,如对考核结果提出异议,可到所在公司人力资源部进行绩效申述,陈述意见看法,人力资源部进行核实调查。

七、补充说明

1. 公司当月发生重大安全事故(包括食品卫生、火灾、工程事故等)、重大投诉事件、媒体曝光,责任部门全体人员当月绩效考核工资为零,连带责任部门酌情扣罚。

2. 员工岗位工作内容发生变化需调整岗位绩效标准时,需提前到人力资源部报备后,方可调整绩效考核标准。

3. 员工事假7天(含)以上、病假15天(含)以上,当月绩效工资为零。

4. 离职员工当月不参与绩效考核。

5. 员工转正时间在15日前,当月参与绩效考核后可套用转正工资;员工转正时间在15日后(含),则在次月参与绩效考核并套用转正工资。

八、本方案自××××年×月起执行,最终解释权归人力资源部。

××公司
××年××月

问题:本考核方案的积极作用在哪里?

四、景区员工激励

激励是通过外因调整内因,从而使被激励者的行为向提供激烈者预期的方向发展。作为景区的管理者来说,为了能让员工积极投入,使员工变得更加有雄心和斗志,一个重要手段就是激励。有效的激励有助于景区吸引人才,有助于实现组织目标,可以提高员工的工作效率与业绩,同时也有利于员工素质的提高,最终的目标就是组织目标与员工目标的共同实现。可以根据员工的工作要求不同、素质不同等制定不同的激励方式,日常管理过程中主要采用以下几种方式。

(一)薪酬激励

薪酬作为一种激励因素,在现实社会中,其作用不容忽视。在景区人力资源管理过程中,薪酬激励通过可变工资、奖金或者其他鼓励性薪酬等形式来实现。第一,对于不同层级的人,薪酬激励的作用是不一样的;第二,只有得到的薪酬激励与目前个人收入相比有较大的差距时,薪酬才能起到激励作用。

(二)奖惩激励

奖惩激励即员工的工作行为通过奖励或者处罚作为激励员工的手段。当员工为景区做出贡献或者工作出色时,不论他是骨干还是一线员工,不论是文凭高低还是能力高低都应平等地得到奖励。这种奖励可以是通过金钱的形式,也可以通过物质奖励、旅游奖励、培训进修奖励等一切有利于激励员工工作积极性的方式。

(三)目标激励

旅游景区目标是一面号召员工的旗帜,是景区凝聚力的核心,能在理想和信念层次上激励全体员工。因此,旅游景区在进行目标激励时要注意把景区的目标和个人目标结合起来,保持景区目标与个人目标的一致性,让员工清楚地了解只有完成景区目标才能实现个人目标。在设置目标时一定要注重目标的数据量化,难易程度合理,让员工参与,有仪式感。

(四)授权激励

授权激励是给员工一定的领导角色和管理权限。授权激励不仅能有效地激励员工,还有助于识别未来的备选人才。让员工主持会议,或让员工担任讲师进行技能和知识的共享;委派员工外出培训或者参观考察,结束后回到岗位上进行分享和转训。授权就是让员工在工作中承担责任,拥有自主权,能够按自己的方式完成任务。这样可以使员工放开束缚,释放更大的工作热情。

(五)晋升激励

晋升激励是指景区管理者将工作能力强、表现优秀的员工委以重任。此种激励可以有效调动被委任员工工作的积极性，同时给周围的员工树立榜样。但是晋升激励有着一定的难度，因为管理者在选择人才的时候也要把握一定的原则，晋升的员工一定要有高度的责任心，并有优秀的管理能力、良好的人际关系和十足的干劲。

晋升是对员工工作能力和态度的一个肯定，同时有利于把有用的人才放到合适的位置上。

（六）情感激励

情感对员工的工作积极性及人际关系、工作绩效具有重要的影响。情感激励是管理者利用人际沟通来实现管理者与员工、员工与员工之间的信息和情感交流，以使彼此较好地理解和合作。这种激励被认为是柔性的，是一个非常重要的人力资源管理措施。因此，旅游景区管理者在进行人力资源管理时要以真挚的感情，通过增强管理者与员工之间的情感联系和思想沟通满足员工的心理需求，从而形成和谐的工作氛围，以此来激发员工的工作积极性、主动性和创造性。

（七）股权激励

股权激励是对员工进行长期激励的一种方法，属于期权激励的范畴。是企业为了激励和留住核心人才，而推行的一种长期激励机制。有条件地给予激励对象部分股东权益，使其与企业结成利益共同体，从而实现企业的长期目标。

股权激励是一种通过经营者获得公司股权形式，使他们能够以股东的身份参与企业决策、分享利润、承担风险，从而勤勉尽责地为公司的长期发展服务的一种激励方法。现阶段，股权激励的模式主要有股票期权模式、限制性股票模式、股票增值权模式、业绩股票激励模式和虚拟股票模式等。股权激励是现代企业中较为常见的一种激励方式，主要在创业型公司和大型上市公司中使用较多。

第三节　旅游景区员工关系管理

从广义上讲，员工关系管理是在企业人力资源体系中，各级管理人员和人力资源职能管理人员，通过拟订和实施各项人力资源政策和管理行为，以及其他的管理沟通手段调节企业和员工、员工与员工之间的相互联系和影响，从而实现组织的目标并确保为员工、社会增值。从狭义上讲，员工关系管理就是企业和员工的沟通管理，这种沟通更多采用柔性的、激励性的、非强制的手段，从而提高员工的满意度，支持组织其他管理目标的实现。其主要职责是协调员工与管理者、员工与员工之间的关系，引导建立积极向上的工作环境。

员工关系管理是企业人力资源部门的重要职能之一，良好的员工关系可以使员工在心理上获得一种满足感，有利于提高其工作意愿和积极性，也在一定程度上保障企业战略和目标的有效执行。可以说，员工关系是影响员工行为态度、工作效率和执行能力的关键因素，值得企业管理者高度关注和重视。

一、景区员工成长沟通管理

沟通是指员工将信息传递给对方，并期望对方对工作做出相应反应的过程，我们做的任何一件事都需要沟通。在景区管理过程中，对员工的成长沟通是人力资源重要的工作内容之一。

据烽火猎聘数据显示，员工成长沟通可以细分为入司前沟通、岗前培训沟通、试用期间沟通、转正沟通、工作异动沟通、定期考核沟通、离职面谈、离职后沟通管理八个方面，从而构成一个完整的员工成长沟通管理体系，以改善和提升人力资源员工关系管理水平，为公司领导经营管理决策提供重要的参考信息。

（一）入司前沟通

1. 沟通目的

重点对旅游景区的基本情况、企业文化、景区目标、经营理念，所竞聘岗位的工作性质、工作职责、工作内容，加盟公司后可能遇到的工作困难等情况进行客观如实介绍，达到以企业理念凝聚人、以事业机会吸引人、以专业化和职业化要求选拔人的目的。

2. 沟通时机

在招聘选拔面试时进行。招聘主管负责对企业拟引进的中高级管理人才进行企业基本情况介绍等初步沟通，对拟引进的一般职位负责完成入司前沟通，对拟引进的中高级管理人才，人力资源部经理和公司主管领导完成入司前沟通。

（二）岗前培训沟通

对员工上岗前必须掌握的基本内容进行沟通培训，以掌握旅游景区的基本情况，提高对企业文化的理解和认同，全面了解景区管理制度，知晓景区员工的行为规范，知晓员工本职工作的岗位职责和工作考核标准，掌握本职工作的基本工作方法，以帮助员工比较顺利地开展工作，尽快融入企业，度过磨合适应期。

（三）试用期间沟通

1. 沟通目的

帮助新员工更加快速地融入企业团队，尽量给新员工创造一个合适、愉快的工作环境，即使新员工最终试用被淘汰了，公司也付出了努力，属于员工自身的责任。

2. 沟通责任者

人力资源部、新员工所属直接和间接上级。人力资源部主要负责对部门管理人员进行试用期间的沟通；部门管理人员以外的新员工沟通、引导原则上由其所属上级负责。

3. 沟通频次要求

（1）人力资源部。

新员工试用第一个月：至少面谈 2 次（第一周结束时和第一个月结束时）。

新员工试用第二、三个月(人司后第二、三个月):每月至少面谈1次,电话沟通1次。

(2) 新员工所属直接上级。

可以参照人力资源部的沟通频次要求进行。

4. 沟通形式

除面谈、电话、微信等方式外,人力资源部还应不定期地组织新员工进行座谈,可与新员工岗前集中培训结合进行。

(四) 转正沟通

1. 沟通目的

根据新员工试用期的表现,做出是否转正的建议或意见。建议同意转正的,应指出工作中存在的不足、今后的改进建议和希望;不同意转正辞退或延长试用期的,应中肯地分析原因和提出今后改进建议。

2. 沟通时机

(1) 人力资源部。

在审核部门员工转正时,并形成职能部门意见。

(2) 新员工所属直接上级。

在进行新员工转正评价时,并形成部门意见。

(五) 工作异动沟通

1. 沟通目的

使员工明确工作异动的原因、目的,新岗位的工作内容、责任、挑战及希望,以使员工比较顺利地融入新岗位,同时以期达到员工到新岗位后更加愉快、敬业地工作的目的。

2. 沟通时机

(1) 人力资源部。

在决定做出后正式通知员工本人前。

(2) 异动员工原部门直接上级。

在接到人力资源部的员工异动决定通知后立即进行。

(3) 异动员工新到部门直接上级。

在异动员工报到上岗之日进行,相当于新员工的入职引导和岗前培训沟通。

(六) 定期考核沟通

根据级别不同、工作性质不同,考核周期有月度考核、季度考核、半年度或年度考核,管理人员可以结合员工绩效考核周期进行沟通。沟通的内容主要涉及本考核周期内工作的主要业绩、亮点,存在的问题,待改进方面,下一阶段的工作目标。

(七) 离职面谈

1. 沟通目的

本着善待离职者的原则,对于主动离职的员工,通过离职面谈了解员工离职的真实原因以便公司改进管理;对于被动离职的员工,通过离职面谈提供职业发展建议,不让其带着怨恨走；诚恳地希望离职员工留下联系方式，以便跟踪管理。

2. 沟通时机

第1次：得到员工离职信息时或做出辞退员工决定时。

第2次：员工离职手续办好准备离开公司的最后一天，一般安排在结账前，因为此时离职员工再无任何顾忌，容易讲真话。

3. 离职面谈责任人

原则上由人力资源部和员工所属部门负责人共同组织。

（1）第1次离职面谈。

对于主动提出辞职的员工，员工直接上级或其他人得到信息后应立即向其部门负责人和人力资源部人力主管反映（人力资源部落实专人负责员工关系管理），拟辞职员工部门负责人应立即进行离职面谈。

（2）第2次离职面谈。

对于最终决定离职的员工，由人力资源部进行第2次离职面谈。第2次面谈应有技巧地让离职员工自愿留下联系方式，以便跟踪管理。

4. 离职原因分析

离职原因分析每月应定期进行1次，由人力资源主管负责完成，报人力资源部经理和分管领导，以便改进人力资源管理工作。

（八）离职后沟通管理

1. 管理对象

属于中高级管理人员、关键核心人员或具有发展潜力的骨干员工，并且不是因人品、工作失职等原因主动离职，同时属于企业希望其"吃回头草"的离职员工。

2. 管理目的

通过诚心、真心的关心，建立友善的终身关系，使其能成为企业外部可供开发的人力资源，更是企业文化、企业形象的正面宣传窗口。

3. 管理方式

人力资源部负责员工关系管理的人力资源主管应建立此类员工的离职后续管理档案，管理对象视所在景区的规模而定，档案内容至少应包括离职去向、离职原因、联系方式、后续追踪管理记录等。

二、景区员工冲突管理

从心理学角度来看，冲突是指几种动机同时存在并相互斗争的心理状态；从人事管理的角度来看，冲突是个人或群体在实现目标的过程中，受到挫折时的社会心理现象，因而，冲突可以说是一方感到另一方损害了或打算损害自己利益时所开始的一个过程。

（一）冲突的形成

了解冲突的形成原因，有利于管理者看到冲突产生的本质，从而更好地对冲突进行管理。在一个组织的日常活动中,存在许多导致冲突的潜在根源,主要有以下几个方面的原因。

1. 个性差异的因素

个性是指个体对于现实中客观事物的经常、稳定的态度以及表现出来的行为方式,包括性格和气质两个方面。世界上不存在个性完全相同的两个人,每个人都有自己独特的风格。因此,组织内部成员个性特征的差异是导致冲突的重要原因,组织内部员工对于工作的不同态度,以及行为方式的差异,使组织内部的冲突不可避免。

2. 企业内部资源的有限性

个体、群体与组织的发展始终离不开资源的支撑和利益的驱动。企业内部职位、资金等资源是十分有限的,这常常使企业内部出现"狼多肉少"的局面,组织内部成员为了维护各自利益、满足自身需要,势必会对有限的资源展开激烈的争夺,这样企业内成员之间的冲突在所难免。

3. 价值观的差异

价值观是指一个人对周围的客观事物(包括人、事、物)的意义、重要性的总评价和总看法。具有不同价值观的主体之间对同一事物或行为具有不同的价值取向和价值判断标准。价值观的差异是普遍存在的,与其他经济利益冲突不同,价值观的冲突通常不容易协调。

4. 角色的不同

组织中的个体,由于承担的角色不同,各有其特殊的任务和职责,从而产生不同的需要和利益。因为在彼此的工作表现上有利害关系,所以人们在工作中对同事或上下级,哪些该做、哪些不该做,都有自己的一套看法。冲突常会因为角色的压力和对彼此的期望不同而产生。

5. 职责划分不清

组织内部职责划分不清容易使不同岗位员工之间产生工作推诿或随意插手的现象,为组织内部冲突埋下隐患。一般情况下,群体规模越大,任务越专门化,则越可能出现冲突;由谁负责活动的模糊性程度越高,冲突出现的潜在可能性就越大;管辖范围的模糊性也增加了成员之间为控制资源和领域而产生的冲突。

6. 沟通不畅导致信息不完全

沟通是组织管理的重要职能之一,不同的组织结构划分又会影响沟通的方式与效果。由于强调组织功能的实现,一个完整的企业组织被分割成生产、采购、营销、财务等许多部门,这种分割不可避免地导致了企业信息沟通过程中的不畅或误解,从而导致信息的不完全,造成员工或部门之间的隔阂,引发组织冲突。

7. 组织文化因素

组织文化是组织内成员共同认可的,被组织内部成员广泛遵守的价值判断和行为方式的总和。如果一个组织的文化氛围推崇组织的整体性,鼓励彼此尊重和信任,提倡相互合作、公平待人,那么在组织中冲突的建设性结果就会得到彰显;反之,冲突的破坏性结果就会遍布组织的各个角落。

（二）管理者应对员工冲突的原则和相应措施

冲突管理是为了实现个人或群体目标而对冲突进行协调解决的过程，其目的是将企业整体目标与个人或群体目标相统一。按照自己和他人关心点的不同满足程度，将处理冲突的策略划分为竞争、回避、迁就、妥协、合作五种类型。不同冲突策略的选择所得到的结果是不同的，对组织目标的实现和未来的发展也具有重要影响。

1. 管理者处理员工冲突应遵循的基本原则

（1）正确认识冲突的作用。冲突在管理中是不可避免的，正确地解决与引导冲突可以为组织目标的实现发挥重要的作用。

（2）充分发挥个人的主观能动性。冲突的主体是人，企业管理者在冲突的处理过程中必须认真研究员工的心理、个性，确定冲突双方的分歧所在，合理有效地解决冲突。

（3）权变原则。权变的管理原则要求管理者在处理冲突时要因时制宜，具体问题具体分析，防止定势思维、先入为主，以达到更有效、更合理地处理员工冲突的目的。

（4）公平原则。员工感到不公平通常是产生冲突的重要原因，因此，要求管理者在处理冲突的过程中做到公平、公正，防止冲突的进一步恶化。

2. 管理员工冲突的措施

（1）提高管理人员的素质和技能。组织内部的冲突很多与管理者自身素质有关，管理人员的素质和管理水平不仅影响冲突发生的频率，而且对冲突的解决效果具有重要影响。

（2）对员工的岗位职责进行清晰定位，建立完善的企业制度，促进企业内部员工公平竞争。

（3）建立顺畅的企业内部沟通渠道，形成员工冲突的处理、反馈机制。员工与组织之间信息的不完全常常是引起冲突的重要原因，因而建立顺畅的沟通渠道对于避免和解决冲突具有重要作用。

（4）建立职工抱怨制和工作轮换制。员工抱怨制度是将公司员工在旅游景区所产生的不满和围绕劳动合同、就业条例等产生的劳资纠纷，交由二者共同组成的自主协调组织来处理，以求将冲突迅速合理解决的制度。工作轮换制，即在工作流程不受较大影响的前提下，让企业员工从一个工作岗位换到另一个工作岗位，这种措施有利于不同部门、不同岗位的人员增加相互间的了解，促进双方坦诚交流，减少冲突。

（5）防患于未然，制定冲突预警和应急机制。进行冲突形成机制分析，预防冲突的发生，把冲突消灭在萌芽状态，是冲突管理的上策。由于冲突爆发的时间、地点、条件、环境等难以完全预测，具有突然性，因此，作为管理者，应协助公司高层制定冲突的预警和应急机制。

（6）适时适度激发冲突，保持企业活力。管理者在进行冲突管理时要对可能发生的破坏性冲突及时处理并尽可能淡化，此外，管理者应积极引导冲突向有利于组织发展的方向转变，并激发建设性的组织冲突，增加企业的活力和创造性。

（7）塑造良好的企业文化。通过塑造企业文化，培育组织内在的共同价值观，强化信息交流，增加共同的行为判断准则，突破以自我为中心和局部小团体的狭隘意识，树立组织整体意识，以健康向上的企业文化规范和引导企业成员的行为，形成一种企业组织整体合力，从而极大地减少破坏性组织冲突的产生，提高企业组织管理的效率。

教学互动

情景模拟：无领导小组面试

1. 概念

无领导小组面试是指由一定数量（8～10人）的一组被评人，在规定时间内就给定的问题进行讨论，讨论中各个成员处于平等的地位，并不指定小组的领导者或主持人。通常，被评人通过讨论得到一个全体成员一致认为的用于问题解决的决策方案。

2. 目的

评价者通过被评人在讨论中的语言及行为的观察，评价被评人的领导能力、人际沟通技巧、主动性、口头表达能力、说服力、自信心等。一般情况下，无领导小组讨论都要进行录像，然后评价人员根据录像内容进行评分。

3. 流程

（1）自我介绍环节，时间为8～10分钟（平均1分钟/人，可按人数来确定）。

（2）阅读案例及案例讨论阶段，共20分钟，两环节间不分别做严格时间限定。

（3）总结陈述，时间为3分钟。

（4）现场面试官进行补充提问（非必须，结合现场情况确定）。

4. 讨论题目

单位（外企）经费紧张，现只有20万元，要办的事情有下列几项：

（1）解决办公打电话难的问题。

（2）装修会议室大厅等以迎接上级单位委托承办的大型会议。

（3）支付职工的高额医疗费用。

（4）五一节为单位职工发些福利。

很明显，20万元无法将这四件事情都办圆满，如果你是这个单位的分管领导，将如何使用这笔钱？

本章小结

内容提要

本章讲述了景区组织机构设置、景区的人力资源管理和员工关系管理三部分内容。

本章首先介绍了组织机构的设置、组织机构的管理等，其次重点介绍了景区人力资源管理中招聘、培训、考核和激励四个板块内容，最后介绍了员工关系管理中的员工成长沟通管理和冲突管理。

核心概念

组织机构；招聘；培训；考核；授权激励；员工成长沟通；冲突管理

第十章 旅游景区组织与人力资源管理

> **重点实务**
>
> 景区组织架构的设置;员工冲突管理。

> **知识训练**

一、简答题

1. 旅游景区招聘有哪些渠道和途径?
2. 旅游景区进行授权激励时要遵循哪些原则?
3. 管理员工冲突的措施有哪些?
4. 旅游景区员工成长沟通包含哪几个方面?

> **能力训练**

一、自我介绍

自我介绍是面试中必备的环节,也是面试官对应聘者的第一印象,所以自我介绍显得尤为重要。

要求:1. 邀请同学进行2分钟的自我介绍。

   2. 教师要控制好时间,介绍完后进行点评。

二、案例分析

如何对待恃才傲物的员工

恃才傲物是有普遍性的,因为有才者一般都认为自己比他人、比领导聪明,所以当他的顶头上司管理他时,他内心有一种逆反情绪,这就是管理者常说的"不服管",进而管理者也往往带着情绪和偏见来管理这样的员工。某家企业就发生过这样一件事。

一位业绩突出的员工,认为一项具体的工作流程是应该改进的,她也和主管包括部门经理提出过,但没有受到重视,领导反而认为她多管闲事。一天,她就私自违反工作流程进行改变。主管发现了,就带着情绪批评了她。而她不但不改,反而认为主管有私心,于是和主管吵翻了。主管反映到部门经理那里,经理也带着情绪严肃批评了她,她置若罔闻。于是经理和主管决定严惩,但这位员工拒不接受,随即旷工一天,以示不满。最后,部门经理不得不把问题报告到老总那里。

老总分别与员工和她的上级领导谈了话。由于采取了适当的处理方法,原本"不服管"的员工不仅心服口服地接受了处罚,还改变了原来的傲慢情绪,积极配合主管的工作,工作热情大增;主管和经理也认识到自己在管理中存在的问题,及时调整了工作方法、改进了工作流程,一场冲突最终得以圆满解决。

问题:

1. 你认为在以上案例中存在哪些冲突和问题?
2. 如果你是案例中的部门领导、公司高层,你会怎样处理这些冲突?
3. 结合实际工作,谈谈你在预防冲突、解决矛盾方面有何经验或建议。

第十一章
旅游景区设施设备管理

学习目标

通过本章学习,应当达到以下目标:

职业知识目标:通过学习旅游景区设施设备的概念和含义,掌握旅游景区设施设备的类型、维护保养的主要内容;理解相关设施设备管理的规章制度、工作流程;熟悉制订相关设施设备的检查、保养、维修计划。

职业能力目标:运用本章专业知识研究相关案例,树立旅游景区设施设备安全管理、定期维修、按期保养管理观念,熟悉设施设备操作管理流程,理解各类设施设备的规章制度、工作流程以及设备检查保养计划。

职业道德目标:结合本章的教学内容,依照设施设备安全管理规范或标准,做好设施设备管理工作,强化职业安全意识。

引例:过山车停半空,游客倒悬20分钟

背景与情境:2016年3月19日,北京欢乐谷景区过山车项目运行时停在半空,20多名游客倒挂悬空近20分钟。

过山车上升时停止 半空中游客翻转朝下

多名微博网友称,北京欢乐谷景区过山车项目运行时停在半空,游客悬空。据网络图片显示,过山车整个翻转朝下,停在轨道中间,悬挂半空。

目击者称,下午3点半左右,过山车正在上升时突然停住,乘坐的游客身体朝下,停在空中。

多名当事游客表示,过山车项目名称为"水晶神翼",共有7排座位,几乎坐满游客。事发时,过山车正处于上升阶段,第一排座位已经到达最高点。

一名当事游客称,"突然就停住了,大家还以为有个缓冲过程,结果却一直不动,我们就一直倒悬在半空中。"

多名游客称,事发近20分钟后,所有游客被顺利疏导落地。

小鸟引发保护装置 落叶也曾引发过

北京欢乐谷市场部负责人称,此次事件是突发情况,并非因为设备的质量、故障问题。是因小鸟停在了轨道感应器附近,遮蔽了信号,引发自动保护装置,设备自动停止保护游客。

这名市场部负责人介绍,整个轨道有多个感应器,刚好小鸟停在了其中一个位置。不管是游客刚上车还是到达一定位置,一旦触发了感应器,设备都会立即停止运行。"设备都运行了10年左右,没出过什么问题,之前有一次是因为落叶落在感应器上,也导致了设备停运。"

近年欢乐谷的"停运"

2009年9月8日

欢乐谷"特洛伊木马"游乐设施在载客运行过程中突然停摆,10名游客被"卡"在6米高的空中。游客于当晚10点左右脱险。事故原因是温差变化导致设备不适,从而停摆自动保护。

2011年4月28日

欢乐谷游乐设施"特洛伊木马"即将结束一轮运转时,安全设备"压肩"无法开启,约30位游客滞留座位近20分钟。故障原因是电磁安全阀熔断,压肩未正常开启。

2011年10月3日

欢乐谷"极速飞车""报警"停止运行,排队几个小时的游客不满,甚至引发冲突。欢乐谷称设备故障,疏散排队人群玩其他项目。

2013年7月13日

欢乐谷"奥德赛之旅"突发设备故障,20名乘客乘船上升至10多米高后中途暂停,被困半空约10分钟。事故原因是供电系统临时发生故障。

(资料来源:http://news.sohu.com/20160320/n441141370.shtml.)

景区设施设备是为游客提供服务和娱乐的基本前提,设施设备的管理是景区有序运营、安全运营的保障。尤其是对于目前快速发展的主题公园来说,景区的设施设备管理尤为重要。

第一节 旅游景区设施设备概述

一、旅游景区设施设备的概念

旅游景区的设施设备是指构成景区固定资产的各种物资设施设备。它是提供旅游服务、进行经营服务活动的生产资料，是旅游景区从事经营活动及为旅游者提供服务或其他旅游产品的物质基础。

旅游景区设施设备是景区接待、服务游客的基本要素，是景区开展经营活动的必要条件。景区完善、良好的设施设备是游客安全、快乐游玩的前提，设施设备的品质、档次、管理直接影响景区的档次和游客的满意度，反映了景区的产品质量和整体形象。因此，景区设施设备的管理是旅游景区管理的重要内容。

二、旅游景区设施设备的分类

旅游景区设施设备类型多样，根据其用途，可将其分为旅游基础设施、旅游服务设施和娱乐活动设施三大类。根据特点和功能，还可具体划分（见表11-1）。

表11-1 旅游景区设施设备分类

设施大类	设施亚类	设施内容
旅游基础设施	道路交通设施	车行道、停车场、步行道、特殊交通道
	电力、通信设施	电力系统设施、预备供电系统、移动信号基站、宽带信息网络、电话服务点、邮政
	给排水、排污设施	蓄水系统设施、输水管道设施、排水系统设施、污水处理系统设施
	绿化环卫设施	树木、花卉、草坪、旅游厕所设施、垃圾箱、垃圾收集站、垃圾处理设施
	游览安全设施	监控服务中心、闭路监控设施、消防监控设施、消防设施设备、安全警告标志、危险地带防护设施、救护设施设备
旅游服务设施	服务接待设施	自动售票设施、智能闸机设施、旅游信息触摸屏、游客服务中心等
	导游导览设施	引导标志、导游全景图、导览图景物介绍牌、标识牌、旅游信息触摸屏、智能讲解系统等
	商业服务设施	商业网点建筑及商业服务设施，如出入口购物中心、购物点；餐饮建筑及餐饮服务设施；住宿建筑设施及服务设施，如酒店、民宿
娱乐活动设施	水上娱乐设施	浴场、游泳池、水上乐园、游船、游艇、垂钓池、漂流、竹筏
	陆上娱乐设施	游览车、速降、蹦极、攀岩、滑雪场、过山车等
	空中娱乐设施	热气球、滑翔伞、索道、小型飞机

三、旅游景区设施设备设立的标准

旅游景区设施设备因景区的类型不同而不同，管理要求也各有侧重，但是建设或设立的原则是品质性、娱乐性、便利性，所有的设计要在遵循游客便利的前提下进行，只有方便了游客，才能更好地开展经营活动。

(一)基础设施类

景区的基础设施是景区正常运营的关键,是完成旅游活动的基础保障,同时,与景区协调、人性化的基础设施是保证景区具有吸引力的重要因素。景区的基础设施主要包括道路交通设施、电力通信设施、给排水设施、绿化环卫设施、游览安全设施。

1. 道路交通设施

道路交通设施是连接贯穿景区,保证游客在景区正常合理流动的最普遍、最基本的设施,主要包括车行道、步行道、停车场和运输设施等。道路交通设施要求完善、布局合理、通行顺畅、安全便捷。道路交通设施及其建筑需美观,一般应仿造景区的建筑风格和特点来建设,与景区景观环境柜协调,与景区景观融为一体,有特色或有文化性。

（1）车行道。

车行道是景区内的主要干道,主要用于各景点间的游客运输和供应运输。景区内的车行道按照等级可以分为主行道和次行道。主行道以车辆行驶为主,一般要求人车分流。次行道车辆较少,车速较慢,一般可人车共用。车行道要求路面平整,无尘土,符合安全行车要求。车行道要求配备的设施有供游客上下车的站牌、根据道路交通情况设立的交通标识等。

（2）停车场。

停车场一般位于景区出入口的外围,随着国内自驾车旅游的兴起,对景区停车场的需求规模越来越大。景区要根据游客日流量、游客到景区所乘坐交通工具的方式、旅游旺季的停车位需求,按照"比平季略高,旺季可调剂"的原则综合考虑停车场建设的大小,停车场的地面可分为建设生态化地面、沙砾地面、泥土地面等。景区停车场要求平整、坚实,需设立停车线、回车线,大型的停车场应进行分区,一般分为大车区和小车区,分别设立出口和入口,且不过于邻近。生态停车场、人车分流将是未来停车场建设和发展的趋势。图 11-1、图 11-2 所示为停车场人车分流设施和停车场指示标识牌。

图 11-1　停车场人车分流设施

图 11-2　停车场指示标识牌

（3）步行道。

步行道是游客参观游览的主要游线,其设计的便利性、美感度和清洁卫生等对游客的体验产生重要影响。步行道上的亭、台、廊是供游客休息的节点,椅子、凳子和垃圾桶等是步行道的必备设施。步行道的管理主要是日常保洁、路面维护、配套设备维护更新等。

（4）交通运输设施。

根据景区不同的地理环境和地形状况，景区内使用的交通工具也不尽相同，主要有电瓶车、索道、缆车、云梯、轿子、马帮、游船、漂流竹排、空中交通工具等。这些设施使景区内的观赏游览与空间位移同步发生，步移景异。可以说，富有特色的交通工具，增加了景区的吸引力。必须注意的是，景区内要采用清洁能源和环保动力的交通工具，设施的日常保养、检查、保洁是管理的重点。

2. 电力、通信设施

电力设施是景区其他设施的动力能源和夜间照明的能源，通信设施是景区内游客和管理者与外界联系的基本保证。因此，景区内设有保质、保量、安全可靠的供电、输电网，以及方便、快捷的通信设施，才能确保整个景区正常经营，为游客提供较好的旅游服务。

（1）电力设施。

景区是游客游览、参观、娱乐、住宿、会议的重要活动场所，其中集中了大量现代化的设施设备，并且大部分以电力作为能源。景区电力负荷分为照明和动力两部分，配电系统必须满足用电负荷要求和安全可靠，且对供电的可靠性有较高要求：①保证供电的可靠性和持续性。景区根据用电负荷需求设计供电能力，必须维护供电设施，还应配备应急发电设备，一旦线路发生故障，立即采取应急措施，保证整个景区不断电。②注意供电网线的隐蔽性。管线应尽量埋设在地下管道中，以保持景观的完整性、美观性，也有利于电力线路的保护。

（2）通信设施。

通信设施是景区必备的设施设备，便于游客与外界联系，提供便捷服务，同时保证景区内部运行的信息传递。景区主要的通信设施包括电信、网络、邮政等设施。

景区电信设施要能为游客提供国际、国内直拨电话服务，宽带信息网络服务和移动电信号覆盖等。为此，景区内要建设专用的电信线路、光缆光纤和移动信号基站，在游客集中地设立免费 Wi-Fi 路由器等。另外，规模大的景区还应建立包括内部电话交换机、公共广播系统等的内部电信管理系统，以方便各部门之间的及时沟通以及向游客传递各种信息。

景区的邮政设施要能为游客提供信函、电报、邮寄、包裹、特快专递等服务，并提供纪念戳、本地纪念封、明信片、纪念邮票等。规模大、等级较高的景区应设立邮电支局（所）或营业处等。

3. 给排水设施

游客在景区内开展活动离不开水源的提供，主要应当考虑水源、储水、水净化处理、输水管道等供水系统。排水设施主要有排水管道、污水处理设施。景区给排水设施要求如下：

（1）给排水设施要能满足景区旅游旺季游客对于供水和排水的需要。

（2）要选择水量充沛、水质良好、取水方便、能全年正常供应的水源。

（3）供水要符合国家供水水质标准和生活饮用水卫生标准，通过水质净化处理来保证需要。

（4）经污水处理设施处理过的水要能达到国家要求的排放标准。

4. 绿化环卫设施

景区的绿化设施主要就是各种绿化花草树木，绿化设施可观赏，也可隐蔽、遮掩有碍景观的建筑，同时还可起到平衡生态和改善景区环境质量的作用。景区的绿化要体现自然环境特色,其要求如下。

(1) 各地景区绿化选择植物种类时,以本地的物种为主。因为本地物种适应环境,易存活,长势好,与景区特色相吻合。

(2) 绿化要考虑季节的变化,合理搭配种植花草树木,使景区四季有景,四季景异。

(3) 景区植物的性状可以多样化,如木本(乔、灌木)、草本和藤本(匍匐、缠绕)等,可以是独植或片植,不同的植株性状有不同的景观效果。

环卫设施主要包括厕所、垃圾箱等。环卫设施起到保持景区环境整洁、卫生的作用。厕所应建设在隐蔽,但易于寻找,方便到达,且通风良好、排污方便的地方,其外观、色彩、造型应与景观的环境相协调,还必须配盥洗设施、面镜、干手器等。国家旅游局制定了《旅游厕所质量等级的划分与评定》,倡导文明用厕,厕所生态化、景观化。

景区垃圾桶应造型美观,与环境相协调,并随时保洁。有些景区垃圾桶模仿树桩、假山,与自然融为一体,也易于识别。

5. 安全救护设施

为了保证景区游客安全,需要按规定建设防护、消防、救护和安全监控设施等。危险地带应配置安全防护设施如防护栏、岸边警戒线等,配备消防栓等消防设施,设立医务室,配置医疗救护设施。图11-3、图11-4 所示为某景区的应急监控服务中心和医疗服务设施。

图 11-3　某景区的应急监控服务中心

图 11-4　某景区的医疗服务设施

(二) 旅游服务设施

景区旅游服务设施是景区游客直接使用的设施,其便利性、完备性、品质性等直接影响景区产品的价值和效用。同时,服务设施的档次是景区定价的主要依据之一。景区的服务设施主要包括接待服务设施、导游服务设施、商业服务设施(住宿、餐饮、购物)三部分。

1. 接待服务设施

接待服务设施主要是指景区入口的接待设施,包括自助售票设施(见图11-5)、智能闸机设施,以及游客中心内的电脑触摸屏、电子显示屏、休息设施等。管理的重点在于日常的运行、维护、功能升级等。

图 11-5　景区自助售票机

同步案例　迪士尼检票口长桌

背景与情境：迪士尼公园以细节服务为重点，在迪士尼公园内，处处可以看到人性化的设施，如售票窗口的窗台、检票口的长桌，为远道而来的背包客找寻包内物品提供了便利，虽然是细小的环节，但是足以看出迪士尼以游客为中心的服务理念。图11-6、图11-7所示为香港迪士尼主题公园的检票口和售票口。

图 11-6　香港迪士尼主题公园的检票口

图 11-7　香港迪士尼主题公园的售票口

问题：

1. 旅游景区设施是否可以成为景区品质服务的重要内容？
2. 景区接待服务设施设计的重要原则是什么？

2. 导游服务设施

景区导游服务设施包括游客引导和解说设施两种类型。游客引导设施是指对游客行为具有提示、引导性的文字、符号或图案,主要包括公共信息标识和空间位置标识两种类型。解说设施主要包括图文解说系统和智慧解说系统。管理的重点主要是设施设备的正常运用、清晰、准确、整洁等。

公共信息标识在景区公共场合对游客提供信息,如"禁止吸烟"、"请勿攀登"等,公共信息标识应符合国家标准《标志用公共信息图形符号》。

空间位置标识主要是为游客提供空间导向和位置指向,如周边景点指示、旅游者所处位置等。空间位置标识要求一般应设置于步道、车行道、岔路口等,要求信息准确无误,指示文字和图示简介醒目,中英文对照。高度视服务对象和距离、视线高度而定,如为汽车提供指示的设施不应超过5米,对游客提供指示的设施应与人的平均视线高度相近。

景区解说设施是对景区总体以及主要景点进行讲解、介绍的图文解说和多媒体解说系统。图文解说系统是较为传统的解说方式,它通过文字或图片来向游客传达有关景区的信息,一般包括导游全景图、导览图、景物介绍牌、标识牌等。图11-8、图11-9所示为香港迪士尼主题公园的指示牌和温馨提示牌。

图11-8　香港迪士尼主题公园指示牌

图11-9　香港迪士尼主题公园温馨提示牌

智慧解说系统依托现代信息和多媒体技术进行景区解说,如二维码、蓝牙等触发系统、触摸屏互动式解说以及影视动画解说等服务设施。

3. 商业服务设施

商业服务设施是指为游客提供住宿、餐饮商品购买的商业设施。景区商业服务设施的建筑造型、色彩、材质等要与景观环境相协调,设施要求规范、有序运营,不能阻碍游客预览,不能与游客抢占道路和观景空间。其购物场所内应环境整洁、秩序良好,有供游客休息的场所。对于景区的商业服务设施应保证高品质、完善,为游客提供便利服务,并定期检查和维护,保证商业设施的正常运营。

(1) 购物服务设施。

购物服务设施是指为游客提供日常用品和旅游商品购买的商业网点,既包括景区内分散的商业网点,又包括商业服务设施较为集中、完善并且标准较高的购物中心等。

(2) 餐饮服务设施。

餐饮服务设施主要指景区内为游客提供食品、酒水饮料的快餐店、中餐厅、西餐厅、风味餐厅、咖啡厅和酒吧等设施。

(3) 住宿服务设施。

住宿服务设施主要指景区内为游客提供住宿服务的宾馆、饭店、疗养院、度假村、民宿、野营地等设施。

(三) 娱乐活动设施

景区的游憩、娱乐设施按照空间来分可以分为水上娱乐设施、陆上娱乐设施和空中娱乐设施。各类休憩、娱乐设施应严格遵循安全标准,并配备相应的救助设施与专门的监管维护人员,以确保游客人身及财产安全。

陆上娱乐设施(见图 11-10)根据景区的不同类型设施也不一样,如山岳型景区主要有观光缆车索道、滑道、山顶观光塔、狩猎场等;游乐场和主题公园内的景区设施最密集,有过山车、有摩天轮、旋转木马、海盗船等。

水上娱乐设施(见图 11-11)主要包括水体型景区的天然游泳池、溜索、竹筏、漂流、蹦极、垂钓场等;海滨湖滨型景区的海水浴场、沙滩排球、游艇、游船、帆板、水面跳伞、水族馆等。

空中娱乐设施主要包括热气球、小型飞机、滑翔伞、索道等。

图 11-10　景区陆上游乐设施

图 11-11　景区水上游乐设施

第二节　旅游景区设施设备管理

一、旅游景区设施设备管理的内容

旅游景区设施设备管理是以旅游景区最佳服务质量和经济效益为最终目标，以最经济的设施设备寿命周期费用和最高设施设备综合效能为直接目标，应用现代科技和管理方法，动员全体人员参与，对设施设备系统进行综合管理的行为。

设施设备的使用期正是各类设施设备以最经济的费用投入，发挥出其最高综合效能的最重要时期。使用期必须保持设施设备良好的服务状态，这就要求景区设施设备管理部门进行规范化的使用，做好维护和保养工作，以预防故障和事故的发生，这对景区的发展有着重要的意义。

（一）安全管理

建立安全管理责任制，为保证设施设备安全需要做到以下几个方面：首先，定期检查设施设备，保证设施设备处于良好的工作状态；其次，合理安排设施设备的负荷率，根据设施设备的技术条件和负荷限度来安排服务接待，避免设施设备超负荷运转，如景区内载客的快艇、缆车、电瓶车等都不能超载运行；再次，创造良好的工作环境，保持设施设备工作环境的整洁和正常的生产秩序，安装必要的防护、防潮、防腐、降温、保暖、安保等装置，这样可以保持设施设备的良好性能和工作状态。各个部门对设施设备都要做到"三好"，即管好设施设备、用好设施设备、保养好设施设备。

1. 管好设施设备

管好设施设备的原则是谁使用，谁负责。每个部门都有责任管理好本部门所使用的设施设备，做到设施设备台账齐全，设施设备账卡清楚，设施设备使用规程和维护规程完善，不得违反规定随意使用设施设备。

2. 用好设施设备

用好设施设备是指所有使用设施设备的员工都必须严格按照操作、维护规程进行操作和维护，不得超负荷使用，禁止不按规范操作，未经培训的员工不得单独操作设施设备。

3. 保养好设施设备

保养好设施设备是指设施设备的使用人员在使用完或下班前，必须对设施设备进行保养。对于一般设施设备，日常保养就是清洁、除灰、去污。设施设备保养还包括由工程部专业人员进行的定期保养，各部门要配合工程部实施定期保养计划。

（二）人员管理

做好员工工作及生活场所的安全管理，并对员工进行教育，如不得私拉电线、私用电炉，

注意交通安全等,要求设施设备操作人员严格规范操作,防止违章作业导致的事故,保证员工做到"四会"和"五律"。

1. 设施设备操作"四会"

对于设施设备操作人员来讲,都应达到以下"四会"的要求。

(1) 会使用。操作人员必须熟悉设施设备的用途和基本原理,熟悉设施设备的性能要求,熟练掌握设施设备的操作规程,正确使用设施设备。

(2) 会维护。操作人员要掌握设施设备的维护要求,能正确实施对设施设备的维护,做到整齐、清洁、润滑、安全四项要求。

(3) 会检查。设施设备管理责任人应了解所负责管理的设施设备的结构、性能和特点,能检查设施设备的完好情况。景区机房运行值班人员要掌握设施设备易损坏的部位,熟悉日常点检的检查项目、标准和方法,并能按规定要求进行点检。

(4) 会排障。工程部员工及其他部门的重要设施设备的管理责任人应掌握设施设备的特性,能鉴别设施设备的正常与异常,了解拆装的方法,会做一般的调整和简单的故障排除,不能解决的问题应及时报告,并协同维修人员进行检查。

2. 操作人员的"五律"

(1) 实行定人定机和凭证操作制度,严格遵守安全技术操作规程。

(2) 经常保持设施设备的清洁,按规定加油润滑,做到没完成润滑工作不开机,没完成清洁工作不下班。

(3) 认真执行交接班制度,做好交接班记录、设施设备运转记录。

(4) 管理好工具、附件,不能遗失及损坏。

(5) 不准在设施设备运行时离开岗位,发现异常的声音和故障应及时停机检查,不能处理的,要及时通知工人检修。

同步思考

温州平阳游乐场事件

背景与情境:2015年5月1日,温州市平阳县龙山游乐场的一家"狂呼"机发生事故,在游客们还没来得及系好安全带的情况下,突然启动,导致2人死亡3人受伤。其中,"狂呼"设备里的一名男孩升上高空后被甩出坠落,而这台"狂呼"机却还不停下,继续运行,它的铁臂带着另一排座位砸向当时正在机器下围观的另外4名游客。

事故初步认定是项目操作员在未确保游客已做好安全防范的情况下,贸然启动设备导致。

问题:1. 景区事故发生的主要原因有哪些?
2. 景区设施设备操作人员必须具备的技能有哪些?

（三）档案管理

景区内的设施设备需要进行详细的档案管理，在设施设备安装调试后正常投入使用时，需要建立规范的设施设备档案，包括设施设备的说明书、图纸，设施设备维修、检修周期、内容和要求等都要存档保管，以备日后维修时查阅。对于设施设备的维护、检修、技改等工作内容也要详细记录，以作为设施设备管理的基础性技术资料。

（四）应急管理

建立必要的应急管理机制，景区内的设施设备一旦出现故障时，制定应对措施和管理机制，如大型游乐设施突然停运时，景区工作人员及时处理的步骤、方法和技巧。

> **知识活页**
>
> **大型游乐设施急救知识**
>
> 游乐设施是在特定区域内运行、承载游客游乐的载体，一般为机械、电气、液压等系统的组合体，同所有机电产品一样，都可能产生故障，产生故障时会造成游客恐慌、受困及其他危险事故。
>
> 游客设施常见故障有突然停机、机械断裂、高空坠落等。产生这些故障的原因大多是维修保养不当或不及时。因此，故障的预防重在加强日常的维护保养，并定期进行检测。
>
> 在游乐过程中，为避免因故障而受到伤害，游客应做到以下几点。
>
> （1）在游玩过程中出现身体不适、感到难以承受时应及时大声提醒工作人员停机。
>
> （2）出现非正常情况停机时，千万不要轻易乱动和自己解除安全装置，应保持镇定，听从工作人员指挥，等待救援。
>
> （3）出现意外伤亡等紧急情况时，切忌恐慌、起哄、拥挤，应及时组织人员疏散。
>
> （资料来源：陈玉英.景区经营与管理[M].北京：北京大学出版社，2014.）

二、景区设施设备的管理制度

设施设备管理的规章制度，是旅游景区管理制度的重要组成部分。旅游景区设施设备管理制度，必须依据国家有关的法规标准制定，它的制定要有利于设施设备的正常使用，保证设施设备为游客服务。

（一）实行人员岗位责任制

1. 业务技术培训要求

对相关业务技术工作人员，应进行技术培训和安全培训，经考试合格，证明具有相应的操作技术后，颁发专业证书，持证上岗。

2. 定人定机负责制

工作人员凭操作证、上岗专业证书操作设施设备，因为旅游景区设施设备的性能、操作要求各有不同,因此应根据设施设备的重要性、设备的技术要求和复杂程度,选择和配备专职的操作和管理人员。操作、管理人员的技术水平和操作熟练程度、敬业精神,决定着他们能否正确地使用设施设备。操作者必须真正做到"三好"、"四会"和"五律"。

(二)设施设备安全运营管理制度

1. 设施设备安全操作规程

设施设备的操作人员必须严格遵守各种设施设备的操作规程和规范,确保设施设备安全运行。

2. 设施设备安全检查制度

每班次都有检查设施设备的安全保护和常规情况,发现问题及时通知修复,要做到定期检查与不定期检查相结合。

3. 设施设备运营应急管理制度

景区在运营之前,应编制应急预案,尤其是具有大型娱乐设施的景区,并将应急预案报所在地的区县质量监督行政管理部门备案。应急预案需修改的,应当在修改完成后及时备案。同时,应当适时组织应急预案演练,提高应急救援的技术水平和熟练程度。景区应积极配合当地质量监督行政管理部门对应急预案的编制和演练进行指导。

知识活页

大型游乐设施运营单位应急预案内容

《上海市大型游乐设施运营安全管理办法》2010年规定大型游乐设施运营单位应当编制至少包括以下内容的应急预案。
(1) 运营单位概况和安全状况分析。
(2) 大型游乐设施危险性辨识和伤害后果预测。
(3) 应急救援装备和急救物品配置。
(4) 大型游乐设施事故预警预防措施。
(5) 大型游乐设施事故应急处置程序。
(6) 大型游乐设施事故应急技术措施。
(资料来源:《上海市大型游乐设施运营安全管理办法》。)

---

4. 维护保养制度

景区要制定设施设备的维护、保养规章制度,规定设施设备使用维修保养需注意的事项,它是指导设施设备使用人员操作、维修、保养和检修设备的技术法,制定和执行这些规章制度是科学合理使用设施设备的重要保证。

5. 检查报修制度

检查报修制度主要包括设施设备的巡回检查、对设施设备存在的问题进行报修。

6. 计划修理制度

根据设施设备的技术性能和使用情况,有计划、有步骤地对设施设备进行修理。

7. 设施设备事故分析制度

设施设备事故是指非正常原因造成的停电、停气、停水和消防、游览道路、交通工具、桥梁故障及其他重大事故。对重大事故要认真查清事故原因,采取有效的措施,对肇事者和所有员工进行现场教育,并对肇事者进行适当的处罚。对事故隐瞒不报或拖延上报的部门和个人,追究行政甚至刑事责任。

8. 设施设备资产管理制度

做好设施设备资产管理制度,对设施设备进行分类、登记、建立登记卡片资产台账,关键设施设备要建立档案。需要移交的设施设备,应按照移交手续的规定进行办理。

(三) 工作人员管理制度

1. 值班制度

(1) 工程部实行值班运行管理制度,员工按工程部值班班次时间表值班。

(2) 凡员工要调换班次和请假,要提前一天提出申请,经本部门经理批准后方可生效,否则按无故缺勤处理。

(3) 各值班人员要做好值班记录、检修记录。

(4) 值班人员接到景区其他部门维修报告时,要立即赶赴现场,不得误时。

(5) 发现设备故障,值班人员无法处理时,要立即报告主管,组织力量抢修。

(6) 值班人员在当班或抢修结束后,必须在值班记录表或抢修记录表上签名。

2. 交接班制度

(1) 交班人员须做好交班前准备,接班人员须提前15分钟到岗接班。

(2) 交班人员要将设备运转情况、未完成事项和需要做的工作,做好记录并交接。

(3) 接班人员要查看交接记录,听取上一班人员运行情况的汇报。

(4) 交接班时检查出的问题,由交班者负责。

(5) 交接班时检查出问题,但又在接班后发现问题,由接班人员负责处理。

(6) 当出现事故正在处理时,禁止交接班,待事故处理完毕,方可交接班。

3. 娱乐设施设备服务流程

景区娱乐设施设备各不相同,但游客安全、快乐体验的目的是相同的。每项设施设备操作的服务流程应按照规定严格执行,同时应与游客充分互动,互动包括安全提醒和体验激励,让游客达到最佳体验乐趣。因此,将服务流程设计为以下六个环节。

(1) 迎客。娱乐设施设备开启之前,工作人员应在入口处迎接客人。同时,应按要求提醒不符合身高要求、身体要求的游客不能体验该设施设备,并建议游玩其他设施设备。

(2) 安全检查及提醒。针对已经进入设施设备的游客,按照要求进行设施设备检查,并通过广播等进行安全通告提醒。

(3) 启动设备。启动设备前应让游客知道,让游客做好心理准备。

(4) 体验激励。设施设备在运行时,工作人员可以根据设施设备的情况,设计相应的主持词或音乐,以调动游客的体验乐趣,给游客留下难以忘怀的极致体验。

(5) 设备停运前提醒。设备停止运行前,也应给游客一定的提醒。

(6) 送客。感谢游客对于设施设备的体验,提醒游客携带好随身物品,欢迎下次继续体验。

三、旅游景区娱乐设施运营管理要求

旅游景区娱乐设施可以充分让游客参与,增加游客的体验乐趣,一般情况下,景区在运营过程中会根据娱乐场所的需求,配备相应的专项娱乐设施,如陆上游乐设施、水上娱乐设施,设施设备的不稳定性因素相对较多,因此,景区内娱乐设施管理是景区管理的重点,所有配备的娱乐设施都应符合《游乐设施安全规范》(GB 8408-2008)的基本要求。景区娱乐设施的具体运营要求如下。

(1) 设施运营应保证不污染周边的环境卫生,不破坏景区景观资源。

(2) 设施运营应符合《游乐设施安全规范》(GB 8408-2008)中 9.1 的具体要求。

(3) 所有娱乐设施应在明显位置配备使用说明标识牌和安全注意事项,并在提供服务之前以广播形式介绍使用安全注意事项。

(4) 应在每日使用前进行例行检查,并做记录,特种设备应进行试运行。

(5) 具有危险隐患的设施周围应设置安全栅栏,安全栅栏尺寸规格应符合《游乐设施安全规范》(GB 8408-2008)中 7.8.1 的规定。

(6) 设施设备操作、管理和维修人员应经过考试合格后持证上岗。

(7) 当天气恶劣、设施发生故障或停电等紧急情况或有可能发生上述情况时,应停止运营。

第三节 旅游景区设施设备保养

一、旅游景区设施设备的维护保养

旅游景区设施设备的维护保养和检查,是保证设施设备正常运转,延长设施设备使用寿命的有效手段。尤其是大型游乐设施密集的主题公园,设施设备的维护与保养十分必要。

(一) 旅游景区设施设备的保养

景区设施设备的保养一般分为三级保养制度:日常维护保养、一级保养、二级保养。其目的是保持设施设备的良好性能,提高设施设备效率,降低成本,更好地为景区经营服务。

1. 日常维护保养

设施设备的日常维护是维护工作的基础,其特点是经常化、制度化。景区的各种设施设备,由于结构、性能和使用方法不同,其维护保养工作也不完全一样。日常维护保养的基本内容有清洁、润滑、防腐、防虫等。

(1) 清洁,是指各种工具、附件摆放整齐,各种标志醒目美观。

(2) 润滑,是指有些设施设备必须定时、定点、定量加油,保证设施设备运行正常。

(3) 防腐,是指景区的设施设备要进行防腐处理以及保新。

(4) 防虫,是指对景区易产生虫害的设施设备进行防虫处理。

2. 一级保养

设施设备的一级保养是使设施设备达到整齐、清洁、润滑和安全的要求,减少设施设备的磨损,消除设施设备的隐患,排除小故障,使设施设备处于正常状态。

设施设备一级保养的内容有对一些零件、部件进行拆卸、清洗,除去表面的油污,检查、调整油路,使其畅通、不漏。

设施设备一级保养之后要填写保养登记卡,将其放入设施设备档案。

3. 二级保养

设施设备的二级保养是为了延长设施设备的使用年限,使其达到完好标准,保持设施设备的完好率。设施设备二级保养的内容有根据设施设备使用情况进行部分或全部解体检查或清洗,检修设施设备的各个部件和线路,修复和更换损坏部件。

(二) 设施设备的点检

景区设施设备的点检是一种先进的设施设备维护管理方法,是对影响设施设备正常运行的一些关键部分进行经常性检查和重点控制的方法。针对有大型游乐设施的景区如主题公园等,设施设备点检十分必要。

1. 设施设备点检的概念

设施设备点检是指为了提高、维持生产设施设备的原有性能,通过人的五感(视、听、嗅、味、触)或者借助工具、仪器,按照预先设定的周期和方法,对设施设备上的规定部位(点)进行有无异常的预防性周密检查的过程,以使设施设备的隐患和缺陷能够得到早期发现、早期预防、早期处理,这样的设施设备检查称为点检。

2. 设施设备点检的内容

设施设备点检通常分为日常点检、定期点检和专项点检三个部分。

(1) 日常点检。

每日通过当班员工对设施设备运行中的关键部位的声音、振动、温度、油压等进行检查,并将检查结果记录在点检卡中。大型设施设备的日常点检尤为重要,表11-2所示为大型设施设备日常点检记录表。

表 11-2 大型设施设备日常点检记录表(日保养)

部门:　　　　　设备类型:　　　　　设备编号:　　　　　日期:

	点 检 内 容	点检方法	判定标准	日常点检情况记录(一周为单位)						
1	各传动系统运转正常,变速齐全	听	正常	1	2	3	4	5	6	7
2	各操纵系统动作灵敏可靠	看	可靠							
3	润滑系统装置齐全,压力正常,管道完整,油路畅通,油标醒目	看	齐全							
4	电气系统装置齐全,管线完整,性能灵敏,运动可靠	看	齐全可靠							

续表

	点检内容	点检方法	判定标准	日常点检情况记录（一周为单位）						
5	滑动部位正常，各滑导部位及零部件无严重拉、研、碰伤	看	无							
6	机床内外清洁，无黄袍、油垢、锈蚀，油质符合要求	看	清洁							
7	基本无漏油、漏水、漏气现象	看	无							
8	零部件完整，随机附件基本齐全保管妥善	看	不缺							
9	安全防护装置齐全可靠	看	齐全可靠							
10	定机定人，凭证操作管用机床，多班制做好交接工作	看	齐全							
运转记录　实际使用小时										
点检者										
巡检者										

方法　1．正常划"√"；2．有问题但尚能使用划"△"；3．有故障不能使用划"×"；4．修好后在"△"或"×"外划"○"。

（2）定期点检。

按一定的时间间隔，用专用检测仪表工具对设施设备的性能状况进行检查。

（3）专项点检。

专项点检是指有针对性地对设施设备待定项目的检测，使用专用仪器工具，对设施设备进行检查。

二、设施设备的更新与改造

景区设施设备更新是指以结构更加先进、技术更加完备、效率更高的新设施设备代替物理上不能继续使用，或经济上不宜继续使用的景区设施设备。景区设施设备改造是指改变现有景区设施设备的性能、结构、工作原理，以提高景区设施设备的技术性能或改善其安全、环保特性，使之达到先进水平所采取的重大技术措施。如随着智慧旅游的发展，智慧景区建设过程中景区自助售票设施、咨询系统等的建设。景区设施设备的更新改造按照其规律可分为以下三类。

（一）全面更新改造

在使用一定年限后，有些设施设备已经达到使用年限，不能在承担正常运营工作，有些设备技术已经落后,不能满足旅游者不断变化的需求,此时,需要对设施设备进行全面更新改造,在基本保留原有项目的基础上,对主要的大型设施设备进行改造或升级。

(二) 系统更新改造

针对景区内某一特定功能的系统设施设备如景区标识系统、环卫系统、供水系统等,出现性能下降、效率低下或耗能严重、环保性差的问题,采取技术措施的更新改造。如景区旅游标识介绍系统向智能电子讲解系统转变时,相应的设施设备需要更新升级。

(三) 单机更新改造

针对景区内某一单机设施设备采取更新改造。

教学互动

互动问题:你在景区游玩时遇到过设施设备故障的时刻吗?请分析此时游客的心理感受?

要求:
1. 教师提出问题,组织学生根据自身经历进行互动讨论。
2. 请站在游客角度分析游客希望景区该如何应对此次事故。
3. 教师把握好讨论节奏,学生发言,教师总结点评。

本章小结

内容提要

本章主要讲述了旅游景区设施设备概述、设施设备的管理、设施设备的保养三部分内容。

景区设施设备概述中主要介绍了设施设备的内涵、设施设备的主要类型、设施设备设立的标准。景区设施设备主要包括基础设施类、旅游服务设施类、娱乐活动设施类。

景区设施设备的管理中主要分析了设施设备管理的内容、设施设备管理的规章制度的制定、大型设施设备运营管理的要求。

景区设施设备的保养主要分析了设施设备保养的方法、景区设施设备更新与改造。

核心概念

景区设施设备;基础设施;旅游服务设施;娱乐活动设施;安全管理;人员管理;档案管理;应急管理;设施设备保养;日常保养;一级保养;二级保养

重点实务

设施设备操作人员的"三好"、"四会"、"五律";设施设备操作的基本服务流程;设计值班及交接班记录表。

知识训练

一、简答题

1. 景区设施设备的主要类型有哪些？
2. 景区设施设备管理的内容有哪些？
3. 景区大型设施设备的运营要求有哪些？
4. 景区设施设备保养的内容和方法有哪些？

二、讨论题

1. 景区设施设备管理制度有哪些？
2. 景区设施设备操作人员的基本要求有哪些？

能力训练

一、理解与评价

掌握景区设施设备操作人员值班及交接班记录表设计以及景区大型设施设备操作人员服务流程设计。

二、案例分析

大型游乐设施定期"体检"的必要性

2011年，致公党上海市委提交提案，建议监管部门为大型游乐设施制定强制性的定期"体检"机制。他们还在相关的调研中发现，目前对大型游乐设施的折旧、报废没有任何强制性规定，这意味着，有不少大型游乐设施可能正在"超期服役"。

据介绍，近年来，给人带来惊险、刺激感觉的滑道式、悬挂式大型游乐设施纷纷现身，受到年轻人的追捧。目前上海的大型游乐设施已经超过300台（套），分布在全市60余家公园和专业的游乐场所内，涉及的运营单位有60余家之多。但令人惊讶的是，对于汽车等加工类机械，一般生产厂商尚会给出使用周期方面的约定，而大型游乐设备在这方面却是空白。

记者了解到，目前国家层面尚未对游乐设施的折旧与报废年限做出明确规定。在上海，尽管市园林管理局和市质量技术监督局在2000年发文要求对游艺机和游乐设施实行报废制度，但迄今为止没有出台强制性折旧报废年限规定的实施细则。上海市质监局在2010年10月1日制定的《上海市大型游乐设施运营安全管理办法》中，虽然明确提出大型游乐设施应在监管部门注册登记，登记人就是责任主体等要求，但也未对游乐设施折旧报废年限做出明确规定。

"这样会导致运营商疏于安全运行方面的管理。现代大型游乐设施长期处于幅度比较激烈的运动状态，如果设施本身有隐患，安全管理制度又跟不上，很容易引发事故。"在2011年的上海"两会"上，致公党上海市委提交提案，认为在大型游乐设施的使用上有必要加上一个"保质期"。

致公党上海市委认为，上海有关部门应根据本地实际情况，主动对游乐设施的折旧报废年限问题展开深入研究，同时根据游乐设施的不同种类，制定可以操作的指导性意见，并逐步完善成具有刚性约束力的政府规章。

致公党上海市委提出,监管部门应邀请有资质的第三方对大型游乐设施进行定期严格检查,同时要求游乐设施制造商规范产品使用年限,并在使用年限即将到期前一年,发出"使用年限即将到期"的提示,提醒游乐经营单位加强设施保养,迫使设施在"过期"后完全退出运营序列。

他们同时建议,将游乐设施列入特种营运设备,加强游乐设施操作和管理人员的安全培训,对培训合格者发放特种营运设备操作许可证。游乐设施若启动营运,须同时具备"设备营运许可证"和"操作人员操作许可证"。管理部门也应学会"未雨绸缪",设立一套游乐业营运例会制度,在每年游乐高峰来临前了解游乐设施的基本状态,通报游乐设施安全评估结果并督促整改。

问题:

1. 上海致公党提出了哪些景区游乐设施安全运营管理的建议?你认为合理吗,为什么?
2. 请分析游乐设施设备定检的意义。
3. 讨论并提出游乐设施安全运营管理的建议。
4. 大型游乐设施"服役"期限该如何制定?

第十二章
旅游景区安全管理

学习目标

通过本章学习,应当达到以下目标:

职业知识目标:学习旅游景区安全管理的概念、特点和重要性;了解景区安全事故的主要表现形态及事故发生的主要原因;掌握智慧旅游景区安全管理体系的构建、旅游保障体系的完善,了解安全宣传和安全教育的必要性;掌握引导游客安全旅游的方法和途径。

职业能力目标:运用本章专业知识研究相关案例,树立旅游景区安全管理的意识,掌握智慧景区安全管理体系的构建方式,辨识景区主要安全标识,培养分析和解决景区安全问题的业务能力。

职业道德目标:结合本章的教学内容,依照行业道德规范或标准,分析企业或从业人员如何做好安全管理工作,强化职业道德素质。

引例:广西桂林叠彩山景区突发落石事故

背景与情境:2015年3月19日上午,广西桂林叠彩山景区内发生一起落石事故,造成7人遇难,另有25人受伤。伤者分别在桂林市人民医院和桂林市第二人民医院救治。

灾情突发,消防迅速出动救援

19日9时25分许,桂林市叠彩山景区木龙洞附近的游船码头发生一起落石事故,一块巨石突然滚落击中正从游船登上码头的多名游客,情况十分危急。桂林消防闻讯立即按照一级灾情出动2辆消防车、14名官兵赶赴现场处置。

记者从参与救援的消防官兵口中了解到,当他们到达叠彩山景区的事故现场时,发现滚落的碎石已将石板路砸碎,树木枝杈也被砸断,几名游客躺在码头附近的地上,地上散落着鞋子、包、帽子等物品,还有明显血迹。见此情景,消防官兵立刻展开救援。

由于落石的巨大威力,在岸边等候的游客也被击落到水里,消防官兵赶到后,跳进水里将他们抱上岸。没过多久,医护人员也赶到现场,对伤者进行了急救,事故现场一片狼藉。

滚石瞬间坠落,游客猝不及防

据了解,事发前正好有一艘游船靠岸,游客陆续登上木龙湖码头,悲惨的一幕随之发生。桂林市民王小姐与朋友当时正好目睹了事故现场的惨状。

"几声巨响,然后就看到了一堆巨石冲向了码头那边。最大的那块高两米多,并且还有小的石头在往下滑。当时山路那边的石板路和石栏杆都被直接打断了,下面正好就是木龙湖码头。"王小姐循声向码头处望去,看见已经有七八名游客躺在地上。游客们的鞋子、包包、帽子等东西撒了一地,地上还有明显的血迹。

目击者还有柯先生,巨石砸下来时他听到山石滚动的声音,觉得不对劲就往安全的地方跑,所幸反应及时才躲过了这一灾难。附近的游客都被这一情况吓得目瞪口呆,王小姐见状赶紧打119求救,大约5分钟后,消防队的官兵们赶到现场进行救援。

25名伤员得到及时救治

事故发生后,受伤游客被分送至桂林市人民医院和桂林市第二人民医院进行救治。据参与救治的桂林市人民医院医务人员介绍,伤亡者都是六七十岁的老人,是散客团的游客。该院共收治了8名台湾游客,均为软组织挫伤和挤压伤等轻伤。

据了解,当天在事故现场的游客分别来自桂林漓江国际旅行社、桂林市桂冠国际旅行社、桂林市战友旅行社、桂林山水铭源国际旅行社4家旅行社,大多为陕西和重庆游客。其中,桂林市桂冠国际旅行社所发的旅行团由36名台湾游客组成,团员中有8人受轻伤。

记者从桂林市委了解到,事故已经造成了7人死亡,25人不同程度受伤。死亡的7人中,有4人是当场遇难,另外3人是在送医院的路上不治身亡的。25名伤者中,有2人做了手术,另外23人经治疗均已出院。

相关部门开展地质隐患排查

在事故现场照片中,记者看到事发地段的蓝色提示牌上,清晰地写着"此处为危岩崩塌地质灾害易发区,请勿逗留"的字眼。据常年生活在景区附近的居民介绍,叠彩山景区属于典型的喀斯特地貌,容易落石,此前景区内也曾发生过落石事件。

目前,事故原因及遇难者身份相关部门正在调查核实,相关善后工作正在进行中。国土部门已牵头对桂林市范围内有地质隐患的地点进行排查。

(资料来源:http://www.chinanews.com/cu1/2015/03-20/7143969.shtml.)

随着中国经济的快速发展,选择以旅游为休闲娱乐方式的民众不断增多,各类旅游安全事故的发生频率明显提高,旅游景区应从自身实际情况和资源条件出发,构建完善的安全保障基础设施和有效的安全保障体系,切实维护旅游者的旅游安全。

第一节　旅游景区安全管理概述

一、景区安全管理的概念

（一）旅游安全的概念

旅游安全是旅游活动中所有安全现象的总称，既包括旅游活动各个环节的安全，也包括开展旅游活动的环境安全和旅游活动涉及的人、设备的安全。

（二）景区安全管理的概念

景区安全管理是指根据国家旅游安全工作方针政策，为减少景区安全事故的发生、保障旅游者的人身和财物安全，在接待服务过程中采取的一系列管理活动的总称。它包括对景区工作人员的安全培训、对游客的安全宣传教育和行为安全引导、安全保障基础设施的构建、景区安全防控以及相关规章制度的制定实施。

安全是旅游的生命线，是旅游业发展的基础和保障。全面有效的景区安全管理确保旅游活动的顺利进行，且有助于提高旅游者的满意度、维护景区的形象和声誉。

二、景区安全管理的特点

（一）管理难度大

景区的安全管理包括对游客安全的管理，也包括对景区安全的管理。旅游景区尤其是以自然资源为依托的景区，大多有广阔的空间范围，设施设备分布点多，加之游客在游览过程中都是呈散布状态，流动性非常强，因此，安全管理的难度非常大。另外，景区安全事故的表现形态多种多样，处理安全事故又必须及时有效、公开透明，也一定程度加大了安全管理的难度。

（二）影响因素多

景区安全管理涉及游客在景区游览过程中的所有环节，每个环节的安全受到众多因素的影响，有些是可控的，有些是不可控的。例如，游客在景区乘坐游览车，影响安全的因素包括游客自身安全意识、景区天气情况、景区路况、游览车载客量、司机驾驶技术、游览车整体车况和其他游览车的行驶情况等多种因素。

（三）责任重

景区安全事故往往危害和破坏较大，不仅造成游客财物损失、人身安全受到威胁，甚至使景区和旅游企业遭受财产损失，严重的安全事故还可能在国内外造成极坏的舆论效应，影响旅游者对景区及所在地的安全认知，危害当地旅游业的发展，影响旅游形象和声誉。因此,旅游景区安全管理的责任极其重大。

三、景区安全管理的重要性

(一) 景区安全管理对旅游者的重要性

安全是旅游的生命线,也是旅游者选择出行目的地的重要考量因素,如果景区旅游服务设施的安全隐患比较多,发生安全事故的频率较高,即便旅游景区的资源禀赋再高、景色再美游客也不愿意来参观游览。如果旅游者在游览过程中遭遇安全事故,还会严重影响旅游者对景区的满意度。

(二) 景区安全管理对景区经营者及商户的重要性

安全是确保景区旅游活动及各项经营活动正常开展的关键。安全事故的发生,会给旅游者带来生命和财产的危险,进而影响旅游者对景区安全的认知和评价,使景区客流量在短期内明显下降,景区经营者和商户的经济利益遭受损失,旅游地的信誉和形象受到破坏的连锁反应,这种负面效应持续时间的长短取决于安全事故的破坏程度及后续处理力度的大小。因此,景区安全管理是旅游经营者及商户获得良好经济效益的重要条件。

(三) 景区安全管理对地方旅游业的重要性

旅游活动包含食住行游购娱六大要素,与相关行业的关联度较高,对地方经济发展的拉动作用也比较明显。景区安全管理如果存在漏洞和缺陷,不仅会影响到景区的正常经营运作、周边商户的经济利益,还会降低景区的知名度和美誉度,进而影响地方旅游业的持续发展。

同步案例 长春游客赴台旅游人数减少三成 安全成游客关注因素

背景与情境:又逢暑期,报一个省心又省力的旅行团出行是不少家长和学生的选择,而台湾游一直以价格不高、语言相通被旅游者青睐。

然而,一周前,一辆载有辽宁大连游客的大巴车在台湾桃园发生严重车祸和火灾,造成24名游客及导游、司机共26人死亡的重大事故引起了人们的警觉。

或许是因为事故受害人为大连游客,同处东北的地缘性让长春人感同身受,赴台旅行的人数很快下降。记者从长春市内各大旅行社了解到,长春赴台旅行人数减少了近3成。

"我翻了一下去年(2015年)的报表,7月赴台团天天爆满,今年就惨淡多了,每个团能报个七八成就很不错了。"吉林省康辉旅行社的工作人员这样说。

"长春去台湾旅行的人数一定是有所减少的。首先航班就减少了,之前华航每周有3班,南航有6班,到现在华航还是保持3班,南航则减少到了3班。"吉林省文化国际旅行社长春公司总经理刘某告诉记者。可见,航班的减少,最直接地可以体现出赴台人数的下滑。

记者翻阅了一些资料,从台湾地区一些机构公布的统计数据来看,赴台旅游的大陆游客数量确实有较为明显的下滑。长春游客赴台旅行人数下降了近3成,主

要原因到底有哪些？

"七八月属于暑期，不过孩子一般都不太愿意去台湾玩，加之也是台风季，所以这个季节并不是台湾的旅游旺季。另外，网上流传的一些台湾地区旅游服务人员对大陆游客不友善的视频也造成了一定的负面影响，加之这次车祸，也都会影响游客们的选择，一些客户咨询台湾是否安全、是否可以去，现在客户对于安全的重视度的确越来越高了。"刘某表示。

（资料来源：http://www.chinairn.com/news/20160728/115348157.shtml.）

问题：为什么2016年长春赴台湾旅游的游客数量出现明显下降？

第二节　旅游景区安全事故的表现及原因

由于旅游者开展旅游活动的景区环境各有不同，且旅游活动本身具有多样性，因此，景区安全事故的表现形态也是复杂多样的。总的来说，景区的安全事故表现形态可归纳为自然灾害、交通事故、治安事件、溺水事故、火灾事故、食物中毒事故和环境安全事故、游乐设施安全事故八类。以下将对这八种安全事故进行详细介绍并分析其原因。

一、景区安全事故的表现形式

（一）自然灾害

自然灾害是指给人类生存带来危害或损害人类生活自然环境的自然现象，包括洪涝、台风、山洪、龙卷风、雾霾、沙尘暴、雷暴等气象灾害；火山喷发、地震、山体崩塌、滑坡、泥石流等地质灾害；风暴潮、海啸等海洋灾害；因自然原因引发的森林草原火灾等。

（二）交通事故

景区交通具有一定的独特性，不仅包括常规交通方式，还包括特殊的旅游交通，因此，可将景区交通事故定义为交通工具在相关通道上因过错或意外造成人身伤亡或财产损失的事件。根据交通工具及事故发生空间的不同，景区交通事故可分为道路交通事故、水域交通事故、特种旅游交通事故。

1. 道路交通事故

按照我国相关法律的规定，道路交通事故是指车辆在道路的行驶过程中因过错或意外造成的人员伤亡或财产损失的事件。景区的道路交通事故通常是旅游车辆由于各种原因相撞、追尾、坠落、陷落或撞到行人等。

2. 水域交通事故

景区水域交通事故是指发生在湖区、海域、江河、溪流等水域的水上运载工具因为各种原因而发生的碰撞、翻船和沉船事故。

3. 特种旅游交通事故

特种旅游交通是指为满足旅游者游览、娱乐的需要而产生的特殊交通运输方式,主要可以分为以下几类:在景区和景点内的某些特殊地段,为了游客的安全或节省体力而设置的交通工具,比如缆车、索道、直达观光电梯等,可能发生的安全事故为突然停运、坠落或滑落;带有娱乐性质并能辅助体力较弱的老幼妇孺旅游者完成观光游览的交通工具,比如滑竿、骆驼、马匹等,其可能发生的安全事故为失控和冲撞;带有探险性质及在特殊需要下使用的交通工具,比如羊皮筏子、热气球等,其可能发生的安全事故为翻覆和坠落。

同步案例　热气球硬着陆 15 名中国游客受伤

背景与情境:土耳其的卡帕多奇亚因其巧夺天工的岩洞酒店、壮丽的喀斯特地貌闻名于世,独特的地貌和气候条件使得当地热气球飞行成为不少游客的必玩项目。当地时间 2017 年 3 月 13 日,3 个搭载外国游客的热气球因突遇强风,在紧急降落时导致 49 人受伤。中国驻土耳其使馆证实,伤者中有 15 名中国游客,其中有 9 人骨折挫伤,2 人受伤较重。

据土耳其媒体报道,乘坐这些热气球的大多是国外游客,众多热气球按照惯例在清晨时分起飞,但是不期而至的强风使得这些热气球纷纷进行紧急降落。

卡帕多奇亚地区经营的热气球主要在日出和日落两个时段飞行,因为冬季天气多变,大部分热气球公司在冬季只有日出飞行。面临突然到来的强风,很多正处在较高高度的热气球,最终只能选择在一些非常规降落地区"硬着陆"。经当地有关部门初步报告,这 3 个热气球在着陆时"过硬"导致 49 名游客受伤。

卡帕多奇亚是赴土耳其旅行的中国游客的重要一站,他们所期待的项目之一便是乘热气球旅行。使馆提醒前往土耳其的游客,天气不好时切记勿乘坐热气球等。

(资料来源:http://club.kdnet.net/dispbbs.asp?id=121648068boardid=1.)

问题:特种旅游交通工具服务时应该注意什么?

(三) 治安事件

治安事件是指违反治安管理法律、法规,依法应当受到治安行政处罚,由公安机关依法立案查处的违反治安管理的行为。由于近年来中国旅游发展迅速,景区游客数量猛增,因此,在景区发生的与旅游者相关的治安事件数量也明显增加。从表现形式来看,景区治安事件主要有以下几类:在景区、交通工具及住宿、餐饮、购物场所发生的偷盗和抢劫事件;因强买强卖引发的言语争执、肢体冲突甚至人身伤害事件;以模糊标价误导消费者的价格欺诈事件等。轰动全国的"2015 年青岛大虾事件"和"2017 年游客丽江被打事件"都是典型的治安事件,这两个事件对这两个城市的旅游形象和旅游声誉造成了恶劣影响,同时也引发了大众对于旅游消费安全的高度关注。

（四）溺水事故

溺水是指人淹没于水中受到伤害的状况，此类事故一般发生在水域型景区、有水体景观的景区或以水上游乐项目为主的主题公园，夏季是溺水事故的高发季节，或因游客在游泳时不慎发生溺水，也有因不熟悉水情或不顾警示在危险水域擅自下水而导致意外发生。

（五）火灾事故

景区的火灾事故主要是指非自然因素引发火灾，导致人员生命安全和财产安全受到威胁和损害的事件。火灾的发生原因有故意纵火和过失致火两种，容易发生火灾的主要是景区草木较为集中的区域、住宿设施、餐饮设施和游乐设施等。

（六）食物中毒事故

食物中毒事故是指因景区饮食卫生条件差、食品不干净或因不熟悉物种特性而误食有毒的动植物导致游客身体不适甚至危及生命的事故。

（七）环境安全事故

环境安全事故是指因景区的自然环境和游览环境中存在的安全隐患而导致的安全事故，如较狭窄游道在游客数量较多的时候可能引发游客拥挤、踩踏事故，山岳型旅游景区的悬崖、峭壁、险峰等可能发生游客坠落致伤亡事故，游客误触近海区危险海洋生物如水母、海蜇等引发的过敏、中毒反应等。

（八）游乐设施安全事故

我国不少旅游景区内设有供游客娱乐的游乐设施，为了增加趣味性以及激发游客的参与热情，大多为高空、高速类的设施，如过山车、高空蹦极等，检修技术落后、设备老化、监管不力等原因都有可能造成因设施机械故障而引发的游客伤亡事件。2010年，深圳华侨城大峡谷游乐项目"太空迷航"发生垮塌，造成6人死亡、10人受伤。

二、引发景区安全事故的原因

旅游景区的安全事故表现形式多种多样，但究其原因，主要集中在自然环境、旅游者、景区方面，以及其他的一些因素。

（一）自然环境因素

1. 自然环境复杂

我国大部分景区以地文景观为主，多样的地文景观及丰富的动植物景观是吸引游客前来游玩的重要因素，但也可能成为让游客受伤的原因。陡崖、险峰、瀑布、峡谷这些观赏性较强的景点往往也是旅游安全事故的多发地。

2. 突发自然灾害

自然灾害有一定程度的预测难度，因此大多数时候都是突发而至，给景区带来破坏的同时，也严重威胁游客的出行安全和游览安全。

（二）旅游者因素

1. 安全意识淡薄

游客在旅游过程中因为愉悦的旅游体验，很容易放松对危险的警惕，行为上比平常更为放纵,为一些安全事故的发生埋下了隐患。比如,在山顶观景台拍照留念时,为了拍摄角度独特的照片而做出一些危险动作,甚至翻越围栏;在乘坐游船游江时,不顾工作人员的劝阻在甲板上嬉笑追逐;秋冬季节在森林公园里抽烟或者随意点燃干草枯木等。类似行为引发的坠崖、溺水、山火等事件,给游客和景区带来了不可挽回的生命及财产损失。

2. 盲目追求个性化

近年来,不少有过数次旅游经验的旅游者和年轻旅游者不满足于安全系数相对较高但缺乏个性的旅游方式,不顾个人身体条件以及户外生存经验、生存技能的不足,盲目追求一些危险刺激、运作尚不成熟的高风险旅游项目,不仅给自己带来了危险,还极大增加了景区的安全管理难度。

同步案例 两驴友擅闯奉节天坑地缝关闭景区 遇洪水1人死亡

背景与情境:未经工作人员允许,南岸区的两名驴友擅自进入奉节天坑地缝关闭景区探险,却不慎遭遇洪水围困。经过四天三夜的搜救,一人获救一人遇难。

"消防队吗? 我们被洪水困在天坑地缝景区将军岩,快来救命!"2014年7月11日8时30分,奉节县消防大队接到报警。报警人为卢某(为保护隐私,隐去真实姓名),66岁。事后他说,当天他与41岁的聂某(为保护隐私,隐去真实姓名)早上6点就到达地缝景区。两人是师徒关系,共同学习《易经》。因当时连降暴雨,地缝景区已关闭。

卢某说,他俩悄悄进入景区,想走完近6公里的地缝。他们走了大约4公里后,坐在路旁石头上休息。身后突然传来轰轰响声,转身一看,洪水从狭窄地缝向两人扑来。

两人迅速朝出口狂奔。"师傅,我们爬到上面去。"徒弟聂某看见一处离地10多米高的低矮平台。此时,洪水已盖过他们的膝盖。

在爬崖的过程中,聂某拿出手机报警,只听见"咚"的一声,聂某从悬崖上掉进洪水中,没挣扎几下就不见踪影。卢某费力爬上平台,打119报警。

上午8时40分,由当地派出所民警和群众组成的首支4人先锋队,进入景区搜救。"当时现场还在下雨,洪水非常急。"兴隆镇派出所教导员称,因景区手机信号弱,加上下雨,直到1小时后才得知他被困在一线天附近。

12时14分,由6名消防官兵组成的第二支救援队伍进入景区,迅速找到卢某。官兵将救援服脱下披在卢某身上,将他转移到安全地带。

随后,消防官兵开始搜寻被洪水冲走的聂某。经推测,他极有可能被困在阴阳缝(又称鬼门关)。消防官兵与景区人员驾驶皮划艇冒险进入鬼门关搜救。因天降暴雨,水位再次暴涨,搜救行动被迫终止。

救援工作困难重重,直至15日上午9时50分,救援人员才发现失踪者的背包及身份证。10时15分,聂某遗体被找到。

(资料来源:http://news.china.com.cn/live/2014-07-16/content-27675090.htm.)

问题:该案例给我们什么启示?

（三）旅游景区因素

1. 安全管理人员不足

安全事故相对于景区的日常经营运作来说，发生频率较低，因此大多数景区对安全管理没有引起足够的重视，从事景区安全管理工作的人员多由保安人员兼任，在景区旅游高峰期甚至抽调其他工作人员到安全岗位，少有熟悉安全事故发生规律、事故处理方法的专业人员。一方面，这些未经专业培训的工作人员安全意识薄弱、安全敏感性不够，无法在安全管理中及时发现和排除安全隐患；另一方面，一旦发生安全事故，他们很可能因为经验的缺乏而延误事故处理的最佳时机。

2. 安全管理方法落后

目前，不少景区对安全的管理主要是等待事故报案或者定时巡逻，这些被动落后的工作方式无法实时有效地监控景区的安全状态。一方面，景区地域范围广阔、地理环境复杂，监控盲点原本就比较多；另一方面，景区游客数量多、流动性大，安全隐患也比较多。因此，安全管理更多的是做好事故发生前的隐患排查和风险防控工作，巨大的工作量光靠有限人手的人工作业是无法完成的，通过智慧景区的建设可以很好地解决这个问题。

（四）其他因素

1. 行政管理机制不健全

我国旅游景区并非完全归属地方旅游行政管理部门直接管理，而是根据景区的类型分别由工商、林业、海洋、地质、建设、文物、宗教、文化等多个部门行使管理权插手管理，势必形成"多头管理"的局面，同时，因为归属不明、责任落实不到位导致管理上的"真空地带"，出现事前防控不力、事后多方推诿的现象，这对景区的安全管理没有任何益处。

2. 法律法规不完善

我国目前出台的与旅游安全有直接关联的法律法规包括国家法规条例、地方性法规条例、国家标准规定、景区规章制度等，明确了旅游主体责任义务，强化了旅游安全防控意识，规范了旅游行为，为旅游安全提供了制度保障。由于旅游活动形式多样、推陈出新，加之法律法规的制定相对于旅游经营实践有一定的滞后性，且我国现行相关的旅游法规对景区安全问题仅作了原则性规定，因此，在景区安全管理的立法上还存在部分空白。

3. 游客出行时间集中

目前，我国"带薪休假"制度推行范围和落实效果有限，因此绝大部分游客只能集中在节假日出行，尤其是黄金周期间，激增的游客数量使景区呈现人满为患的景象，不仅容易产生矛盾纠纷，而且也增加了景区安全管理的难度。景区有限的接待条件无法完全满足短期内大量涌入的游客需求，所以出现景区交通拥堵、景点排队时间成倍增加、游客疏散不及时、服务质量下降、违规涨价等现象，造成了不小的安全隐患。

同步思考

九寨沟发生大规模游客滞留事件

2013年10月2日下午，有游客在网上发帖反映九寨沟景区有数千游客滞留（见图12-1），现场情况混乱，游客情绪激动。据目击者称，当时九寨沟景区上下山通道已经陷入瘫痪，许多游客滞留于景区内公交车站点，其中还有老人、小孩，最小的孩子仅9个月。

图12-1　九寨沟游客滞留售票处

网上广泛传播的几张现场照片显示，在犀牛海、诺日朗景点处，道路上挤满了情绪激动的游客，几辆公交车完全陷入"人海"中寸步难行，不少游客席地而坐，或是爬上车顶休息，甚至有人在路边搭起灶台做饭。

据九寨沟管理局介绍，17时许，景区道路逐渐通畅，公交车通行恢复正常，游客陆续下山。但入夜后景区道路再次堵塞，不少游客开始往售票处聚集，要求退票和赔偿，现场一度陷入混乱。截至2日晚22时，滞留游客全部安全疏散。

九寨沟管理局旅游营销处处长罗斌表示，13时以后就基本没有游客入园，但中午时段游客比较密集，公交车站点间距离比较远，在犀牛海站附近，部分游客可能由于没有赶上公交车，逗留时间过长，情绪激动，甚至将道路堵住，导致整个交通线路瘫痪，拥堵数公里长。

10月3日，九寨沟管理局公开向广大游客发表书面致歉书。

致歉书中说，10月2日九寨沟景区迎来进沟高峰，为保障景区运转正常，景区95%的工作人员均到一线维护秩序，所有观光车负责对游客进行运送。中午12:00，由于少数游客急于赶车，不听从管理人员指挥，强行拦车，导致部分站点观光车辆受阻，无法正常运行，造成整个运营车辆无法循环运转、大量游客无法正常乘车。由于候车或步行时间较长，部分游客心生怨气，不听劝阻，翻越栈道，导致整个客运系统几乎瘫痪。截至19时许，景区共滞留客人4000余人。

罗斌表示，从2日晚11时起，在景区售票处开始组织退票，到凌晨3点已经退票8000余张，部分游客情绪略显激动，但没有出现"打砸攻陷售票处"的情况。3日早上6时，管理部门在景区旁边的荷叶迎宾馆开设了7个退票专柜，截至上午11时已退票1.1万余张。

针对有网友认为景区超负荷接待游客的情况，罗斌说，2日13时后进入景区的游客已经很少，当日共接待游客4万人，在景区可承受范围之内。九寨沟景区的车辆调配是环线循环式的，车辆最初受阻是在犀牛海景点，这是进入景区的第七个景点，此后发生连锁反应，由于交通受阻，越来越多的车辆在此无法前行。

（资料来源：http://news.sina.com.cn/c/2013-10-04/061928356863.shtml.）

问题：九寨沟景区为什么会出现大规模游客滞留事件？

分析提示：首先，景区方未对道路状况和游客流量做科学预测，某一个站点乘客的拥堵致使循环运转的整条观光线路陷入瘫痪；其次，九寨沟景区管理局预警应急机制不健全，在出现问题后应对不及时、处理不到位；再次，部分游客以自我为中心，不遵守规定，破坏正常秩序，导致景点交通拥堵直至大量游客滞留；最后，大部分游客因无法享受"带薪休假"，只能选择在黄金周出行，导致热门景点游客集中，景区容量濒临饱和甚至出现超载。

第三节　旅游景区安全管理体系构建

一、建立健全智慧景区安全管理系统

2015年9月，国家旅游局发布了《国家旅游局关于实施"旅游＋互联网"行动计划的通知》，明确到2018年将推动全国所有5A级景区建设成为智慧旅游景区，到2020年推动全国所有4A级景区实现免费Wi-Fi、智能导游、电子讲解、在线预订、信息推送等功能全覆盖，建设智慧景区已经成为我国旅游业发展的新趋势。在这个背景下，旅游景区应基于智慧景区的建设，对景区安全管理系统原有的四大子系统——安全控制系统、信息管理系统、安全预警系统和紧急救援系统进行完善和升级，以解决景区安全管理的新问题，满足新需要。

（一）安全控制系统

旅游安全控制是旅游主管部门、旅游企业、旅游者及其他社会机构之间通过制度、政策控制和利益协调而相互作用的管理过程。景区是旅游企业，其安全控制系统是景区为了自

身的经营和运作安全而设置的安全管理和监控体系,是景区安全管理系统的中枢,包括管理机构和管理制度两个部分。

1. 设立安全管理机构

原则上,景区内所有管理机构均应承担安全管理的部分职责,景区内所有部门都负有安全管理的责任,全体员工都应该在其工作岗位上做好景区安全工作,即全员安全管理制,在此基础上,结合景区的实际情况,成立专门的安全管理机构,该机构是景区负责安全管理的全职机构,具有景区安全管理的权威性,负责景区安全事故防范、控制、管理与指挥工作。景区安全管理机构可设立为安全保卫部或安全保卫科,是景区管理委员会或管理局的直接下属机构,下辖巡逻、护卫、消防、监察执行和安全教育等分支机构。

为更好地应对和解决突发事故,景区还应设立突发事故应急委员会,由景区管理负责人任总指挥,其他部门的一把手、景区派出所的所长担任委员,处理与应急事故相关的日常工作。下设安全事故应急联动指挥中心,包括通信联络组、应急救援组、安全保卫组、医疗救护组、后勤保障组、人员疏散组、善后处理组等。在未发生突发事故的情况下,该指挥中心及其下属机构处于解散状态,但一旦发生事故则自动集合并开始发挥作用。

2. 完善安全管理制度

景区的安全管理制度是在国家相关法律条例的指导下,为保证景区员工和旅游者人身财产安全所指定的符合景区安全管理实际情况的章程、办法和措施,是景区安全管理必须遵守的规范和准则。主要包括:①岗位安全责任制,详细规定各部门、各岗位管理人员和部门人员应承担的责任,用责任明确、责任细化、责任判定的方法来促进安全管理;②领导责任制,即由景区的法定代表人或主要负责人统筹负责本单位的安全管理工作;③重要岗位安全责任制,对易发生安全事故的地段,要配备专门的安全管理员,明确范围、内容、责任和任务,一旦在这个岗位发生重大事故时,可以进行法律责任追究;④旅游安全管理制,景区员工应按段、按片划分责任区,进行分段分片管理,加强值班巡逻;⑤经济责任制,按照违反规定的具体情况及造成损失的严重程度,分别给予责令整改或承担经济损失的处罚,甚至追究法律责任;⑥监督检查和奖励制度。

(二) 信息管理系统

景区信息管理系统是收集和加工旅游安全信息的系统,是保证旅游安全预警准确、及时和高效的前提条件。虚拟化技术、数字化技术、空间技术和网络化技术的出现使信息的传递、处理变得更加方便和快捷,也大大节约了解决安全问题所需要的有形资源,从而提高了旅游安全管理的效率。景区安全管理系统中各项功能的实现都以信息为支撑,信息的转换、更新、传递为系统的正常运行提供必要的保障。

景区旅游安全信息管理系统主要由天气信息、交通信息、游览环境信息和景区容量信息四个子系统组成,每个子系统都具有搜集信息、分析信息的功能。旅游安全防控和预警效果的高低,取决于所收集信息质量的好坏,通过新的科技手段对景区旅游安全信息进行搜集、分类和加工,确保了信息的真实性和完整性。

(三) 安全预警系统

景区安全预警系统主要是在信息搜集和处理的基础上制定旅游安全对策和发布旅游安全信息，包括对可能发生的事故的预警和已经发生事故的报警。对可能发生的旅游事故和灾害区域发出预警信息，主要是达到防患于未然的目的；对已经发生的事故发布报警信息，主要是减少事故损失、保护游客的人身财产安全、控制危害的发展。安全预警信息应在景区主要出入口、客流主要集散地、核心景点等以醒目的公告牌、循环播放的广播、工作人员流动喊话等方式告知游客，并组织人员按照预警方案对游客进行引导和疏散。同时，在建设智慧景区的背景下，这些预警信息都可同步实时地通过移动智能终端向游客推送，帮助游客做出相应的旅游行为调整。

1. 交通安全预警

通过加强现代电子信息技术在交通体系中的全面应用，完善智慧旅游交通体系，是建设智慧景区的任务之一，同时也是解决旅游交通安全的有效途径。景区充分利用物联网技术监测交通工具、交通基础设施等一切与旅游者相关的交通要素，通过安装和使用摄像头、感应器、传感器等获取大量交通数据，如全球定位系统（以下简称GPS）数据、道路的传感器数据、天气数据、拥堵数据等，预测道路通行能力、提醒避开已出现拥堵或发生交通事故的路段，提高景区对旅游交通的监控能力，保障旅游者的交通出行质量。

2. 环境污染预警

景区自然环境的好坏，不仅影响游客的旅游体验，还会影响游客的身体健康。环境是开展旅游活动的载体，但旅游资源开发、景区的建设生产、旅游者的旅游行为又会对环境产生影响甚至是破坏。射频识别、红外感应器、全球定位系统、激光扫描等智能监控技术的使用能实现对景区资源和环境的监控。通过实时监测景区空气质量、水质、地质、单位面积游客量（游客人数过量也会带来污染）等，对污染物超标、可能发生污染事故的景区功能区域发出预警信息，确保游客身体健康和景区的可持续发展。

3. 自然灾害预警

自然灾害具有突发性强、破坏性大的特点，及时、准确的预警信息有利于减少灾害带来的经济损失和人员伤亡。景区通过与气象、环境、地质等部门进行信息联网，实时监测相关指标数据并进行对比分析，预测可能发生危及旅游安全的灾难与事故，并根据危害程度的差异发出不同级别的警告。同时，借助景区智能监控系统对景区环境的监测，获得对自然灾害全面透彻的感知监测，如一些山地景区发现山体形变，可推断有山体滑坡风险，对该区域加强监控并做好灾害处理准备。

4. 环境容量预警

景区环境容量是指景区环境各要素所能承受的旅游者人数和旅游活动强度，一般有最佳容量和最大容量两个阈值。环境容量预警旨在提醒旅游者合理选择出行时间和游览区域，以免出现景区游客过分集中、人满为患的现象，造成对游客旅游体验和景区环境的破坏，而这些都建立在对景区游客人数精准统计的基础上。

景区的门禁系统是获取进入人数的最佳途径，尤其在建设智慧景区的背景下，不少景区都采用了电子门票,当游客进入景区检票时,可被自动识别进入景区,相应的信息被传送到景区的数据中心。通过分析景区主要出口安装的智能监控设备所获取的视频,统计出景区的人数,从而推断出景区内的总人数,以判断是否需要启动容量预警。在一些客流量较大的景点建立人数统计的系统,并利用视频分析实时游客数量,同时监控是否有异常行为发生。一些景区与电信服务商展开合作,借助网络定位等信息服务技术,为景区提供游客的即时位置动态,不仅能获得更为精确的游客数量的统计数据,还能够判断出游客在景区内的分布情况,是否需要对游客进行引导和疏散。有些景区则是通过发售带有射频技术的电子门票实现对游客的有效跟踪定位。

(四)紧急救援系统

景区的紧急救援是指为发生意外的旅游者或旅游从业者提供的紧急搜救服务,它以搜救失踪人员和紧急救治受伤害人员为主要任务。紧急救援系统是以旅游救援中心为核心,由景区、医院、公安、消防、通信、交通等多部门参与的社会联动系统。旅游救援中心通常由政府牵头组织,各个景区建立子系统与全国性的应急救援中心互联。在景区实际救援活动中,通常发挥主导作用的是景区突发事故应急委员会下辖的安全事故应急联动指挥中心,旅游救援中心则负责统筹和部署。

针对旅游者在游览过程中可能出现的各种意外情况,景区应实现景区 Wi-Fi 覆盖,防止游客在遭遇紧急情况时因信号不佳无法及时发出求救信息。部分景区可能因为面积非常大,网络信号不稳定,可通过部署求助报警终端一键求助,在游客触发报警设备后,监控中心可以通过网络摄像头看到报警人的实时视频图像,并可以进行语音通话。

在建设智慧景区的背景下,景区通过安装智能监控设备,实现安全监控的全面可视化、可控化管理,一旦游客发生意外,景区监控管理人员可在第一时间组织力量进行应急救援。另外,景区可开发配套 App,当游客用智能手机实名登录 App 并输入门票信息后自动接入景区监控平台,成为可定位、具有报警和求助功能的移动终端,可较大提升紧急救援的有效性和时效性。

二、完善旅游安全保障体系

(一)旅游安全法规体系

旅游安全法规体系是旅游安全保障体系的基础,为旅游安全管理提供法律依据。它能从法律角度来规范和约束旅游从业人员的行为,强化旅游从业人员的安全意识和防控意识,提高旅游者的安全意识,约束旅游者的不当行为。

2013 年 10 月 1 日正式实施的《中华人民共和国旅游法》(以下简称《旅游法》)中设立了旅游安全的专章,对旅游安全工作进行专门的规范说明;既从政府、旅游经营者,也从旅游者角度对旅游安全的权利义务进行了全方位、立体化的规范;为充分保障旅游者的人身财产安全,对旅游风险的阻断机制也进行了系统设计;这些综合措施将全面提升旅游者的旅游安全保障,为我国旅游安全工作迈入科学化轨道提供重要的法制基础。

知识活页

《旅游法》旅游安全专章

第六章　旅游安全

第七十六条　县级以上人民政府统一负责旅游安全工作。县级以上人民政府有关部门依照法律、法规履行旅游安全监管职责。

第七十七条　国家建立旅游目的地安全风险提示制度。旅游目的地安全风险提示的级别划分和实施程序，由国务院旅游主管部门会同有关部门制定。

县级以上人民政府及其有关部门应当将旅游安全作为突发事件监测和评估的重要内容。

第七十八条　县级以上人民政府应当依法将旅游应急管理纳入政府应急管理体系，制定应急预案，建立旅游突发事件应对机制。

突发事件发生后，当地人民政府及其有关部门和机构应当采取措施开展救援，并协助旅游者返回出发地或者旅游者指定的合理地点。

第七十九条　旅游经营者应当严格执行安全生产管理和消防安全管理的法律、法规和国家标准、行业标准，具备相应的安全生产条件，制定旅游者安全保护制度和应急预案。

旅游经营者应当对直接为旅游者提供服务的从业人员开展经常性应急救助技能培训，对提供的产品和服务进行安全检验、监测和评估，采取必要措施防止危害发生。

旅游经营者组织、接待老年人、未成年人、残疾人等旅游者，应当采取相应的安全保障措施。

第八十条　旅游经营者应当就旅游活动中的下列事项，以明示的方式事先向旅游者做出说明或者警示：

（一）正确使用相关设施、设备的方法；

（二）必要的安全防范和应急措施；

（三）未向旅游者开放的经营、服务场所和设施、设备；

（四）不适宜参加相关活动的群体；

（五）可能危及旅游者人身、财产安全的其他情形。

第八十一条　突发事件或者旅游安全事故发生后，旅游经营者应当立即采取必要的救助和处置措施，依法履行报告义务，并对旅游者做出妥善安排。

第八十二条　旅游者在人身、财产安全遇有危险时，有权请求旅游经营者、当地政府和相关机构进行及时救助。

中国出境旅游者在境外陷于困境时，有权请求我国驻当地机构在其职责范围内给予协助和保护。

旅游者接受相关组织或者机构的救助后，应当支付应由个人承担的费用。

（资料来源：http://www.gov.cn）

（二）旅游保险

在旅游安全保障体系中，旅游保险是安全事故发生后游客获取补偿的主要来源，因此构建完善的旅游保险体系，为旅游安全提供了经济保障。现阶段我国已形成了相对完备的旅游保险体系，可以为旅游者提供旅行期间的个人意外伤害及医疗保障，保险品种较为齐全，服务也较人性化，但较低的保险购买率却未让旅游保险充分发挥保障作用。

据统计，我国团队旅游的投保率相对较高，因为旅行社被要求强制购买旅行社责任险以及酌情购买团队意外险，也会有一部分参与带危险性的旅游项目或欧美长线游的游客会在旅行社的推荐下购买个人意外险。但自助游的游客旅游保险的购买率却极低，一方面是游客自身的保险意识不够，另一方面是旅游保险的购买途径较少，只有极少数旅行社向自助游游客出售旅游保险，不少在线旅游平台的旅游保险无法单独购买，必须和旅游产品搭配销售。从现阶段我国旅游者的出游方式来看，自助游的散客多于团队游的游客，因此整体旅游保险的投保率处于较低的水平。

保险是良好的风险管理手段，为提高投保率，可从以下几方面采取措施：第一，加大保险宣传力度，增强旅游者的保险意识，主动保护自己的合法权益；第二，增加旅游保险的购买渠道，旅行社应成为旅游保险的主要线下代理商，各大旅游电商平台则是主要的线上代理商，旅游保险采取单独销售和与旅游产品搭配销售两种模式，让消费者根据自己的需要自行选择；第三，加强对旅游保险的监管，鼓励保险机构开发更具个性化的旅游保险产品；第四，推动旅游保险保障系统进一步完善，充分发挥旅游保险在转移风险、善后处理方面的保障作用。

三、加强景区安全宣传和安全教育

良好的安全意识是景区工作人员做好旅游安全工作的基础，要通过加强旅游安全宣传和安全教育，让景区的领导、员工都牢固树立安全意识，掌握各自岗位的安全职责和安全技能。根据《中华人民共和国安全法》的规定，生产经营单位的主要负责人和安全生产管理人员必须具备与本单位所从事的生产经营活动相应的安全生产知识和管理能力，未经安全生产教育和培训合格的从业人员，不得上岗作业。景区旅游安全问题的成因较为复杂、表现形式多样，因此应建立以政府旅游行政部门为主体的旅游安全逐级培训制度，解决现有培训分散、培训主题不明确的问题，确保各级管理人员和一线从业人员都能参与对应层级的培训，熟悉有关的安全生产规章制度和安全操作规程，掌握相应的安全知识和安全技能。

第四节　游客安全行为引导

由于旅游者不当的旅游行为有可能导致旅游安全事故发生，且旅游者又是安全事故中的受害者，为了消除安全隐患和降低旅游风险，可通过旅游安全宣传、设置旅游安全标志、建立旅游安全信息服务中心、发放游客安全手册等方式来引导游客规范自己的旅游行为，实现

安全出行的目标。

一、旅游安全宣传

旅游安全宣传分为旅行社宣传和景区宣传两个部分。

根据《旅游法》第62条第2款规定,在订立包价旅游合同时,旅行社应向旅游者告知旅游活动中的安全注意事项。旅行社主要是通过发放旅游安全知识宣传材料和组织出行前动员会的方式来对游客进行旅游安全的事前引导,告知游客在出行前应做好的准备工作、行程安排、目的地风土人情、游览过程中可能出现的突发事件及处理方式、旅游安全风险防范、文明出行的行为规范等,强调游客违反安全规则可能导致的后果及应承担的责任,增强游客的安全意识。

景区安全宣传由景区定点导游或讲解员主导,针对景区存在的安全隐患向游客做出真实说明和明确的警示,比如提前告知常规游览线路、易发生危险的观景点、高危险性参与项目的风险提示等,引导游客在安全的线路上游览,尽量杜绝和阻止游客的危险行为。如果遇到天气突变、道路出现险情或其他危及游客财产人身安全的紧急情况时,定点导游或讲解员可临时调整游览路线,且应全程与游客在一起活动,及时清点人数,以防游客走失。如景区不提供定点讲解和导游服务,则应在景区主要入口和易发生危险的地点张贴安全通告、设置安全指示牌,对游览过程中的安全风险进行明确告知。景区还可利用官方网站定期进行旅游安全意识宣传,特别是在节假日之前发布与旅游安全信息相关的通告,加强对旅游安全问题的防范。

> **知识活页**
>
> **旅游安全知识宣传材料**
>
> 1. 参加组团旅游应和旅行社签订有效旅游合同,明确相关权利和义务,建议自觉投保旅游人身意外险;自助旅游时,最好结伴而行,购买旅游意外保险;出行时,还应互相交换导游和同行人员的电话号码。
>
> 2. 乘坐交通工具时,系好安全带,勿随意更换座位,上下车时要注意来往车辆;不带危险或易燃品乘车。
>
> 3. 旅游时不要携带大量现金和贵重物品;贵重物品应放饭店保险箱保管;行李物品不要脱离视线。
>
> 4. 出入饭店房间随手关门,离开房间应切断电源,不在床上抽烟;不让陌生人进入房间。
>
> 5. 不可擅自脱队,如需单独离队,应征得导游和领队同意,并记住集合地点、时间、所乘车号、所住饭店的地址和电话;夜间或自由活动时间自行外出,要告知导游或团友。
>
> 6. 参加漂流、探险、蹦极、登山、缆车等危险性较大的旅游项目时,应严格遵守有关安全注意事项;年迈和身体不适者勿参加剧烈或刺激性活动项目。

7. 购物和娱乐消费要注意财物安全,保管好发票或凭证。
8. 按不同季节、地区、出游方式,带好个人防护用品、常用药品和证件。
9. 遇到紧急情况或安全事故,不要惊慌失措,拨打导游电话或当地报警、救护、投诉电话,并保护好现场和物证,及时、迅速向当地公安机关或相关部门求助。
10. 外出旅游应掌握预防疾病的基本常识,不到传染病疫区去旅游。
11. 外出旅游时遇雨天、山路、险坡等应注意行路安全;在景区(点)游玩时,应严格遵守景区(点)设置的安全提示和警示。
12. 旅途购买食品时应注意食品卫生,防止发生旅途腹泻等疾病。
13. 出行在外少喝酒,要慎吃生食、生海鲜等,不要光顾路边无证摊点,防止暴饮暴食。
14. 提倡文明旅游,注意自己的言行举止,切忌惹是生非,提高自我保护意识。
15. 严格遵守国家法律、法规,遵守旅游途经地的民俗、宗教习俗。
16. 外出旅游发生纠纷,需要投诉,请找当地的旅游行政主管部门。
(资料来源:http://wenku.baidu.com/view/2d4bd6ba172ded630b1cb6db.html.)

二、设置旅游安全标志

旅游安全标志是利用文字或符号、图案等对旅游者的行为具有提醒和警示作用的引导标志,包括对某些行为的禁止和对旅游者行为方向性的指引等。根据我国制定的安全标志和安全色的标准要求,标志中含有警告和禁止含义的图案及符号应分别使用黄色和红色,图形与衬底的颜色应形成强烈对比,并使用吸引旅游者注意的色彩和色调。

旅游安全标志一般可以分为四类:①禁止标志,包括禁止吸烟、禁止通行等,为红色圆形边框带斜杠的图标,如图12-2所示;②警告标志,用于提醒游客注意周围环境,避免发生危险的标志,图形为三角形边框,框内有表示不同含义的图像,如图12-3所示;③指令标志,强制游客必须做出某种动作或采用防范措施的圆形图形标志,如图12-4所示;④提示标志,向游客提供某种信息,图形为正方形,包括指示紧急出口、避险处位置、急救站等,如图12-5所示。

为实现良好的提醒和警示效果,旅游警示标志应设置在步道、车行道、岔路口及环境具有潜在危险的位置,安装高度和距离根据实际情况来确定,以游客易发现和能看清楚为宜。警示标志所显示的信息应准确无误,指示的文字不宜过长,尽量选择宋体、黑体和楷体等可读性较高的字体,语义应简洁明了(见图12-6)。为弱化安全标志的说教意味、缓解游客的抵触心理、提高游客的接受程度,部分标志可采用形象卡通化、语言柔性化的设计(见图12-7)。

图12-2　禁止通行标志

图12-3　注意落石标志

图12-4　必须穿救生衣标志

图12-5　急救站提示标志

图12-6　综合安全标志

图12-7　卡通安全标志

三、编制和发放游客安全指南

游客安全指南是景区发放的印刷物,主要是告知游客在景区游玩的安全知识和其他应注意的事项,提醒游客保护自身和财物的安全,圆满、愉快地完成旅游计划。安全指南应由景区主导编写,可放置于景区游客服务中心大厅和其他主要集散地的显著位置,与景区的宣传资料和导览资料摆放在一起,免费让游客拿取,或者在游客于售票处购买或兑换门票时随票一并发放。

安全指南应图文并茂、色彩鲜艳,内容通常包括交通安全事项、住宿安全事项、饮食安全事项、游览观景安全事项、娱乐安全事项、购物安全事项等,除了常规的安全知识和注意事项外,还应包括与景区资源和环境相关的特定注意事项。

四、建立旅游安全信息服务中心

旅游安全信息服务中心可以是单独成立、由景区游客中心下辖的部门,也可以不成立类似机构、直接由游客中心来提供安全服务。安全信息服务中心的功能主要是协调和处理各类旅游安全投诉、为游客集中播放旅游安全教育音像视频、编发游客安全指南、分发和销售旅游安全必备品等,另外,应设立人工咨询岗位,随时为有需要的旅游者提供服务。如有突发状况,应及时通过广播系统或其他即时信息传递方式发布地质灾害、天气变化、洪涝汛情、交通路况、治安形势、流行疫情预防等安全警示及游览安全提示。

> **教学互动**
>
> 互动问题:你认为景区的安全事故有哪些表现形式?应该如何防范?
> 要求:
> 1. 教师提出问题,组织学生根据对景区安全的认知和自身的经历进行讨论。
> 2. 教师把握好讨论节奏,学生发言,教师点评。

本章小结

内容提要

本章讲述了旅游景区管理的概念和重要性、景区安全事故表现形式及原因、景区安全管理体系构建、游客安全行为引导四部分内容。

本章首先阐述了旅游安全和景区安全的概念,介绍了景区安全管理的特点,并分析了景区安全管理对旅游者、景区经营者及商户、地方旅游业的重要性。

旅游景区的安全事故主要表现为自然灾害、交通事故、治安事件、溺水事故、火灾事故、食物中毒事故、环境安全事故和游乐设施安全事故八种形态,引发事故的原因主要有自然环境因素、旅游者因素、旅游景区因素和其他因素。

景区安全管理体系的构建主要包括建立健全智慧景区安全管理体系、完善旅游保障体系、加强景区安全宣传和安全教育。

通过多种形式、多种渠道的旅游安全宣传,在景区设置旅游警示标志,编制和发放游客安全指南,建立游客安全信息服务中心等可实现对游客安全行为的引导。

核心概念

旅游安全;景区安全管理;特种旅游交通;旅游安全控制;景区安全管理制度;景区信息管理系统;景区安全预警系统;紧急救援系统;旅游安全标志;游客安全指南

重点实务

游客安全行为引导。

知识训练

一、简答题

1. 简述景区安全管理的概念和特点。
2. 景区安全事故的表现形态主要有哪些?引发事故的因素有哪些?
3. 如何构建景区安全管理体系?
4. 引导游客安全旅游的措施有哪些?

二、讨论题

1. 旅游安全保障体系包括哪些?是如何发挥作用的?
2. 如果景区水域发生了游客溺水事故,该如何处理?

能力训练

一、理解与评价

假设你是某景区的定点导游,你该如何为游客做安全宣传?请结合景区的资源特色和环境特色分析。

二、案例分析

6个5A级景区被严重警告　多个景点被指存在安全隐患

国家旅游局规划财务司司长彭德成9日在北京通报了近期5A级景区的核查情况。因存在价格欺诈等问题,河北省秦皇岛市山海关景区被取消5A级资质。与此同时,丽江古城景区、西樵山景区、明十三陵景区等6家5A级景区被严重警告,并限期整改。据了解,此次山海关被摘5A,是自2011年国家旅游局启动对自有星级资质的景区暗访工作以来,第一次被取消的5A级资质景区。

国家旅游局表示,取消河北省秦皇岛市山海关景区5A级资质原因有四个:一是存在价格欺诈,强迫游客在功德箱捐款现象普遍,老龙头景区擅自更改门票价格;二是环境卫生脏乱;三是设施破损普遍;四是服务质量下降严重,导游、医务等岗位人员缺失严重。

多个景点被指存在安全隐患

云南省丽江市丽江古城景区:主要是欺客宰客情况严重,出租车普遍不打表,商户存在欺客行为,餐饮场所等价格虚高,多数商铺无明码标价,环境卫生脏乱差,卫生设施及人员不足,垃圾清理不及时,安全提示不到位,消防设施不完备等问题。

广东省佛山市西樵山景区:主要存在交通组织管理不力,外部交通衔接缺失,内部人车混行,停车场秩序混乱,游览设施不足,游客中心服务水平低,景区休息设施少,导游数量不足,导览图、交通标识不规范,卫生管理较差,大量卫生死角,景区内购物、施工、管线、广告管理混乱等问题。

江苏省南通市濠河景区:主要存在安全隐患突出,游船及多处登船处没有安全提示,临水处没有专职安全人员和巡查人员,环境卫生差,卫生死角较多,乱停车、乱堆乱放现象严重,厕所设施设备损坏严重,游览系统多项功能缺失,医疗室和投诉处理室无人值班,景区咨询、导游、标识、投诉等功能严重不足,景区缺乏统一管理,线路编排不合理,游览信息提示不足等问题。

浙江省杭州市西溪湿地旅游区:主要存在安全隐患明显,多处人流集中处无警示标识,游船安全设施不到位,商贩管理问题突出,景区内多处存在兜售现象,导览服务不完善,导游讲解水平低,标识系统不完备,商业设施标识混乱等问题。

上海市东方明珠广播电视塔:主要存在安全隐患明显,高峰期客流管控不到位,游客上下电梯秩序混乱,安全警示不足,游览设施欠缺,游客中心设施不足,功能不完善,商业管理混乱,景区内购物点与游客抢占道路和空间严重,停车场管理混乱等问题。

北京市明十三陵景区:主要存在外围欺客宰客现象严重,无明码标价,计量不精确,同类商品不同价,歧视外地人、向外国人高价出售商品,卫生情况差,景区垃圾裸露多,地面污物清扫不及时,游览设施不足,游客中心功能不全,无障碍设施、公共休息设施、垃圾箱均存在不足等现象。

(资料来源:http://travel.people.com.cn/n/2015/1012/c41570-27685591.html.)

问题:

1. 案例中提到的这6个景区分别存在哪些安全隐患?
2. 可采取什么措施来消除这些隐患?
3. 对于景区来说,旅游安全是否重要?为什么?

第十三章
旅游景区环境资源管理

学习目标

通过本章学习,应当达到以下目标:

职业知识目标:学习旅游景区环境资源管理的内容,掌握旅游景区环境管理的内容、环境质量标准,理解和运用环境质量管理方法;熟悉旅游资源保护的概念、掌握旅游景区资源保护的内容;理解旅游景区旅游资源破坏的因素,掌握旅游景区资源保护的措施;理解旅游景区环境容量的相关概念,掌握旅游景区容量计算方法和旅游景区容量管理方法;掌握旅游景区卫生管理的内容和管理措施,重点掌握景区垃圾管理的方法;理解景区旅游厕所革命的要点,掌握景区旅游厕所管理措施。

职业能力目标:运用本章专业知识研究相关案例,树立旅游景区环境资源管理的意识,掌握旅游景区环境质量标准和管理措施,掌握旅游景区旅游资源保护、游客容量管理、环境卫生管理的措施,通过相关知识的学习,熟练运用和制定旅游景区旅游资源保护、游客容量管理、环境卫生管理的措施,熟练计算旅游景区环境容量,培养相关专业技能。

职业道德目标:结合本章的教学内容,培养学生自身爱护和保护旅游景区资源和环境的意识,强化职业道德素质。可以在工作岗位中以身作则,管理好旅游景区环境资源。

引例:黄山风景区生态考核"一票否决"

背景与情境:据黄山在线报道,日前,黄山风景区印发《关于进一步加强黄山风景区环境保护工作的意见》,并制定工作任务分解表,确定将于 2017 年 6 月底前关闭天海、北海两处垃圾焚烧点,拆除焚烧设施,实施生态恢复,实现垃圾全面禁烧,同时严格落实生态建设考核机制,实行生态考核"一票否决"制。

据了解,黄山风景区 2017 年将通过完成 24 项环境保护工作任务,进一步强化环境质量监测,加大环境保护执法力度,抓好环境治理工作。根据 2017 年黄山风景区环境保护工作任务分解表安排,景区将依法划定并及时调整饮用水水源保护区范围,规范设置标识,依法查处破坏水源保护区的违法行为,对不符合条件的水源地坚决予以关停;提升污水处理工艺和运行管理水平,实现污水处理稳定达标排放,年底前完成北海片污水处理设施改造工程;环境监测部门加强对饮用水水源、出境地表水、生活废水及负氧离子的日常监测,确保饮用水符合国家相关标准,出境地表水水质优于国家Ⅱ类水质标准,生活废水处理后达到国家排放标准,监测结果按有关要求予以公布。

加强大气环境污染治理,严格执行社会车辆换乘制度,禁止未通过环保检验车辆进入景区,全面淘汰"黄标车",推广使用清洁能源;加强施工工地及景区内旅游专线道路的管理,防止扬尘对景区空气质量造成影响;全力推进垃圾禁烧,2017年关闭天海、北海两处垃圾焚烧点;严禁景区内燃放烟花爆竹和户外炭火烧烤,禁售自热米饭、方便面、瓶装啤酒等污染景区环境的商品;开展餐饮油烟专项治理,实施油烟净化设施年检制度,确保景区空气质量的持续优良。

该景区将进一步严格落实生态环保工作责任,建立健全考核机制,加大网络化环境监管和污染源"双随机"监管力度,实行生态考核"一票否决"制。对区域规划、专项规划及建设项目环境影响评价文件未经审批部门审查或审查未予批复的,建设单位不得开工建设。

(资料来源:http://www.6665.com/thread-4226727-1-1.html.)

黄山景区严格的生态考核制度为黄山景区的生态环境质量提供了保障,旅游景区环境资源的管理不仅要从管理方法和措施上下功夫,还需要相关考核机制相配套,与现代信息化的资源环境监督、游客容量监管和环境卫生监管相协调,确保景区环境资源管理。

第一节 旅游景区环境质量管理

一、旅游景区环境概述

(一)旅游景区环境

旅游景区环境是指景区内所有能影响旅游景区吸引物的质量及旅游业发展状况的各类因素,包括人的要素和物的要素。旅游景区环境的定义因中心事物的不同而不同,以游客为中心的角度,景区环境是使旅游活动得以存在、进行和发展的各种旅游目的地与依托地的自然、社会、人文等外部条件的综合;以旅游资源为中心的角度,旅游环境是指围绕在旅游资源周围的其他自然生态、人文社会等各种因素的综合。

旅游景区环境是景区旅游价值的重要组成部分，一个拥有良好的旅游环境的景区一定是具有较大的旅游价值及对游客具有较大的旅游吸引力的。

(二) 旅游景区环境分类

旅游景区环境是景区及其周边地区与旅游活动相关的要素之和，通常可以分为自然环境、服务环境以及人文环境三大构成要素。

1. 旅游景区自然环境

旅游景区自然环境是指与景区旅游活动相关的各种地球表层因子的总和，这些因子构成了景区存在的基础。景区自然环境为游客提供了观赏、游览、探险、猎奇、避寒避暑等各种娱乐消遣活动的场所和条件。景区自然环境又可以进一步细分为生态环境和自然资源。

(1) 生态环境。

景区生态环境是指构成景区生态系统的各种要素的集合，包括大气环境、水环境、土壤环境、地质环境、生物环境等，它们是构成旅游景区基本结构的基础。生态环境质量能够对旅游者的身心健康产生重要的影响。

(2) 自然资源。

景区内的自然资源主要指包括景区旅游资源在内的一切景观资源，包括自然景观资源和自然能源(包括风能、太阳能、潮汐能、波能等)。景区资源是景区发展的重要物质支撑，是景区吸引力的构成要素。

2. 旅游景区服务环境

旅游景区服务环境是指为了景区健康可持续发展由人工设计开发的设施和服务环境的总和，旅游景区服务环境能直接影响旅游者的心情和感受。

(1) 景区设施。

景区设施是专为旅游活动而建造，供旅游者使用的专门设施，包括景区内的各种市政设施，如给排水设施、供电设施、供暖设施、邮电通信设施；各种交通工具设施，如电瓶车、步行道、游船码头等；各种服务设施，如住宿、餐饮、购物、娱乐设施等。

景区设施是为旅游者提供服务的平台和手段，景区设施的人性化设计、品质的高低直接关系到旅游者的切身感受。因此，景区应注重对设施设计的人性化考虑、对设施质量的维护与控制，借助优质的景区设施为旅游者提供高质量的服务。

(2) 景区服务。

景区服务主要指景区为旅游者提供的各种服务。一般情况下，优质的景区服务能够带给旅游者较大的满足感，从而使旅游者对景区留下良好的印象。为了创建良好的服务环境，景区应加强对员工服务质量的提升和服务意识的培养，同时加强工作人员的团队建设，提高员工的集体荣誉感及自身的快乐感，才能向游客传递快乐，输送高质量的服务。

3. 旅游景区人文环境

旅游景区人文环境是指对景区存在和发展产生影响的社会因素，一般由景区所在区域的社会和人文积淀构成。主要包括民俗风情、旅游经营者、游客、居民和当地政府，这些人文环境构成了景区旅游环境的有机组成部分，同时，景区的经营活动会对环境因素产生正面或负面的影响。因此，协调景区人文环境保护与景区发展之间的关系已经成为业界关注的焦点。

（1）民俗风情。

民俗风情主要是指景区所在地的衣食住行等文化习俗、历史文化古迹及居民对旅游开发的态度及承受力等，景区所在地的民俗风情也会成为游客旅游的重要吸引力。

（2）旅游经营者。

旅游经营者是景区旅游服务的重要提供者，在景区资源的开发和利用过程中，开发方式和程度及经营行为都会对景区环境产生影响。旅游经营者为了追求经济效益最大化，会给景区资源和环境造成一定的破坏。

（3）游客。

游客是景区环境系统中较活跃的因素之一，可以说，景区的所有工作都是围绕游客展开的。游客进入景区后要与环境系统中的各种要素发生关系，游客对景区环境的保护意识会对景区产生影响，当游客的数量超过环境容量时，会对景区环境造成破坏。

（4）居民。

景区所在地的居民，在景区开发和发展过程中，会因自身利益与景区产生各种关系，有些会借助景区的发展成为旅游经营者，正当的经营行为会为景区发展提供便利，但有些居民的不当行为会对景区的旅游环境造成不良影响，如部分景区周边居民协助游客逃票等行为。

（5）当地政府。

当地政府是景区的主要管理者，政府制定的旅游法规和政策会对旅游业的可持续发展和旅游环境的保护产生长远的影响。

二、旅游景区环境质量问题

（一）环境污染

景区环境污染包括水污染、大气污染、噪声污染和固体废物污染等。

1. 水污染

当景区内的水体被排入工业废水、生活废水及不加净化或净化不达标的旅游区废水后，景区内水体旅游资源遭到严重污染。这些污染使河水不再清澈，使湖泊富营养化，造成水生生物无法生存，严重破坏水域生态系统的平衡。2007年的太湖，一场蓝藻诱发的生态灾难让两百万无锡市民守着太湖却要抢购纯净水饮用，昔日的"鱼米之乡"成了鱼的"坟墓"，除太湖外，在我国巢湖、滇池等景区，水体污染也极其严重。

2. 大气污染

景区内的大气污染是由于受到周边企业气体排放、城市汽车尾气及居民燃烧原煤或秸秆等的影响。

3. 噪声污染

景区内的噪声污染大都来自景区内一些旅游经营者为了吸引游客，在景区内大声叫卖，有的甚至用高音喇叭招徕顾客，还有导游手持各种扩音设备招集游客的声音，所有这些声音混杂在一起，使得旅游景区就像热闹非凡的集市，致使整个旅游氛围受到极大影响。

4. 固体废物污染

旅游区配套设施不完备、旅游者本身素质较低等因素，致使与旅游有关的服务性行业产生大量固体废物,有关人员对此不加处理或处理不当便丢弃于景区,严重污染景区环境。例如,峨眉山风景区每年产生固体废物 4800 多吨,其中 96% 以上未加处理就排入景区的溪流中。

(二) 生态破坏

景区内的生态破坏主要是由于景区开发者不合理的开发、利用自然资源和兴建工程项目而引起的生态环境破坏,同时,景区内的游客和当地居民的不当的旅游活动或生活也会对景区生态造成破坏。

1. 植被破坏

植被破坏主要是指人类活动对地表植被和植物的影响,可分为直接影响和间接影响。直接影响包括地表植被被移除、游客踩踏、采摘等。间接影响包括外来物种引入、车辆废弃、土壤流失等,这些都会间接地影响植物的生长和健康。

(1) 大面积移除。

大面积移除主要是指景区内为兴建宾馆、停车场或其他旅游设施,将大面积的地表植被剔除,甚至还从外地搬来其他土壤进行客土栽培,以符合工程方面的要求,这无疑是对植物族群"抄家灭族"的行为。这是人类旅游活动对植物最直接的伤害。

(2) 游客踩踏。

游客踩踏也会对植被和植物产生直接影响,且是最普遍的形式。只要游客一踏上绿地,他的双脚就可能施压于植物上。游客对植物的踩践行为会造成一系列相关后果,如会影响到植物种子发芽,因土壤被踩实而导致幼苗无法顺利成长;对于已成长的植物,则可能因踩踏而导致其生理、形态等发生改变。此外,步行道规划设计不合理,也可能影响到濒危植物物种的生长,游客所搭乘的交通工具常会留下车痕,造成植物组成的改变。

(3) 采摘。

采摘也是对植物的一种伤害行为,游客最常见的采摘动机是想摘下某朵漂亮的花,或想尝尝果实的滋味,或是想带一部分植物回家种植。此外,许多游客迷恋植物的疗效,一到野外看见药用植物就摘,使许多药用植物的天然族群越来越少。

2. 野生动物的威胁

景区的开发可能会破坏野生动物的栖息地或庇护所。游客到达景区后,无论是旅游活动本身还是游客所制造的噪声都会干扰野生动物的生活和繁衍,而且一般游客总喜欢"又吃又拿",嗜吃各种山珍海味,又偏爱收集各类野生动物制品,这样野生动物的生命就受到了威胁。

(三) 景观破坏

近年来,景区的人工化、商业化、城市化使我国风景名胜区受到越来越多的破坏。有的景区出于经济目的,热衷于旅店、宾馆的建设,盲目扩大旅游区,修建旅游设施,破坏了景观环境。主要表现在:一是开山炸石、剥离地表植被直接破坏景观,开挖生石面和倒石堆有碍观瞻;二是剥离地表植被引起水土流失,如果开挖面使上部岩石失去支撑,遇到震动或过量的降水,还有可能引发滑坡、塌方、危岩崩落,造成交通中断甚至人员伤亡。

三、旅游景区环境质量标准

随着大众休闲时代的到来,人们对旅游目的地的要求越来越高,旅游景区环境质量也成为旅游者关注的重要内容。早在1995年,国家环境保护局、国家旅游局、建设部、林业部、国家文物局曾联合发出《关于加强旅游区环境保护工作的通知》,要求全国各类旅游景区的主管部门按照"谁主管,谁负责"的原则,切实加强对各类旅游区的环境管理。国家旅游局发布的《旅游规划通则》中对不同类型的景区环境质量应达到的标准进行了规定。根据不同的产品类型及旅游容量采用不同的环境质量标准,对跨两种或两种以上产品类型的旅游区,应采用较高的环境质量标准。专项旅游产品应按照专项产品环境质量保护的特殊要求进行规划设计。

下面对旅游景区、人文景观型旅游区的规划设计、自然景观型旅游区和度假型旅游区的规划设计应达到的环境质量标准进行阐述。

(一) 旅游景区环境质量标准

环境空气质量在《环境空气质量标准》(GB 3095-2012)中属一类区应执行相应标准。

噪声环境质量在《声环境质量标准》(GB 3096-2008)中属一类标准区域应执行相应的一类标准。

《地表水环境质量标准》(GB 3838-2002)根据旅游活动的类型执行不同的质量标准。

污水排放应达到《污水综合排放标准》(GB 8978-1996)的规定。

有吸引力的旅游景区要有幽雅的环境、清新的空气、清洁的水质,在《旅游景区质量等级的划分与评定》(GB/T 17775-2003)中,对不同A级的旅游景区应达到的环境质量标准进行了限定(见表13-1)。

表13-1 不同等级旅游景区环境质量标准

环境质量标准	空气质量 (GB 3095-2012)	噪声质量 (GB 3096-2008)	地表水环境质量 (GB 3838-2002)	污水排放 (GB 8978-1996)
5A级景区	一级	一类	达到规定	达到规定
4A级景区	一级	一类	达到规定	达到规定
3A级景区	一级	一类	达到规定	达到规定
2A级景区	一级	一类	达到规定	达到规定
A级景区	一级	一类	达到规定	达到规定

(二) 人文景观型旅游区环境质量标准

(1) 绿地率不少于30%。

(2) 空气环境达到《环境空气质量标准》(GB 3095-2012)一级标准。

(3) 地表水质量达到《地表水环境质量标准》(GB 3838-2002)的相应要求。

(4) 环境噪声达到《声环境质量标准》(GB 3096-2012)。

(5) 公共场所卫生达到公共场所各类卫生标准,主要有《旅店业卫生标准》(GB 9663-1996)、《文化娱乐场所卫生标准》(GB 9664-1996)、《公共浴室卫生标准》(GB 9665-1996)、

《游泳场所卫生标准》(GB 9667-1996)、《图书馆、博物馆、美术馆、展览馆卫生标准》(GB 9669-1996)、《商场(店)、书店卫生标准》(GB 9670-1996)、《公共交通等候室卫生标准》(GB 9672-1996)、《公共交通工具卫生标准》(GB 9673-1996)、《饭馆(餐厅)卫生标准》(GB 16153-1996)。

(三) 自然景观型旅游区和度假型旅游区环境质量标准

(1) 除滑雪、海滨和河湖型旅游区外,其他旅游区绿地面积不少于50%。

(2) 大气环境达到《环境空气质量标准》(GB 3095-2012)一级标准。

(3) 地表水质量达到《地表水环境质量标准》(GB 3838-2002)的相应要求。

(4) 环境噪声达到《声环境质量标准》(GB 3096-2008)一类标准。

(5) 公共场所卫生达到公共场所各类卫生标准。

四、旅游景区环境质量管理方法

景区环境质量管理的方法主要有教育方法、科学方法、经济方法、行政方法、法律方法,以上方法在使用过程中应采用循序渐进的原则。

(一) 教育方法

教育方法是景区环境管理中第一步的管理方法,是不可缺少的,也是最常用的手段。宣传教育可以提高人们的环境保护意识,使其珍视旅游景区的良好环境。教育采取的措施主要有以下几种。

1. 设计旅游行为规范信息

景区规划时可以设计相关的旅游者行为指导手册,配合景区内的景点信息使用,旅游者在了解景区情况的同时对相应行为规范也有所掌握。

2. 设立行为指示标志

景区内规范旅游信息指示标识牌的设立,在旅游者易产生不当行为的区域,设置醒目警示标志。

3. 实时动态行为教育

景区可以通过大屏幕、环保志愿者及讲解员等向游客实施动态行为教育。对于游客或景区,旅游经营者应通过管理人员的监督检查,或经营前签订相关协议来实施动态教育。

(二) 科学方法

科学方法主要是指在进行景区环境管理时所采用的科学的方法、科学技术措施以及科学的思维。通过引入先进的科学技术来加强对景区环境监测、污染处理等工作方法。例如,将地理信息系统、全球定位技术、遥感等俗称的"3S"技术引入环境监测系统能够大大提高环境监测系统的精确度和连续性。又如,景区垃圾生态综合处理技术,结合景区的景观建设需求,在分类的基础上采用多种方法对景区垃圾进行多层次的综合利用与处理。不仅解决了景区垃圾的处理问题,而且再造的景观具有美化环境的作用,还可以培育成为重要的旅游吸引物。此外,各种物理、化学、生物、环境工程等方法也可大力引入到景区环境监控与管理中来。

同步案例 刷脸才出厕纸，北京天坛为了避免浪费也是蛮拼的

背景与情境：为规范游客使用厕纸，避免浪费，北京天坛公园试点使用"人脸识别厕纸机"，识别人脸后，自动出纸。天坛公园相关负责人介绍，目前，该机器仍在试点阶段。试点结束后，将根据实际效果考虑是否进一步推广。

"人脸识别厕纸机"使用者可站立在特定的识别区，摘掉帽子、眼镜，通过屏幕识别人脸，机器下面会自动出纸。据介绍，"人脸识别厕纸机"可以调节取纸时间。目前，设置同一个人每隔九分钟取一次纸，每次出纸长度为60～70厘米，并由原来的单层纸改成了双层纸。

天坛公园相关负责人表示，目前，"人脸识别厕纸机"仍在试点阶段，试点时长为半个月左右，试点期间，公园管理处安排了专人在旁指导。试点结束后，将根据实际效果考虑是否进一步推广。如反映不方便，则再寻求其他方式试用。同时，他呼吁，游客应节约用纸、防止过度用纸，也可积极监督，及时制止不文明的浪费现象。

问题：请对"人脸识别厕纸机"这一对策进行评论。

（三）经济方法

经济方法是通过经济杠杆来调节景区管理和旅游者行为以提升环境质量的管理方法。经济方法通常有较强的激励效应，因此是必要的管理手段。目前，景区环境管理的主要经济手段包括税收政策、环保费用征收、经济奖励与处罚等。

税收政策，政府通过税收可以增加、减免景区有关部门或企业的税收，限制和禁止某些对景区环境可能造成污染或者破坏的建设项目，鼓励和支持那些有利于环境保护的建设项目。

环保费用征收，是一项主要的环境保护管理的经济手段。一种情况是对景区超过国家或地方规定标准排放的污染物，征收适当的费用。如未超过规定的标准，就不征收。另一种情况是凡是环境排放污染者都要缴纳排放费。

经济奖励与处罚，是指政府对旅游经营单位和个人治理环境污染和其他保护旅游资源和环境的活动和行为给予一定的奖励或处罚的手段。

（四）行政方法

行政方法是行政机构以命令、指示、规定等形式作用于直接管理对象的一种手段。行政手段的主要特征是权威性、强制性、规范性。

在我国，旅游景区管理者可分为两类，一类是完全的管理者，另一类是不完全的管理者。不完全管理者具有一定的行政职能，如自然保护区、世遗单位管委会等。前者应配合政府环保部门研究制定旅游环境保护政策，组织制订和检查旅游环境保护计划。而后者，由于本身具有一定的行政职权，应该在与环境保护部门合作的基础上，依据景区的实际情况制定和实

施环境标准,颁布和推行环境政策。

(五) 法律方法

法律方法是一种强制性的管理手段,景区管理部门对违反旅游环境法规、污染和破坏旅游环境、危害旅游者健康等的单位和个人应协助或配合环境部门和司法机关依据国家有关法律、法规进行处理。目前,我国与旅游景区环境相关的法律法规主要包括:①环境保护基本法,即《环境保护法》;②环境保护单行法,包括《水污染防治法》、《大气污染防治法》、《环境噪声污染防治法》、《固体废物污染环境防治法》、《海洋环境保护法》,以及《土地管理法》、《水法》、《森林法》、《草原法》、《野生动物保护法》、《水土保持法》等;③环境保护行政法规和部门规章,有直接针对旅游景区的法律法规,包括《风景名胜区管理条例》《文物保护法》,以及一些地方旅游景区的管理法规等。

第二节 旅游景区旅游资源保护

一、旅游景区资源保护概述

(一) 旅游景区资源的含义

旅游景区资源,就是指景区内具有旅游开发价值,能够吸引游客并能满足旅游需要的自然和人文景观以及旅游服务设施的总和。旅游景区资源是旅游业得以存在、发展的核心载体。

(二) 旅游景区旅游资源保护

《旅游规划通则》(GB/T 18971-2003)中给旅游资源这样下定义:自然界和人类社会凡能对旅游者产生吸引力,可以为旅游业开发利用,并可产生经济效益、社会效益和环境效益的各种事物和因素,均称为旅游资源。旅游资源是景区的核心,能对游客产生吸引力,并且带来效益。因此,景区旅游资源的保护是景区生存和发展的物质基础,是景区可持续发展的保障。

景区内的各项景观资源、自然环境和各项服务设施,应当根据可持续发展原则,严格保护,不得破坏或随意改变,对于景区旅游资源的保护主要包含以下几个方面。

(1) 景区内的游客和居民都应当保护景区内的景观资源、水体、地貌、植被、野生动物和各项旅游设施。

(2) 景区内禁止以下活动:①开山、采石、开矿、开荒、修坟立碑等破坏景观、植被和地形地貌的活动;②修建储存爆炸性、易燃性、放射性、毒害性和腐蚀性物品的设施;③在景区内的景物或设施上刻画、涂污;④乱扔垃圾。

(3) 禁止违反景区规划,在景区内设立各类开发区和在核心景区内建设宾馆、招待所、培训机构、疗养院以及与景区资源保护无关的其他建筑物,已经建设的,应当按照景区规划,逐步迁出。

（4）景区内的建设项目应当符合景区规划,并与景观相协调,不得破坏景观、污染环境、妨碍游览。

二、旅游景区资源破坏因素

旅游景区资源遭到破坏有自然方面的原因,也有人文方面的原因。

(一) 自然因素

1. 突发性事件

旅游景区资源在自然界突发事件如火灾、地震、山火、海潮、火山喷发等不可抗力的影响下,会发生不同程度的破坏。如"5·12"汶川大地震时,四川省现存最古老的木结构建筑、始建于南宋的云岩寺遭到严重破坏,玉皇殿、东岳殿、窦真殿、春台等多座建筑整体垮塌,飞天藏殿等墙体坍塌,损坏严重。2011年3月11日,日本发生9.0级地震,日本宫城县松岛有日本三大绝景,其中仁王岛在9.0级大地震中遭遇破坏,最终得到修复。不过,最有名的景点长命穴因为石块被震落到海底而完全消失,这一千年景观已经不复存在。

2. 自然风化

旅游资源由于自然界的风蚀、日晒雨淋等原因,会产生风化作用,因此发生缓慢的改变,这种缓慢性风化是景区资源的另一种自然衰败现象。如台湾野柳地质公园的"女王头"是一种蕈状岩,因常年受风吹日晒雨淋而形成奇特形状,远观如凝视远方的女王,近年来相关部门发现,"女王头"的颈部因风化而越来越细,可能会因承受不了头部的重量而断裂,面临"断颈危机"。

3. 生物原因

景区内旅游资源物种丰富,生态平衡一旦打破或物种入侵后,原有的生态平衡被破坏,对当地的旅游资源产生影响。例如,过量的动植物如鸟类、白蚁等,会对景区内的古建筑和森林树木等产生破坏;水体旅游资源富营养化之后水域生态系统被破坏。如2016年11月青岛崂山毛公山景区有50株树木受白蚁危害,有的树木甚至干枯死亡。

(二) 人文因素

1. 管理不当

部分旅游景区因管理不当,对景区能够承受的旅游流量及极限容量没有测算,在这种情况下,景区在节假日尤其是在黄金周期间会出现游客集聚、人满为患的现象,甚至少数地段和知名景点区域游客摩肩接踵,人头攒动,犹如赶庙会,形成周期性的饱和与超载,这对景区环境和历史文物的保护极为不利。超负荷旅游接待对于环境和设施的消极影响主要体现在拥挤、随意践踏、水体的破坏、部分设施的损毁等几个方面。景区游客容量的管理、旅游流的控制、游客行为的引导等管理行为的缺失会造成景区旅游资源的破坏。

2. 开发和建设过度

景区为了追求经济利益,有短期行为思想,只顾眼前利益,不顾长远利益的开发和建设对于景区旅游资源的破坏相当严重。如现代化设施在一定程度上为游客带来了便利,但却

对旅游资源造成了永久性的破坏,因为有相当一部分的旅游资源是不可再生的,对它的破坏也是不可恢复的。

3. 游客的不文明行为

部分游客环境意识淡薄、不文明行为比较普遍对景区旅游环境资源产生了一定破坏,主要表现有:爬到雕像上拍照、随意触摸文物、壁画,在景观建筑物上乱涂乱画,随地吐痰,乱扔垃圾,随意践踏、采摘等。

4. 缺乏保护意识,挤占保护资金

在很多旅游景区的管理者或地方政府官员看来,旅游景区的经济效益应放在第一位,所有的建设、开发乃至对资源的日常维护都只是为了一个目的,那就是赚钱。专注于经济利益的开发活动必然忽视对资源的保护,部分景区拿景点维护资金用于开发新项目,其所得收入没有用于景点的维修和保护,而是又用于新项目的投资,因此产生了缺少保护资金的恶性循环。

三、旅游景区资源保护措施

旅游资源是旅游景区生存和发展的基础,只有对景区的旅游资源进行科学的管理和保护,才能实现景区的可持续性发展。

(一) 加强规划的科学性和约束性

制定可持续发展的景区总体规划,通过规划对景区内各种旅游活动进行合理的设置和建设,对接待容量进行科学的确定以及合理进行功能分区等,使得景区内的生态环境效益、社会效益、经济效益达到最优化,最终实现景区的持续发展。

目前,绝大多数景区都制定了相关的规划,但多数规划都仅限于"规划规划,墙上挂挂",景区在实际开发建设中并没有按规划制定的方向和内容进行操作。导致这种状况的一个很重要的原因是景区对规划不重视,只是把它作为应付检查的工具,没有按规划操作,也未受到相应的惩罚,使得开发呈现随意性和破坏性。因此,要实现景区的持续发展,就应加强规划制定的科学性,同时加强规划的约束力,定期检查规划的实施情况,对于擅自修改或不按规划建设的行为给予严厉的惩罚。随着《中华人民共和国旅游法》的颁布,对于旅游规划和促进有了阐述,在旅游法的监督下,加强旅游规划的科学性和约束性是景区环境资源可持续健康发展的重要保证。

(二) 健全法律法规

我国旅游业一向重开发、轻保护,重经营、轻管理,理念滞后,旅游环境与资源保护措施落后。目前,旅游资源保护的法律仅能依据散见于各环境与资源单行要素保护法律及行政法规、部门规章中,如《文物保护法》、《风景区名胜条例》、《森林法》、《水法》、《野生动物保护法》、《环境保护法》等。到目前为止,全国仅有厦门市、内蒙古自治区和汕头经济特区就旅游资源的保护与开发专门进行了立法,制定了《厦门市旅游资源保护和开发管理暂行规定》(已废止)、《内蒙古自治区旅游资源开发管理暂行规定》、《汕头经济特区旅游资源保护和开发管理规定》。因此,我国需要健全旅游资源保护的法律法规体系。完善我国旅游资源保护法律法规体系应着重做好以下几点。

（1）在整理现行立法的基础上，制定并不断完善配套的系列法律法规。修改与完善《自然保护区条例》《森林公园管理办法》《风景名胜区管理暂行条例》等特别区域保护法，并注意相互之间的协调性。

（2）制定统一的旅游资源保护法，针对自然文化资源的整体性与特殊性，在适当时候应制定一部统一的法律对我国自然文化资源进行保护，并以之为依据，建立、完善、协调、充实有关国家森林公园、风景名胜区、自然保护区、国家重点文物保护单位等的保护管理条例、标准和规范。各地应在全国统一的旅游资源保护法的指导下，及时修改、完善地方的旅游法规，并注意根据旅游资源环境的地区差别突出地方特色及可操作性，同时重视维护法制的统一。

知识活页

甘肃省首家环保法庭在麦积山挂牌成立

2014年5月23日，天水市麦积区法院环境资源法庭在国家5A级旅游风景名胜区麦积山挂牌成立。这是甘肃省首家专门的环境资源法庭。

环境资源法庭专门受理麦积区行政区划内涉及旅游环境资源保护的刑事、民商事及行政非诉执行案件，并支持相关的公益诉讼。随着麦积山风景名胜区晋升为国家5A级旅游景区，游客量急速上升，人为造成的旅游资源及环境的污染和破坏现象日益显现。麦积区法院在加大对滥伐林木、破坏珍稀植物、非法狩猎等打击力度的同时，通过对全区旅游资源环境的调研、分析，决定设立环境资源法庭，专门审理大幅增长的旅游环境资源污染和破坏案件。在甘肃省高院和天水市中院的大力支持下，以旅游巡回法庭人员为基础，为环境资源法庭配齐、配强了审判人员及办案设备，开展前期准备工作，积极为麦积区环境资源保驾护航。

据悉，环境资源法庭挂牌后，其职责将从单纯办理案件延伸到景区及周边的环境资源保护，对不属法院管辖的环境资源保护方面的案件，立即与环保、公安、景区管理者多方联系协调处理，实现环境资源保护的联动机制。

（资料来源：http://gs.people.com.cn/n/2014/0603/c183283-21333852.html.）

（三）健全旅游资源管理监测系统

随着科学技术的发展，对旅游景区的旅游资源进行科学的监测与分析，并开发旅游资源的管理监测系统成为景区旅游资源保护的重要手段。

1. 生态环境的监测管理

景区生态环境监测是指对景区内的生态环境的现状特征、演化趋势以及存在的问题等内容进行调查研究的行为，其目的在于为旅游景区的生态环境管理提供支撑。对旅游景区的旅游资源及生态环境作跟踪监测和研究，观察景区内旅游资源及生态环境随旅游景区的开发利用的变化情况，根据变化情况制定相适应的保护措施，确保景区的旅游资源及生态环境不受影响。生态环境监测的主要方法是根据不同类型的生态环境选择相应的关键指标，然后通过对关键性指标的持续监控和考察来分析生态环境质量的变化趋势。

2. 景区环境污染的监测管理

景区环境污染监测是指对景区环境中污染物的浓度实施间断或连续测定，以分析和研究其变化对环境影响的过程，如对景区内水质、大气、土壤等的检测。景区内污染源具有来源广泛、影响机理较为复杂、产生效应时期不确定的特点，对景区环境污染的监测应采取网状连续检测的方式，即在一定范围内设置多个环境污染检测点。

例如，为了促进四川九寨沟黄龙景区的水资源保护和旅游可持续发展，当地水资源勘测局投资 200 多万元，分 3 年在九寨沟黄龙景区流域内逐步完成 8 个"九寨黄龙国家级生态水文站"和 6 个雨量观测站点的建设，全面对景区的扎如沟、则渣哇沟、树正沟、日则沟、涪源沟等水源进行实时监测，以形成水资源和水环境监测网络。

实施景区环境污染监测的主要任务有以下五点。

第一，将检测结果与国家相关的标准和法规进行对照，看是否与这些标准的要求相符，并将环境质量报告定期上报给景区管理者。

第二，在发生景区环境污染的情况下，判断污染源造成的污染影响，为环境保护措施的实施提供数据依据，并对环境保护措施的效果进行评价。

第三，确定污染物的浓度、分布状况以及发展趋势，为景区环境污染的防治提供对策建议。

第四，通过收集大量的数据，分析各种污染源造成环境污染的动力机制和发展模式，为景区环境保护部门提供预防环境污染的理论支持。

第五，为景区管理者制定适合本景区的环保制度和规章提供依据。

3. 文物古迹的监测管理

对于文物古迹的监测管理主要是划定文化古迹的保护范围、制定完善的文物古迹管理制度和修复制度。

文物古迹的保护范围可分为重点保护范围和环境控制范围。重点保护范围内严禁携带易燃、易爆物品及其他可能危害文物古迹的各种物品。环境控制范围内的建筑物或景观形式、色调、高度和特色要与文物古迹的环境相协调。

文物古迹监测系统主要负责：监测预防虫蚁的危害；限制游人的数量，减少游人对文物古迹的影响；配备防治大气污染和破坏的设施、设备；配备齐全的防火设施、设备；注意防止水对文物古迹的破坏、污染。

4. 自然旅游资源的监测管理

（1）旅游景区内江、河、湖、海等水体资源的管理措施。

第一，采取措施严格控制工业污染源，并逐步治理污染源。

第二，控制旅游景区内农业排放的污染物，发展生态农业。

第三，对旅游景区内的污水、污物进行无害化处理。

第四，景区内的游览船要使用无污染的电瓶船，船上的垃圾要收集上岸后再处理。

第五，重视对水体周围堤岸区域的绿化建设。

（2）地质、地貌旅游资源的管理措施。

第一，控制游客数量，提高旅游环境质量。山地旅游资源出于自身环境的限制，其环境容量有限。

第二,可在旅游淡季实行短期封闭制度,恢复旅游资源生态平衡,使其休养生息。

第三,加强各类建筑项目的管理,减少和避免建设对山地旅游资源的破坏。

第四,组织水文、环保、林业、地质、气象等专业技术人员,加强对山地灾害的调查研究,防范山地的自然灾害。

第五,建立和完善山洪、火灾、森林虫灾观测站等灾害预警系统和防灾救援系统。

(3)森林和植物旅游资源的管理措施。

第一,在景区开发中要注意保护森林和植物资源,如为防止游人游览对地面植被的破坏,游览线路可用木板悬空铺设。

第二,加强对景区内游客的管理和宣传教育,严禁游客在景区内吸烟、野炊、采摘花草树木等破坏森林旅游资源的行为。

第三,要加强景区森林和植被资源的修剪、防虫、防火、施肥、浇水等维护工作。

(4)对民俗风情、传统文化旅游资源的管理。

对旅游景区内民族风情与传统文化旅游资源的管理,要采取协调一致的管理方式进行管理,使景区内的民族能从他们保持的民族特色、传统文化中获得经济收益而主动保留。可以通过各种方法,使当地居民了解自己的发展历史,提高民族责任感,增强民族自信心,自觉保护自己的民族特色、传统文化,实现旅游的可持续发展。

(四)游客行为管理

旅游资源的持续利用与游客的行为和意识是息息相关的,加强游客的管理对旅游资源的保护也至关重要。管理过程中可采取以下方式:一是通过门票的淡旺季差别票价等经济手段进行游客量的限制和分流;二是利用线路设计、分区规划等技术手段对进入景区的游客进行分流引导,使其在时间上和空间上合理布局,以达到不破坏景区内生态系统的目的;三是借助景区的宣传栏、宣传画、演播厅、旅游书籍、旅游手册或指南以及导游解说系统对旅客进行环保教育,在进入景区之前就明确告诉旅客应遵守的规范;四是通过景区服务人员的身体力行和周围社区的环保氛围使旅游者受到教育和感染;五是可以在景区内部建立一定的规章制度,对旅游者的行为进行约束,避免对环境造成不良影响。例如,有的景区实行旅游者携带物品检查制度。美国旅行社协会提出了"生态旅游者的10条道德标准",对游客行为进行约束,对我国的景区管理有一定的借鉴意义。

知识活页

美国旅行社协会提出的"生态旅游者10条道德标准"

(1)尊重地理的脆弱性。意识到如果不保护环境,后代可能不会再看到独特而美丽的目的地。

(2)只留下脚印,只带走照片。不乱写乱涂,不乱扔垃圾,不从历史遗迹和自然景观上取走纪念品。

(3)了解目的地的地理、习惯、风俗和文化,使旅程更有意义。倾听别人的谈话,鼓励当地居民参加环保活动。

(4) 尊重别人的隐私和尊严。征求对方意见后再拍照。
(5) 不买由濒危动植物制成的产品，如象牙、龟壳、动物皮毛等。阅读美国海关不能进口的物品清单。
(6) 走设计的路线，不打扰动物及其栖息地，不破坏植物。
(7) 了解并支持环保计划和组织。
(8) 尽量徒步或使用对环境无害的交通工具，鼓励司机停车时关闭发动机。
(9) 支持节能、环保的企业（饭店、航空公司、度假区、游船、旅行社）及其行为，包括改善水和空气的质量，废物利用，安全管理有毒材料，消除噪声，鼓励社区参与和雇用致力于环保且经验丰富的员工。
(10) 询问美国旅行社协会会员，找出赞同美国旅行社协会关于航空、陆地和水上旅游环境指南的组织。建议这些组织采用自己的环境规范，约束游客在特殊景点和生态系统的行为。

第三节 旅游景区环境容量管理

一、旅游景区环境容量概述

环境容量，即某一区域环境可容纳的某种污染物的阈值，存在阈值的基本原因是环境（特指自然生态环境）具有一定消纳污染的能力。20世纪60年代，由于旅游的大众化发展，成千上万的旅游者涌向旅游地，导致部分旅游地拥挤不堪，不仅旅游者不满意，而且旅游环境也遭到了破坏。1963年，拉佩芝（Lapage）首次提出了旅游环境容量（又称旅游容量或旅游环境承载力）的概念，但未进行深入研究。随着研究的深入，人们发现影响游人规模与旅游目的地（或景区）发展的可变因素非常多。旅游景区容量的主要概念有以下几个。

(一) 旅游环境容量

旅游环境容量又称旅游生态容量，指在对一个旅游点或旅游区环境不产生永久性破坏的前提下，其环境空间所能接纳的旅游者数量。旅游者对游览点环境的影响主要表现为对动植物的破坏，故旅游环境容量即对动植物不产生永久性危害前提下的游客数量。而对一个拥有各项旅游设施的旅游区来讲，容量的确定不仅要考虑游览点的容量，还要考虑整个旅游区的环境承受力。旅游环境容量是一个可变因素，不同的技术、管理条件下，容量不同，有力的管理可扩大其环境容量。

(二) 旅游心理容量

旅游心理容量又称旅游感知容量，主要是指旅游者在某一地域从事旅游活动时，在不降低活动质量的条件下，或旅游者感觉不适的临界状态时，旅游景区所能容纳的旅游者人数的最大值。旅游心理容量受旅游者的价值观念、旅游活动类型、接待区的自然和社会经济等因素的影响和制约。

(三) 旅游经济容量

旅游经济容量是指旅游业发展的最大规模，也就是在一定时间内一定区域范围内经济发展所决定的能够接纳的旅游活动量。如经济发达地区满足旅游业发展的文化、物质需求能力较强，经济承受力大；而落后地区往往难以适应旅游业迅速发展而不断增长的需求，经济承受力较小。旅游业的发展速度和规模必须充分考虑地区对旅游业的经济容量，如果盲目扩大规模，超出其承受力，不仅对旅游业发展带来不良后果，还可能造成地区经济生活的紊乱。

(四) 旅游社会容量

旅游社会容量是指旅游景区所在地域的社会价值观、道德习俗、宗教信仰、文化传统和生活方式等社会规范所决定的当地居民可以承受的旅游者的最大数量。一般情况下，社会容量方面的问题不突出，但一些落后地区，在旅游开发初期，会产生这一问题。

以上的各种旅游容量中，旅游心理容量与旅游生态容量、旅游经济容量、旅游社会容量之间都有一定程度的正相关关系；但反过来，旅游地的各种容量不受旅游心理容量控制。一个旅游景区所能接待的旅游者数量，决定于几个基本容量中的最小值。

二、旅游景区环境容量计算

(一) 基本空间标准

基本空间标准是旅游环境容量测定的基点，是单位利用者（通常是人或人群，也可以是旅游者使用的载体，如车、船等）所需占用的空间规模或设施量。常用人均占有量来表示基本空间标准，也根据场所或设施的空间特性，会有长度等其他指标获取空间标准。不同的旅游设施，游客所接受的空间范围有所不同，如欧美国家制定的旅游设施基本空间标准；不同旅游景区的类型决定旅游地的基本空间标准。表13-2、表13-3所示分别为欧美、日本的旅游设施基本空间标准。

表13-2 旅游设施基本空间标准（欧美）

项　目	旅游设施类型	基本空间标准
住宿设施	旅馆	10～35平方米/人
建筑类型	山区饭店	19平方米/人
	海滨假日饭店	15平方米/人
饮食	超过500床位的旅馆外餐用地	24平方米/人

续表

项 目	旅游设施类型	基本空间标准
娱乐	海滨胜地	0.1 平方米/人
	山区滑雪旅游地	0.25 平方米/人
	室外电影场	最多 1000 人/场
	夜间俱乐部	最多 1000 人/处
开敞空间（户外娱乐或赏景）	海滨或乡村旅游地	20~24 平方米/人
	滑雪旅游地	5~15 平方米/床
行政和中心	集中服务（洗衣或食物处理）	最少 0.3 平方米/床
服务	行、健康与卫生服务	0.2 平方米/床

表 13-3　旅游场所基本空间标准（日本）

场 所		基本空间标准	场 所	基本空间标准
动物园		25 平方米/人	野外比赛场	25 平方米/人
植物园		300 平方米/人	射箭场	230 平方米/人
高尔夫球场		2000~3000 平方米/人	骑自行车场	30 平方米/人
滑雪场		200 平方米/人	钓鱼场	80 平方米/人
溜冰场		5 平方米/人	狩猎场	32000 平方米/人
海水浴场		20 平方米/人	旅游牧场、果园	100 平方米/人
码头	小型游艇	23000~30000 平方米/只	徒步旅游	400 米/团
	汽艇	80000 平方米/只	郊游乐园	40~50 平方米/人
	划船池	250 平方米/只	露营场：一般露营	150 平方米/人
	游园地	10 平方米/人	汽车：露营	650 平方米/台

（资料来源：保继刚，楚义芳.旅游地理学[M].3版.北京：高等教育出版社，2016.）

（二）环境容量计算方法

景区环境容量的测算方法有多种，其中相对比较容易操作的有线路法、面积法与卡口容量法，这3种方法广泛运用在旅游景区规划与管理实践中，至今依然是常用的环境容量计算方法。结合景区景点设置及游览方式安排，确定旅游景区环境容量以线路法和面积法测算为主；对封闭的主题游乐设施、住宿设施、餐饮设施采用卡口容量法测算。景区环境容量的计算中，通常以容量最小值为景区的环境容量标准。

1. 线路法

线路法是指在同一时间内每位游客所必须占有的游览线路长度。这类计算方法主要适用于那些游览空间呈狭长形的景区，如峡谷型旅游景区。同时，即使在相对平坦的旅游景区内，游客也并不是平均分布在可游区域内，而是集中在景区的游览线路上呈线性运动，导致游览线路成为人流集中的区域。因此，仅用面积容量法并不能准确地反映旅游景区的接待能力与生态容量。

线路容量的大小主要取决于景区内实际可游览线路的长度、宽度、可行程度或险易程度、线路交通组织方式、沿线景点布置结构等因素。通常,仅简单地以可游览线路的长度、宽度等指标进行计算,公式为:

$$C_i = L_i / I_i \times R_i$$

其中,C——旅游景区的日容量;

i 为不同类型;

L——旅游景区游览线路总长度(米);

I——旅游景区游览线路间距标准(米/人);

R——游客周转率(每天开放时间/每个游客的滞留时间)。

2. 面积法

面积法是指在单位时间内,单位游客在特定游憩环境或服务设施内活动所必需的最小面积。假设某景区景点的游览空间面积为 X_i 平方米,在不影响游览质量的情况下,平均每位游客占用面积为 Y_i 平方米,又称基本空间标准,日周转率为 Z_i,则该景点的日空间容量为:

$$C_i = Z_i \times X_i / Y_i (人)$$

景区日环境总容量等于各分区(景点)日环境容量之和,为:

$$C = \Sigma C_i = \Sigma Z_i \times X_i / Y_i$$

其中,C——旅游景区的日容量;

C_i——景区内特定区域日容量;

X_i——旅游景区景点的游览空间面积;

Y_i——每位游客的基本空间面积;

Z_i——日周转率(Z=景点开放时间/游完景点所需时间)。

3. 卡口容量法

卡口容量,即瓶颈容量,主要指旅游景区因空间、交通、景观等因素,如封闭性的游览设施或景点,因面积或设施量有限,限制游客进入景区景点参观、游览的瓶颈或卡口,同时成为生态环境保护与资源永续利用的脆弱点。

测量方法为实测卡口处单位时间内通过的合理游人量,单位以"人次/单位时间"表示,计算公式有:

$$C = B \times Q$$
$$B = T_1 / T_2$$
$$T_1 = H - T_3$$

其中,B——一日游客批数;

Q——每批客人数;

T_1——每天游览时间(单位:分钟);

T_2——游完全程所需时间(单位:分钟);

T_3——两批游客相聚时间(单位:分钟);

H——每天开放时间,以每天 8 小时,480 分钟计算。

三、旅游景区环境容量管理

(一) 环境容量管理原则

1. 可持续发展原则

通过环境容量的测算与控制,使得游客量低于景区环境容量的上限,以保证景区优美的自然景观特色和良好的游览环境,还特别要保护好景区内的各种的生态环境,确保资源环境的可持续发展。

2. 保证服务质量的原则

必须满足游客的游览兴趣、舒适程度与需求期望,尽量给游客提供更多的游憩机会与空间,以满足游客的不同需求。

3. 安全卫生原则

所有的景区旅游以安全为前提保障,为游客提供安全、卫生、方便的旅游环境。

(二) 环境容量管理

旅游景区环境容量管理主要是游客数量的管理,可以通过提供提前预订服务、建立早期预报系统以及完善景区内引导服务来调控。

1. 提供提前预订服务

环境容量控制的重要手段可以通过预订服务来实现,预订服务可以通过官方网站、各类订票服务平台、电话预订等来实现。目前很多景区虽然都设置了日最高容量,经常会超越这一警戒线,因为游客大多远道而来,很难将其拒之门外。如果为了保证控制容量而将游客挡在门口,则会让游客对景区留下较差的印象。比如九寨沟景区为了保护其生态环境,曾设置并严格执行每日 1.2 万游客的最高值,导致很多游客吃了闭门羹,抱怨不断。因此,景区可以采用一个两全其美的方法,即提供多渠道的预订服务,以保证游客能顺利进入景区游览。

2. 建立早期预报系统

景区建立早期预报系统提前预报景区内各个景点的客流情况,可以通过官方网站、微博、微信等平台,将信息传播出去,以便游客能够提前进行游览线路的决策。

3. 完善景区内引导服务

完善景区内的引导服务,通过景区的人工服务、导览系统、实时信息播报系统等将景区内游客的流量及时公布于众,以便游客选择人流较少的景点,通过景区游客分流来获得更佳的旅游感受。

第四节 旅游景区卫生管理

旅游景区的卫生状况是旅游景区环境质量最重要的外在表现,是游客最易感知的旅游环节,并形成最直观的景区印象,影响着游客对景区服务质量的评价。景区卫生情况反映了景区管理质量和服务质量,影响着游客的消费过程和消费质量。因此,卫生状况的管理是景区环境质量管理的重要内容。

一、旅游景区卫生管理概述

(一)旅游景区卫生管理的内容

旅游景区卫生管理工作涉及旅游景区的各个环节,伴随着游客旅游的整个游览过程中的景观资源、游览设施、工作人员、餐饮住宿等。

1. 景区景观资源卫生管理

景区景观资源卫生管理主要包括景区的自然旅游资源如水体、森林、地质地貌、土壤等,人文旅游资源中的建筑、古迹等,旅游资源的卫生情况影响着游客对景观吸引力的评判。

2. 公共区域卫生管理

景区公共区域卫生管理主要包括旅游景区的大门、广场、游客中心、卫生间、厅堂、商场等各种服务场所周围环境的卫生管理。

3. 游览设施卫生管理

景区游览设施卫生管理主要包括景区内游步道、游客乘坐的交通工具(游览车、游船、索道、缆车、休息座椅等)、景点等的卫生管理。

4. 景区员工卫生管理

景区员工卫生管理主要是指旅游景区的一线从业人员,包括导游、售票员、保安以及各级管理人员的身体健康状况、仪容仪表、着装以及个人卫生等各个方面的卫生管理。

5. 景区餐饮卫生管理

景区餐饮环境及食品卫生管理是卫生管理的重要内容,主要以《中华人民共和国食品卫生法》为准则,以预防食物中毒和疾病传染为重点。具体内容包括食品原材料采购、储藏、加工制作、产品销售、食品化验、消毒等各个环节的卫生管理。

6. 景区住宿卫生管理

景区住宿卫生管理以为客人提供清洁、舒适的住宿条件为重点,具体内容包括客房卫生、卫生间卫生、客用的各种消耗品卫生等的管理。

7. 游客行为卫生管理

游客行为卫生管理主要指对游客在景区内的卫生行为,包括随地吐痰、吸烟、乱扔垃圾等行为的引导和管理。

(二)旅游景区卫生管理的特点

旅游景区卫生管理是环境质量管理的重要内容,涉及景区的各个方面、各个环节,管理中也存在全面性、多样性,连续性、即时性,常规性、季节性等特点。

1. 全面性、多样性

旅游景区卫生管理涉及景区的各个方面,管理范围很广,项目多,管理上涉及吃、住、行、游、购、娱各个方面。在管理内容方面既有游客产生垃圾管理，又有景区内经营业主的食品卫生管理；在管理时间上，既有长期性任务又有短期临时性工作；在管理技巧方面必须加强纵向和横向管理，做到上下结合、统一布置、统一规划、统一行动，因此，具有全面性和多样性交融的特点。

2. 连续性、即时性

旅游景区的卫生管理是一个环环相扣、彼此紧密相连的过程，其中任何一个环节出了问题，势必影响到整体。景区各部门、各环节、各工种都要把好卫生质量关，并相互协作，使卫生管理具有连续性。旅游景区的卫生清扫工作要掌握游客的活动规律，在不打扰和影响游客游览的情况下，及时地搞好环境卫生。例如，在景区内游客量较为集中的节点、观景点等重点部位，要安排专人适时、及时地进行清扫，保持周围良好的卫生状况，为游客提供惬意的旅游体验环境。因此，具有连续性和即时性的特点。

3. 常规性、季节性

旅游业是季节性很强的行业，在旅游淡、平、旺季，卫生管理的特点及侧重点不一样。淡季要突出"全"，即全面保持常规卫生；平季要突出"精"，即卫生工作要做"细"；旺季则突出"勤"，即根据游客多、流动性大、周转快等特点，要勤于搞好卫生。因此，景区卫生管理过程中要区分常规性和季节性的变动。

（三）旅游景区卫生管理措施

景区的卫生管理并不仅仅是景区管理人员的责任，增强游客的环保意识，调动游客环保的积极性，是景区卫生管理由被动转变为主动的重要举措之一。

1. 严格执行环境卫生相关标准

针对景区内环境卫生管理可以参考国家制定的相关环境卫生管理方面的法律法规，并依据法规严格执行。主要有《中华人民共和国环境保护法》以及ISO14000环境管理系列标准，针对旅游景区的标准有《风景旅游区服务质量标准与操作规范》《旅游景区质量等级的划分与评定》等。

2. 制定卫生管理制度

景区内应根据旅游景区卫生管理相应的标准制定卫生管理的相关制度，因旅游景区类型不同，卫生管理制度需要依照景区的性质分别制定，具体包括公共卫生管理制度、旅游设施卫生管理制度、旅游文化娱乐场所卫生管理制度、旅游交通卫生管理制度、食品卫生消毒与化验制度、客房卫生管理制度、餐厅卫生管理制度、旅游医务卫生制度和外国人入境管理制度等。

3. 奖惩、监督等考核机制

在制定景区管理制度和卫生管理制度的同时，奖惩标准、监督检查应由旅游景区统一制定和执行，同时，将具体任务和指标落实到旅游景区内的各企业、摊点和部门，人人明确责任，齐抓共管，将工作落实到人，责任到人，实行奖罚分明的制度。在日常管理方面可以实行服务人员自检、班组长全面检查、管理员日常检查、部门经理重点抽查、卫生评比等制度，在检查的过程中，要严格执行标准，做好检查记录，如有发现不符合要求的应督促返工重做或设定奖罚措施,确保景区环境卫生质量。

4. 配置合理景区卫生人员

景区环境卫生管理存在范围广、多样性、连续性和及时性的特点,因此,景区内应配备足够的卫生人员,切实做好监督检查工作,将标准落实到实际工作中去,使卫生管理工作真正建立在自觉规范的基础之上。

5. 设置合理卫生设施,严格执行卫生操作规范管理

景区内的环境卫生设施如垃圾桶、公共厕所等应合理设置,其外形应与周边环境相协调,并严格执行相关卫生操作管理规范。旅游景区卫生管理操作的主要程序有公共卫生及环境卫生操作程序、旅游文化娱乐场所操作程序、旅游接待服务设施设备卫生操作程序、客房卫生操作程序和餐厅卫生操作程序等。

6. 加强对游客不文明行为的教育和引导

对于游客的不文明行为,景区应采取教育和引导的方法,必要时采用一些处罚性措施。教育和引导可以通过开展一些鼓励游客参与的活动,或举办一些有奖活动,刺激游客参与环境保护,使游客自觉规范自己的旅游行为。

二、旅游景区垃圾管理

随着休闲旅游业的快速发展,作为旅游业副产品的旅游垃圾将会呈现不断增加的趋势。旅游垃圾的增多,将会污染和破坏旅游景区环境,尤其是不可降解的垃圾,处理不当将会对环境造成重大危害;旅游景区内垃圾处理不及时将会对景区形象产生影响。例如,张家界国家森林公园,每天产生垃圾总量约6.5吨,旅游旺季时,每百米游步道平均日产垃圾25~40千克,而且垃圾基本上是就地掩埋,二次污染非常严重。

(一)旅游景区垃圾分类

景区垃圾是指伴随旅游活动(包括旅游开发经营和旅行游览等)而产生的各种固体废弃物质。景区内垃圾种类繁多,一般情况下按照来源、成分和可再次利用进行分类。

1. 景区垃圾来源分类

按照景区垃圾的来源分类,大致可分为两种,一是来自旅游游览活动的垃圾,二是来自旅游开发经营活动的垃圾。

来自游览活动的垃圾主要是指游客在旅游过程中产生的各类垃圾。

来自旅游开发经营活动的垃圾主要是景区内经营单位、建设单位和接待服务等过程中产生的各类垃圾。

2. 景区垃圾成分分类

按照景区垃圾的组成成分来分,可以分为有机垃圾和无机垃圾。

有机垃圾是指可以被微生物分解的有机物组成,如纸张、木材、厨余垃圾、树叶杂草、畜厨粪便和动物尸体等。

无机垃圾主要是指不被微生物分解的无机物组成,包括金属、碎砖、石块、灰土、陶瓷、废旧电器等。

3. 景区垃圾的可再次利用分类

按照景区垃圾可不可以再次利用的原则对垃圾进行分类,可以分为可回收垃圾和不可回收垃圾,目前景区内按照可否循环利用设立垃圾分类系统。

可回收垃圾主要有纸类物品、塑料物品、金属等。

不可回收垃圾包括厨余垃圾、树叶杂草、动物尸体、畜厨粪便等。废旧电池、杀虫剂、墨盒、荧光灯等为有毒有害垃圾。

(二)旅游景区垃圾管理

1. 景区垃圾管理原则

旅游景区内垃圾管理应按照系统化、无害化、减量化和资源化管理方式进行。

首先,景区内应建立完善的垃圾收集及处置管理方法,完善旅游景区垃圾处理的方案设计和论证,对不同类型的垃圾处理方案不同。如图 13-1 所示为景区垃圾的生态综合处理模式示意图。

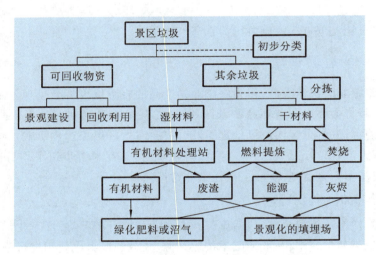

图 13-1　景区垃圾的生态综合处理模式示意图

(资料来源:李庆雷,黄梅,高大帅.旅游循环经济视角下景区垃圾处理的新模式[J].环境科学与管理,2008(04).)

其次,各景点内的固体废弃物应建立完善的垃圾分类收集系统,加强对危险废物的收集和管理,对可回收和不可回收垃圾进行分类收集。

最后,各类固体废弃物应定期集中运到专业垃圾处理场所加以处理或委托环卫部门、有资质的固废处理中心处理,杜绝就地堆放和深埋。如果旅游景区位于城区或城郊,旅游垃圾可纳入城市垃圾处理系统;如果旅游景区远离城镇或运输不便,就要考虑旅游垃圾的处理问题。

2. 旅游景区垃圾收集

景区内游客对于自己产生的旅游垃圾的处理,与景区垃圾盛放装置的类型、摆放位置和数量以及垃圾盛放装置的清洁程度有很大关系,因此,应该重视垃圾收集装置和日常清理。景区内多设置垃圾箱,收集游人丢弃的垃圾。

(1) 垃圾收集装置。

旅游景区内垃圾收集装置主要有金属垃圾桶、塑料垃圾桶、塑料袋、纸袋等。其要求是不漏水、不生锈、结实耐用、有盖、易于清洗和携带；垃圾桶最好与景区环境氛围相协调。也可为进入景区游览的游客，每人发一只环保垃圾袋，以利于游客自觉回收垃圾。

旅游垃圾收集装置的数量要根据游客数量的多少来定。旅游旺季时要多些，旅游淡季时则少些；游客多的地方要多放一些，如门口、停车场、住宿点、餐馆、商店摊位等处，其他地方少放一些。垃圾桶要安放牢固，纸制和塑料袋可撑开放在专用的架子上，上面加盖。目前，景区要求垃圾桶实行分类收集，采用不同颜色或不同形状的垃圾桶，也可放置不同的标志，引导游客处理不同种类的垃圾。

(2) 垃圾的收集、清运。

旅游景区内垃圾要做到日产日清，景区内游客可视范围内、垃圾桶周边的垃圾应及时清理。垃圾桶要及时清洗、消毒，收运垃圾时间最好避开景区开放时间，以免干扰游客。

在垃圾日常清理中必须做到以下几个方面：①每日在游览开放前必须做到景区内的地面、设施已清扫完毕，必要时要洒水防尘；②在游览时段内卫生清洁员随时监控各自负责的卫生区域，及时清除地面的污渍、果皮、纸屑等脏物；③景区内的垃圾桶表面应每日擦洗，保持外表整洁，垃圾桶要用垃圾车清除；④栏杆每日应擦净，并定期重新上漆；⑤草地绿篱应修剪规整，无灰尘、纸屑等脏物；⑥餐饮点环境整洁，采取消除苍蝇、老鼠、蟑螂等有害物滋生条件的措施，禁止出售腐败变质、不洁、受有毒有害物污染的食品及超出保存期限的食品。

3. 旅游景区垃圾处理

国内外城市垃圾处理的主要方法有卫生填埋法、堆肥法和焚烧法等。无论哪一种处理方法，最终都要以无害化、资源化、减量化为标准。作为最终处置手段，卫生填埋法最经济、实用，它的处理成本是堆肥法的1/3，焚烧法的1/10。

(1) 我国垃圾处理的方法。

我国垃圾数量不断增加，但其处理技术仍停留在初级阶段，绝大部分地区的垃圾未采用科学卫生方法予以妥善处理，有些地区就地焚烧或异地填埋，严重污染了环境。今后，我国垃圾处理以卫生填埋和高温堆肥为主，有条件的城市，特别是沿海经济发达城市则大力发展垃圾焚烧技术。西方发达国家由于土地资源、能源日益紧张，焚烧比例逐渐增加；堆肥法是农业型发展中国家处理垃圾的主要形式；热解法、填海和造山等垃圾处理新技术也取得了新的进展。

(2) 世界各地垃圾处理创意。

世界各个国家和地区都在积极努力创新，采用不同的方法，赋予垃圾新的生命，将垃圾变废为宝。这些方法主要有垃圾墙、垃圾公园、垃圾门票等。例如，印度北部的昌迪加尔兴建了一座"垃圾公园"，园内的所有游乐设备都是以垃圾作为原料造成的；在比利时首都布鲁塞尔的一座公园里，摆设着许多"会说话"的垃圾桶，这些垃圾桶被做成胖木偶形状，木偶张着大嘴，当游客把垃圾丢进它的口中时，它就会大声说"谢谢"。也有些景区规定，本城市男女老幼到此景区游览时，若交纳一定数量的垃圾，则可不必购买门票。

> **同步思考**
>
> **看钱江新城灯光秀的游客"淹没"杭州城市阳台**
>
> 除了西湖,钱江新城成为G20峰会后最红的旅游目的地。每晚不到6点,富春路等钱江新城周边道路就停满了大巴,游客们"淹没"了整个城市阳台,等着看灯光秀。
>
> "灯光秀"演出前后游客井喷
>
> 钱江新城现在每天产生垃圾是过去的两倍多,人多了,问题也来了。
>
> "城市阳台下方的奥特莱斯,每到傍晚,人多到连男厕所都被女性挤爆。"钱江新城管委会工作人员说,"管委会60多人全部上岗,每天24小时值班,到了下午三四点开始在城市阳台巡逻,直到灯光秀结束才离开"。
>
> 不仅安全管理压力大,环卫工人也是超负荷工作。
>
> 江干区城管局透露,钱江新城目前共3家保洁单位,现在全天24小时近300名环卫工人在路上忙碌,50多辆保洁车、清洁车也是不停歇地工作。
>
> "以前一天下来,整个钱江新城最多产生11吨垃圾。现在一天有24吨垃圾。最难清理的就是新业路附近,特别是许多绿化带、车行道垃圾较多,很难用机械清理,只能靠人力。"江干区城管局工作人员说,大部分垃圾是白色快餐盒、方便面盒子、废纸、饮料瓶和烟蒂,特别是快餐油污,清理起来很困难。
>
> 尤其到了傍晚6点以后,城市阳台附近因为人太多,道路保洁根本没办法进行。全体环卫工人只能暂时退出城市阳台附近,等到晚上10点半以后,游客散场,再统一进行打扫。
>
> "我们已经紧急投放了临时垃圾桶,现在在钱江新城的道路上,每隔100米至150米的位置都会有垃圾桶,以后每逢节假日还会适当增加临时垃圾桶。我们也在申请,希望能在游客密集的地方放置临时厕所。"
>
> (资料来源:http://cs.zjol.com.cn/system/2016/09/13/021297341.shtml.)
>
> 问题:游客"井喷"时景区环境卫生的管理应该如何应对?
>
> 分析提示:临时性基础设施、安全管理人员、环卫管理人员的增加,以及合理的游客引导。

三、旅游景区厕所管理

旅游景区厕所是游客的基本需求,旅游厕所的分布格局、卫生情况、方便程度及建设档次直接影响游客对旅游景区游览的感受,是衡量旅游服务质量的重要因素。

在我国旅游业发展的相当长时期内,旅游厕所都没有得到相应的重视和发展,一直存在"脏、乱、差、少、偏"的现象,严重影响了景区的文明形象和我国旅游业的荣誉。

（一）旅游厕所存在的问题

1. 脏——卫生较差，影响了旅游兴趣

目前我国景区已经重视景区建设，但是景区厕所在使用过程中还是存在厕所内部较脏的现象，部分景区厕所早上是干净的，但是到了中午或下午，地面污迹、污水多、异味明显，少数旅游厕所让游客毫无立足之地；在一些自然型风景区内，较偏远景点的厕所由于缺少管理，厕所内蛛网吊灰较多，一些厕所成了垃圾死角和蚊蝇滋生地；少数水冲式厕所也因设计、管理等问题而不达标。旅游的美好感受与厕所内的脏乱场面形成了鲜明反差，大大影响了游客的旅游兴趣。

2. 乱——标志模糊，影响了可识别性

由于旅游厕所长期没有"正名"，厕所指示牌的设立偏少，有些缺少公厕的信息图形符号；有些指示标志指示不清晰，难以辨别远近；有些没有规范的中英文对照说明，影响了可识别性。

3. 差——年久失修，影响了景区形象

有些景区重视景点开发，对旅游厕所建设不够重视，部分旅游厕所大多年久失修，外观破旧，内部破损，有的屋顶渗漏，有的内墙剥离，有的厕门损坏；有些景区为了应对厕所革命，厕所建设仓促，资金投入不足，厕所内马桶和部分设施质量不合格，没用多久便损坏，这些都严重有损景区形象。

4. 少——数量较少，影响了市场供给

在我国绝大部分旅游景区和主要旅行线路上，旅游厕所供给十分有限，给游客造成了极大不便。同时，因为景区男女厕所比例设置不合理，厕所门外排队等候成为许多景区一道令人尴尬的"风景"，更有甚者因为女厕所排长队，出现男厕所被女生占据的尴尬场景（见图13-2）。

图 13-2　旅游景区厕所排队

5. 偏——位置偏僻，影响了可进入性

由于传统观念的影响，许多景区将旅游厕所视为见不得人的地方，对其避之不及，甚至将"不入视野，不登大雅之堂"作为建造旅游厕所的选址原则。在大型旅游景区，厕所布点不规范、不科学，选址偏散、偏远。散则不易管理，远则麻烦游客。

旅游景区服务与管理

> **知识活页**
>
> ## 厕所革命
>
> 许多地方不惜花大量人力、财力、物力去推介旅游景区景点，却不愿去扎扎实实地建设好厕所、管好厕所。殊不知，一个脏乱差的厕所可以瞬间毁掉景区在旅游推介上所作的巨大努力，而且负面影响很难挽回。在新形势下，我们的旅游业要发展，必须解决一系列公共服务欠缺问题，其中尤为重要、尤为基础的就是厕所问题。经过多年的努力，各地在厕所建设与管理方面虽然有了一定进展，但总体上，我国厕所的现状还是"脏、乱、差、少、偏"。
>
> 作为年接待游客超过37亿人次的旅游大国，旅游厕所的管理无论如何都不是一件小事。据测算，国内旅游中平均每人上8次厕所，所有游客每年在旅游厕所如厕次数超过270亿次，这真是个天文数字。要真正让广大游客游得放心、游得舒心、游得开心，在旅游过程中发现美、享受美、传播美，首先就要解决厕所问题。很多经常旅游的人都曾遭遇过这样的尴尬：一路风光旖旎，突然内急，到处寻找厕所，一是很难找到厕所，二是克服"千难万险"，好不容易找到一个厕所，可是一走进去，立马进退两难，满是污秽不堪，气味更是扑鼻难闻，但自己又急得难耐，只能硬着头皮进去，又急匆匆逃出，这时候，再好的美景也早已索然无味了。
>
> 厕所问题长期困扰着我们，几乎成无解之题。正因如此，我们才明确提出"旅游要发展，厕所要革命！"要从旅游厕所革命入手全面推进旅游公共服务体系建设，促进旅游发展和品质提升。要将旅游业培育成为真正让人民群众更加满意的现代服务业，就需要从厕所革命这类基础事情抓起。

（二）旅游景区厕所革命要点

2015年初，国家旅游局在桂林召开全国旅游厕所建设和管理工作会，强调在全国范围大力推进厕所建设和管理，这是全国旅游工作三年（2015—2017年）行动计划（即"515"战略）的一个重要部分。并强调，旅游要发展，厕所要革命；厕所要革命，全民要行动。并在2016年修改和完善了《2016旅游厕所质量等级的划分与评定》标准。旅游厕所革命正在全国如火如荼地开展。

1. 观念变革

几千年来，我们的传统文化重"进口"不重"出口"，只谈美味佳肴，将厕所看作污秽之地而羞于启齿，厕所议题一直难登大雅之堂。推进厕所革命，迫切需要建立厕所是文明窗口的观念。厕所不应再作为脏乱差的代名词，不应再作为精神和物质的垃圾场，而应成为人们放松、愉悦、享受之地。

2. 政府主导

厕所是旅游公共服务设施，也是重要的地方基础设施，应明确以地方政府为主体，着力推动地方政府将厕所纳入当地政府基础设施建设规划，推动业主单位、主管部门和地方政府在厕所建设、管理中承担主体责任。旅游部门要加强对旅游厕所建设与管理的指导,配合规划、城管、交通、环保等部门发挥作用。旅游景区、宾馆饭店、旅游餐饮点、旅游购物场所由相关旅游企业负责建设和管理;厕所建设、管理涉及部门多,需统筹协调,各级政府要坚持统筹规划、分步实施。新建、改建、扩建厕所数量要与接待游客规模成比例,要坚持科学规划、合理布局,同时要结合旅游厕所标准和利用实际,宜改则改、宜建则建。到 2017 年年底,全国旅游景区景点、旅游线路沿线、交通集散点、乡村旅游点、旅游餐馆、旅游娱乐场所、休闲步行区等的旅游厕所要达到优良标准,实现"数量充足、干净无味、免费实用、管理有效"的目标。

3. 机制创新

厕所革命要取得成功,关键在于机制创新,要建立市场化、社会化的建设、管理机制。"三分建设、七分管理",许多厕所建得很好,但管理跟不上,结果可想而知,还是"脏乱差"。厕所问题之难,难就难在厕所的建设者、管理者责任缺失,而对使用者又难以监督。要创新建设、管理机制,探索"以商养厕"之路。要把厕所作为新的发展机会、新的商机,让厕所建设、管护有商可经、有利可获。只有这样,持续管理和服务质量才有保障。在厕所建设与管理中引进市场化机制,推进以商养厕,因地制宜探索不同的建设、管理模式,景区景点内的厕所,要与景区内的经营服务项目结合。

4. 技术革新

要结合实际,积极采用新技术、新材料来建设厕所,用科技成果武装厕所,使厕所符合现代时尚、方便实用、节能节水、保护环境等要求,让厕所更经济、更环保、更便捷、更人性、更易维护、更耐用。在无上下水系统依托的景区景点,应尽量选择能使污物自然化解、不造成环境污染的合适地点,加强自然通风措施,并采用"生态厕所"、"沼气化粪"等先进技术,保持厕所整洁,内部干燥、干净,无异味。有针对性地解决各地旅游厕所建设与管理中的难题,南方、北方的厕所,要因地制宜探索使用适合本地区特点的新技术、新材料,探索高原寒冷地区如何解决厕所的防冻问题,在缺水地区如何解决厕所的冲洗问题等。

5. 务实推进

旅游厕所建设与管理的务实推进,一是强调实用、便利,不搞不切实际的奢华之作,不搞那些华而不实的东西。要从游客的便利、温馨角度来要求,站在游客的角度来确定厕所的数量、位置布局及施工设计,坚持以游客为本,体现人性化。厕所要够用、实用,但不要贪大求洋、闲置浪费。旅游厕所的建设,要尽量做到与周围环境和谐,力求数量与质量、实用与美观的协调。二是坚持建管结合、管理持续。应重点解决只建不管、管理不善的问题。在厕所规划建设时,同步考虑厕所的运营问题、管理问题,要探索长效的管理机制体制,让厕所建了有人管、有人愿管,而且管得好。三是明确责任、积极推动。把旅游厕所建设管理的工作水平、效果作为评估省、区、市旅游工作业务水平的一项重要内容。要将厕所建设和管理的效果与景区景点评定和各类等级评定挂钩。不论评 A 级景区,还是评度假区,如果厕所建设管理不达标,就不能通过等级评定,实行一票否决。A 级景区景点的退出机制,很重要的一条就是看厕所建设、管理是否到位。图 13-3、图 13-4 分别为香港迪士尼乐园卫生间内婴儿服务设施及某旅游景区星级家庭卫生间。

6. 文明如厕

推进厕所革命,仅有厕所的建设者、管理者行动起来还远远不够,还要有厕所使用者的

图13-3 香港迪士尼乐园卫生间内婴儿服务设施

图13-4 某旅游景区星级家庭卫生间

努力。需要在全社会大力倡导文明如厕,形成健康文明的厕所文化。文明如厕,首先要从每个人自己做起。我们需要先自我"革命",每个人都应养成文明如厕的良好习惯,不乱涂乱画,爱护厕所设施,尊重厕所管理人员。其次要鼓励相互监督,要与不文明的如厕行为作斗争,批评和制止野蛮、粗鄙的如厕行为。

7. 全民行动

厕所问题与每一位社会成员密切相关,因而需要全民行动起来。这是一场社会大动员,不能只是旅游业内的孤立行动,需要调动社会积极性,形成全社会关注、推动厕所革命的热潮。要鼓励企业和社会团体积极参与厕所建设、管理;鼓励各界人士为厕所建设、管理出谋献策、建言献力;鼓励居民、游客积极监督、制止不文明的如厕行为。通过各种丰富多彩的活动,增强人民群众参与旅游厕所革命的积极性、创造性。

(三) 旅游景区厕所管理

旅游景区在厕所革命的指引下,纷纷修建、改建自身厕所,但是厕所建好后,管理却没有跟上,因此还是出现各种问题。景区厕所在管理方面也应重视,重视加强厕所卫生标准规范的制定,加强厕所员工的管理,制定相应的规则和规章制度,确保厕所环境质量。

1. 卫生标准

(1) 厕所周围环境整洁,墙壁内外无乱涂乱画现象。

(2) 厕所内部保持"六面光",做到无蛛网、无积土、无烟头、无纸屑、无杂物、无积水。

(3) 厕所内部干净,便池无污迹、无尿碱、无便垢且不堵塞。

(4) 全日保洁,多次冲洗,做到无异味。

(5) 定期药物消杀,做到无蚊蝇。

2. 管理标准

(1) 责任到人,不定时、不定期监督考核,全日开放,方便游客,优质服务。

(2) 使用器具完好,保证厕所能正常使用。

(3) 照明、供水、排污设施完好,如有损坏,要及时修复。

(4) 工具、物品要摆放整齐。

(5) 管理用房只供管理人员使用,不得用作其他用途。

(6) 做好安全防范工作,做好游客寄存物品保管,提醒游客不要遗失物品;做好防火和用电安全,下班时彻底检查火源,关闭所有电源。

教学互动

互动问题:西湖景区内经常有人在湖边放生,这种行为是对生命的尊重和保护还是破坏景区生态环境呢?应该如何管理?

要求:
1. 教师提出问题,组织学生根据对景区安全的认知和自身的经历进行讨论。
2. 教师把握好讨论节奏,学生发言,教师点评。

内容提要

本章讲述了旅游景区环境质量管理、旅游景区资源保护、旅游景区环境容量管理、旅游景区卫生管理四部分内容。

旅游景区环境质量管理中介绍了旅游景区环境概述、旅游景区环境管理的内容、旅游景区环境质量标准和环境质量管理方法。

旅游景区资源保护中主要讲述了旅游景区资源概述、旅游景区资源破坏因素和旅游景区资源保护措施。

旅游景区环境容量管理主要介绍了旅游景区环境容量概述、容量计算方法和旅游景区容量管理。

旅游景区卫生管理主要介绍了旅游景区卫生管理概述、旅游景区垃圾管理和厕所管理。

核心概念

旅游景区环境;旅游景区服务环境;旅游景区人文环境;旅游景区资源;旅游环境容量;旅游心理容量;面积法;游线法;卡口容量法;旅游景区垃圾

重点实务

旅游景区环境容量计算方法;旅游景区卫生管理的措施。

知识训练

一、简答题
1. 旅游景区环境质量的问题表现在哪些方面?
2. 旅游景区环境质量管理中,游客行为管理的方法有哪些?
3. 旅游景区环境容量调控管理方法有哪些?

4. 旅游景区垃圾管理的方法有哪些？

5. 旅游景区厕所革命的要点有哪些？

二、讨论题

1. 旅游景区环境资源保护的措施有哪些？

2. 旅游景区卫生管理的措施有哪些？

能力训练

一、理解与评价

旅游景区内减少垃圾主要依靠景区工作人员就可以吗？

二、案例分析

德国厕所革命给我们带来的启示

德国有一家经营免费公厕的公司，每年收入3000万欧元，还打败了奔驰和宝马，成为德国最具创意的公司。

话说，这家公司到底做了什么？故事还要从1990年说起……

1990年，德国柏林举办了一场非常有趣的拍卖会，拍卖的商品不是实物，而是柏林市公共厕所的经营权。

由于人们普遍认为公厕市场无利可图，所以在竞争者甚少的情况下，德国瓦尔公司以极低的价格拍下了柏林市公厕运营权。

更让人大跌眼镜的是，公司创始人瓦尔还向政府承诺，将会免费承建公厕，并免费供市民使用。

一时间，所有人都等着看瓦尔的笑话，看他如何自取灭亡，走向破产之路。但瓦尔丝毫不理会人们对他的非议，只是埋头苦干，建起一座又一座公共厕所。

然而，看到瓦尔建的公厕后，人们再次发出尖叫，认为瓦尔的确是疯了，并且无药可医，因为这些公厕长这个样子(见图13-5)。

图13-5 瓦尔建的公厕

原来，瓦尔花重金聘请了日本和意大利的专业设计师，将动漫、模特、游戏等多种元素融入其中，保证所有公厕都充满格调又趣味性十足。

不仅如此，瓦尔还组建了专门的清洁团队，每天三次不间断检查，还给所有的公厕都安装了自动清洁装置，若有人忘记了冲水，就会自动出水清洁。

此外，考虑到德国人有如厕时看书的习惯，还将文学作品、数独等印在厕纸上供人阅读，将用户体验做到了极致。

在德国，繁华地段每隔500米一座公厕，一般道路每隔1000米一座公厕，整座城市拥有公厕率为每500~1000人一座。

可想而知，建立如此高颜值的公厕又不向市民收费，将会赔多少钱，也难怪众人会觉得瓦尔疯了。

但俗话说，每一个人在成功之前都是疯子。瓦尔的公厕建成后，受到了市民的热烈欢迎，一时间，好评如潮。甚至还引发了当地的"厕所游"旅游项目，许多外国游客来到这里不为如厕，只为参观。

如此一来，瓦尔公厕便成为超强大的流量入口。这时，当初那些竞争对手们才意识到，原来瓦尔要建的根本不是公共厕所，而是一张高密度的广告展示网络。

自然而然地，开始有不少品牌商主动找上门，希望在瓦尔公厕的外墙上张贴广告，就连苹果、香奈儿、诺基亚等国际大牌也都纷纷排着队要找瓦尔打广告。之后，瓦尔更是将公厕外墙体广告做到了公厕内，甚至是内部设施上。

不仅如此，瓦尔还在每座公厕外安装了公用电话，既方便市民使用，还能向电信运营商收取费用，名利双收。

有趣的是，就连八竿子打不着的餐馆也看上了瓦尔，与其展开了合作。双方规定，只要在瓦尔的公厕里如厕，就能获得附近餐馆的送餐券，如果成功引流，餐馆就会返利给瓦尔公司。

就这样，瓦尔公司不仅没破产，广告业务还年赚3000万欧元，成为德国最有创意的企业。

世界上没有死局，就看你有没有"心机"。与其说瓦尔赢在创意，倒不如说他赢在精准的洞察力与长远的眼光。毕竟，创意只是整个过程中的一个小环节，敏锐的洞察力和长期的运营战略才是制胜的关键。

问题：
1. 德国的创意厕所对我们国内厕所革命有什么启示？
2. 旅游景区厕所管理中可以借鉴哪些管理方式？

第十四章
旅游景区现代化管理探讨

学习目标

通过本章学习,应当达到以下目标:

职业知识目标:熟悉旅游标准化的内容体系;理解并掌握国际通用旅游景区标准化管理标准,理解并掌握我国现行旅游景区标准化管理标准及其实施细则;理解并掌握旅游景区服务质量管理的内容,学会运用服务质量督导要求;熟悉智慧景区管理的缘起,掌握智慧景区构建框架,掌握智慧景区管理的内容及应用。

职业能力目标:运用本章专业知识分析、研究旅游景区标准化管理相关案例,并进行旅游景区标准化管理研判;能够运用旅游景区标准化管理标准于旅游景区标准化管理实际运行;运用旅游景区标准化管理标准对旅游景区标准化管理运营进行研判,并进行改进,培养专业技能。能够运用服务质量与督导的专业知识对景区进行服务质量督导;树立智慧景区管理理念,对景区进行智慧管理。

职业道德目标:树立景区现代化管理理念,严格运用标准化管理知识等对景区进行管理,能够客观地对旅游景区标准化管理各项工作进行研判,对旅游景区利益相关者进行职业道德约束。

引例:九寨沟景区标准化的历史

背景与情境:九寨沟景区作为国内首家引入 ISO 管理体系的景区,于 2002 年获得 ISO9000 质量管理体系认证。为更好地对景区进行标准化管理,2007 年,九寨沟管理局成立了标准化工作领导小组,先后编制、发布、实施了《九寨沟风景名胜区管理局标准化管理体系》2008 版,编制了《九寨沟风景名胜区管理局标准化管理体系》2009 版。

2010 年 6 月,九寨沟管理局被国家旅游局确定为首批"全国旅游标准化试点单位",7 月,成立标准化试点工作领导小组,充实标准化办公室人员。9 月,被省旅游产业发展领导小组确定为"四川省旅游标准化示范试点单位",全面启动创建工作。12 月,顺利筹备、圆满完成了由中国旅游协会旅游景区分会主办、九寨沟管理局承办的首届"中国旅游景区标准化建设论坛"相关工作。

《九寨沟管理局旅游标准体系》(2011版)于2011年1月18日正式发布,2月1日起正式实施。2011年8月标准化办公室正式经阿坝州机构编制委员会批准成立。

(资料来源:http://www.chinamd.com/file/6peeexvurir3tsae2c6aruipwsitz3aipizizzci_2.html,略有修改。)

九寨沟景区的快速发展以及其知名度、美誉度的提升,与九寨沟景区实施标准化管理、智慧景区建设是分不开的。任何景区的发展都是由开发型景区,向管理型景区过渡的一个过程,因此,对旅游景区树立现代化管理理念,实施标准化管理,有助于旅游景区与国际接轨,有助于旅游景区健康、可持续发展。

第一节 旅游景区标准化管理

一、旅游标准化的对象及内容

(一)旅游标准化的对象

旅游标准化的对象是旅游服务和管理领域中的具有重复特性的事物和概念,它应该包括旅游业食、住、行、游、购、娱六大要素各个环节中带有普遍性和重复性的事物和概念。旅游标准化工作的根本目的就是通过制定标准、实施标准和对标准实施情况的监督、检查,加强管理,规范市场,提高质量,增进效益,促进旅游业的全面发展。

根据国家旅游局发布的《全国旅游标准化工作管理暂行办法》规定,旅游标准化的内容包括以下八个方面:①旅游企业基础、信息、通用标准;②旅游标志、术语标准;③旅游基础设施和项目设施标准;④旅游服务质量标准;⑤旅游规划和资源普查标准;⑥旅游专门产品和质量标准;⑦旅游安全、卫生、环境保护和劳动保护标准;⑧旅游业标准规划体系所规定的其他标准。

(二)旅游标准体系内容

旅游标准体系是指紧紧围绕旅游业制定的以服务质量标准为核心的生产、经营、服务、管理等活动中的一系列标准,并将这些标准在对游客服务的过程中实施,以及保证这些标准能够顺利贯彻实施的一系列组织和制度的总和。服务业组织的标准体系由服务通用基础标准体系、服务保障标准体系、服务提供标准体系三大子体系组成。旅游业作为服务业的一个分支,其体系与服务业的标准体系是保持一致的,包括旅游服务通用基础标准体系、旅游服务保障标准体系、旅游服务提供标准体系。这三个子体系都不是独立的,它们之间有广泛的内在联系,缺一不可。通用基础标准体系是旅游服务保障体系、旅游服务提供标准体系的基础,服务保障标准体系和服务提供标准体系是标准体系的核心。旅游服务保障标准体系对旅游服务提供标准体系起着保驾护航的作用,旅游服务提供标准体系对旅游服务保障标准体系起着检验、验证的作用,只有有效的服务保障才能有效地提供服务。

1. 旅游服务通用基础标准体系

旅游服务通用基础标准体系中的标准是指该类标准对所有旅游服务业组织直接或间接使用,同时又有广泛的指导作用的标准。旅游服务通用基础标准体系处于整个旅游服务业组织标准体系的最上层,对旅游服务保障标准体系和旅游服务提供标准体系的建立和制定起着技术上的保障和支撑作用。

2. 旅游服务保障标准体系

旅游服务保障标准体系是由旅游服务业组织为支撑服务有效提供而制定的规范性文件构成,按其内在联系而形成的科学有机整体。旅游服务保障标准体系以安全、环保、健康、节约能源为主,以人力资源、设备、财务、信息为辅。

3. 旅游服务提供标准体系

旅游服务提供标准体系一般包括服务规范、服务提供规范、服务质量控制规范、经营管理规范、服务评价与改进标准五个子体系。一般从功能性、安全性、时间性、舒适性、经济性、文明性六个方面对服务应达到的水平和要求进行规范。

就旅游业标准的广度来说,应包括所有的与旅游有关的吃、住、行、游、购、娱六要素的标准。由于要素的不同,标准需要细化到具体某一项。从层次上来看,分为国家标准、行业标准、地方标准及企业标准等。旅游标准就是为了提升服务质量,提高游客满意度,在游客游览中所做的规范。

知识活页

绍兴柯岩风景区旅游标准化管理体系建设

绍兴柯岩风景区是国家4A级旅游景区,位于中国浙江省绍兴市柯桥区柯岩大道558号,景区始于汉代,距今已有1800多年历史,总面积6.87平方千米,以古越文化为内涵,古采石遗景为特色,是融绍兴水乡风情、古采石遗景、山林生态于一体的风景名胜区,包括柯岩、鉴湖、鲁镇和香林四大旅游景区。为了更好地对景区进行经营管理,绍兴柯岩风景区架构了景区旅游标准化管理体系结构图(见图14-1),分别包括基础标准体系层次结构图(见图14-2)、保障标准体系层次结构图(见图14-3)、岗位标准体系层次结构图(见图14-4)。

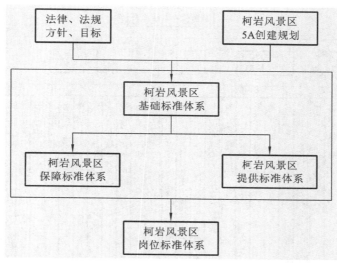

图 14-1　绍兴柯岩风景区旅游标准化管理体系结构图

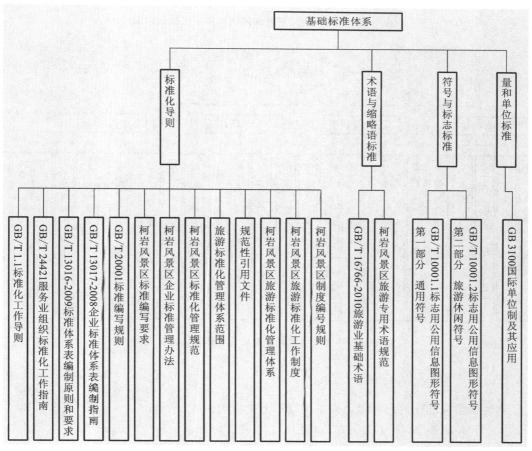

图 14-2　绍兴柯岩风景区基础标准体系层次结构图

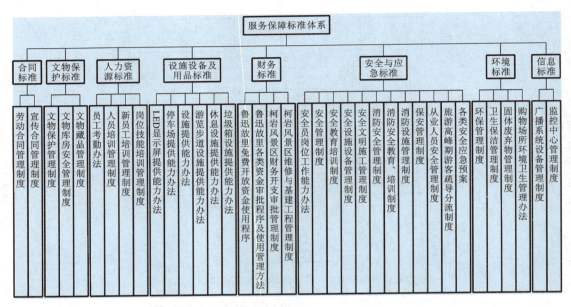

图14-3 绍兴柯岩风景区保障标准体系层次结构图

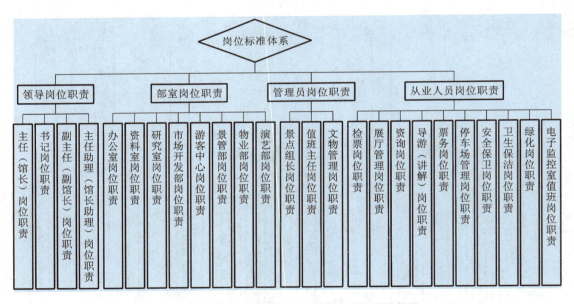

图14-4 绍兴柯岩风景区岗位标准体系层次结构图

二、旅游景区标准化的内容

旅游景区标准化的内容可以概括为以下七个方面。

(一) 旅游景区公共信息导向系统

旅游景区公共信息导向系统包括周边导入系统、游览导向系统、导出系统三个子系统，由禁止标志、导向标志、平面示意图、信息板等要素构成。公共信息图形符号应统一,应符合国家或国际相关标准。

（二）旅游景区服务指南

旅游景区服务指南规定旅游景区服务的基本内容、构成要素和质量要求，包括旅游景区质量管理要求、人员服务、服务设施和管理、安全设施和管理、投诉处理和管理、危机事件应急预案等内容。

（三）游客中心设施与服务规范

游客中心设施与服务规范包括设置标准、设施设备、服务内容和管理办法等。

（四）旅游景区讲解服务规范

旅游景区讲解服务规范包括景区导游须持证上岗，使用普通话，统一导游词，统一服装等内容。

（五）旅游交通规范

旅游交通规范包括旅游景区内外交通的可进入性、停车规范、景区内交通工具管理规范、旅游交通管理人员服装统一、指挥规范等。

（六）旅游景区管理规范

旅游景区管理规范包括景区管理机构设置完善，功能明晰；人员管理、财物管理、日常行政管理等管理制度完善；景区有总体规划和详细规划；定期对员工进行培训等。

（七）景区内旅游企业管理规范

景区内旅游企业管理规范包括景区内旅游餐饮店、旅游购物店、旅游住宿机构的服务管理规范；旅游菜品的标准化建设，统一菜品名称，量化配料和菜品分量，统一规定菜品制作流程等；旅游商品包装和价格规范；旅游住宿机构服务礼仪、服务用语、服装、手势等的统一服务流程，突发事件处理的标准化设置等。

同步案例　御温泉标准化发展之路

背景与情境： 珠海御温泉度假村位于珠海斗门，是一家提供特色温泉、客房、餐饮、保健服务的四星级绿色度假村。自1998年开业以来，以卓越创新理念，开发十几种温泉，改良盛唐风格客房，出品田园风味健康美食，独创太医五体调理……以"御式服务"给宾客带来皇帝般的享受。

御温泉一直以来都非常重视标准化建设工作，早在2002年就通过了ISO9000质量管理体系、ISO14001环境管理体系国际国内双认证，在内部管理、卫生制度、人员培训、品牌输出等方面都体现了标准化运作。"四个感情化"（感情化经营、感情化管理、感情化服务、感情化工作）、"三字规"、"十个一"（一个内心的微笑、一声温柔的尊称、一个得体的鞠躬、一杯及时的茶饮……）、"四优服务"、"四项卫生制度"（计划卫生制度、卫生责任制度、卫生检查制度、卫生奖惩制度）等，都是御温泉标准化管理与服务的重要体现。

作为中国温泉旅游产业的开创者、广东省温泉旅游协会首届会长单位，御温泉

在行业标准化领域做出了突出贡献：举办中国温泉旅游高层论坛、制定中国首部温泉旅游地方标准、编撰全国首套温泉旅游高等教材、独创中国温泉纯正泡法、首建温泉旅游管理人才资格认证机制……御温泉有力地推进了中国温泉旅游行业标准化发展进程。

2009年6月，经国家标准化管理委员会批准，珠海御温泉度假村承担温泉服务业标准化试点项目。项目的实施对提高温泉服务的质量和管理水平，加快服务产业结构调整和优化升级，提升温泉服务业品牌、信誉和理念等方面的软实力，以及推进全国现代服务业发展具有重要意义。

（资料来源：网络资料整理。）

问题：

1. 旅游标准化的意义是什么？谁是受益主体？
2. 旅游景区标准化管理的内容有哪些？

三、国际旅游景区标准化体系

目前，国际通行的旅游景区质量标准主要有"绿色环球21"标准、ISO系列标准和OHSMS（职业健康安全管理体系）标准。"绿色环球21"标准的目标在于旅游景区的质量管理，ISO系列标准主要针对制造业，现在ISO系列标准也被引用到旅游景区标准化管理中。

（一）"绿色环球21"

1. "绿色环球21"的产生与发展

"绿色环球21"标准体系是在1992年巴西举行的联合国环境与发展首脑会议上获得通过的《21世纪议程》的框架下建立的。"绿色环球21"理念是毛瑞思·斯特朗先生提议，于1994年由世界旅行旅游理事会正式创立。

从1999年起，"绿色环球21"开始独立运作，成为国际"绿色环球21"基金会的一部分。"绿色环球21"是目前全球唯一的旅游行业世界性认证体系，是公认的企业/景区可持续旅游的形象标志其目标是在全球范围内改善旅游行业的环境、社会和文化形象，增强旅游企业/景区对环境和社会的责任，以及让公众了解该企业/景区对环境与社会和谐发展的承诺。

"绿色环球21"将帮助旅游企业/景区的经济、社会和环境全面健康发展。迄今为止，"绿色环球21"已经在全球五大洲包括中国在内的50多个国家开展认证，并拥有全球知名的旅游企业会员单位。新西兰政府连续两年拨出专款在全国旅游业大力推行"绿色环球21"标准体系。中国国家环保总局和"绿色环球21"于2002年10月15日签订了在中国推行"绿色环球21"可持续旅游标准体系的合作协议。

2. "绿色环球21"的关注目标

"绿色环球21"标准实施的目的是增强旅游管理机构（或企业）对环境和社会的责任感以及让公众了解该机构对环境与社会和谐发展的承诺。

"绿色环球21"以绿色、环保、生态、可持续发展为核心，特别关注经济、社会和环境的全面健康发展，要求旅游管理机构采取有效措施减少温室气体排放，提高能源效率，加强淡水资源管理，保护空气质量和控制噪声，减少废弃物，对废物回收利用，改进废水处理，改善社区关系,尊重文化遗产,保护自然生态系统,保护野生动植物种类,强化土地规划和管理,妥善保存与慎用对环境有害的物质。

3. "绿色环球21"质量标准的内容构成

"绿色环球21"标准的制定遵循可持续发展原则,要求旅游企业在旅游项目建设和随后的经营管理过程中优先雇佣当地社区居民,要求优先使用不会产生负面影响的当地旅游产品和服务,要求企业制定可持续发展政策并把该政策向所有利益相关者以及普通公众宣示。可见,"绿色环球21"标准不仅注重企业内部的环境问题,而且还关注企业外部的社会与经济发展问题。此外,"绿色环球21"标准体系还针对旅游20多个行业的特点制定了可预测的指标体系,这样,"绿色环球21"认证就可以根据旅游行业的特点对企业的管理进行定量的有效评估和审核。

"绿色环球21"标准包括五大标准体系,即可持续旅游企业标准体系、可持续旅游社区标准体系、生态旅游标准体系、可持续设计建设标准体系和景区规划设计标准体系,这五大标准体系涵盖了旅游行业的所有对象,分别针对不同的旅游组织,没有规模大小和地域限制。体系涵盖的对象可以分为四大类:旅游企业标准(针对旅行社、旅游公司、宾馆、饭店、度假村、别墅、农家乐、果园、主题公园、会展中心、科教娱乐中心、海陆空交通工具及枢纽、体育场馆)、旅游社区标准(针对旅游区、景区、市县乡镇等行政区)、旅游设计和建设标准(针对建设中的旅游景区与设施)、生态旅游标准(针对生态旅游产品)。

"绿色环球21"标准体系要求实施认证ABC三部曲,即加盟/意识(affiliate/awareness)、达标(benchmarking)和认证(certifying)。企业/景区可以选择直接从A或B的任一程序开始,而C程序则必须在完成B程序之后才能进行,并且每年进行一次现场审核,促使评估对象承诺年年有所改进。

(二) ISO9000系列标准

1. ISO系列标准的发展

> **知识活页**
>
> **国际标准化组织(ISO)**
>
> 国际标准化组织成立于1947年2月23日,其前身是国家标准化协会国际联合会和联合国标准协调委员会,现有117个成员方。其日常办事机构是中央秘书处,总部设在瑞士日内瓦。中央秘书处现有170名职员,由秘书长领导。ISO的宗旨是"在世界上促进标准化及其相关活动的发展,以便于商品和服务的国际交换,在智力、科学、技术和经济领域开展合作。"ISO通过它的2856个技术结构开展技术活动,其中技术委员会(SC)共611个,工作组(WG)2022个,特别工作组38个。中国于1978年加入ISO,在2008年10月的第31届国际化标准组织大会上,中国正式成为ISO的常任理事国。该组织自我定义为非政府组织,官方语言是英语、法语和俄语。

ISO9000 标准是质量认证体系认证时依据的国际标准,该标准由国际标准化组织于 1987 年首次发布,根据标准的应用情况和管理技术的进步态势,1994 年首次修订,2000 年再次修订,而 2008 年版标准修改的较少,于 2008 年 11 月 15 日正式实施。迄今为止,已有 90 多个国际标准化组织的成员国采用了 ISO9000 国际标准,其他的成员国和其他国家则可采取自愿的方式采用这些标准。

2. ISO9000 系列标准的内容

ISO9000 标准由四个部分构成,即四个核心标准、一个辅助标准和文件、七个技术报告、三本小册子和一个技术规范(见表 14-1)。

表 14-1　ISO9000 标准体系的构成

项　目	编　号	内　容
核心标准	ISO9000	质量管理体系　基础和术语
	ISO9001	质量管理体系　要求
	ISO9004	质量管理体系　业绩改进指南
	ISO19011	质量和(或)环境管理体系　审核指南
辅助标准和文件	ISO10012	测量控制系统
技术报告	ISO/TR10005	质量计划编制指南
	ISO/TR10006	质量管理项目管理指南
	ISO/TR10007	质量管理技术状态管理指南
	ISO/TR10013	质量管理体系文件指南
	ISO/TR10014	质量经济性管理指南
	ISO/TR10015	质量管理教育和培训指南
	ISO/TR10017	质量管理统计技术指南
小册子		质量管理原则、选择和适用指南、中小型企业实施指南
技术规范		略

3. ISO9000 标准的特点

(1) 强调以顾客为中心。

ISO9000 不断吸取现代管理科学的精华,顾客为中心的理念就是来自现代营销管理科学。营销观念强调组织要以顾客需求为中心并通过顾客满意获取利润。

(2) 结构化和系统化的管理方法。

ISO9000 对服务质量策划的方法,是一种结构化、系统化的管理方法,可以正确识别顾客要求,完善服务规划,确定和制定客户满意所需的步骤,识别与合理安排资源,以适当的成本提供顾客满意的服务。

(3) 通过过程控制实现管理目标。

ISO9000 将服务的最终质量视为所有工作过程质量的输出,因而要对所有与质量有关的工作过程进行控制,将影响质量的资源和活动作为过程进行管理,体现了 PDCA 的管理思路。

（4）文件化的管理体系。

ISO9000 强调"该说的要说到、说到就要做到、做到还要看得到",不仅要求以满足顾客需求为核心的质量策划严格按照文件执行,同时还要求保存开展质量活动的记录,用这些证据向外界证明质量体系的运行,证明质量活动的有效开展,展现符合顾客要求和质量改进的途径。

（5）强调基于事实的决策。

ISO9000 要求最高管理者在制定方针和战略时,必须在相关信息和数据的基础上,进行合乎逻辑的分析和决策。确立经营目标也同样需要使用大量的数据和信息。

（6）持续改进的管理体系。

ISO9000 是一个动态的、具备防错和纠错功能的、保证质量管理水平螺旋式上升的体系。该体系着眼于差错的预防,但并不苛求每一项工作都不出错。

（7）强调人在质量管理体系中的作用。

管理的本质是对人员的管理,ISO9000 的实施促使各类人员遵守各项质量规范,开发人员的技巧与能力,激励人员去提高质量和满足顾客的期望并重视与顾客的联络。

4. 景区导入 ISO9000 的要求

按照 ISO 的要求,和其他企业一样,旅游景区必须具备以下基本条件:第一,具备独立的法人资格或经独立的法人授权的组织;第二,按照 ISO9000 的要求建立文件化的质量管理体系;第三,已经按照文件化的管理体系运行 3 个月以上,并在进行认证审核前按照文件的要求进行了至少一次管理评审和内部质量体系审核。具备以上条件的组织方可向经国家认可的认证机构申请认证。

四、国内旅游景区标准化体系

20 世纪 90 年代后,随着旅游业标准化的进展,我国旅游景区管理的标准化也逐步发展起来。我国对旅游业的标准化管理十分重视,1987 年我国首次出台星级饭店评估标准,标志着我国旅游业标准化建设的开始;1995 年 2 月 16 日经国家技术监督局批准,国家旅游局成立了"全国旅游标准化技术委员会",该技术委员会是专门从事旅游标准化工作的技术工作组织,负责旅游业的标准化技术归口工作。在国家旅游局、全国旅游标准化技术委员会及我国其他标准化管理部门的共同推动下,近几年来,我国已经颁布了 20 余项旅游标准,是世界上颁布和制定旅游业标准最多的国家,其中《旅游景区质量等级的划分与评定》是我国首创的旅游标准。

我国旅游产品质量衡量标准按照适用领域和有效范围可以分为国家标准、行业标准、地方标准和旅游景区标准四个级别。

国家标准是对需要在全国范围内统一的技术要求,由国务院标准化行政管理部门制定的如通用术语、代号、文件格式、制图方法和互换配合等通用要求;保障人体健康和人身财产安全的技术要求;通用试验、检验方法和通用管理技术要求等。

行业标准是对没有国家标准而又需要在全国某个行业范围内统一的技术要求,由国务院有关行政主管部门制定,并报国家标准化主管部门备案。

地方标准是对没有国家标准和行业标准而又需要在省、自治区、直辖市范围内统一与工

业产品的安全、生产要求，由省、自治区、直辖市标准化行政主管部门制定，并报国务院标准化行政主管部门和国务院有关行政部门备案。

旅游景区标准是指当没有国家标准和行业标准时，在旅游景区内适用的标准，国家旅游景区制定自己的标准，景区产品标准需报当地现有的标准化主管部门和有关行政主管部门备案。

在景区的标准化管理方面，我国更是借鉴国际标准化组织的ISO9000系列和ISO14000系列的标准，以及"绿色环球21"标准等国际标准，首创了《旅游景区质量等级的划分与评定》国家标准等标准。

（一）旅游景区质量等级的划分与评定

1. 标准的整体介绍

为推动我国旅游景区的长远发展，国家技术监督局于1999年10月1日颁布实施了中华人民共和国国家标准《旅游区（点）质量等级的划分与评定》（GB/T 17775-1999），该标准的制定旨在加强对旅游景区的管理，提高旅游景区服务质量，维护旅游景区和旅游者的合法权益，促进我国旅游资源开发、利用和环境保护。2003年进行了修订，颁布新标（GB/T 17775-2003），在原有的基础上做出了如下三点修改：一是在划分等级中，增加了5A级旅游景区，新增的5A级景区主要从细节方面、景区的文化性和特色性等方面提出了更高的要求；二是对原有1A至4A级旅游景区的划分条件均进行了修订，强化以人为本的服务宗旨，4A级旅游景区增加细节化、文化性和特色性要求；三是细化了关于资源吸引力和市场影响力方面的划分条件。该标准明确规定了旅游景区质量等级及标准、旅游景区质量等级划分依据方法、旅游景区质量等级划分条件、旅游景区质量等级的评定与监督检查。此外，将游客意见评价体系作为旅游景区质量等级评定的重要依据。国家旅游局于2000年组织该标准的实施，首先制定了《旅游景区服务质量与环境质量评分细则》、《景观质量评分细则》、《游客意见评分细则》、《旅游景区质量等级评定办法》等评定细则和相关的办法与程序，景区质量等级的标志、标牌、证书皆有国家旅游行政主管部门统一制定。自2015年年底开始，国家旅游行政主管部门对《旅游景区质量等级的划分与评定》还在修订过程中。

2. 标准涉及的内容

《旅游景区质量等级的划分与评定》标准的主要内容涉及景区质量等级的标识以及各等级旅游景区该具备的详细标准，为保证景区质量，该标准对于景区设施和服务进行了较为细致的规定，见表14-2。

表14-2 旅游景区质量等级划分与评定内容一览表

序号	内容项目	涉及内容
1	旅游交通	可进入性、交通设施状况、游览线路设计、交通工具等
2	游览设施和服务	游客中心设置、引导标识设计、公共信息的发放、导游员及导游词的安排、公共信息图形符号的规范、公共休息设施建设等
3	旅游安全	符合相关安全标准和规定、安全设施的完备性、应急事件处置等

续表

序号	内容项目	涉及内容
4	景区卫生	景区环境、相关卫生标准、公共厕所的设计、垃圾箱的设置、食品卫生标准等
5	邮电服务	有无邮政服务、通信设施的布置、通信信号强弱与便捷性
6	景区购物	购物场所的建设与管理、旅游商品销售从业人员素质、旅游商品丰富程度等
7	景区经营管理	管理机构的设立、管理制度的科学性与完整性、管理人员的综合素养、项目管理的合法性、服务管理的针对性等
8	景区资源和环境的保护	空气质量、噪声环境、水环境、环境污染、景观保护、景区容量控制、设备设施的环保性能等
9	景区资源吸引力	观赏游憩价值、历史文化科学价值、资源数量与禀赋、资源保护状况等
10	景区的市场吸引力	景区知名度、美誉度、辐射能力、品牌特征等
11	景区接待规模	景区的国内外游客年接待量
12	游客满意度	游客满意度的抽样调查结果

3. 标准实施的效果

自《旅游景区质量等级的划分与评定》国标实施以来，全国各地旅游景区积极参与国家A级旅游景区的创建工作，明显地改变了我国旅游景区管理和服务长期落后的局面，尤其是2003年新版标准出台后，景区管理和服务更加强调人性化，使景区服务更加贴心、舒心和放心。该标准促进了我国旅游景区加快迈向保护、开发、建设、经营和管理的新高度。景区的质量等级评定工作得到了各级政府和各旅游景区的高度努力，取得了显著的成效。全国各地旅游景区在服务质量和环境质量上都有了显著的提高，旅游景区的评定工作在一个积极的良性循环轨道上顺利进行。

（二）旅游厕所质量等级的划分与评定

1. 标准的整体介绍

《旅游厕所质量等级的划分与评定》是由国家旅游局发布的一个文件，是为规范中国旅游厕所建设和管理，提高旅游厕所建设和管理水平，更好地为国内外旅游者提供服务，保护自然生态，优化旅游环境，提升旅游形象，提倡文明用厕。

旅游厕所新的国家标准《旅游厕所质量等级的划分与评定》(GB/T 18973-2016)正式出台。该标准取代了2003年的标准(GB/T 18973-2003)，其中对旅游厕所的等级划分由原来的五个等级（星级）改为三个等级（A级），由低到高分别是A级、AA级、AAA级，具有A、AA或AAA旅游厕所质量等级的统一logo（标识）方形的标牌。

2. 标准涉及的内容

《旅游厕所质量等级的划分与评定》标准的主要内容涉及室内建筑部分、室外绿化部分及旅游厕所标识等,见表14-3。

表14-3　旅游厕所质量等级的划分与评定内容

序号	项目	内容
1	建设	建筑外观、室内建筑、给排水、特殊人群设施、厕位、卫生器具、环境要求、标识、粪便处理等
2	管理	管理文件与制度、设备状况、收费标准、开放时间
3	服务	设备、外部清洁卫生要求、室内清洁卫生要求、应急措施、环境

3. 标准实施的效果

伴随着《旅游厕所等级的划分与评定》国标实施以及"厕所革命"活动的开展,全国各地旅游景区掀起了对厕所"脏、乱、差"说"不"的活动,各级政府采取有力措施,积极推进,厕所建设进展喜人。自2015年以来,全国各地新建旅游厕所近3.6万座,另外还有1.5万座旅游厕所得到改扩建。"厕所革命"近90%的既定目标已经完成。

(三) 游乐园(场)安全及服务质量标准

1. 标准整体介绍

《游乐园(场)安全和服务质量标准》的制定是为了保障游乐园游艺机和游乐设施的安全运营,预防不安全事件的发生,为游客提供安全、方便、舒适、高效的服务。

该标准规定了游乐园(场)的安全措施和服务质量的基本要求,适用于游艺机的游乐设施的各类游乐园(场)。该标准所提及的技术要素主要包括游乐园(场)安全与服务质量的要求必须依据可以观察到的和需经游客评价的特性加以明确规定;提供服务的过程必须依据游客不能经常观察到但又直接影响到安全和服务业绩的特性加以规定,安全和服务质量可以通过量化的或者定型的,由游客进行评价;该标准的制定以游乐园(场)的工作程序、安全和服务操作规程为依据,并参考了国外相关资料。

2. 标准涉及的内容

《游乐园(场)安全和服务质量标准》的主要内容,见表14-4。

表14-4　游乐园(场)安全和服务质量标准内容一览表

序号	项目	内容
1	基本要求	安全第一、服务优质、卫生整洁、秩序良好
2	服务设施相关标注	设施购置、接待设施的设置、问询服务设施、餐饮设施、购物设施、医疗急救设施、公用设施、信息指示设施等
3	安全制度与措施标准	园区安全制度的完善、园区设施的安全管理、员工和游客的安全管理、安全设施的配置、应急安全设施的配置
4	安全作业标准	游艺机和游乐设施日常运营基本要求、游艺机和游乐设施定期维修和保养要求
5	服务质量标准	基本要求、机台服务、售票服务、门岗服务、问询服务、广播服务、行李保管服务、餐椅服务、购物服务、文化娱乐服务、医疗急救服务等
6	卫生与环境要求	公共区域卫生情况、环境和谐状态、游乐设施卫生情况等

续表

序号	项 目	内 容
7	服务质量保证和监督标准	建立服务质量和安全保证体系、建立服务监督机制、投诉处理的管理机制、园区服务质量考核指标等

3. 标准实施的效果

该标准实施后,游乐园(场)游艺机和游乐设施得到了很好的安全保护,也在一定程度上杜绝了游乐园(场)安全事故的发生。

第二节 旅游景区服务质量管理

旅游景区服务质量的管理,首先需要从制度上加以明确,其次重在日常的监督落实,并时刻紧跟市场需求,不断推出一些个性化的服务举措,使得景区的服务有标准,有亮点。

一、旅游景区服务提升

(一)运用先进的质量管理方法,持续改进服务质量目标

借助 ISO9000 质量管理体系、卓越绩效管理体系,设定服务质量目标,构筑一个利于持续改进的管理平台,对质量的控制和不断改善,有效保证质量目标的实现,并提高了企业的管理水平和核心竞争力。为游客提供人性化、个性化的服务,充分发挥员工能动性,创新服务措施,为游客打造良好的游乐环境,树立"顾客至上、诚信守法、以质取胜"的服务理念。

(二)健全服务质量管理机构,持续优化服务质量管理制度

根据 ISO 国际标准体系、卓越绩效管理体系管理要求,设立专门的服务质量管理机构,专职负责日常调研、监督、测评,策划每年度的服务质量提升方案,制定服务质量检查方案,对服务质量进行现场监督与控制。

景区借力第三方质量认证机构外审,定期由质量管理部门牵头,开展有计划的内部管理审核,全面地对管理文件和管理工作过程实施检查,就所发现的问题上报公司决策层,以专题会议形式讨论问题的整改,保证问题得到及时解决,实施的管理制度符合当下景区市场及运营的需求,保证旅游服务质量管理体系有效运行。

(三)明确景区定位,建立体现自身特色的旅游服务标准体系

明确景区旅游服务的理念、职业道德、服务态度、礼节礼貌、工作环境、知识技能等一般性的服务要求,根据景区特点划分岗位,针对每个岗位提出该岗位应该掌握的技能、工作标准和有关禁忌,制定各个岗位标准的服务指南。

(四)建立完备的旅游信息发布机制,保障景区服务品牌

完善的旅游信息发布机制,主要有突发事件应急机制、投诉处理机制、绩效改进机制。

1. 突发事件应急机制

应提前制定如游乐设备故障应急预案、恶劣天气应急预案、安全消防应急预案、游客意外受伤处理流程、游客高峰期入园应急预案等应急预案,并定期实操演练,保障游客和员工的人身安全,并指导善后工作。

2. 投诉处理机制

景区应该建立顾客前期抱怨管理、中期投诉处理及后期预防的一条龙管理体系,同时,制定顾客满意度调查管理流程、顾客投诉管理流程、不合格控制流程、纠正与预防措施管理流程等管理制度,最大限度地化解游客抱怨,提高满意度。

3. 绩效改进机制

旅游景区的服务管理核心是对服务"关键时刻"的质量控制。只有满意的员工才可能有更高的效率为顾客提供更加优质的服务,最终让外部顾客感到满意。因此,需要不断调动和激活员工思维、热情、执行力,有效达到管理目标,可实行绩效考评机制,采用纵向考核方式,根据员工日常工作表现,以季度为考核单位进行绩效考评,并将考核结果与薪酬福利挂钩,公平、科学的绩效考评,可有效提高工作效率。

二、旅游景区服务质量督导

根据 ISO 国际标准体系、卓越绩效管理体系管理要求,设立专门的服务质量管理机构,专职负责日常调研、监督、测评,策划每年度的服务质量提升方案,制定服务质量检查方案,对服务质量进行现场监督与控制。旅游景区服务质量督导机构对旅游景区服务质量提升有着重要的作用。

(一)景区服务质量督导的概念

督导就是督促、指导的意思,是一种基层管理工作。景区服务质量督导即是作为景区基层服务管理工作的一个重要手段,督促和指导景区所有工作人员为游客提供服务这一完整流程中的每一环节的工作,包括软件服务及硬件品质。

(二)景区服务质量督导的意义

(1)有利于景区管理人员有效地进行过程控制,提高管理效率。

(2)有利于激发基层员工参与景区管理的热情,提高工作效率。

(3)有利于督促服务岗位员工对服务标准的认识,更加到位地执行服务标准,激发服务热情。

(4)为各岗位之间的评价提供依据,促进景区"比、学、赶、帮、超"的良性循环机制的形成。

(5)为景区服务工作积累经验,促进景区的可持续发展。

(三)景区服务质量督导的要求

1. 部门自检自查

各部门每月通过举行月度服务总结会,分享服务亮点,提出服务不足,对有进步、好的方

面进行描述、点评;对不足之处进行问题描述、原因分析,制定纠正措施、预期目标,并确定纠正措施完成时间和责任人。

2. 督导员的检查

(1) 日常检查。

督导员每天对景区环境卫生和硬件品质进行巡检,督促整改并验证整改结果。

(2) 定期检查。

每季度组织由公司领导及各部门管理人员参加的全园硬件、环境、卫生检查活动,对检查中发现的问题进行汇总、发放,并督促整改。

(3) 基础服务评价。

督导员每日对景区服务岗位进行不定点、不定时的检查评分,观察员工的现场表现进行评分。每月统计评比结果,并将岗位服务状态评比结果进行公布。

(4) 跟踪解决问题。

对现场可解决的问题,督导员应要求相关人员现场纠正。对重复出现或长期未整改的问题,反馈至相关部门,督促部门限期整改。

表14-5以某主题公园为例,列出相关部门的督导工作。

表14-5 某主题公园相关部门督导概况

相关部门	相关人员	检查内容	整改与总结
运营中心	管理人员、督导员	1. 园区环境卫生(地面、洗手间、垃圾桶); 2. 硬件品质(标识牌、广告牌、园林绿化、施工); 3. 员工服务(仪容仪表、服务标准); 4. 公园运营(项目及演出开放)	1. 问题整改 (1) 现场整改; (2) 向责任部门发出《质量管理督办单》,限期整改 2. 召开季度服务质量总结会
各业务部门	经理、主任、领班	1. 所辖区域环境卫生(排队区、操作区域、工作间); 2. 硬件品质(土建维护、标识牌); 3. 员工服务(仪容仪表、服务标准)	1. 问题整改 (1) 现场整改; (2) 按《质量管理督办单》整改 2. 召开月度服务质量总结会,总结亮点、不足,分析原因,提出改进措施,落实整改
环境管理部	经理、主任、清洁管理员	1. 园区环境卫生(地面、水面、洗手间、垃圾桶); 2. 垃圾清运; 3. 园林维护保养; 4. 园林设计、补种; 5. 员工仪容仪表	问题整改 (1) 现场整改; (2) 按《质量管理督办单》整改; (3) 要求清洁公司整改

续表

相关部门	相关人员	检查内容	整改与总结
工程部	经理、主任、领班	1. 施工质量与施工安全，现场围板、安全警示； 2. 用电、用水、空调、土建等，标识牌等维护； 3. 水面及水底清洁； 4. 员工仪容仪表	问题整改 (1) 现场整改； (2) 按《质量管理督办单》整改

同步案例 某主题公园员工基础服务状态评价观察表

观察人：　　　岗位：　　　在岗员工：　　　时间：　年　月　日　　总分：

◆ 游客走近时
  □ 有微笑和问候(14分)
  □ 有问候无微笑(10分)
  □ 有微笑无问候(6分)
  □ 无微笑无问候(0分)

◆ 服务游客时
  □ 主动热情，有讲解介绍(14分)
  □ 热情，讲解不全面(10分)
  □ 缺少热情，机械讲解(6分)
  □ 无讲解(0分)

◆ 与游客交流时
  □ 目光注视，语言亲切友好，使用礼貌用语(14分)
  □ 目光注视，语言亲切友好，未使用礼貌用语(10分)
  □ 目光注视，语言不亲切(6分)
  □ 目光未注视，无语言交流(0分)

◆ 与游客道别时
  □ 礼貌道别，亲切祝福(14分)
  □ 有祝福，无道别(10分)
  □ 有道别，无祝福(6分)
  □ 无道别，无祝福(0分)

◆ 在岗时
  □ 岗位形象优秀，精神状态饱满(14分)
  □ 岗位形象良好，精神状态欠佳(10分)
  □ 岗位形象一般，精神状态欠佳(6分)

☐ 有违反岗位形象行为(0分)

服务满意度调查问卷

◆ 您刚才与景区服务人员的接触中,感受到了微笑服务吗?

☐ 有微笑(6分)　☐ 没有微笑(0分)

◆ 您刚才是否听到了他亲切友好的问候?

☐ 有亲切的问候(6分)　☐ 有问候,但不够亲切(4分)　☐ 没有(0分)

◆ 您刚才在需要帮助时,有没有得到适时的解决?

☐ 有得到(6分)　☐ 没有得到(0分)

◆ 刚才为您服务的欢乐谷人员给您的精神面貌是什么?

☐ 精神饱满(6分)　☐ 良好(4分)　☐ 冷漠的(0分)

◆ 您觉得您刚才得到的服务和园区其他岗位相比是最好的吗?

☐ 好(6分)　☐ 一般(4分)　☐ 不好(0分)

能分享您感受最好的服务是在哪儿吗?

问题:

1. 景区服务质量管理由哪些成员组成?
2. 借鉴以上案例,以主题公园为例,制定一份公园硬件品质检查评价表。

第三节　旅游景区智慧管理

一、智慧景区概述

(一) 智慧景区的缘起

随着移动通信、物联网、云计算等新技术的发展与应用,2008年以来,智慧地球、智慧城市的概念相继诞生。智慧景区是在智慧地球及其在我国实践的智慧城市、智慧旅游背景下孕育而生的。近年来,我国高速公路、高速铁路、民航等基础建设速度加快和社会公共服务体系不断完善,为旅游业新一轮发展奠定了坚实的基础。

在大力倡导健康旅游、文明旅游、绿色旅游的大背景下,如何把握新的机遇和迎接新的挑战成为我国旅游景区发展面临的新问题。智慧景区的建设逐步成为我国旅游景区未来发展之路在新形势下发展的重大战略。智慧景区概念的提出为景区的信息化建设增加了新的内涵,是在数字景区基础上的一次飞跃发展,代表了景区信息化建设的新方向。

(二) 智慧景区建设框架

根据信息技术及信息社会发展的趋势和景区资源保护与利用的发展需求,在智慧景区发展背景基础上,可以从五个方面开展智慧景区的规划与建设,包括信息基础设施、数据基

础设施、共享服务平台、应用服务平台以及决策支持平台。同时,需要注重相关的政策保障、技术保障及安全保障,最终实现旅游景区规划、管理、保护、发展、服务的全面信息化。总体框架可以概括为"三个平台、五大系统、五项保障"。

1. 三个平台

三个平台是指信息感知与传输平台、数据管理与服务平台、信息共享与服务平台。其中,信息感知与传输平台包括信息自动获取与高效传输两个方面;数据管理与服务平台包括数据集成管理与计算服务;信息共享与服务平台借助于信息基础设施和数据基础设施。

(1) 信息感知与传输平台。

信息自动获取设施主要是指位于智慧景区信息化体系前端的信息采集设施与技术,如遥感技术、射频识别技术、GPS(全球定位系统)终端、传感器以及摄像头视频采集终端、地感线圈或微波交通流量监测等信息采集技术与设备。信息高效传输设施是指有线及无线网络传输设施,主要包括有线通信网络、3G(第三代移动通信技术)无线通信网络、重点区域WLAN(无线局域网)网络、视频采集终端、传感网等,以及相关的服务器、网络终端设备等。

(2) 数据管理与服务平台。

数据集成管理主要是借助于数据仓库技术,分类管理组成智慧景区的数据库系统,涉及空间数据与属性数据库、栅格数据与矢量数据库、资源数据与业务数据库以及面向应用的主题数据库;在数据集成管理的基础上,借助云计算技术,通过共享服务平台为五大应用系统提供数据信息与计算服务。

(3) 信息共享与服务平台。

信息共享与服务平台是基于SOA(面向服务的架构)和云计算的共享服务中心,利用平台集成遥感技术、地理信息系统、全球定位系统、虚拟现实技术等,面向智慧景区的五大应用系统提供技术及信息服务,可以实现整个智慧景区的信息管理、应用请求响应、应用服务提供等,保障整个景区信息的共享与服务。

2. 五大系统

五大系统是基于风景名胜区资源特点及应用系统功能、系统服务对象、系统使用部门等因素考虑而划分的,包括资源保护系统、业务管理系统、旅游经营系统、公众服务系统、决策支持系统,共同构成智慧景区的应用服务系统。

(1) 资源保护系统。

资源保护系统主要实现对景区资源全面保护与监测的信息化,所涉及的主要应用系统可以进一步划分为自然资源保护与监督管理政策、运行机制、资金投入、信息技术、规范标准、人才队伍、安全保障与监测系统、人文资源保护与监测系统、自然环境保护与监测系统、人文环境保护与监测系统。

(2) 业务管理系统。

业务管理系统主要实现对景区业务管理工作的信息化,所涉及的应用系统按照业务类型可以划分为电子政务系统、规划管理系统、园林绿化管理系统、人力资源管理系统、资产管理系统、财务管理系统、视频会议系统等。

(3) 旅游经营系统。

旅游经营系统主要实现对景区旅游管理与游客服务的信息化,根据景区旅游经营体系所涉及的应用系统,主要有三种类别,即侧重于内部应用的旅游管理系统、侧重于外部服务的网络营销系统以及游客安全与应急调度系统。

(4)公众服务系统。

公众服务系统主要实现景区面向广大民众服务职能的信息化,所涉及的应用系统类型主要包括两个方面,分别是面向景区以外广大民众的外部服务类系统和面向景区游客的内部服务类系统,两者相辅相成,共同完成景区的社会服务。

(5)决策支持系统。

决策支持系统主要是在上述四大应用系统的基础上,结合专家知识系统、综合数据分析、数据挖掘与知识发现,通过虚拟现实、情景模拟等手段对景区的重大事件决策、应急预案演练等多系统综合应用,提供技术支撑和信息支持。

3. 五项保障

为保障智慧景区建设有序开展,应当在政策、机制、资金、技术、标准五个方面予以保障,建立健全的智慧景区保障体系,为智慧景区的建设、管理、运行、维护与发展全方位保驾护航。

(1)管理政策。

风景名胜区管理处必须制定关于智慧景区建设的专项政策,包括对于信息中心职能的定位、信息化项目的管理政策、信息基础设施、数据基础设施、共享服务基础设施的建设与管理政策等,保障信息化建设的顺利开展。

(2)运行机制。

在政策保障的前提下,风景名胜区信息中心需要进一步建立信息化项目规划立项、招标采购、设计开发、调试运行、项目验收、业务操作、日常运行、管理维护、文档管理、安全管理、信息服务的流程规范与管理制度。

(3)资金投入。

智慧景区建设需要大量资金,需要积极拓宽融资渠道,加大资金支持力度,在充分利用自有资金的同时,积极争取财政资金、科研立项、银行贷款、企业投资、社会融资等多方面的资金支持,为智慧景区建设提供可靠稳定的资金保障。

(4)信息技术。

智慧景区建设是多种信息技术的集成,必须始终把握技术发展方向,应用先进技术解决三个平台与五大系统建设中的问题。然而,信息技术的发展日新月异,风景名胜区管理业务也在不断变化,这就要求智慧景区的建设必须是一个动态的过程,不是静态的规划设计可以满足需求的。

(5)规范标准。

智慧景区建设必须遵循国家住房和城乡建设部、国家文物局、国家测绘地理信息局、工业和信息化部等制定的有关技术规范,以做到标准规范统一和信息服务共享;同时,需要根据智慧景区的建设特点,研制智慧景区行业规范与标准。

同步案例　智慧景区发展趋势

背景与情境：随着移动通信、物联网、云计算等新技术的发展与应用，智慧景区概念的提出为景区信息化建设增加了新的内涵，是在数字景区基础上的一次飞跃发展，代表了景区信息化建设的新方向。黄山风景名胜区和九寨沟风景名胜区是我国景区信息化建设的两个重要代表。"十二五"时期，两个景区的信息化发展步入了智慧景区新阶段，目标是实现由数字景区到智慧景区的提升。与此同时，智慧泰山、智慧崂山、智慧青城山、智慧普陀山、智慧金佛山、智慧武当山、智慧颐和园、智慧圆明园等智慧景区的规划与建设工作相继开展，并都取得了阶段性成果。

尽管"十二五"以来，我国智慧景区建设取得了显著的成就，但目前的发展也面临两个方面的挑战，其一是游客数量增加给景区造成的管理与服务压力，其二是新型信息技术快速发展与应用带来的机遇和挑战。众多的游客涌入景区，给智慧景区建设中的资源保护与检测、游客管理与服务、安全防范与应急等都带来了不小的挑战。此外，物联网、云计算、大数据、智能终端、增加现实等技术的迅速发展与广泛应用为智慧景区建设带来深化发展的同时，也使其面临如何进一步集成应用和提升景区保护、管理与服务水平的挑战。

问题：探讨大数据时代智慧景区建设面临的挑战及发展趋势。

二、智慧景区管理的内容

（一）景区管理需要智慧

一直以来，有关景区部门就景区信息化在行业管理方面做了大量的工作，除了景区主管部门内部的办公自动化系统之外，各个部门都有自己的一套或多套业务管理系统等，但这些系统往往都是独立开发的，系统之间没有关联。

1. 智慧景区是科学决策和管理的需要

旅游业对信息有很强的依赖性，智慧景区依托信息技术，主动获取游客信息，形成旅游数据积累和分析系统，全面了解游客的需求变化信息，帮助旅游管理者对旅游市场进行分析和预测，从而有针对性地制定相关政策，采取相应措施，并在信息技术的支持下实现对旅游业的宏观调控和微观管理。

2. 智慧景区是引导和规范景区发展的需要

景区主管部门要更好地服务游客，做好景区管理工作，就必须和行业的发展同步，甚至在管理手段和管理技术上要领先一步。景区主管部门还应该鼓励和支持旅游企业广泛运用信息技术，改善经营流程，提高管理水平，以提升产品和服务竞争力，这也需要加强对相关技术和应用的研究。

3. 智慧景区是跨行业和跨部门合作的需要

景区本身涉及多种业态，在行业管理上还需要公安、交通、工商、卫生、质检等部门形成信息共享和协作联动。随着其他部门信息化水平的提高，景区主管部门要更好地开展合作协作,就需要同时提升自身的信息化水平。结合景区信息数据形成景区预测预警机制,提高应急管理能力,保障旅游安全。实现对景区投诉以及景区质量管理问题的有效处理,维护旅游市场秩序。

(二)智慧景区管理特点

智慧景区的管理将朝着精细化、低碳化、移动化方向发展,通过先进的技术、先进的控制方法以及先进的决策支持系统的应用,有效改善景区商业运作和公共服务关系,实现景区旅游资源的优化使用、生态环境的有序开发和保护、游客满意度提升、产业效益最大化的目标。

1. 智慧景区管理更关注对新技术的应用

智慧景区是在数字景区的基础上建立的,新的信息技术也将更多地为智慧景区管理服务。特别是物联网、空间定位技术、虚拟技术、基于智能手机的新技术如近场通信技术等,都给智慧景区的建设提供了巨大的想象空间和实施可行性。

2. 智慧景区管理更突出游客体验的提升

智慧景区管理建设不再是景区单方面的各种系统平台的建设,而是要立足于服务游客、让游客更加满意。

3. 智慧景区更强调全面感和互动性

智慧景区管理充分利用物联网相关技术和设备,对景区地理事物、自然灾害、游客行为、社区居民、景区工作人员行迹和景区基础设施和服务设施进行全面、透析、及时的感知,并进行分析,便于立即采取应对措施和进行长期的规划。

4. 智慧景区更重视科学管理和发展

智慧景区通过深入分析收集到的数据,以获取更加新颖、系统且全面的洞察来解决特定问题,同时,利用最新信息技术和管理理论改变景区管理局或管理委员会的组织结构,优化和再造景区管理业务流程。

(三)智慧景区管理应用

1. 数据采集和信息呈现

智慧景区对景区基础数据更为重视,因为大量的技术应用高度依赖基础数据的全面准确。例如,基于位置服务的景区内导游导览,就对景区地理信息数据提出了更高的要求。一般的第三方地图数据无法对景区内各个景点的位置做出准确的定位,如果跟着这些地图数据的引导,可能会遇到找前山的景点却跑到了后山的尴尬。

智慧景区需要建立一个相对独立的数据中心,并形成持续性的信息采集整理机制,完善景区基础资料和相关信息。这些数据可以通过数据接口,应用于景区网站、手机应用、信息屏等各种载体和媒介。

2. 门禁系统和电子门票

很多景区早就建设了景区门禁系统,也有不少景区进行了电子门票的尝试,但很多门禁系统只是发挥了电子闸机的作用,电子门票也仅仅是门票载体发生了变化。智慧景区建设要充分发挥门禁系统和电子门票的作用,包括实现电子门票感知功能、景区门票的虚拟化、无缝对接电子商务。

3. 感知技术和监控系统

传统的景区监控主要通过布置监控摄像头,并实施传输数据到监控室,工作人员必须"盯"着监控显示屏,发现异常再采取行动。随着景区视频监控点的增加,特别是旺季景区内人头攒动的时候,很多问题工作人员往往难以第一时间发现。新的视频监控技术采用了人脸识别技术,可以准确地"数"出某个监控点的有多少游客。

4. 定位技术和导游导览

随着自助自驾游客的增加,越来越多的游客会自己安排在景区内的游览路线。一些规模较大的景区,随便走走不但会错过很多好的景点或是走了冤枉路,甚至可能会带来不必要的麻烦和危险。因此,如何让游客在景区内的游览有保障、更加顺利并有更好的体验,是智慧景区建设需要重点解决的问题。

有些景区的手机应用过于强调对游客位置的把控,恨不得让游客在整个游玩过程中都打开手机GPS,看着应用,却不知智能手机过于耗电一直是个问题。开着GPS耗电,通过手机网络定位又会产生流量费用,因而很多用户都不太愿意一直开着。更主要的是,游客是来看风景的,不是来玩手机应用的,过于复杂的功能并不一定适合正在景区游览的游客们。所以,可以结合带有感知芯片的电子票卡,或者是通过一些感知点、二维码符号,引导游客在一些场景掏出手机,几秒钟内完成一次照片分享,或是留下到此一游的电子标记。

5. 环境监测和低碳旅游

景区环境已经成为重要的景区资源,从景区的温度湿度、空气质量、植被覆盖到负氧离子含量、碳排放指标等,都将成为游客关注的话题。特别是一些自然景区,植被的成长和动物的活动都有可能成为能够吸引游客的旅游主题。一方面游客开始关心景区的环境,另一方面过多的游客以及游客的不良行为也会给景区环境造成影响。通过一些监测设备和面向游客展示的实施数据,可以有效地影响游客在景区内的行为。

6. 互动营销和电子商务

景区营销一直是景区的重点工作,从传统的报纸、电视和旅行社推介,到开始建设景区网站,越来越多的景区看到了互联网对游客的重大影响,并开始尝试网络营销。但多数景区的网络营销还是处于一种无目的传播的阶段,往往是确定搞一个营销主题,选择几家网站就开始广告投放了。智慧景区要有更智慧的营销方式,主要体现在对营销效果的评估和对新媒体渠道的及时跟进。

内容提要

本章重点讲述了旅游景区现代化管理中的旅游景区标准化管理、旅游景区服务质量管理、旅游景区智慧管理三部分内容。

本章重点讲述了旅游景区标准化管理,主要包括国内、国际旅游景区标准化管理相关标准,《旅游景区质量等级的划分与评定》《旅游厕所质量等级的划分与评定》《游乐园(场)安全和服务质量标准》、"绿色环球21"、标准ISO9000系列标准等,为国内旅游景区实施标准化管理提供依据。

旅游服务质量管理中重点讲述了旅游服务质量管理的内容和要求。

旅游景区智慧管理主要讲述了智慧景区框架的构建、特点及管理应用。

核心概念

旅游标准化;"绿色环球21";ISO9000;旅游景区质量等级;旅游厕所质量等级;服务质量标准;服务质量督导;智慧景区

重点实务

旅游景区质量等级的划分与评定;旅游景区服务质量督导;旅游景区智慧管理应用

知识训练

一、简答题

1. 旅游标准化的内容体系包括哪些?
2. 国际通用旅游景区标准有哪些?
3. 国内旅游景区标准化管理标准有哪些?
4. 旅游景区服务质量督导的要求有哪些?
5. 智慧景区构建的框架体系有哪些?

二、讨论题

1. 如何对特定旅游景区进行标准化管理?
2. 旅游景区标准化管理的意义有哪些?
3. 旅游景区服务质量管理包含哪些内容?

能力训练

一、理解与评价

旅游景区智慧管理对景区发展及旅游业发展的意义是什么?

二、案例分析

"呀诺达"标准化管理

海南呀诺达雨林文化旅游区自2008年2月开业以来,便秉承"高起点规划、高标准建设、高效能管理"的原则,2008年便开始贯彻实施ISO9001质量管理体系和ISO14001环境管理体系的整合管理工作,并于2008年11月通过广州赛宝认证中心的认证,至今持续保持双体系的有效运行,为标准化工作奠定了坚实的基础。

2010年6月,"呀诺达"被确定为首批全国旅游标准化试点单位,2012年7月,被确定为海南省服务业标准化试点单位,2013年1月,被确定为国家服务业标准化试点单位。

在试点工作开展过程中,"呀诺达"认真组织,成立以董事长为组长的试点工作领导小组,全面开展试点各项工作。在试点工作过程中,"呀诺达"结合自身实际,积极与省标准化协会开展合作,邀请协会专家多次到景区授课,并在协会专家的指导帮助下建立标准体系,涵盖国标90个,行标18个,企标6个,共114个标准,并组织培训和实施。

在试点工作开展过程中,为不断提升景区标准化建设,景区按照国家5A级旅游景区标准,投入大量资金,对景区道路、停车场、游客中心、旅游厕所、标识系统等硬件设施进行了改造升级,使公司各项设施符合标准规范,并不断超越标准要求。

通过开展标准化试点工作,景区在规范管理、提升服务品质的同时,也获得了很好的经济效益和社会效益。自2008年开园以来,景区通过软硬件的建设,不断提高游客满意率,根据景区每月的常规调查,景区满意度得分从2008年的84分提升到目前的93分,景区年接待游客量从13.6万人次跃居至2012年的133万人次,涨了约10倍,年营收增长均在30%以上。实现了呀诺达5年快速跨越发展,成为海南绿色旅游排头兵。

(资料来源:http://news.ifeng.com/gundong/detail_2013_10/13/30274511_0.shtml.)

问题:
1. "呀诺达"景区游客满意度不断提高的原因是什么?
2. "呀诺达"景区是如何提升景区标准化管理水平的?

参考文献 References

[1] 邹统钎,吴丽云.景区服务与管理[M].南京:南京师范大学出版社,2013.
[2] 曾兰君.景区服务与管理[M].北京:北京理工大学出版社,2015.
[3] 范高明.旅游景区服务与管理[M].厦门:厦门大学出版社,2012.
[4] 姚志国,鹿晓龙.智慧旅游:旅游信息化大趋势[M].北京:旅游教育出版社,2013.
[5] 金振江,宗凯,严臻,等.智慧旅游[M].北京:清华大学出版社,2015.

教学支持说明

为了改善教学效果,提高教材的使用效率,满足高校授课教师的教学需求,本套教材备有与纸质教材配套的教学课件和拓展资源(案例库、习题库等)。

为保证本教学课件及相关教学资料仅为教材使用者所得,我们将向使用本套教材的高校授课教师赠送教学课件或者相关教学资料,烦请授课教师通过加入旅游专家俱乐部 QQ 群或公众号等方式与我们联系,获取"电子资源申请表"文档并认真准确填写后发给我们,我们的联系方式如下:

地址:湖北省武汉市东湖新技术开发区华工科技园华工园六路

邮编:430223

旅游专家俱乐部 QQ 群号:758712998

旅游专家俱乐部 QQ 群二维码:

群名称:旅游专家俱乐部 5 群
群　号:758712998

扫码关注
柚书公众号

电子资源申请表

填表时间：_____年___月___日

1. 以下内容请教师按实际情况写，★为必填项。
2. 根据个人情况如实填写，相关内容可以酌情调整提交。

★姓名		★性别	□男 □女	出生年月		★职务	
						★职称	□教授 □副教授 □讲师 □助教

★学校		★院/系	
★教研室		★专业	
★办公电话		家庭电话		★移动电话	
★E-mail（请填写清晰）				★QQ号/微信号	
★联系地址				★邮编	

★现在主授课程情况		学生人数	教材所属出版社	教材满意度
课程一				□满意 □一般 □不满意
课程二				□满意 □一般 □不满意
课程三				□满意 □一般 □不满意
其 他				□满意 □一般 □不满意

教 材 出 版 信 息			
方向一		□准备写 □写作中 □已成稿 □已出版待修订 □有讲义	
方向二		□准备写 □写作中 □已成稿 □已出版待修订 □有讲义	
方向三		□准备写 □写作中 □已成稿 □已出版待修订 □有讲义	

　　请教师认真填写表格下列内容，提供索取课件配套教材的相关信息，我社根据每位教师填表信息的完整性、授课情况与索取课件的相关性，以及教材使用的情况赠送教材的配套课件及相关教学资源。

ISBN（书号）	书名	作者	索取课件简要说明	学生人数（如选作教材）
			□教学 □参考	
			□教学 □参考	

★您对与课件配套的纸质教材的意见和建议，希望提供哪些配套教学资源：